소설로
읽는
세상

김규나

YANG 아문 MOON

소설로 읽는 세상

작가의 말

　오늘은 어제의 선택이 만든 결과이자, 내일을 위한 씨앗이다. 우리는 역사의 소용돌이 속을 숨 가쁘게 뛰어왔다. 눈 감은 사람들에게 현재는 언제나 태평성대겠지만, 눈 뜬 사람에게는 오늘도 암울하고 엄혹한 시대다. 때로는 소설보다도 더 소설 같은 일들이 현실에서 벌어진다.
　자신의 이익을 위해 타인의 희생을 당연하게 여기는 사람들, 거짓말하고도 얼굴조차 붉히지 않는 사람들이 세상을 끌고 간다. 거짓은 교묘해졌고, 부정은 일상이 되었다. 그들은 아무렇지 않게 세상을 속이고도 의기양양 잘 살아가는 것만 같다.
　언제부턴가 우리 사회는 그런 이들에게 지나치게 너그럽다. 반면 성실하고 정직한 이들에게는 한없이 가혹했고, 선의는 자주 이용당하고 어리석다며 조롱받았다. 대체 어디에 진실이 있는가. 희망을 찾는 것이 여전히 의미가 있는가. 어둠 속을 더듬으며 수없이 물어야 했다.
　그러나 묵묵히 진실을 선택하는 사람들은 언제나 있었다. 남을 구하려고 불길 속으로 뛰어드는 사람들, 잿더미 위에서 꿋꿋하게 일어서는 사람들, 하늘이 무너져도 묵묵히 자기 몫을 해내는 그들은 눈앞의 절망을 넘어 자유로운 세상을 향해 지칠 줄 모르고 뛰어올라 길 잃고 헤매는 세상의 등대가 되었다.

원고 앞에 앉을 때마다 소설을 읽고, 세상을 읽는 시간이었다. 역사와 문학이 얽힌 시간 속에서 때로는 인간의 어리석음과 욕망을, 때로는 사람이 만들어 내는 희망과 용기를 기록했다. 소설 속 인물들이 내게 던진 질문은 현실에서도 유효했다. 어떤 인물은 자신의 욕망을 위해 스스로를 불태웠지만, 어떤 인물은 절망 속에서도 마지막까지 인간다움을 지켰다. 우리는 그 사이 어디쯤에서 흔들리며 살아가고 있었다.

거짓말하는 사람들에게 '소설 쓰네'라는 말이 비아냥으로 쓰인다. 그러나 정작 소설은 거짓을 조작하기 위한 것이 아니라, 진실을 말하기 위해 허구를 빌리는 문학이다. 진실을 왜곡하는 건 소설이 아니라, 권력과 탐욕에 의해 조작된 현실, 그 가상을 믿는 사람의 흔들리는 마음이다.

'보통 사람은 하나의 인생을 살지만, 소설을 읽는 사람은 수만의 인생을 산다'는 말이 있다. 나는 인생의 지혜가 문학에 있다고 믿는다. 뛰어난 작가들이 펼쳐놓은 작품 속에 삶의 근본적인 물음에 대한 답이 있다. 무엇보다 인간의 영혼과 품격은 문학으로 승화된다.

2019년부터 시작한 '소설 같은 세상' 6년의 여정을 책으로 묶는다. 신문 한 귀퉁이에서, 인터넷 화면 속에서 사라져간 글들이 이렇게 다시 독자와 만날 수 있게 된 것이 기쁘다. 살아간다는 건 어쩌면 마감 시간을 준비하는 과정의 연속인지도 모른다. 매 순간 우리는 선택하고, 그 순간들이 쌓여 인생이 된다.

지면을 할애해서 폭넓은 독자를 만날 수 있게 해준 조선일보와 어지러운 세상을 살며 바쁜 걸음을 잠시 멈추고 칼럼을 읽어준 독자들께 깊이 감사드린다. 출판계가 어려운데도 기꺼이 글을 묶어준 도서출판 양문 김현중 대표에게 가장 큰 감사의 마음을 전한다.

이 책이 누군가에게는 어려움 속에서 일어설 힘이 되기를, 거짓과 불의 앞에서도 진실을 선택하는 용기가 되기를 바란다. 흘러가는 문장들 속에서 글한 줄이 마음에 닿기를, 무엇보다 소설 한 권을 집어 드는 시간이 되기를, 손에 든 소설이 당신의 인생과 영혼을 아름답게 다듬고 향기롭게 가꾸어 주기를, 그 순간 당신의 삶이 조금 더 빛나기를 소망한다.

2025년 7월
김규나

차 례

작가의 말   4

제1장 별은 밤하늘에서 밝게 빛나고 (2019년)

001 거짓 영웅과 경호실의 기관총   18
002 벚꽃은 왜 벚꽃인가   19
003 아름다움은 불타 사라지지 않는다   20
004 자유롭게, 그들을 내버려 두라   21
005 돌아갈 내 집이 있다는 행복   23
006 삶이 우리에게 바라는 단 한 가지   24
007 스승은 더 낮은 곳에 있다   25
008 부부, 마음 떠나면 가장 무서운 적   26
009 이 나라에 태어나지 않았다면   28
010 흐르는 강물에 떠나보내야 할 것들   29
011 책임, 사랑의 또 다른 이름   30
012 공산주의라는 식인 사회   32
013 내 안의 어떤 모습을 사랑할 것인가   33
014 사소한 이별의 이유   34
015 마지막 술잔에 담긴 당신의 의미   35
016 복수는 고통을 불러올 뿐   37
017 태양을 끌어안을 가슴이 필요해   38
018 미지에 대한 사랑, 무지로 인한 공포   39
019 8월에 바라보는 11월의 숲   41
020 바보인가, 자유인인가   42
021 패배하지 않는 삶을 위하여   43
022 인생콩팥법칙   44
023 이성이 질식하는 권력이라는 산   46
024 당신의 코, 얼마나 길어질 수 있나   47

025 수령님을 위한 건배	48
026 마녀를 해치운 기적	50
027 진실의 불씨를 끄려는 사람들	51
028 황소 앞에서 배 부풀리는 개구리	52
029 지도자가 꿈꾸는 최고의 악행	54
030 악명이 주는 쾌감과 그 최후	55
031 어른에게 부여된 소중한 사명	56
032 생사를 결정하는 권력자의 잔인함	58
033 아무렇지도 않은 일상의 소중함	59
034 내가 정말 사랑해야 하는 나	60
035 생각할 줄 모르는 사람들	62
036 뜬구름 같은 열정이 불러온 비극	63
037 욱하는 성질을 참았더라면	64
038 별은 어두운 밤하늘에서 밝게 빛나고	66

제2장 마음에 담아둔 사랑 하나 있다면 (2020년)

039 나만 겪는 고통은 없다	70
040 창조와 파괴의 갈림길에서	71
041 지금 당장 사랑한다고 말하라	72
042 그 남자의 콧수염	74
043 콜레라보다 지독한 코로나 시대	75
044 생각도 연습이 필요하다	76
045 몰라도 너무 모른다	78
046 우리의 고통은 왜 당신의 고통이 아닌가	79
047 이 땅의 청춘과 우물 안 개구리	80
048 한 번도 경험하지 못한 나라	82
049 시대의 소음과 트로트 열풍	83
050 인간이라면 하지 말아야 할 짓	84
051 죽음의 또 다른 얼굴	86

052 푸른 하늘이 돌아왔다	87
053 왜 국회의원이 되고 싶을까	88
054 죽은 자들을 위한 세상	90
055 거짓의 올가미	91
056 반평생을 땅에 묻은 날의 쓸쓸함	92
057 정의를 외치는 목소리와 탐욕의 상관관계	94
058 자살자가 남긴 교훈	95
059 더 가질 수 없어서 다행이다	97
060 중요한 건 색깔이 아니라 생명	98
061 자식, 부모의 몸을 빌려 찾아온 손님	99
062 지켜야 할 명예가 없는 사람들	101
063 그들을 선택한 사람의 최후 소망	102
064 영웅은 전설로 다시 태어나야 한다	103
065 마스크로 가릴 수 없는 개성	105
066 진실과 기쁨은 어디에 있는가	106
067 6·25전쟁을 남한 도발로 믿었던 사르트르	107
068 혼자가 되는 게 두렵다면	109
069 불행과 고통이 주는 선물	110
070 자유 없는 세상의 참혹함	112
071 부부, 그들만의 신화 창조	113
072 위대한 것은 일상에 있다	114
073 때가 되면 보내야 하는 사랑	116
074 뻔뻔한 사람들	117
075 왜 국민을 지켜주지 않는가	118
076 광장에서 태어난 정권, 광장이 두렵다	120
077 주적을 주군처럼 사랑하는 사람들	121
078 권력을 얻으면 사라지는 양심	122
079 누구의 죽음도 가벼이 여기지 말라	124
080 집에 대한 오만한 편견	125

081 거짓을 이기는 가장 큰 힘 126
082 부당한 세상을 바꾸고 싶은가 128
083 법의 횡포는 개인을 파괴하는 방식 129
084 국민은 도깨비방망이가 아니다 130
085 어두운 거리를 지나면 빛이 보일까 132
086 영도자님, 새 집을 주셔서 고맙습니다 133
087 정권의 자유는 무제한, 국민의 자유는 불필요 134
088 절망이 무르익어야 희망은 현실이 된다 136

제3장 긍정은 기적을 부른다 (2021년)

089 꿈꾸고 애쓰면 이루어지는 새해 140
090 눈이라도 잘 치워주길 바란다 141
091 말과 생각을 포기했다면 항복한 것이다 142
092 공유를 강요하는 사람들 144
093 슬픈 나라의 노래 145
094 법을 지켜야 할 이들이 외면하는 법 146
095 걱정은 불안을, 긍정은 기적을 147
096 거짓말은 만 가지 죄악의 뿌리 149
097 늙음이 겸손과 지혜가 되려면 150
098 대웅전을 불태운 수행자의 번뇌 151
099 우리의 진짜 영웅 153
100 국민은 죄인, 물가와 세금은 벌금 154
101 위기의식을 갖는 게 먼저다 155
102 통역이 필요한 정치인의 말 157
103 꼰대 정치가 답할 차례 158
104 통제는 왜 자꾸 늘어나는가 159
105 자격 없는 이가 조종석에 앉으면 161
106 '좀스럽고 민망한' 권력자의 고소 162
107 국민은 경찰을 믿고 싶다 163

108 김일성 회고록 판매가 출판의 자유인가	164
109 참전 용사 앞에 무릎을 꿇어라	166
110 거울, 셀카 그리고 자서전	167
111 너무 빨랐던 참모총장의 전격 사임	168
112 안전은 뒷전, 생색내기만 열심	170
113 아빠 찬스와 창작지원금	171
114 정치인과 도리언 그레이 증후군	172
115 X파일과 마지막 생존자	174
116 코로나를 좋아하는 사람들	175
117 외교, 알고도 안 하고 몰라서도 못 하고	176
118 진실은 언제나 부메랑처럼	178
119 금메달보다 빛난 신사의 품격	179
120 서부 전선, 정말 이상 없나	180
121 아프간을 쫓는 나라	182
122 법무부의 '우산 맨', 우리의 자화상	183
123 '사람이 먼저'가 아니라 '먼저 사람이'	184
124 모비 딕을 쫓는 이유	186
125 재물로 사람을 얻어 천하를 가질 수 있을까	187
126 권력자라면 오이디푸스처럼	188
127 절대 추락하지 않는 사람들	190
128 이상한 나라의 앨리스가 된 국민	191
129 과학은 우주로, 정치는 퇴화 중	192
130 설거지론과 국민 풍풍단	194
131 선거, 사회를 통제하는 또 다른 방식	195
132 최고 권력자 딸의 친정살이	196
133 나도 공산당이 싫어요	198
134 묻힐 땅이 없는 두 전직 대통령	199
135 왜 백신 접종을 강요하나	201
136 달님이란 이름은 하늘에 돌려주고	202

137 추리소설보다 더 미스터리한 정치 세계		203
138 희망보다 걱정이 앞서는 연말		204

제4장 오늘은 더 나은 내일의 시작 (2022년)

139 불안과 단절의 시대, 호랑이 같은 본능으로		208
140 프랑켄슈타인이 될 것인가		209
141 세상이 무너지지 않는 이유		210
142 선물하고 뺨 맞기		212
143 세금 도둑이 너무 많다		213
144 코로나 방역보다 중요한 것		214
145 더 나은 내일을 기다리기 때문이다		216
146 전쟁, 우리는 안전한가		217
147 선거 개표의 밤을 앞두고		218
148 풍수와 청와대		220
149 부패한 정치인이 가는 지옥		221
150 죽음의 홍수, 누가 책임지나		222
151 절대 반지 그리고 송곳과 채칼		224
152 마기꾼과 마실감 그리고 마르소나		225
153 보험 살인과 검수완박		226
154 국민의 뜻이라는 입법 독재		228
155 찬양의 시대는 가라		229
156 성범죄에 관대한 법과 정치		231
157 오월 정신보다 소중한 유월 정신		232
158 손자와 손녀가 없는 노년		233
159 전과자는 국회의원, 일반인은 잠재적 범죄자		235
160 바보상자 TV와 똑똑이 스마트폰		236
161 거짓 대의와 개인의 진실		237
162 영화와 드라마, 욕설은 이제 그만		239
163 청와대에 근무한 마약 상용자		240

164 헌법 수호 의지 있었나 241
165 개 안락사와 탈북 청년 즉결 처형 243
166 모래 무덤과 가상 현실 244
167 만 5세 입학안의 책임 245
168 100년 만의 서울 침수와 인기 드라마 247
169 양심 없는 지성의 전당 248
170 심심한 사과와 언어의 진화 249
171 도둑의 핑계 251
172 왕 없는 왕좌의 게임 252
173 2차 범죄를 부르는 법의 관대함 253
174 황금알을 낳는 권력 255
175 죽은 교육의 사회 256
176 조종사와 기관사 257
177 퇴임 공직자의 의무 259
178 아름다운 사람이 머문 자리 260
179 거짓과 진실의 칼춤 261
180 도발을 반복하는 이유 263
181 공짜로 사랑해줬으니 감사하라? 264
182 저주하는 성직자들 265
183 세상은 거짓을 정치라 부른다 267
184 월드컵과 붉은 함성 268
185 자유를 가르쳐야 하는 이유 269
186 크리스마스의 기적 271
187 정치인의 자격, 내로남불 272

제5장 밤바다에서 등대를 찾은 조각배처럼 (2023년)

188 예의주시와 일전불사 276
189 어느 첼리스트의 진실과 거짓 277
190 법을 우습게 보지 말라고! 278

191 따뜻한 나라에 사는 스파이	280
192 귀신도 놀라 자빠질 '통치 행위'	281
193 거짓말, 정치 그리고 소설	282
194 바른 정치를 요구해야 하는 이유	284
195 국회의원은 국민보다 더 평등한가	285
196 아이가 없는 세상	286
197 가짜 주인공, 진짜 주인공	288
198 봄! 벗자, 마스크	289
199 타인의 마음을 악용하는 사람들	290
200 일반인의 자신감, 정치꾼의 열등감	292
201 시시콜콜 정치의 부메랑	293
202 공공장소 TV, 서비스일까	294
203 복수 드라마 전성시대	296
204 왕이 된 원숭이	297
205 한 달 밥값 안 돼도 뇌물	298
206 자살, 선택 아닌 자기 살해	300
207 관객 수 적어도 성공하는 영화들	301
208 실정한 정치인도 오늘 이미 부처라지만	302
209 영화, 세상을 넘어뜨리거나 일으켜 세우거나	304
210 시민단체라는 이름의 국민 혈세 절도단	305
211 기브 앤 테이크도 모르는 공영방송	306
212 말 궁둥이에 붙어 만 리를 가고 싶은 파리들	308
213 정치가 낳아 키우는 공포 괴담	309
214 투표권 없는 요람을 지켜라	310
215 '더러운 평화'는 북한에게 말하라	312
216 불멸의 초대장	313
217 지방자치에 의한, 공무원을 위한, 세금과 징벌의 사회	315
218 간첩을 보호하는 '교활한 천사들'	316
219 범죄가 활개 치는 이유	317

220 범죄가 성공과 부의 원천인가   319
221 뿌리지 않았는데 거두기를 바라는 사람들   320
222 무 한 조각 썰고 칼집에 넣을 생각이라면   321
223 한국 반도체의 아버지   323
224 철모르는 단식 광대   324
225 정치적 우상에 열광하는 사람들   326
226 판사의 정치적 성향   327
227 진부한 애국, 뻔뻔한 매국   328
228 성적을 위조한 낙제생, 선관위   330
229 조선, 인민, 민주주의를 사랑하는 한국   331
230 권력 앞에 권위를 상실한 법정   332
231 혁신의 아이디 '광주', 패스워드 '5·18'   334
232 경찰관 특별 승진, 그때그때 달라요   335
233 더 크고 넓은 세상으로 발돋움하는 그대에게   337
234 암컷은 설치지 마라?   338
235 야당의 새로운 이름, '더불어탄핵당'   339
236 정치인의 한글 오기   341
237 우리 사회의 민주주의, 북한과 다른가   342
238 사형수의 식단과 인권 존중   343

제6장 느린 물결이 세상을 바꾼다 (2024·2025년)

239 공무원의 휴식권과 대민 서비스   348
240 억울하면 출세하라   349
241 지금 뭐 하는 거야   350
242 평양행 비밀 승강장을 오가는 사람들   352
243 종북 세력이 내뿜은 가스에 중독된 나라   353
244 느리지만 견고하게 세상을 바꾸는 힘   355
245 정치, 팔스타프 성공시대   356
246 함께 가면 폭력이 됩니다   357

247 누가 누가 더 '비범한 사람'인가	359
248 당일 투표, 수개표가 필요하다	360
249 누가 병든 의료 체계에 천공을 내는가	361
250 가벼운 용서는 더 나쁜 방향으로 등을 떠민다	363
251 전현직 공직자 부인 종합 특검법을 발의하라	364
252 오물 풍선과 자유의 씨앗	365
253 군 미필자가 장군에게 호통치는 분단 국가	367
254 슬프고 불행해도 훌륭한 삶	368
255 재빨리 출세하는 그들을 세상은 도둑놈이라 부른다	369
256 금메달 깨물기는 이제 그만	371
257 정치인의 거짓말은 범죄다	372
258 퇴임 대통령 예우법, 눈꼴 사납다	374
259 격차 없는 세상은 오지 않는다	375
260 왜 100퍼센트 찬성을 요구하는가	376
261 음식, 생존을 넘어 맛과 멋으로	378
262 유명인의 아내로 산다는 것	379
263 세상의 모든 딸에게	381
264 공대를 선택한 청년에게 박수를	382
265 편견의 비상구	383
266 백지에 스며든 먹물처럼	385
267 인생, 잡을 수 없는 것을 향한 기나긴 여정	386
268 산토끼에게 운명을 맡긴 사람들	388
269 기적을 만드는 선택	389
270 세상에 공짜는 없다	390
271 진실을 마주할 시간	392

2019

제1장
별은 밤하늘에서 밝게 빛나고

001 거짓 영웅과 경호실의 기관총

> 나는 수면 위로 올라가려 애썼다. 거의 다 올라갔을 무렵, 괴물 크기에 가까운 검은 형태가 머리 위에서 내 쪽으로 달려오는 것이 보였다. 나는 날카로운 비명을 내지르고는 작살총을 찾아 쥐고 두 눈을 감은 채 방아쇠를 당겼다. 총이 어찌나 강한 힘으로 내게서 떨어져 나갔던지 두 팔이 빠져버리는 줄 알았다.
>
> – 로맹 가리 '영웅적 행위에 대해 말하자면'(1962년, 프랑스) 중에서

'친근한 경호, 낮은 경호, 열린 경호'를 하겠다던 사람이 난사용 기관단총으로 무장한 경호원들을 앞세우고 시민 앞에 나타났다. 논란이 일자 청와대 대변인은 '대통령과 시민들을 지키고자 무기를 지닌 채 경호 활동을 하는 것은 지극히 당연한 직무 수행이며 이전 정부도 똑같이 해온 교과서적 대응'이라고 변명했다.

2017년 1월 '제왕적' 대통령의 상징이라며 직속 경호실을 폐지하겠다는 공약을 내걸었으나 그해 5월 청와대로 들어가자마자 '여건이 충분하지 않다'며 실천을 보류했다. 이후 경호실을 경호처로, 장관급이던 경호실장의 대우를 차관급으로 낮추고 폐지 공약은 파기했다. 그러고는 난사용 기관총을 앞세우고 국민 앞에 나타난 것이다.

로맹 가리의 단편소설은 말과 행동이 일치하는 게 얼마나 어려운 일인가를 잘 보여준다. 영웅과 자신을 동일시하며 열정적으로 강연을 했던 소설 속 '나'는 청강자에게서 그토록 두려움이 없다면 직접 바다에 들어가 상어를 잡아보라는 제의를 받는다.

그는 호기롭게 바다에 들어간다. 겁에 질려 모터보트 그림자를 상어로 착각해 무턱대고 작살총을 쏜다. 하지만 그 바다엔 상어가 없었다. 제안자는 그의

용기를 시험한 것뿐. 그런데도 상어는 실재했고 자신은 기개 있는 행위로 총을 쏜 거였다며 허세 부리기를 멈추지 않는다.

테러범이 나타나면 난사용 총으로 시민들을 지켜낼 수 있을까? 씁쓸하게 웃으며 책장을 덮게 되는 소설과 달리 현실에서 거짓 영웅 놀이를 즐기는 인물이 총을 쥐고 있다면 어떤 일이 벌어질까?

002 벚꽃은 왜 벚꽃인가

> 오 로미오, 왜 당신은 로미오인가요? 당신 아버지를 부인하고, 당신 이름을 거절하세요. 몬터규가 아닌 다른 성을 가졌다 해도 당신은 당신. 제발 다른 이름을 쓰세요. 이름에 무엇이 있나요? 장미가 다른 이름으로 불린다 해도 달콤한 향기는 그대로 장미. 로미오 역시 로미오란 이름이 아니더라도 그 사랑스러움은 그대로인 것을.
>
> — 윌리엄 셰익스피어 '로미오와 줄리엣'(1597년, 영국) 중에서

꽃의 계절이다. 나무마다 싹이 트고 거리마다 봄이 핀다. 기온이 높지 않은데도 벌써 개나리, 철쭉, 벚꽃들이 가지마다 봉오리를 터뜨렸다. 연인과 친구들, 뛰노는 아이들, 유모차를 미는 젊은 부부, 모처럼 여유를 누리는 중년과 세월의 무게를 잠시 내려놓은 노인의 미소가 꽃그늘마다 눈부시다.

반일 감정 선동이 도를 넘고 있다. 이젠 향나무가 일제의 잔재라고, 창덕궁 앞 가로수를 일본이 심었다며 죄다 뽑아버리자고 한다. 이건 제주산 벚꽃이고 저건 일본산 벚꽃이라며 편 가르고 눈 흘기고 손가락질한다.

이건 내 것, 저건 네 것, 이 나라는 좋아, 저 나라는 싫어, 하며 사사건건 따

진다. 그렇게 나누면 사과도 고추도 감자도 애초에 우리 것이 아니다. 이건 내 편, 저건 네 편, 이 나라하고는 친하니까 오케이, 저 나라하고는 꼬인 게 많으니 노, 하며 사사건건 따져야 한다면 남아날 자연이 하나도 없을 것이다.

로미오와 줄리엣은 첫눈에 반했지만 대대로 원수 집안의 아들딸, 부모가 그들의 결합을 허락하지 않아 괴로워한다. 그러나 연인들은 곧 깨닫는다. 장미의 이름이 무엇이든 그 아름다움과 향기가 변할 리 없듯, 몬터규든 캐풀렛이든 그대는 변함없이 사랑스러운 나의 줄리엣이고, 당신은 목숨 다해 사랑할 나의 로미오인 것을.

봄은 겨울을 잘 이겨낸 우리에게 주는 자연의 선물, 뜨거운 여름을 잘 이겨내라고 우리에게 보내는 응원이다. 이 땅에 오랜 세월 뿌리내리고 살아온 나무와 꽃들을 지켜내야 한다. 이 땅이 애써 키운 자연이 슬픈 운명의 주인공이 되지 않도록.

003 아름다움은 불타 사라지지 않는다

모두의 눈은 성당 위쪽을 쳐다보고 있었다. 제일 높은 회랑의 꼭대기, 중앙에 보이는 원형의 장미창보다도 더 높은 곳에서 맹렬한 불길이 회오리치는 불똥과 함께 두 종탑 사이에서 타오르고 있었다. 사정없이 불타오르는 화염은 바람에 휘날리며 때때로 한 덩어리의 불꽃이 되어 연기 속에서 날아올랐다.

— 빅토르 위고 '노트르담 드 파리'(1831년, 프랑스) 중에서

샹송과 센강, 에펠탑과 함께 노트르담 대성당은 전 세계인의 가슴을 설레게 하는 프랑스 파리의 상징이다. 그런데 지난 4월 15일, 성당의 지붕과 첨탑

이 화재로 무너졌다.

노트르담의 꼽추 콰지모도, 어쩌면 그렇게 못생긴 외모를 가지고도 그토록 애틋한 사랑을 할 수 있었을까. 어떻게 그처럼 흉한 외모 속에 그리도 아름다운 마음을 품고 있었을까.

콰지모도는 사랑하는 에스메랄다를 구하기 위해 갖은 노력을 다하지만 끝내 그녀의 시신을 끌어안고 자신 또한 죽음을 맞이한다. 오랜 세월이 지나 사람들이 그들을 발견하고 떼어놓으려 했을 때 콰지모도의 몸은 먼지처럼 사라진다.

앞에 소개한 인용문은 작가가 200년 후를 내다보고 쓴 것 같지만, 1163년에 착공, 1345년에 완공된 이후 파괴와 복원을 되풀이하며 오랜 시간을 견뎌온 성당은 이미 여러 차례 훼손을 경험한 터였다. 세월에 마모되고 소실되어가는 성당을 안타까워하던 29살의 젊은 작가는 '국민에게 국민적 건축물에 대한 사랑을 불어넣어 주겠다'는 취지로 이 소설을 썼다고 서문에서 밝히고 있다.

이번 화재로도 적지 않은 인류의 문화유산이 소실되었다. 눈에 보이는 것, 손에 만질 수 있는 것들은 아무리 애를 써도 끝내는 사라져간다. 그러나 세상엔 무너지고 소멸되는 것들이 있는 만큼 새로 생겨나 빈자리를 대신하는 것들이 있다. 무엇보다 우리가 간직해야 할 아름다움은 콰지모도의 영원한 사랑처럼, 결코 불에 타 사라지지 않는다.

004 자유롭게, 그들을 내버려 두라

가정이든 조국이든 종교든 내가 더 이상 믿지 않는 것들을 위해 나를 바치지 않을 거야. 내가 할 수 있는 한 자유롭게, 나만의 삶의 방식과 작품으로 나 자신을 완전하게 표현하려고 노력할 거야. 나 자신을 지키기 위해 스스로 허락한 유일한 나의 무기들, 침묵과 고립 그리고 재능으로 말이야.

– 제임스 조이스 '젊은 예술가의 초상'(1916년, 아일랜드) 중에서

방탄소년단이 또다시 미국 빌보드 앨범 순위 1위에 올랐다. 2018년 5월과 9월에 이어 세 번째 정상이다. 자신들이 세운 K팝의 최고 기록을 스스로 경신하며 그들은 더 높이 비상하고 있다.

이때를 놓칠세라 얼마 전 한 정치인이 방탄소년단의 평양 콘서트를 추진하겠다고 했다. 정치적 도구로 이용되는 일은 없어야 한다고들 말하지만, 권력이 선동의 맨 앞에 세우는 건 언제나 노래, 소설, 영화, 드라마와 같은 문화예술이다.

북한에서는 한국 노래, 드라마, 영화를 보면 엄한 처벌을 받는다. K팝을 '북한 젊은이들을 타락시키는 악성 암'이라고 비판한 김정은이 BTS 공연을 허락할 리 없다. 자신 외 다른 우상에게 열광하는 것, 대중이 자유를 요구하며 개인으로 깨어나는 것은 공산주의 사회의 독재자가 가장 두려워하는 일이다.

영문학의 거목으로 불리는 제임스 조이스의 자전적 성장소설은 어린 소년이던 주인공이 작가의 길에 들어서기까지의 오랜 방황과 깊은 고뇌를 그려내고 있다. 고난 없이 성장하는 사람이 없듯 고통 없이 태어나는 예술도 없다. 외롭고 아프고 두렵기도 했을 어둠 속에서 마침내 자기만의 길을 찾아갈 수 있게 되었을 때 예술가는 스스로 빛나는 별이 된다.

박수치며 응원하는 것 말고 우리가 해줄 수 있는 게 있다면 그들이 원하는 노래를 그들이 바라는 시간과 장소에서 그들만의 방식으로 마음껏 부를 수 있도록 내버려 두는 것이다. 자유야말로 문화와 예술을 건강하게 키우는 최

고의 양식이다.

005 돌아갈 내 집이 있다는 행복

"네가 돌아와서 정말 기쁘구나, 앤. 네가 없는 동안 너무 쓸쓸했어. 나흘이 이렇게 긴 줄 몰랐단다." 저녁 식사 후 매슈와 마릴라 사이에 앉은 앤은 여행에 대해 빠짐없이 이야기했다. "정말 멋진 시간이었어요. 제 인생에서 잊지 못할 날들로 기억될 거예요. 하지만 그중에서도 제일 좋았던 건요, 집으로 돌아오는 것이었어요."

– 루시 M. 몽고메리 '빨간 머리 앤'(1908년, 캐나다) 중에서

다섯 살 때였나, 길을 잃어버린 적 있다. 겁이 나서 엉엉 울면서 골목길을 헤매고 다녔다. 다시는 집에 갈 수 없을까봐 무척 두려웠던 기억이 난다. 다행히 해지기 전에 집으로 돌아올 수 있었다. 눈물범벅이 된 얼굴을 씻겨주던 엄마한테 혼이 나면서도 집에 왔다는 게 왜 그리 좋았을까.

크고 넓은 친척 집에 가서 놀다가도 때가 되면 집에 오고 싶었다. 비록 작았지만 집에 오면 긴장이 풀리고 마음이 놓였다. 누가 가르쳐주지 않아도, 세상에 수많은 집이 있어도 날 반겨주고, 밥 먹여주고, 따뜻하게 재워줄 곳이라곤 우리 집뿐이라는 걸 본능적으로 알았던 것 같다.

집이 좋은 이유가 피를 나눈 가족이 모여 살기 때문이라고 착각하기 쉽지만 꼭 그런 것은 아니다. 가족만큼 복잡하고 미묘한 감정을 나누는 집단도 없다. 재산 분쟁이나 가정 폭력, 친족 살인까지는 아니더라도 혈연이란 이름으로 서로를 고통스럽게 상처 내는 일은 얼마든지 많다.

'빨간 머리 앤'은 피 한 방울 섞이지 않았지만 매슈와 마릴라 남매의 사랑 속에서 밝고 건강하게 성장하는 한 소녀의 이야기다. 일찍 부모를 잃고 남의 집과 고아원을 전전하던 앤에게 초록색 지붕 집은 세상 그 어떤 곳보다 마음 편한 곳, 멀리 떠나 있어도 빨리 돌아오고 싶은 곳이다.

가정의 달 5월, 우리가 정말 받고 싶은 선물은 크든 작든, 높든 낮든, 혈연이든 아니든 마음 편히 두 발 쭉 뻗고 쉴 수 있는 내 집, "돌아갈 집이 있다는 게 얼마나 좋은지 몰라요" 하며 앤이 느꼈던 안정감과 편안함이 아닐까.

006 삶이 우리에게 바라는 단 한 가지

> 허클베리는 주워 걸친 누더기를 해마다 피는 꽃처럼 팔랑거리며 입고 다녔다. 날씨가 좋은 날엔 문밖 계단에서 잠을 잤고, 비가 오면 빈 나무통에 들어가 잠을 잤다. 결코 몸을 씻거나 깨끗한 옷을 입을 필요도 없었다. 한마디로 이 아이는 인생을 멋들어지게 하는 데 필요한 모든 것을 다 갖고 있었다.
>
> — 마크 트웨인 '톰 소여의 모험'(1876년, 미국) 중에서

오죽하면 어린이날 자식을 하나씩 끌어안고 죽었을까. 아무리 애를 써도 수천만 원의 빚더미를 벗어날 수 없으리라, 절망했을 삼십 대 젊은 부부의 마지막 선택이 너무 아프다. '하늘이 무너져도 솟아날 구멍이 있다'는 속담을 믿고 조금 더 힘을 냈더라면, '이것 또한 지나가리라'는 옛말을 기억하고 조금만 더 희망을 품었더라면, 하는 생각을 해보지만 남이니까 할 수 있는 소리다.

그래도 안타깝고 궁금하다. 아이들도 죽음을 원했을까. 아무것도 모르니까, 그래서 더 살고 싶지 않았을까. 엄마 아빠가 아이들만 남겨놓고 떠났더라도

'다 덤벼! 지지 않을 테야!' 두 주먹 불끈 쥐고 닥쳐오는 어려움을 잘 이겨내지 않았을까. 누구보다 지혜롭게, 누구보다 용감하고 씩씩하게 잘 자라서 제 몫을 해내는 근사한 어른이 될 수도 있지 않았을까.

부모님은 안 계시지만 이모 집에서 살고 있는 톰과 달리 돌봐 줄 부모도 없고 친척도 없고, 집도 없고 옷도 없고, 끼니마저 종종 걸러야 하는데도 헉은 불행하다고 생각하지 않는다. 오히려 마음껏 뛰놀 수 있는 자유와 친한 친구 톰 그리고 어떤 모험이든 뛰어들 용기를 가진 자신이 누구보다 행복하다고 믿는다. 톰은 물론 동네 아이들도 그런 헉을 때로 부러워한다.

우리도 인생 한복판에 내던져진 우주의 고아다. 누구도 언제나 행복하지 않다. 중요한 건 절망하지 않는 것이다. 희망이 보이지 않을 때조차 희망을 포기하지 않는 것이다. 죽을 것 같아도 계속 살아내는 것, 자연이 돌려 달라고 할 때까지 목숨을 지켜 살아내는 것. 삶이 우리에게 바라는 단 한 가지는, 살아가는 것이다.

007 스승은 더 낮은 곳에 있다

기요가 존경스러웠다. 교육도 제대로 받지 못했고 신분도 낮은 할멈이지만 인간으로서는 정말 고귀한 사람이다. 이렇게 혼자서 먼 곳에 와보니 비로소 그 친절함을 알 수 있었다. 기요는 내가 욕심도 없고 솔직한 성품이라며 칭찬했지만, 칭찬받는 나보다 칭찬하는 본인이 더 훌륭한 사람이다. 괜히 기요가 보고 싶어졌다.

— 나쓰메 소세키 '도련님'(1906년, 일본) 중에서

예전엔 스승의 날이 되면 운동장에 전교생을 모아놓고 기념 행사를 했다. 학생들이 선생님 가슴에 카네이션을 달아주고 다 같이 입을 모아 '스승의 은혜는 하늘' 같다며 노래를 불렀다. 교무실 책상에는 선물과 꽃다발이 쌓였다.

도련님은 섬마을의 중학교 선생님으로 부임한다. 그는 애송이 신임 교사를 얕본 학생들에게 괴롭힘을 당하기도 하고 일부 교사의 마땅치 않은 모습을 통해 세상의 부당함도 경험한다. 그러나 소신껏 부딪혀 가는 동안 교사의 역할과 사람이란 어떻게 살아야 하는지를 스스로 배우고 깨달으며 성장한다.

"도련님은 정직하고 바른 천성을 지녔어요" 하고 말해주던 기요 할멈 덕분이었다. 어린 시절 누구도 못 말릴 개구쟁이여서 "이 녀석은 어차피 안 될 놈"이라는 소리를 부모에게 듣고 자랐지만, 하녀였던 기요만은 언제나 그를 믿어주었다. 고운 성품을 가진 기요가 그에게는 인생의 가장 큰 스승인 셈이었다.

샘, 교사, 강사, 교수, 선생님과 스승은 다르다. 지식을 가르치는 사람과 삶의 방향을 가리키는 사람 정도의 차이랄까. 마음에 스승을 품고 사는 사람은 비뚤어지지 않는다.

스승은 높은 곳에만 있지 않다. 올곧게 살라고, 마음 펴고 살아야 한다고 이끌어 주는 스승은 더 가까운 곳에, 더 낮은 곳에 있다. 부모도 친구도, 겨울 이기고 꽃피운 나무나 밑줄 그어둔 책의 한 문장도 나를 키우는 스승이다. 어쩌면 타산지석(他山之石)이라고, 미운 사람과 고통스러운 세상조차 좋은 스승이려나.

008 부부, 마음 떠나면 가장 무서운 적

단단하게 언 양고기 다리를 높이 쳐들고 남편의 뒤통수를 세게 내리쳤다. 쇠

망치로 가격한 것과 다르지 않았다. 그는 조금 휘청거리더니 쿵 하고 쓰러졌다. 내가 남편을 죽였어. 그녀는 두 손으로 고깃덩어리를 꽉 움켜쥔 채 시체를 내려다보며 중얼거렸다. 경찰의 아내는 자신이 어떤 벌을 받게 될지 아주 잘 알고 있었다.

- 로알드 달 '맛있는 흉기'(1953년, 영국) 중에서

두 손 꼭 마주 잡고 걸어가는 노부부만큼 애틋한 모습도 드물다. 아내의 휠체어를 밀어주는 머리 허연 남편이나 허리 굽은 남편을 부축하는 늙은 아내를 스쳐 갈 때면 가슴이 아릿하다. 얼마나 많은 인생길을 함께 굽이굽이 걸어왔을까. 때론 마음 설레며 쓰다듬었겠지만, 때론 죽일 듯 소리 지르고 싸우면서도 자식 낳아 기르고 가르치며 오늘까지 왔겠지, 싶은 것이다.

형제나 부모·자식 간에도 풀기 어려운 갈등과 대립은 존재한다. 하물며 피 한 방울 섞이지 않은 남자와 여자일까. '부부 싸움은 칼로 물 베기'라는 말이 있지만 등 돌린 부부는 지구 한 바퀴를 돌아야 마주 볼 수 있는, 세상에서 가장 먼 사람이다.

천재적인 이야기꾼이라고 불리는 작가의 단편소설은 남편을 살해한 아내가 완전 범죄를 저지르는 이야기다. 흉기는 저녁 요리에 쓰려고 냉동실에서 방금 꺼낸 양고기 다리. 그녀는 사건을 수사하러 나온 남편의 동료 경찰들에게 양고기 요리를 대접하고 그들이 음식을 싹 다 먹어 치움으로써 살인의 증거는 사라진다.

수많은 추리소설 속에는 아내가 남편을, 남편이 아내를 살해하는 사건들이 벌어진다. 소설의 범인들은 엉뚱한 사람에게 누명을 씌우거나 사체를 훼손하고 알리바이를 조작하여 범행을 은폐하려 한다. 거짓말을 하거나 술과 정신병을 핑계 대기도 한다.

현실은 종종 소설가의 상상력을 추월한다. 어느 시의회 의장이 아내를 골프채와 주먹으로 때려 심장 파열로 죽게 하고는 '환자가 기절했다'며 119에 전화했다. 도망가거나 현장을 조작해서 혼란을 주지 않은 것을 그나마 고맙다고 해야 하는 건가.

009 이 나라에 태어나지 않았다면

누가 피에르의 목숨을, 그의 추억과 노력, 희망과 사상을 앗아가려 하는 것일까. 도대체 누구일까. 피에르는 다른 누가 그런 게 아니라는 사실을 깨달았다. 조직의 질서 때문이었다. 여러 가지 상황의 복합적인 결과였다. 그 어떤 질서가 피에르를 죽이고, 목숨과 모든 것을 빼앗아 그의 존재를 말살하려 하고 있었다.

– 레프 톨스토이 '전쟁과 평화'(1869년, 러시아) 중에서

입항 행사 도중 정박용 밧줄이 끊어지는 바람에 해외에서 수개월간 임무를 마치고 돌아온 해군 병사 네 명이 다치고 한 명이 숨지는 사고가 났다. 환영 나온 많은 사람과 가족이 참석한 자리에서 벌어진 참극이었다.

국가를 지키는 군인의 생명과 자긍심은 존중받아야 한다. 군의 자부심과 명예는 국민과 국군 통수권자가 심어주는 것이다. 그래서 러시아 푸틴 대통령은 굵은 비가 쏟아지는데도 우산을 쓰지 않고 무명용사 묘지에 헌화했고, 대만의 차이잉원 총통도 훈련 중 추락, 순직한 전투기 조종사의 유가족에게 "대만 군이 가족을 돌볼 것"이라고 약속했다.

프랑스군의 포로가 되어 총살 위기에 처한 피에르는 무엇이 자신을 죽음의 위기로 몰았을까, 생각하게 된다. 그가 사지에 몰린 것은 피에르, 자신의 의지

나 잘못이 아니었다. 러시아라는 국가가 없었다면, 그가 러시아 국민이 아니었 다면, 그의 조국이 프랑스와 전쟁을 하고 있지 않았다면 결코 일어나지 않을 일이었다.

휴가 나온 병사들을 가끔 길에서 마주칠 때, 스무 살 갓 넘은 앳된 얼굴을 보며 새삼 놀라곤 한다. 이토록 어린 청년들이 나라의 부름을 받아 책임을 다 하고 있다!

국가를 지키는 군인의 생명과 자긍심은 존중받아야 한다. 탈영 사고가 아 닌 이상, 군 복무 중 다치거나 목숨을 잃은 병사들과 그의 가족은 지극한 위 로와 애도를 받아야 한다. 그것이 이 땅의 자유와 평화를 수호하고 있는 군인 에 대한 마땅한 대우이다.

010 흐르는 강물에 떠나보내야 할 것들

강물은 평화로워 보인다. 오랫동안 지켜보고 익숙해져서 조용해진 것 같은 기계 소음처럼. 마치 사람들의 수많은 몸짓이 한 덩어리로 느껴지는 것처럼 그 리고 시각·청각 장애인의 시력과 청력이 그런 것처럼, 거센 물결 또한 침체된 마 음에서는 고요하고 잔잔해진다.

– 윌리엄 포크너 '내가 죽어 누워 있을 때'(1930년, 미국) 중에서

며칠 전 지인을 만난 자리, 메시지를 확인하던 그가 "어머, 어쩌면 좋아!" 하 고 낮게 소리쳤다. 지난 5월 29일, 헝가리 다뉴브강에서 일어난 유람선 사고 희생자 중 한 명이 그의 친구라는 전언이었다. 믿을 수 없다며 통화로 사정을 전해 듣던 그의 눈에 눈물이 고였다.

타인의 죽음을 마주한 순간만큼 살아가는 것을 두렵게 하는 일도 없다. 그러나 사랑하는 사람을 잃어도 살아 있는 사람은 또 살아간다. 때가 되면 배고프고 잠이 오고, 가시에만 찔려도 내 상처가 제일 아프다. 우스운 말을 들으면 자신도 모르게 소리 내어 웃다가 깜짝 놀라기도 한다.

'내가 죽어 누워 있을 때'는 죽은 애디를 매장하기 위해 남편과 다섯 자녀가 관을 끌고 떠난 아흐레 동안의 여정을 그린다. 폭우로 불어난 강을 건너다가 관을 놓치지 않으려고 사투를 벌이기도 하고 가족이기에 견뎌야 하는 괴로움도 감당하지만, 그들이 저마다 안고 있는 고통과 욕망은 아내와 엄마를 잃은 상실감보다 더 크고 직접적이다. 그래서 애디를 땅에 묻자마자 남편과 아들딸은 일상으로 즉시 돌아간다.

태어나고 성장하고 만끽하는 생명, 그러나 언젠가는 다 놓고 떠나야 하는 세상의 모든 것. 그래서 눈물겹게 대견한 생이다. 슬픔과 안타까움은 가슴 깊이 묻고 시간과 함께 흘려보내야 한다. 무심한 것 같아도, 매정한 것 같아도 살아 있는 지금, 돌아보지 말고 앞을 향해 걸어가야 한다. 오늘 살아 있다고 해서 내일도 살아 있을 거라 말할 수는 없으리라. 지금, 이 순간에도 햇빛은 눈 부시고, 구름은 흘러가고, 어딘가엔 비 내리고, 나뭇잎은 바람에 일렁이고 있을 뿐.

011 책임, 사랑의 또 다른 이름

벤이 죽도록 내팽개치지 않은 여자. 헤리엇은 입을 열어 말하진 않았지만 마음으로는 자신을 그렇게 열렬히 변호했다. 벤을 데려오는 것 말고 다른 길은 없었다. 그러나 그렇게 했기 때문에, 죽지 않도록 그 아이를 구해냈기 때문에 그녀의 가족은 파괴됐다. 그녀 자신의 인생도 무너졌다.

— 도리스 레싱 '다섯째 아이'(1988년, 영국) 중에서

 울부짖는 소리를 듣지 못했다 해서 배고프지 않았으리라 생각하는 사람은 없다. 아프다, 외롭다, 말할 수 없었다 해서 고통을 느끼지 못한 것도 아니었을 것이다. 속으로 파고든 아픔이 더 뼈가 저리는 법이다. 엿새 동안 젖은 기저귀를 깔고 아무것도 먹지 못한 채 철없는 부모를 기다렸을 7개월 된 아기가 자꾸만 마음에 밟힌다.
 헤리엇과 데이비드는 계획에 없던 다섯째를 임신하자 당황한다. 주변 사람들도 무책임하다며 부부를 비난할 뿐, 아무도 축복하지 않는다. 배 속 아이는 독버섯처럼 자라며 임신 기간 내내 헤리엇의 몸을 힘들게 한다.
 환영받지 못하는 존재인 걸 알았기 때문일까. 벤은 귀엽지 않았고 힘은 막무가내로 셌으며 성격은 잔혹하고 누구와도 교감하지 않았다. 남편은 양육을 포기하고 요양소로 보냈지만, 구속복에 갇힌 채 약에 절어 거의 죽은 것 같은 벤을 헤리엇은 다시 집으로 데려온다. 그 결과 가족 누구도 행복하지 않았다. 그녀를 홀로 남겨놓고 모두가 집을 떠난다. 그러나 헤리엇은 죄책감이든 책임감이든, 괴물 같은 벤을 끝까지 놓지 않는다.
 21세 아빠와 18세 엄마는 아기가 죽어가는 동안 밖에서 술 마시고 게임을 했다. '청소년에게도 섹스할 권리를 달라'는 목소리가 커지는 사회에서 아기가 '사랑의 결실'이란 말은 너무 달콤하기만 하다. 섹스 뒤에는 생명이, 생명에는 무한한 책임이 따른다는 것을 어떻게 가르쳐야 할까. 자식에 대한 부모의 사랑도 끝없는 인내와 노력과 희생이 필요한 것을.

012 공산주의라는 식인 사회

> 형님은 왜 그놈들과 한패가 되려는 겁니까? 사람을 잡아먹는 놈들이 무슨 짓인들 못하겠습니까? 놈들은 저를 잡아먹고 형님까지도 잡아먹을 겁니다. 그러고 나선 자기들끼리도 서로 잡아먹겠지요. 그러나 한 발만 물러나 생각해 보면 이 끔찍한 사태는 즉시 개선될 수 있고 사람들은 누구나 평화로울 수 있습니다.
>
> – 루쉰 '광인 일기'(1918년, 중국) 중에서

사거리 교차로, 동서남북 사방에서 파란불이 켜진다. 보행자는 목적지를 향해 직선 또는 대각선으로 길을 건넌다. 방향을 정해주거나 줄을 맞추라거나 보폭과 속도를 정해주는 사람은 없다. 걸어도 되고 뛰어도 되고 춤을 춰도 되지만 부딪치거나 넘어지면 개인의 책임이다. 규칙은 간단하다. 파란불이 꺼지기 전에 안전하게 길을 건너는 것이다.

'광인 일기'는 식인 문화가 여전히 존재한다고 믿는 피해망상증 환자의 이야기다. 사람이 사람을 잡아먹는 식인 전통은 무고한 사람을 잡아들여 죽이는 권력과 폭정의 역사를 상징한다. 신해혁명으로 청나라가 무너지고 7년째 되던 해, 작가는 이 작품 속에 새로운 세상에 대한 기대와 우려를 담았다. 기대는 날아가고 걱정은 현실이 된다. 소설이 세상에 나오고 몇 년 뒤인 1921년, 중국 공산당이 창당된 것이다.

'범죄인 중국 송환법' 완전 철폐를 요구하는 홍콩 시위가 계속되고 있다. 넓은 교차로와 파란 신호등 이외의 제재는 불필요하며 공산주의 사회의 식인 전통, 즉 권력과 법이 자행하는 폭력은 허용하지 않겠다는 자유의 외침이다. 도로를 가득 메우고 시위하다가도 구급차 사이렌이 울리면 길을 열어주는 시민들. 자유란 책임이고 배려이며 스스로 지키지 않으면 빼앗긴다는 것을 너무 잘 알고 실천하는 그들이다.

상황을 개선하고 모두가 평화로울 수 있는 길은 무엇일까. 광인의 입을 빌려서 세상의 광기를 걱정했던 루쉰, 공산주의 실체와 결말을 확인하지 못했던 그가 오늘의 중국과 홍콩을 비교해 본다면 어떤 말을 할지 궁금하다.

013 내 안의 어떤 모습을 사랑할 것인가

> 나르키소스는 물에 비친 자기 그림자를 넋을 잃고 바라보았다. 별처럼 빛나는 두 눈, 아폴로 신과 비교할 수 있을 것 같은 곱슬곱슬한 머릿결, 보드라운 뺨, 상아 같은 목, 붉은 입술 그리고 이 모든 것 위에서 빛나는 건강하고 단련된 몸. 그는 입맞춤을 하고 싶었다. 포옹하려고 물속으로 두 팔을 뻗었다.
> – 토머스 불핀치 '신화의 시대'(1855년, 미국) 중에서

지하철이나 버스에서 열심히 화장하는 젊은 여성들을 보곤 한다. 안 해도 예쁜데 작은 손거울을 들여다보며 비비크림을 바르고 파우더를 두드리고 눈썹과 입술을 색칠한다. 남의 시선은 신경 쓰지 않는다고 하겠지만 스스로 못생겼다고 생각하는 사람은 하지 않는 일이다.

셀프 카메라를 찍는 모습은 더 쉽게 볼 수 있다. 사진을 찍고 고르고 소셜미디어에 올린다. 좋아요 클릭과 공감 하트, 예뻐요, 멋져요 댓글을 읽으면 자존감이 높아진다. 세상과 연결되어 있구나, 안심한다. 지난 6월 21일은 '세계 셀카의 날'이었다. 셀카는 인류 문화의 일부로 당당히 자리매김하고 있다.

그리스 신화에는 자기 자신을 지나치게 사랑하는 요정과 인간이 자주 등장

한다. 에코는 제 입에서 나오는 말만 사랑하다 남의 말만 따라 하는 메아리가 된다. 사랑할 줄 모르던 미소년 나르키소스는 물에 비친 자기 모습에 반하고 이룰 수 없는 사랑을 슬퍼하다 수선화가 된다. 피그말리온은 자신이 조각한 여인상과 사랑에 빠진다. 신은 예술가의 자아도취가 밉지 않았던지 조각에 생명을 불어넣어 준다. 피그말리온은 갈라테이아라고 이름 붙인 아름다운 조각상 여인과 결혼해서 아들 낳고 행복하게 잘 살았다. 신화에서는 보기 드문 해피엔딩이다.

자신감을 갖는 것은 중요하다. 일의 성취나 세상과 맺은 좋은 관계는 자신을 아끼고 존중하는 마음에서 출발한다. 에코도, 나르키소스도, 피그말리온도 우리 안에 있다. 무엇을 더 사랑하며 어떤 모습을 어떻게 완성해 갈 것인가, 오직 자신의 선택에 달렸다.

014 사소한 이별의 이유

그때를 생각할 때마다 그녀를 그렇게 떠나보냈다는 사실에 놀랐다. 그녀의 양보가 그다지 중요하지 않았다는 사실도 지금은 알고 있다. 그녀에게 필요했던 건 확고한 그의 사랑과 앞으로 함께할 날이 많으니 서두를 필요가 조금도 없다는 토닥거림뿐이었다. 사랑과 인내, 이 두 가지가 있었다면 그들 모두에게 도움이 되었을 텐데.

— 이언 매큐언 '체실 비치에서'(2007년, 영국) 중에서

인류 최초의 이혼남은 유대교 신화의 아담이다. 그는 첫째 아내 릴리트와 성적 취향의 차이로 헤어졌다. 일본 신화의 이자나기는 오르페우스처럼 죽은

아내를 잊지 못해 저승에 가서 데리고 나오지만 그녀의 부패한 얼굴을 보고 경악, 뒤도 안 돌아보고 달아났다.

못생겼어도 "당신은 언제나 예뻐!"라는 거짓말을 듣고 싶은 게 여인의 마음, 상처 입은 아내 이자나미는 그 후 불구대천 원수가 되어 전남편이 하는 일을 사사건건 방해한다. 반면, 그리스 신화 속 천하의 바람둥이 제우스와 그런 남편을 눈코 뜰 새 없이 감시하는 헤라는 사달이 나도 열두 번은 났을 것 같은데 이혼하지 않는다.

'체실 비치에서'는 젊은 부부가 초야를 제대로 치르지 못해서 신혼여행지에서 헤어지는 상황을 되짚어간다. 플로렌스는 남편의 미숙함이 여자로서 부족한 자기 탓이라며 자책했고, 에드워드는 자신의 서투름을 아내가 비웃는다고 오해했다. 대화는 하면 할수록 꼬였고 한번 어긋난 길은 두 번 다시 합쳐지지 않았다.

첫눈에 반하기도 하지만, 한순간의 서운함이 이별로 치닫기도 한다. 사랑을 믿었다면 이해할 수 있었을 텐데, 세월 지나 돌아보니 웃을 수 있는 일이었을 뿐인데, 젊은 그들에겐 너무 아프고 고통스러운 상처였.

20대 미혼 여성에게 이 책을 선물한 적 있는데 '첫날밤이요? 그런 것쯤 다 안다고요' 하는 반응에 좀 당황했던 기억이 난다. 꼭 침대 이야기만은 아닌데, 문학의 감동과 여운은 밀쳐두고라도 요즘 젊은 세대는 관계의 어려움은 겪지 않는 걸까?

015 마지막 술잔에 담긴 당신의 의미

난 자네를 정말 많이 좋아했어, 테리. 한 번의 미소와 가벼운 인사, 한 번의 손짓과 조용한 바에서 술 몇 잔 함께 마신 것으로 그렇게 됐지. 그러는 동안은 즐거웠네. 잘 가게. '안녕히'란 말은 하지 않겠어. 그 말은 진짜 의미가 있을 때 벌써 했지. 그 말이 정말 슬프고 외롭고 마지막이었을 때 말이야.

— 레이먼드 챈들러 '기나긴 이별'(1953년, 미국) 중에서

'기나긴 이별'은 술 냄새가 진한 추리소설이다. 사립 탐정 필립 말로는 인사불성으로 취해 길거리에 널브러져 있던 테리 레녹스를 돌봐 준 것을 계기로 그와 친구가 된다. 두 사람은 종종 바에서 함께 술을 마시는데 테리가 좋아했던 술이 라임을 잔뜩 넣은 김렛이란 칵테일이다.

어느 날 테리는 급히 국경을 넘어야 한다며 도움을 청하고 필립은 이유도 묻지 않고 기꺼이 탈출을 돕는다. 그 때문에 살인사건의 종범 혐의로 경찰서에 끌려가 고초를 당하기도 하고 골치 아픈 사건에 휘말리게 되지만 필립은 원망하지 않는다. 오히려 '나를 위해 김렛을 마셔주게'라던 테리의 당부대로 바에 찾아가 혼자 술을 삼키며 그를 추억한다.

문학과 술을 좀 안다는 사람들은 이 작품을 인용, 사나이들의 낭만과 의리를 상징하는 술이라며 김렛을 소개하곤 한다. 소설을 끝까지 읽지 않았거나 취해서 읽은 게 아닐까 싶다.

"정말 어쩔 수 없었어. 아무도 다치게 하고 싶진 않았다고. 겁이 나서 도망쳤을 뿐이야." 사건의 전모가 드러나고 뜻밖에 재회한 테리가 변명한다. 애초에 술주정뱅이를 믿었던 게 잘못이었다. 김렛을 함께 마시자는 테리를 거절하고 필립은 씁쓸하게 돌아선다. 비겁과 배신을 상징하는 술이었던 김렛을 그날 이후 필립은 쳐다보지도 않았을 것이다.

음주운전 경력이 드러난 대선 후보에 대해 "대리비를 아끼고 싶은 마음에서 한 음주운전이다, 가난이 죄다"라고 말한 대변인이 비웃음을 샀다. 좋은 사

람들과 술 한두 잔 나누는 일은 분명 즐거운 일이다. 모쪼록 마지막 잔까지 아름답기를!

016 복수는 고통을 불러올 뿐

> 당신이 나를 지독하게, 정말 지독하게 대접한 것을 내가 기억하고 있다는 걸 알아야 해. 알겠어? 만약 내가 모를 거라 생각하고 우쭐거린다면 당신은 바보야. 다정한 말 몇 마디로 날 위로할 수 있다고 생각한다면 당신은 천치야. 또 내가 복수도 안 하고 가만있을 거라 생각한다면 그렇지 않다는 걸 곧 보여주겠어.
> — 에밀리 브론테 '폭풍의 언덕'(1847년, 영국) 중에서

히스클리프는 주위 사람들은 물론 자기 자신까지도 파멸시키는 인물이다. 고아였던 자신을 거두어 준 언쇼 씨가 죽은 뒤 그 아들에게 모진 학대를 받은 히스클리프는 사랑했던 캐서린마저 린턴과 결혼하자 복수심에 불탄다. 그는 광적으로 캐서린에게 집착하며 언쇼와 린턴, 두 집안을 몰락시키지만 승리감도 잠시, 눈도 감지 못하고 쓸쓸히 죽음을 맞는다.

'당신이 나한테 이럴 수는 없어. 가만있지 않을 거야. 두고 봐'라는 저주는 '나는 상처받았어. 날 좀 사랑해 줘. 더 크게 보상해 줘'라는 요구와 다르지 않다. 그러나 밉다, 싫다 반복해서 불평하고 사사건건 잘못을 지적하는 사람에게 호의를 갖고 그가 바라는 걸 선물해 줄 사람은 없다. 그런 일방적 순애보는 세상이 나를 중심으로 돌아간다고 믿는 어린 마음속에서만 가능하다.

일본 제품 불매운동을 과열 선동하고 있다. 부모나 조상이 당한 멸시와 고통을 되갚아 주겠다는 다짐은 자손이 품을 수 있는 당연한 감정이다. 전쟁이

나 외교로 틀어진 나라와 국민이 갖는 적개심도 자연스러울지 모른다. 하지만 수출 규제로 기업들은 애가 타는데 국익에는 어떤 도움이 될까.

용서는 쉽지 않다. 그러나 증오하는 마음을 지속시키고 복수를 실행하려면 엄청난 에너지를 소진해야 한다. 상대를 부숴버리는 데 성공한다 해도 나 또한 함께 무너질 수밖에 없다. 두 집안을 망가뜨린 히스클리프보다 "저는 아저씨처럼 되진 않을 거예요" 하며 사랑의 싹을 심은 캐서린의 딸, 캐시의 지혜가 어느 때보다 아쉽다.

017 태양을 끌어안을 가슴이 필요해

아르당의 제안은 받아들여졌고 포탄의 형태도 원뿔형으로 바뀌었다. 발사 충격을 완화하기 위해 강력한 용수철과 칸막이가 설치되었다. 1년 치 식량과 몇 달 치 음료와 며칠 분의 가스도 준비되었다. 여행자들이 숨 쉴 공기는 자동장치로 공급되었다. 포탄이 우주를 여행하는 것을 지켜보기 위해 로키산맥 정상에는 거대한 망원경이 설치되었다.

― 쥘 베른 '달 가까이에서'(1869년, 프랑스) 중에서

계수나무와 토끼가 있다고 믿었던 사람들, 보름달이 뜨는 밤이면 늑대인간이 나타날까 무서워하던 인류가 우주여행을 처음 꿈꾼 것은 언제였을까. 오래전 작가들은 악마의 힘을 빌려서, 또는 독수리처럼 큰 날개를 어깨에 매달고 푸드덕거리며 우주로 날아가는 것을 상상했다. 태풍에 휘말려 불시착한 선원들이 달에서 살고 있는 사람을 만나는 이야기도 있다.

공상과학 소설의 문을 처음 연 쥘 베른의 소설에서는 대포알을 타고 우주

로 날아간다. 세상에서 제일 큰 대포로 쏘아진 포탄 우주선에 탑승한 건 세 명의 인간과 개 두 마리. 착륙은 실패하고 지구로 돌아갈 길은 요원하지만 한결 크고 가까워진 창밖의 달을 관찰하는 그들은 즐겁고 유쾌하기만 하다.

지난 7월 20일은 달 탐사 50주년을 기념하는 날이었다. 지구로 무사히 귀환하지만 달 주변을 맴돌기만 했던 '달 가까이에서'가 출간된 지 꼭 100년 후인 1969년, 아폴로 11호가 달 착륙에 성공한 것이다. 우주에 첫 발자국을 남긴 닐 암스트롱은 "개인에게는 작은 발걸음이지만 인류에게는 커다란 도약입니다"라고 말했다. 비행기도 없던 시절, 작가의 상상력은 과학자들을 자극했고 로켓을 착안하는 동기도 부여했다. 이제 인류는 달을 넘어, 태양계를 지나 우주를 향해 끝없이 나아가고 있다.

상상력만이 인간을 도약시킨다. 과거를 움켜쥔 채 눈앞의 것만 노려보는 사람에겐 내일의 태양을 품을 가슴이 없다. 미래는 오직 까치발을 들고 더 멀리, 더 높은 것을 꿈꾸며 앞으로 나아가는 자의 것이다.

018 미지에 대한 사랑, 무지로 인한 공포

의문의 신사가 막 출발하려 하고 있었다. 그를 볼 수 있는 단 한 번의 기회. 나는 침대에서 벌떡 일어나 창가로 뛰어가 커튼을 열어젖혔다. 역마차 안으로 들어가는 뒷모습이 얼핏 보였다. 하지만 내가 볼 수 있었던 건 둘로 갈라진 갈색 코트의 뒷자락 사이로 드러난 커다란 그의 엉덩이뿐이었다. 곧 문이 닫히고 마차는 멀어져갔다.

- 워싱턴 어빙 '뚱뚱한 신사'(1822년, 미국) 중에서

비가 내린 일요일, 소셜 미디어를 통해 겁에 질린 강아지 사연을 보았다. 창 여닫는 소리, 페트병 따는 소리에도 놀라 구석으로 숨고 주인 팔에 안겨서도 바들바들 떨었다. 소리가 난 뒤 즐거운 경험이 따라온다는 걸 각인시키면 치료될 수 있다는 전문가의 말대로 소음을 만들고 간식 주기를 반복하자 강아지는 거짓말처럼 편안해졌다.

단편소설 '뚱뚱한 신사'는 '안다'는 것과 '모른다'는 것에 대해 생각하게 한다. 여행 중이던 소설 속 '나'는 비가 추적추적 내리는 어느 일요일, 시골 여관에 머문다. 무료하던 차에 '뚱뚱한 신사'라고 하는 투숙객에게 호기심을 갖게 되고 모습을 상상하게 된다.

그의 방을 드나드는 종업원들의 대화 내용에 따라 까탈스러운 노신사에서 점잖은 중년으로, 다시 호색한으로 상상이 바뀌지만 직접 만나 확인할 기회는 생기지 않는다. 다음날 늦잠에서 깬 그가 창밖으로 겨우 볼 수 있었던 것은 떠나려고 마차에 올라타는 그의 커다란 엉덩이뿐이었다.

상상 속 신사와 현실의 모습은 얼마나 같았을까. 또는 얼마나 달랐을까. 그를 대면했던 종업원들은 그를 안다고 할 수 있을까. 직업이나 외모를 알면 그 사람을 다 안다고 착각하지만, 그 또한 자기 처지에서 판단한 그의 단면일 수밖에 없다.

불확실한 것은 신비롭고 매력적인 동시에 두렵게 한다. 첫눈에 반하거나 오해하고 원망하거나, 강아지처럼 아무것도 아닌 일로 공포에 빠지는 건 실체를 모르기 때문이다. '아는 것이 힘'이라는 말은 무지한 상태에 있는 한, 미지의 대상이 우리 삶에 굉장한 힘을 휘두를 수 있다는 뜻이기도 하다.

019 8월에 바라보는 11월의 숲

> 벌써 8월. 저 멀리 있는 질푸른 산이여, 이리 오라. 먼지를 뒤집어쓴 초록 나무들이여, 내 품으로 오라. 7월은 모두 소진되었고 8월도 곧 불에 타듯 사라질 것이다. 찬 이슬 내린 아침, 누렇게 물든 나뭇잎들 사이에서 불쑥 튀어나온 유령은 우리를 오싹 떨게 만들 것이다. 갑자기 11월이 숲을 휩쓸어 버릴 것이다.
> – 헤르만 헤세 '클링조어의 마지막 여름'(1920년, 독일) 중에서.

저녁 무렵 산책을 나간다. 늘 같은 길로 가지만 매일 다른 길을 걷는다. 매미가 울던 자리엔 고추잠자리들이 어지럽게 날아다니고, 어제는 추워 죽겠다며 재촉하던 길을 오늘은 더워 죽을 것 같은 기분으로 축 늘어져서 걷는다. 어디서 와서 어디로 가는 것일까. 어제는 보이지 않던 것들이 오늘 태연하게 나타나고, 오늘 당연하게 들리는 것들이 내일은 흔적 없이 사라진다.

'클링조어의 마지막 여름'은 죽음을 앞둔 마흔두 살의 화가 클링조어가 보내는 생의 마지막 계절을 스케치한다. 다시 만날 수 있을 것처럼 친구들과 웃으며 헤어지고 그리운 이들에게 아무렇지 않게 편지를 쓰지만 태양이 불태우듯 빠르게 소진되는 7월과 8월, 클링조어가 바라보는 것은 자신이 사라지고 없을 싸늘한 11월이다. 그는 말한다. "우리는 몰락하고 있습니다. 우리는 모두 죽을 수밖에 없습니다. 우리는 다시 태어나야 합니다."

보름달처럼 부푼 배를 안고 걷던 여자는 계절이 바뀌자 유모차에 아기를 태우고 나왔다. 벌써 몇 년째 길에서 마주치는 할아버지와 그 옆을 따라 걷는 강아지는 양쪽 다 걸음 속도가 조금씩 느려졌다. 그런데 산책로에서 보조기를 밀며 재활 운동하던 할머니를 마지막으로 본 건 언제였을까.

매미와 잠자리가 떠난 자리, 귀뚜라미가 울고 코스모스가 춤을 추면 기러기들이 날아온다. 그러면 곧 첫눈이 내리겠지. 지금 같아선 춥다, 싫다 절대 불평하지 않을 것 같은 겨울을 그려본다. 무더위를 이기는 타임머신 피서법.

020 바보인가, 자유인인가

"헛소리 작작 하라고." 술주정뱅이 갑판장이 대꾸했다. "내가 멍청인 줄 알았나? 난 바보가 아니야. 나랑 술 한잔하기 싫다면 내가 다 마시지 뭐. 자, 자네의 건강을 위해 건배! 그리고 잘 가게." 갑판장은 비틀거리며 시내로 향했고 악마의 병도 그렇게 사라졌다.
- 로버트 루이스 스티븐슨 '병 속의 악마'(1891년, 영국) 중에서

교단에 있을 때 문제아라고 불리던 아이들이 있었다. 개성이 강하고 현재 욕망에 충실하다 보니 친구나 선생님들하고 늘 부딪쳤다. 훈계로 끝나지 않고 정학과 같은 조치가 취해질 때도 있었는데 겉으로만 잘못했다고 할 뿐, 후회하는 빛은 대부분 보이지 않았다.

'병 속의 악마'는 소원을 들어주는 유리병 덕에 부자가 된 청년의 이야기다. 그는 더 바랄 게 없게 되자 서둘러 병을 판다. 샀던 값보다 싸게 팔지 못하고 죽으면 지옥에서 영원히 고통받아야 한다는 단서가 병에 붙어 있었기 때문이다.

그런데 사랑하는 아가씨와 결혼을 앞둔 청년은 나병에 걸렸다는 걸 알게 된다. 그대로 죽고 싶지 않았던 그는 수소문 끝에 악마의 병을 재구매해 건강을 회복하고 결혼하게 되지만 청년이 지불한 돈은 단돈 1센트. 그는 아내와 함께 화폐 가치가 낮은 섬을 찾아가고, 그곳에서 술주정뱅이 갑판장에게 1센트도 안 되는 값에 병을 판다.

청년은 악마의 병이 가진 비밀에 대해 말해주며 걱정했지만, 갑판장은 병을 되팔 생각이 없다. 마법의 힘으로 죽을 때까지 술을 실컷 마실 수만 있다면 악마든 지옥이든 좋다는 것이었다. 그는 살아 있는 동안 행복했을 것이다. 덕분에 청년도 아름다운 아내와 행복하게 잘 살았다는 이야기.

문제아였던 아이들 중 누구는 실패했고 누구는 성공했다는 소식을 들었다. 내일을 두려워하지 않고 오늘의 즐거움을 선택하는 사람은 바보일까, 자유인일까? 소원을 들어줄 악마의 병이 눈앞에 찾아온다면 당신의 선택은?

021 패배하지 않는 삶을 위하여

> 물고기가 상어에게 공격당했을 때, 노인은 마치 자신이 공격당한 느낌이었다. 너무 좋은 일은 오래가지 못하는구나, 하고 생각했다. 차라리 이게 꿈이었더라면, 저 고기를 낚지 않고 차라리 침대 위에 그냥 누워 있었더라면. "하지만 인간은 패배하기 위해 태어난 것이 아니야." 그가 말했다. "인간은 파괴될 수는 있지만 패배하지는 않는 거야."
>
> – 어니스트 헤밍웨이 '노인과 바다'(1952년, 미국) 중에서

시련과 맞서 싸우는 인간상을 그린 '노인과 바다'는 헤밍웨이의 최고 작품으로 평가된다. 84일 동안 물고기를 한 마리도 낚지 못한 산티아고는 다시 바다로 나간다. 마침내 대어를 잡고 의기양양하게 돌아오는 길, 상어 떼의 공격을 받아 죽을힘을 다해 싸우지만 끝내 빈손으로 귀환한다. 만신창이가 되었지만 최선을 다했기에 후회는 없다.

'무기여 잘 있거라', '누구를 위하여 종은 울리나' 등의 작품으로 일찍부터

명성을 떨쳤던 헤밍웨이는 이 소설을 발표하고 퓰리처상과 노벨문학상을 잇달아 수상한다. 그러나 너무 밝은 빛은 눈을 멀게 하고 어둠 속으로 한 영혼을 밀어 넣기도 하는 법. 그는 더 좋은 작품을 쓰지 못할 거라는 압박감을 견디지 못하고 우울증을 앓는다. "나는 작가다. 작가가 글을 쓰지 못하면 세상에 존재할 필요가 없다"라며 비관하던 그는 결국 자살로 생을 마감한다.

"나는 죽을 때까지 싸울 거야"라며 산티아고가 굴복하지 않았던 건 뭍에서 자신을 기다리고 있을 어린 소년, 마놀린에 대한 믿음과 사랑 때문이었다. 그는 반드시 살아 돌아가 모든 경험을 아이에게 들려주고 싶었다. 수많은 연애와 네 번의 결혼, 작가에게 주어지는 모든 영예를 누렸지만 헤밍웨이는 계속 살아가게 할 단 하나의 희망, '마놀린'만은 갖지 못했던 것일까.

누구의 삶도 완전하지 않다. 결핍이 삶을 파괴할 때도 있지만 작가에겐 작품을 쓰게 하는 힘이듯, 밑 빠진 항아리 같은 인생일지라도 가득 채워질 날을 꿈꾸며 앞으로 나아가는 인간은 결코 무릎 꿇지 않는다. 하나를 주고 더 큰 것을 빼앗아 가는 고약한 우주의 법칙이 작동하고 있을지라도.

022 인생콩팥법칙

태어나면서부터 마음이 악한 인간이 아닌 한, 사람 본성은 원래 죄를 좋아하지 않는다네. 하지만 세상은 우리에게 욕망을 주고, 죄악을 주고, 후천적인 욕심을 주었어. 그 결과 때로는 선량한 본능을 억누르고 우리를 악으로 인도해 가지. 그래서 이러한 말이 생긴 거라네. '범인을 찾으려거든 그 범죄로 이득을 보는 자를 찾아라.'

— 알렉상드르 뒤마 '몬테크리스토 백작'(1845년, 프랑스) 중에서

'몬테크리스토 백작'은 인간 내면에 감춰진 돈과 출세에 대한 욕망이 얼마나 잔혹하게 타인의 삶을 짓밟을 수 있는가를 잘 보여준다. 단테스의 친구들은 사랑을 빼앗기 위해, 돈을 가로채기 위해, 남 잘되는 게 배 아파서 그를 모함하는 데 뜻을 모은다.

가장 악랄하게 단테스의 삶을 유린한 사람은 빌포르이다. 불륜 관계에서 태어난 갓난아기를 생매장할 정도로 무자비한 그는 자신의 출세를 방해할 수 있다는 이유로 역모죄를 씌워 단테스를 정치범 수용소로 보낸다. 이후 온갖 권모술수를 이용, 검찰총장의 자리까지 오른다.

세상엔 선도 없고 악도 없고 권선징악도 없는 걸까. 영문 모르고 끌려간 단테스가 수감된 세월은 자그마치 14년. 탈출하지 못했다면 죽을 때까지 햇빛을 볼 수 없었을 것이다. 우여곡절 끝에 몬테크리스토 백작이 되어 돌아와 복수할 때까지, 그의 인생을 망가뜨린 자들은 천벌은커녕 양심의 가책도 없이 부와 권력을 누리며 잘들 살고 있었다.

진실은 가짜로 매도당하고 거짓과 위선이 성공의 지름길이 되어버린 세상이다. 그러나 콩 심으면 콩 나고 팥 심으면 팥이 나는 '인생콩팥법칙'은 한시도 쉬거나 멈추지 않는다. 빌포르는 단테스가 계획한 것 이상으로 처절하게 자멸한다.

천벌은 다른 누가 주는 게 아니다. 콩 나고 팥 나는 데 시간이 걸릴 뿐. 누군가 갑자기 몰락의 길을 걷기 시작했다면 수확의 계절이 돌아온 것이구나 할 뿐, 조금도 놀랄 일은 아니다.

023 이성이 질식하는 권력이라는 산

    정상을 향해 나아가는 사람들은 종종 심각한 위험을 예고하는 징조들을 소홀히 넘기는 경향이 있다. 성공하기 위해서는 자신을 혹독하게 밀어붙일 필요가 있다. 그러나 정도가 너무 지나치면 죽을 가능성이 있다. 게다가 8,000m 위에서는 적절한 열정과 무모한 정상 정복열의 경계선이 아주 모호해져 버린다. 그리하여 에베레스트 산비탈에는 시체들이 즐비하다.
                            - 존 크라카우어 '희박한 공기 속으로'(1997년, 미국) 중에서

  에베레스트 등반가들은 중도 포기나 죽음을 예상하지 않는다. 오래 머물 수는 없더라도 가장 높은 곳에 올라 잠시나마 세상을 내려다보길 원한다. 영원히 기억될 멋진 사진도 찍으리라, 스스로 격려하며 힘들게 산을 오른다. 그러나 높이 오를수록 공기가 적어지는 탓에 위험을 정확히 인지하고 필요한 선택과 판단을 하기는 쉽지 않다.

  '희박한 공기 속으로'는 논픽션 작가이자 산악인이기도 한 존 크라카우어의 에베레스트 등정 기록이다. 그는 함께 등정하던 일행 중 12명이 숨지는 사고를 겪는다. 직접 원인은 체감온도 영하 70도의 눈 폭풍이었지만 등반 과정에서 반복된 사소한 오류가 임계점을 향해 쌓여간 탓이다.

  1921년부터 참사가 벌어진 1996년 5월까지 에베레스트 정상을 밟은 사람은 630명, 그중 144명이 하산 도중 사망했다. 최고점에 올랐던 네 명 중 한 명이 목숨을 잃은 것이다.

  인간의 호기심과 불가능에 대한 도전 정신, 더 높은 곳에 오르고 싶은 열망은 개인을 발전시키고 인류를 도약시킨다. 그러나 성공의 정점에 선다는 건 공기가 희박해서 제대로 생각하기 어려워지는 에베레스트에 머무는 것과 같다.

특히 권력의 산을 오르는 사람들은 아주 쉽게 세상의 순리와 인간의 도리, 자신의 한계를 무시한 채 '나는 무슨 짓을 해도 괜찮다'는 착각과 오만에 빠진다.

"사람들은 지상에서 가장 높은 봉우리에 오를 기회가 눈앞에 보이면 놀랄 만큼 간단히 올바른 판단에서 등을 돌린다"고 저자는 이야기한다. 정상을 향해 오르고 있거나 이미 그곳에 선 사람이라면 옷핀으로 꽂아 가슴에 새겨둘 말이다.

024 당신의 코, 얼마나 길어질 수 있나

> "거짓말에는 두 가지 종류가 있어. 다리가 짧아지는 거짓말과 코가 길어지는 거짓말. 네 경우는 코가 길어지는 거짓말이구나." 푸른 머리 요정이 대답했습니다. 피노키오는 너무 부끄러워서 어디로든 숨어버리고 싶었습니다. 그러나 그럴 수가 없었지요. 문을 지나갈 수 없을 정도로 코가 너무 길어졌거든요.
> – 카를로 콜로디 '피노키오의 모험'(1883년, 이탈리아) 중에서

제페토 할아버지가 나무를 깎아 만든 꼭두각시 인형 피노키오는 말도 안 듣고 학교에도 가지 않고 교과서를 팔아 극장에 놀러 가는 말썽꾸러기였다. 한번 어긋난 길로 가면 되돌아 나오기 어려운 법. 피노키오는 돈을 벌어 집으로 가려 하지만 악당들의 꾐에 빠져 돈도 빼앗기고 목숨도 잃는다.

말 안 듣는 아이는 무서운 벌을 받는다는 교훈을 담은 여기까지의 이야기가 어린이신문에 연재되던 당시, 이탈리아 동화 작가 카를로 콜로디가 맺은 결말이다. 그러나 피노키오를 살려달라는 독자들의 소망을 외면하지 못한 작가는 요정을 등장시켜 '피노키오의 모험'을 이어간다. 다시 살아난 피노키오는

멋진 모험을 계속하며 할아버지와 재회하고 마침내 진짜 사람이 된다.

다리가 짧아지는 거짓말은 금방 탄로 나는 거짓, 코가 길어지는 거짓말은 꼬리에 꼬리를 물며 계속 커지는 거짓이다. 사실 피노키오는 상습적 거짓말쟁이가 아니다. 거짓말을 해서 코가 길어진 건 딱 한 번. 디즈니 애니메이션에서는 피노키오가 바른 선택을 할 수 있도록 조언하는 귀뚜라미 친구 지미니의 역할을 확대해 재미를 더했다.

어른들, 특히 정치인이 거짓말을 잘하는 이유는 옳고 그름을 말해주는 양심의 목소리, 귀뚜라미 지미니를 잃어버렸기 때문이 아닐까. 그들은 코가 길어진 것도 모르고 '나처럼 진실하게 살아야 해'라고 으스대며 거짓말을 쌓아간다.

수없이 '모른다' '아니다' 말하고 고위 공직에 임명된 사람의 코는 얼마나 길어졌을까. 한번 죽었지만 요정 덕에 살아나 진실한 인생과 사랑을 배우고 진짜 사람이 될 수 있었던 피노키오처럼, 그런 기회와 행운이 그에게도 주어질까.

025 수령님을 위한 건배

우리를 공산주의로 이끌었던 수십 가지 동기 가운데 나를 가장 매혹한 것은 역사의 수레바퀴였다. 우리는 사람이나 사물의 운명을 실제로 결정했다. 내가 빠져 있던 것은 권력의 도취라고 하는 것이었는데, 역사라는 말 잔등에 올라탔다는 사실에 취해 있었다. 추악한 권력을 향한 탐욕으로 변해버리는 게 대부분이지만 그때는 우리가 역사를 이끌어간다는 환상이 있었다.

- 밀란 쿤데라 '농담'(1967년, 프랑스) 중에서

여학생의 관심을 끌고 싶어서 엽서에 폼나게 적어 보냈던 '트로츠키 만세!'

한 줄이 스무 살 청년의 인생을 곤두박질치게 했다. 공산주의자였지만 공산주의가 얼마나 무서운지 몰랐던 루드비크는 스탈린이 정적으로 삼았던 자의 이름을 넣어 농담했다는 이유로 사상을 의심받아 당에서 쫓겨난다. 탄광에 끌려가 몇 년이나 보내며 인간의 존엄성을 훼손당하고 미래도 빼앗긴다.

한때 체코 공산당원이었지만 '프라하의 봄'에 참여하면서 숙청 명단에 올랐다가 프랑스로 망명한 작가의 '농담'은 개인과 자유를 말살하는 공산주의 사회의 공포를 잘 보여준다. 루드비크는 친구라 믿었던 이들이 인민 재판에 자신을 세우고 추방을 선고하던 순간의 충격을 평생 잊지 못한다.

"나는 사회주의자"라고 천명한 법무부 장관이 역사의 수레바퀴를 돌리고 있다. 사회주의의 궁극적 목표가 공산주의라는 것을 증명이라도 하듯, 대학가에는 인공기와 김일성·김정일 사진을 내건 주점이 문을 열 예정이라는 기사가 보도되었다. 반대 목소리가 커지고서야 며칠 후 철거한다는 보도가 나왔지만 "문제가 이렇게 커질 줄 몰랐다"는 주인의 반응이 더욱 놀랍다. 술집 콘셉트가 흥미롭다는 일부 사람들의 반응과 홍보 효과를 위한 것이니 죄가 되지 않는다는 법 전문가들의 논평도 당혹스럽다.

공산 사회에서는 자유로운 우정과 사랑을 허락하지 않는다. 말 한마디 잘못해서 고발당하는 건 아닐까, 친구와 마음 터놓고 이야기할 수도 없다. 연인과 속삭일 수도 없다. 그런 세상에서 큰 소리로 외칠 수 있는 것은 오직 공산당에 대한 찬양뿐. 대학가 주점에서 "수령님을 위하여 건배!"를 외치는 청년들의 모습을 보게 될 날도 멀지 않은 것인가, 걱정이 앞선다.

026 마녀를 해치운 기적

"어머나, 어쩌면 좋아요. 죄송해요." 도로시는 황설탕처럼 녹고 있는 마녀를 보며 겁에 질려 말했다. "물이 내게 치명적이라는 사실을 몰랐단 거냐?" 마녀가 절망적으로 울부짖었다. "네, 정말 몰랐어요. 제가 그걸 어떻게 알았겠어요." 도로시가 대답했다. "아아, 평생 나쁜 짓만 하며 살아온 내가 고작 너 같은 어린애한테 당해 생을 마칠 줄이야."

– 라이먼 프랭크 바움 '오즈의 마법사'(1900년, 미국) 중에서

'오즈의 마법사'는 토네이도에 휘말려 마법의 나라에 오게 된 도로시가 여러 친구를 만나 모험을 펼치는 이야기다. 작가는 많은 실패와 좌절을 경험했는데 직업도 없어 힘들던 시절, 아빠가 지어낸 이야기를 들으며 잠드는 것을 좋아했던 자녀들을 위해 동화를 쓰기 시작했다.

도로시와 함께 여행하는 동안 겁쟁이 사자와 따뜻한 마음을 갖고 싶은 양철 나무꾼, 똑똑해지길 원하는 허수아비는 마음 안에 용기와 사랑과 지혜가 있음을 깨닫게 된다. 소중한 것들은 이미 우리 안에 갖추어져 있으며 인생이란 그것을 깨닫고 발견하는 과정이라고 작품은 말한다.

도로시는 사악한 욕심쟁이 마녀들을 물리치고 노예로 살아야 했던 사람들에게도 자유를 돌려준다. 정의를 찾겠다거나 영웅이 되겠다고 의도한 적은 없다. 도로시는 다만 '착한 힘은 악한 힘보다 강하다'고 믿었을 뿐이다.

거대한 악을 이기기 위해 엄청난 선의가 필요한 것은 아니다. 깊은 동굴 속 어둠이 성냥불 하나 탁 긋는 순간, 단번에 사라진다. 작가는 도로시와 친구들의 소원을 이루어 준 비결에 대해 '아이의 순수함이 기적을 일으키는 마법 지팡이'라고 말한 적 있다.

과거에 다른 사람을 손가락질하며 "무슨 낯으로 장관직을 유지하고 수사를 받느냐?"고 일갈했던 장관이 자택 압수수색을 당했다. 악을 산처럼 쌓아놓고도 모든 걸 누리며 잘사는 사람들이 있다. 하지만 그런 자들을 보면서도 착하게 살아야 한다고 믿는 사람들이 세상엔 더 많다. 잘했으면 칭찬받고 잘못했으면 벌을 받는 것이 세상의 이치라고 말하는 사람들이다. 순진하다고밖에는 할 수 없는 그런 믿음이 현실에선 어떤 기적을 일으킬까.

027 진실의 불씨를 끄려는 사람들

'10의 수호자들'은 정보 조작의 달인으로 통했다. 그들은 살인을 저지르고 자기들의 악행을 파르밀 사람들에게 뒤집어씌우기 일쑤였다. 그들이 그렇게 왜곡을 일삼아도 감히 이의를 제기하는 사람들은 없었다. 10보다 큰 수가 존재한다고 말하는 사람을 찾아볼 수 없게 되었다. 담벼락에는 '모두가 10의 그늘 속에서 평등하다'라든가 '이단자를 처단하자'는 구호가 적혀 있었다.

— 베르나르 베르베르 '수의 신비'(2002년, 프랑스) 중에서

'수의 신비'는 지식을 독점해서 무지한 국민을 지배하려는 권력자와 진실은 누구나 자유롭게 접근할 수 있어야 한다고 믿는 사람의 대립을 그린다. 젊은 수도사 뱅상은 수를 많이 아는 것이 곧 권력인 사회에 살고 있다.

학교에서는 9까지만 가르치기 때문에 국민 대다수는 10 이상의 숫자가 있다는 것을 모른다. 일반인보다는 많은 수를 이해하는 뱅상은 어느 날 살인을 저지른 이단자들을 잡아 오라는 대사제의 명령을 받는다. 그러나 뱅상은 그들이 알아서는 안 되는 비밀, 수의 무한성을 알아버렸기 때문에 누명을 쓰고 쫓

기는 신세가 되었음을 알게 된다.

뱅상은 대사제에게 돌아가지 않고 큰 수의 세계도 마음껏 배우고 가르칠 수 있는 나라, 파르밀을 세우고 지식을 세상에 전파한다. 국민이 진실을 알고 깨어날까 두려운 대사제와 이권 단체들은 '10의 수호자들'이라는 조직을 만들어 10보다 큰 수를 말하거나 알고자 하는 사람들을 잡아 가두고 죽인다. 그 모든 악행은 뱅상과 파르밀 사람들이 했다고 거짓 뉴스를 퍼뜨려 국민과 주변국들을 공포에 떨게 한다. 자유로운 지식의 땅이었던 파르밀은 차츰 고립되고 뱅상은 끝내 '10의 수호자들'에게 암살당한다. 하지만 살아남은 사람들은 어렵게나마 지금도 진실의 불씨를 간직하며 살아가고 있다고 한다.

과학 저널리스트였던 작가의 소설 판매량 중 한국이 3분의 1을 차지한다는 건 흥미롭다. 과학 소설에 대한 열광은 실제 과학적 사고 능력과는 무관한 것일까. '나도 조국이다'라고 외치는 수호자들이 서울지검 앞에 모여 매주 시위하고 있다. '10은 하늘이다. 그 위에는 아무것도 없다'고 주장하던 소설 속 '10의 수호자들'과 자신들만 정의롭다고 부르짖는 그들은 무엇이 다른가.

028 황소 앞에서 배 부풀리는 개구리

나는 비명을 질러 선생님의 안경알을 가루로 만들어버렸다. 그녀의 눈썹에 피가 엷게 번졌다. 알이 없어진 안경 속에서 눈을 깜빡거리던 선생님은 더듬거리며 뒷걸음질 치다 결국 흉한 몰골로 울기 시작했다. 내 등 뒤의 패거리들은 불안에 떨며 입을 다물었고 의자 밑에 몸을 숨겼다. 이를 덜덜 떠는 아이도 있었다. 어떤 아이는 의자들을 밟고 뛰어가서 자기 엄마에게로 도망쳤다.

— 귄터 그라스 '양철북'(1959년, 독일) 중에서

어른의 세계란 혐오스러울 뿐이라고 판단한 오스카는 세 살이 되었을 때 스스로 성장을 멈춘다. 그가 세상과 소통하는 방법은 생일 선물로 받은 양철북을 두드리는 것. 기분이 좋아도 두드리고 화가 나도 두드린다. 누군가 북을 빼앗으려 하면 귀를 찢을 듯 비명을 질러댄다. 주변의 유리란 유리는 모두 깨져버릴 정도로 날카로운 그의 외침은 사람들을 공포로 몰아넣는다.

귄터 그라스는 히틀러의 무장 친위대로 복무한 적 있다. 그는 "먹고살려고 입대했다. 정보가 넘치는 현대 사회에서 당신들도 많은 것을 비판할 기회가 있지만 하지 않는다. 그 시절에 대해 뭘 안다고 감히 나를 평하는가?"라며 세간의 비판을 반박한 적 있다. 그의 소설도 읽는 사람의 입장과 시대에 따라 다양하게 해석될 수 있지만 오스카의 비명은 히틀러 치하, 개인의 삶을 빼앗기고 고통받으면서도 신음은커녕 숨소리마저 죽이고 살아야 했던 사람들의 슬픔과 분노를 대신하는 것처럼 보인다.

화를 내야 할 때는 내야 한다. 화는 감정의 건강한 해소 방식이고, 상대의 잘못을 적절히 지적하면 그 사람이 발전하는 계기가 될 수도 있다. 다만 부적절한 분노는 성숙하지 못한 인격의 표출이고, 특정한 목적을 이루기 위한 수단이다. 황소 앞에서 배를 부풀리는 개구리처럼 자신을 크게 보이게 해서 상대방을 제압하고 싶은 것이다. 개구리가 커봐야 얼마나 클 수 있을지는 본인만 모를 뿐, 세상은 다 안다.

'분노의 정치'란 용어가 언론에 자주 오르내린다. 오스카처럼 비명 지르고 싶은 걸 애써 참고 있는 많은 사람에겐 '적반하장'이나 '방귀 뀐 놈이 성낸다'는 말이 떠오를 뿐이다.

029 지도자가 꿈꾸는 최고의 악행

"아무 조건도 없습니다. 저는 미래의 왕 앞에서 말씀드리고 있는 겁니다." 셰나르는 그 말을 듣고 취한 듯 몽롱해졌다. 히타이트와의 비밀 동맹은 치명적인 독처럼 효과적인 동시에 위험한 것이었다. 자신을 위기에 빠뜨리지 않고 이집트의 힘도 약화시키지 않되 람세스를 무너뜨리는 데만 그 독을 사용해야 한다. 공중곡예 같은 짓이었지만, 셰나르는 자기에게 그런 능력이 있다고 믿었다.

— 크리스티앙 자크 '람세스'(1996년, 프랑스) 중에서

이집트 문명에 매료된 작가가 쓴 소설은 람세스 2세의 생애를 역동적으로 펼쳐낸다. 둘째 아들의 잠재력을 일찌감치 알아본 선왕은 국가의 안전과 미래를 위해 장남 셰나르 대신 람세스에게 왕위를 물려준다. 순응하는 척했지만 셰나르는 음모와 저주를 일삼으며 동생을 해치울 계획에 골몰한다. 그의 가장 큰 악행은 자신의 조국, 이집트를 호시탐탐 노리던 적국과 손잡은 것이다.

셰나르는 자신이 왕이 되기만 한다면 국력이 아니라 화려한 언변과 현란한 사교술로 평화를 보장받을 수 있다고 착각한다. 람세스가 사라진다면 이집트를 집어삼키는 건 식은 죽 먹기라고 판단한 히타이트에겐 어리석은 셰나르가 왕이 되는 것을 돕지 않을 이유가 없었다.

역모는 발각되지만 유배지로 쫓겨 가다 탈출한 셰나르는 다시 반란군을 모은다. 하지만 그의 호언과 달리 람세스를 결코 이길 수 없다는 걸 뒤늦게 깨달은 동맹 부족들은 원망을 퍼붓는다. "우리를 불행에 빠뜨렸소. 당신은 거짓말을 했소." 셰나르는 한편이라 믿었던 자들이 분노하며 쏜 화살을 맞고 비참하게 죽는다. 이후 온갖 고난과 역경을 이기고 람세스는 이집트를 번영의 길로 이끈다.

과거의 역사, 소설 속 이야기만은 아니다. 적 앞에 무릎을 꿇고라도 권력을 유지하려는 사람들은 자기들끼리 편 가르고 이용하고 배신한다. 매일 매 순간, 눈앞에서 위태롭게 벌어지는 사건들이 굴욕의 역사가 되는 시간을 살고 있다.

030 악명이 주는 쾌감과 그 최후

> 담장 속으로 들어가는 순간 그는 어떤 저항감을 느꼈다. 처음에는 유동적이었지만 이내 끈적거리기 시작했고 앞으로 나아가려 할 때마다 점점 더 단단해졌다. 몸 전체가 마침내 벽으로 들어가는 데 성공했지만 앞으로 더 밀고 나갈 수 없었다. 그는 꼼짝없이 엉겨 붙은 벽 속에 갇혀버렸다. 지금도 그는 화석이 된 채 그 벽 속에 있다.
>
> — 마르셀 에메 '벽으로 드나드는 사나이'(1943년, 프랑스) 중에서

소심했던 하급 공무원 뒤티유월은 어느 날, 벽을 통과하는 능력이 생긴 것을 알게 된다. 그는 자기를 괴롭히던 과장을 골려주려고 벽에 얼굴을 들이밀고는 협박과 욕설을 내뱉는다. 벽에 걸린 짐승의 박제된 머리처럼 부하 직원 얼굴이 반복해 나타나자 겁을 먹은 상사는 끝내 정신병원으로 실려 간다.

현실과 환상을 버무린 단편소설 '벽으로 드나드는 사나이'의 기행은 그렇게 시작되었다. 주인공은 도둑질로 영역을 넓히고 악명이 높아질수록 일부 대중의 찬사도 커진다는 사실을 알고 쾌감을 느낀다. 그는 더 과감한 범죄를 일으키고 일부러 체포되어 존재감을 과시한다. 교도소 담장을 마음대로 드나들며 사회를 기만하는 건 물론이다.

죄가 클수록, 범죄자가 뻔뻔할수록 그를 동경하고 추종하는 무리가 생겨나는 건 세계 공통일까. 신출귀몰하는 도둑이 몸과 마음을 훔쳐주길 열망하는 여성들마저 생기고 그는 매력적인 유부녀와 밀회를 즐긴다.

행운은 오래 지속되지 않는다. 달콤한 시간을 보내고 돌아가던 어느 새벽, 그는 벽 속에 갇히고 만다. 두통 치료제인 줄 알고 낮에 먹은 약이 1년 전 사놓고는 까맣게 잊어버린, 벽을 통과하는 능력을 없애주는 약이었던 것. 지금도 바람 부는 밤이면 짧은 행복과 어리석음을 한탄하는 흐느낌이 그 담장 부근에서 들린단다. 몽마르트르에 가면 벽돌담에서 막 빠져나오는 남자의 조각상을 만날 수 있다.

범죄가 영웅적 행위로, 범죄자가 희대의 영웅으로 추앙받는 시대다. 하지만 법의 담장을 제멋대로 넘나들며 당장은 세상을 호령한다 해도 언젠가 그 벽 속에 갇혀 흐느끼는 날 오지 않는다고 누가 장담할 수 있을까.

031 어른에게 부여된 소중한 사명

> 넓은 호밀밭에서 아이들이 재미있게 놀고 있는 모습을 상상하곤 해. 주위에 어른이라고는 나밖에 없는 거야. 난 아득한 낭떠러지 옆에 서 있어. 내가 하는 일은 아이들이 낭떠러지로 떨어질 것 같으면 얼른 가서 붙잡아주는 거지. 애들이란 앞뒤 생각 없이 마구 달리잖아. 그럴 때 내가 어디선가 나타나 아이를 붙잡아주는 거야. 말하자면 호밀밭의 파수꾼이 되는 거지.
> – 제롬 데이비드 샐린저 '호밀밭의 파수꾼'(1951년, 미국) 중에서

홀든은 학교생활에 적응하지 못하는 고등학생이다. 그에게 선생님들이란

앞뒤 꽉 막힌 잔소리쟁이거나 위선자다. 책 읽기는 좋아하면서도 학업에 집중하지 않은 탓에 홀든은 퇴학당한다. 그는 부모님께 통지가 배달되기 전 며칠 동안 뉴욕을 배회하며 자유를 만끽하기로 한다.

어른 세계를 흉보면서도 어설프게 흉내 내고, 세상의 위선을 혐오하면서도 선의로 여겨지는 거짓말도 하는 홀든이지만 그 짧은 시간, 그는 사회가 학교와 다르지 않다는 걸, 훨씬 더 큰 위선의 세계라는 걸 깨닫고 예정보다 일찍 집으로 돌아간다.

그가 세상에서 가장 사랑하는 어린 동생 피비는 '오빠가 진짜로 좋아하는 일이 무엇'이냐고 묻는다. 홀든은 아이들이 마음껏 뛰어놀 수 있게 지켜주는 파수꾼이 되고 싶다고 말한다. 실제로 피비의 학교를 찾아갔다가 벽마다 적혀 있는 상스러운 낙서를 보고 분개해서 열심히 지우기도 하고, 회전목마를 타고 즐거워하는 피비를 바라보며 크나큰 행복을 느끼기도 한다.

파수꾼이 되고 싶은 꿈은 아이들이 자신처럼 상처받으며 성장하지 않기를 바라는 간절한 마음의 투영이었을 것이다. 하지만 정작 그를 이해하고 지켜줄 파수꾼은 끝내 만나지 못한 듯 홀든이 정신병원에 있는 것을 보여주며 소설은 끝을 맺는다.

전교조 교사의 사상 강요를 참다못한 고등학생들이 건강한 교육 환경을 요구하며 당당히 세상 앞에 섰다. 어른들이 나서서 문제를 해결해 주어야 할 차례다. 절벽 끝에 선 우리 아이들이 떨어지지 않게 지켜주는 파수꾼의 역할보다 더 급하고 중요한 일이 무엇이란 말인가.

032 생사를 결정하는 권력자의 잔인함

> 죽을힘을 다해 뛰어 올라간 다뤼는 숨을 헐떡이며 언덕 정상에 멈춰 섰다. 바위들이 뒤덮인 남쪽 벌판은 푸른 하늘 아래 그 윤곽이 뚜렷하게 드러났지만, 동쪽 들 위로는 벌써 아지랑이가 가물거리고 있었다. 이 가벼운 안개 속에서 감옥으로 향해 뻗은 길을 천천히 걷고 있는 사내를 발견하고 다뤼는 가슴이 아팠다.
> – 알베르 카뮈 '손님'(1957년, 프랑스) 중에서

외딴 고원, 작은 학교에 재직 중인 다뤼에게 손님이 찾아온다. 늙은 군인은 포승줄로 묶어서 끌고 온 죄수를 도시의 관할 재판소에 인계하라는 명령을 전하고 떠난다. 전쟁 중 인력이 부족해진 탓에 교사인 다뤼에게도 공무 집행의 임무가 주어진 것이다.

살인 혐의를 받고 있는 사내는 기회가 있는데도 도망가지 않는다. 처음엔 권총을 손에 쥐고 경계하지만, 하룻밤을 같이 보내면서 다뤼는 갈등한다. 아무리 살인자라지만 경찰도 군인도 법관도 아닌 자신이 한 사람을 죽음에 이르도록 협조하는 것이 옳은가? '공산주의는 문명의 질병'이라고 선을 그었던 카뮈의 소설은 생사를 결정할 수 있는 위치에 선 사람의 마음이 얼마나 무거워야 하는 것인지를 고민하게 한다.

다음 날 함께 길을 떠난 다뤼는 정부로부터 받게 될 불이익을 알면서도 갈림길에 멈춰 선다. 식량과 여비를 사내에게 건네며 멀리 떠나 살아가라고 당부한다. 발을 떼지 못하는 죄수의 등을 떠밀었던 다뤼는 한참 후 뒤를 돌아본다. 죽고 싶은 사람이 어디 있을까. 그런데도 달아나지 않고 사형이 기다리고 있는 길을 향해 묵묵히 걸어가는 사내의 뒷모습을 바라보며 다뤼의 가슴은 무겁게 내려앉는다.

한국 정부가 탈북 선원 두 명을 강제 북송했다. 동료들을 죽였다는데 흉기도 혈흔도 시신도 확인된 게 없다. 죽더라도 북한으로 돌아가길 원했다면서도 자해 가능성을 막기 위해 포박하고 눈을 가리고 재갈까지 준비했다는 사실이 알려져 충격을 더한다. 서울 한복판에서 탈북 모자가 아사하도록 방치한 것도 모자라 처형당할 줄 알면서도 사지로 돌려보낸 사람들. 외국 난민에게는 한없이 너그러운 정부가 북한 주민들에게만은 모질고 잔인하기가 끝이 없다.

033 아무렇지도 않은 일상의 소중함

"모든 일은 서로 연결되어 있다네. 만일 자네가 퀴네공드를 사랑했다는 이유로 성에서 쫓겨나지 않았다면, 아메리카 대륙을 누비고 다니지 않았다면, 칼로 남작을 찌르지 않았다면, 양들을 잃어버리지 않았다면 여기서 이렇게 설탕에 절인 레몬과 파스타치오 열매를 먹지 못했을걸세." 팡글로스가 말했다. "맞습니다." 캉디드가 대답했다. "하지만 우리의 정원은 우리가 가꾸어야 합니다."

— 볼테르 '캉디드 혹은 낙관주의'(1759년, 프랑스) 중에서

남작의 아름다운 딸, 퀴네공드를 사랑한 죄로 성에서 추방된 캉디드는 전 세계를 떠돌며 온갖 고통과 불행을 경험한다. 생사 위기에 빠질 때마다 '세상은 최선의 상태를 향해 나아가고 있다'는 스승 팡글로스의 가르침을 되새기며 용기를 얻는다. 그러나 기나긴 고생 끝에 캉디드가 얻은 것은 소박한 밥상과 세파에 떠밀려 늙고 못생겨진 퀴네공드뿐이었다. 그는 자문한다. 대체 무엇을 위해 평생을 애쓰며 살아온 것일까.

소설은 지진과 같은 천재지변, 기아와 질병, 약탈과 전쟁 같은 불합리가 넘

쳐난다 해도, 서로 미워하고 거짓말하는 위선자들이 세상에 가득하다 해도 인간은 자신의 의지대로 살아가려 애쓰는 존재여야 한다고 역설한다. 많은 경험을 통해 지나친 비관이나 낙관을 경계하게 된 캉디드가 깨달은 것도 모든 일의 원인은 남 탓이 아닌, 자기 자신이라는 단순한 진실이었다.

자유를 지키려는 홍콩인의 항쟁이 6개월째 계속되고 있다. 비무장 시민들이 경찰 총에 맞아 쓰러지고 체포된 사람들이 잇따라 변사체로 발견되는데도 두려움에 굴복할 기미는 보이지 않는다. 급기야 중국이 시위 참여자를 '폭력 범죄 분자'로 규정하고 최강 대테러 부대를 투입했다는 소식마저 들린다.

홍콩 시민들이 지키려는 것은 높고 눈부신 그 무엇이 아니다. 어디든 가고 오고 머물 수 있는 자유, 최루탄도 물대포도 총격도 없는 거리, 고막을 찢는 음향 대포 대신 새소리와 바람 소리가 들리는, 정말 아무렇지도 않은 일상이다. 소중한 줄 모르고, 지키지 않으면 빼앗긴다는 걸 모르고 지금 우리가 누리고 있는 이 모든 것 말이다.

034 내가 정말 사랑해야 하는 나

"난 내가 혐오하는 누군가를 죽이고 싶었어요. 내 안에 내가 사랑할 수도 있는 다른 베로니카가 존재한다는 걸 모르고 있었어요." 베로니카가 말했다. "도대체 뭐가 자신을 혐오하게 만들지?" 간호사가 물었다. "아마 비겁함이겠죠. 아니면 잘못하는 게 아닐까, 다른 사람들의 기대에 부응하지 못하는 게 아닐까 하는 영원한 두려움이거나."

– 파울루 코엘류 '베로니카, 죽기로 결심하다'(1998년, 브라질) 중에서

사는 게 너무 뻔해서 자살을 시도했던 스물네 살의 베로니카는 정신병원에서 눈을 뜬다. 살았나 싶었지만 자살 후유증으로 1주일 뒤에 심장이 멎게 될 거라는 진단을 받는다. 그 일주일을 기다리는 것도 지루해서 다시 죽어버리려던 베로니카는 '미친 사람들'이라고 불리는 다양한 성격의 환자들을 만나게 되면서 '삶이란 고통을 감수하고라도 살아볼 만한 게 아닐까?' 하고 생각하게 된다.

억눌러왔던 분노, 참아왔던 슬픔, 드러낼 수 없던 증오를 표현할 수 있게 된 베로니카는 얼마나 오랫동안 자신이 진짜가 아닌 가짜로 살아왔는지를 깨닫는다. 아름다운 청년 에뒤아르를 만나 사랑을 경험하며 처음으로 인생의 빛을, 살아가야 할 이유를 발견한다.

'연금술사'에서 '자네가 무언가를 간절히 원할 때 온 우주는 자네의 소망이 실현되도록 도와준다네'라고 말했던 작가의 소설은 권태와 절망과 고통뿐인 삶일지라도 포기하지 말고 살아야 하는 이유를 차근차근 풀어준다. 죽음을 넘어 마침내 자신을 사랑하게 된 베로니카는 에뒤아르에게 말한다. "난 삶을 다시 시작하고 싶어. 새로운 친구들을 만나 자신의 삶을, 자신의 욕망을, 자신의 모험을 발견하라고, 살아가라고 충고할 거야!"

지난달에 이어 또 한 명의 젊은 연예인이 목숨을 끊었다는 소식이 들린다. 얼마나 힘들었으면 그랬을까 싶으면서도 '행복을 이해하는 능력'이 우리 안에 있다는 걸 믿고 더 경험하고 더 느끼고 더 기다려도 좋았을 것을, 안타깝기만 하다. 죽음은 그 어떤 문제도 해결해 주지 않는다. 살아 있어야 상황을 바꿀 기회가 온다. 아니, 살아서 스스로 변화를 만들고 문제를 풀어가는 것, 그것이 삶이다.

035 생각할 줄 모르는 사람들

> 무엇보다 최악은 자기 생각을 가질 수 없게 된 것이었다. 그녀는 주변에서 일어나는 모든 일을 이해했지만 그에 대해 의견을 말할 수는 없었다. 극장 지배인 쿠킨이나 목재상 바실리나 수의사 스미닌과 함께라면 그녀는 모든 일을 설명할 수 있었고, 그럴듯하게 자기 생각을 말할 수 있었다. 그러나 지금 그녀의 머리와 가슴은 텅 빈 뜰처럼 공허했다.
>
> – 안톤 체호프 '귀여운 여인'(1899년, 러시아) 중에서

올렌카는 자기 생각이란 걸 가져본 적 없다. 극장 관리인과 결혼했을 때는 연극만이 인간을 위로할 수 있다고 이야기했고, 목재상과 재혼한 뒤로는 나무야말로 삶에 가장 필수적인 것이라고 떠들고 다녔다. 두 번째 남편마저 잃고 수의사와 가까워진 올렌카에게 세상에서 가장 중요한 건 가축을 잘 관리하는 일이었다.

'단편소설의 황제'로 불리는 체호프의 소설은 타인의 감정에 동화되어 그 사람의 생각과 말을 앵무새처럼 따라 하는 여인을 묘사한다. 소설은 우리가 얼마나 쉽게 다른 사람의 의견에 함몰되고 얼마나 자주 자신의 판단과 결정까지 남에게 의지하는지를 돌아보게 한다.

연인과 똑같이 생각하고 말하는 올렌카를 사람들은 '귀여운 여인(darling)'이라고 불렀다. 자기주장 없이 순하게 졸졸, 주인만 따라다니는 강아지처럼 사랑스러워 보이기도 했을 것이다. 그러나 나이가 들어 사랑할 대상을 찾을 수 없게 된 그녀는 주인 잃은 애완견처럼 세상을 어떻게 바라보고 표현해야 할지 몰라 고통스러워한다.

사랑 없인 하루도 살 수 없는 여인의 속성에 대한 소설로 해석되곤 하지만

어찌 보면 현대를 살아가는 우리 모습이기도 하다. 버스나 지하철에서도, 거리를 걷거나 가족과 밥을 먹거나 친구들과 만났을 때에도 스마트폰과 TV를 보는 사람들이 대부분이다. 소셜 네트워크와 유튜브, 언론이 선정한 톱기사 등을 통해 정보뿐 아니라 주장까지 받아들인다. 그들의 의견을 자신의 생각인 줄 착각한다. 체호프의 표현대로라면 온통 '귀여운 사람들' 천지다. 내 생각이 사라진 세상, 고요하고 깊은 사색과 통찰의 힘이 아쉽다.

036 뜬구름 같은 열정이 불러온 비극

> 마치밀은 마음에 걸리는 게 있어 제 엄마의 죽음을 초래한 막내 아이를 무릎에 앉혔다. 그는 사진 속 시인의 얼굴과 아이의 이목구비를 꼼꼼히 비교해 보았다. 설명할 수 없는 자연의 장난일까. 엘라가 한 번도 만난 적 없는 남자의 특징이, 꿈꾸는 듯 독특한 그의 표정이 아이 얼굴에 고스란히 서려 있었다. 머리카락마저 시인과 똑같은 색이었다.
>
> — 토머스 하디 '환상을 좇는 여인'(1893년, 영국) 중에서

세 아이의 엄마로 살면서도 소녀 같은 감수성을 지닌 엘라에게 현실은 무미건조하기만 하다. 여름휴가를 보내려고 빌린 집이 젊은 시인의 집필 공간이었다는 것을 알게 되자 엘라는 가슴이 떨린다. 시인에 비하면 남편은 얼마나 천박한 장사꾼인가. 엘라는 한 번도 본 적 없는 남자에 대한 사랑을 남몰래 키워간다.

닿을 듯 말 듯, 만날 수 있을 것 같은 기회가 몇 번 어긋난 뒤 뜻밖에도 시인이 자살했다는 소식이 전해진다. 충격을 받은 엘라는 시름시름 앓다가 넷째

아이를 낳은 뒤 죽고 만다. 남편은 뒤늦게 시인과 아내, 둘 사이를 의심하고 아이를 살펴본다. 배 속에 생명을 품은 채 외간 남자를 오매불망 바랐기 때문일까. 아이의 외모는 거짓말처럼 시인과 쏙 빼닮았다. 남편은 멀쩡한 자기 아이를 밀쳐내며 외친다. "저리 가. 넌 나와는 아무 상관 없는 놈이야!"

뜬구름 같은 열정에 빠져 허우적거리다 죽음에 이른 아내와 상황을 정확하게 판단하지 못한 남편, 그 결과 버림받은 아이. '더버빌가의 테스'로 친숙한 토머스 하디의 단편소설은 처지를 망각한 인간의 갈망이 어떻게 운명을 조롱하고 죄 없는 존재까지 불행하게 하는지를 잘 보여준다.

아내는 U2의 공연을 흥겹게 관람했고 남편은 수석보좌관 회의까지 미루고 그룹의 보컬을 청와대로 초대했다. 인권, 반전, 환경을 부르짖는 진보 성향의 영국의 록밴드, 미국의 트럼프 대통령을 비판하는 것으로 유명한 가수다. 국정을 책임진 사람이 뜬구름을 잡으려는 것인가? 한발 한발이 외교일 수밖에 없는 위치에 있는 부부의 행보가 너무 가볍다.

037 욱하는 성질을 참았더라면

"그렇다면 나는 아무도 죽이지 않았단 말인가?" 하란은 바보처럼 중얼거렸다. "이번에는 훌륭히 해냈군." 경찰복을 입은 남자가 말했다. "폭행 상해를 숨기기 위해 살인을 하다니." 그는 동료를 바라보며 경멸에 찬 목소리로 말했다. 다른 사나이가 하란의 손목에 수갑을 채우고 그를 복도로 끌어냈다.

- 윌리엄 아이리시 '옆방의 시체'(1937년, 미국) 중에서

여러 가구가 밀집한 소형 아파트에서 살고 있는 하란은 현관 앞에 배달되는

우유를 계속 도둑맞자 분개한다. 잡아서 혼쭐을 내겠다고 작심한 그는 이른 새벽 도둑과 맞닥뜨리자 주먹을 힘껏 날린다. 그런데 쓰러진 남자가 움직이질 않는다. 더럭 겁이 난 하란은 비어 있던 옆집으로 시체를 끌고 가 숨긴다. 그 후 아파트에서 악취가 난다는 주민 신고가 있었지만 관리인은 아무것도 찾아내지 못한다.

옆집에 새 이웃이 이사를 오자 시체가 발견될까 노심초사하던 하란은 그들을 살해한다. 그런데 얼마 후, 그는 우유 도둑이 죽지 않았다는 사실을 알게 된다. 관리인이 친구에게 공짜로 빈집을 빌려줬는데 며칠 전 뇌진탕으로 입원했다가 인사도 없이 사라졌다는 것이다. 사람을 죽였다고 착각해 죄책감에 시달리다 진짜 살인을 저지르고만 하란은 아연실색한다. 시체 썩는 냄새라고 생각했던 악취도 양심이 빚어낸 오해였을 뿐.

'옆방의 시체'는 욱하는 성질이 어떻게 인생을 무너뜨리는지, 첫 잘못을 감추려고 거짓과 위선을 더해갈 때 어떤 파국을 맞게 되는지를 이야기한다. 엘러리 퀸의 'Y의 비극', 애거서 크리스티의 '그리고 아무도 없었다'와 함께 세계 3대 추리소설로 꼽히는 '환상의 여인'을 쓴 코넬 울리치가 윌리엄 아이리시라는 필명으로 발표한 작품이다.

세상을 시끄럽게 하는 사건이란 한숨 돌리고 참았다면 좋았을 잠깐의 분노, 충분히 용서받고 만회할 수 있는 실수를 은폐하겠다고 벌인 어리석음의 결과일 때가 많다. 호미로 막을 일을 포클레인으로도 어쩌지 못하게 키워온 것은 아닌가, 돌아보게 되는 연말이다.

038 별은 어두운 밤하늘에서 밝게 빛나고

> 그것은 머리핀 세트였다. 브로드웨이의 진열장 앞에서 델라가 하염없이 바라보던 것들, 너무 비싸서 가질 수 있으리라고는 꿈조차 꿀 수 없던 것이었다. 지금, 델라에게는 그것을 꽂아 장식할 길고 아름다운 머리카락이 없었다. 그녀는 남편의 선물을 가슴에 안았다. 눈물로 흐려진 눈으로 미소를 지어 보이며 그녀가 말했다. "짐, 내 머리칼은 아주 빨리 자라요."
>
> — 오 헨리 '크리스마스 선물'(1906년, 미국) 중에서

델라는 남편에게 멋진 크리스마스 선물을 해주고 싶었다. 그녀는 아름다운 머리카락을 잘라 판 돈으로 남편의 시계에 어울리는 고급 시곗줄을 산다. 그가 얼마나 기뻐할까? 그런데 짧아진 머리를 보고 밉다고 하면 어쩌지? 아내는 설렘 반 걱정 반, 마음을 졸이며 남편의 퇴근을 기다린다.

남편 짐은 델라의 달라진 모습에 아연실색한다. 그녀가 내민 선물을 열어보고는 더욱 말을 잇지 못한다. 남편이 준비한 선물은 아내의 풍성한 머릿결을 장식할 값비싼 보석 머리핀이었다. 그것을 사기 위해 그는 몹시 아끼던 시계를 팔아야 했다.

크리스마스를 소재로 한 여러 작가의 다양한 소설들이 있지만 '크리스마스 선물'만큼 애틋한 작품이 또 있을까. 원제는 '동방박사의 선물'인데 작가는 가장 소중한 것을 팔아서 가장 쓸모없는 선물을 주고받은 이 부부의 사랑이 아기 예수에게 당장 유용하지 않은 선물을 했던 동방박사들의 지혜만큼 소중한 것이라고 소설 끝에 부연하고 있다.

아내와 아들을 일찍 여의고 가난과 외로움과 병고 속에서 소설을 쓰다 47세에 쓸쓸히 세상을 떠난 오 헨리. 그런데도 그가 남긴 수백 편의 소설 속에

는 삶에 대한 절망과 원망 대신 인간에 대한 믿음과 사랑이 가득하다.

　다사다난했던 한 해가 저물고 있다. 횡령사건에 휘말려 감옥에 들어갔을 때 소설을 처음 쓰기 시작한 오 헨리처럼, 별은 가장 어두운 밤하늘에서 밝게 빛나고 희망은 가장 고통스러운 순간 마음 깊은 곳에서 싹을 틔운다. 짐과 델라의 크리스마스가 그랬듯이, 어렵고 힘들지만 가슴마다 사랑과 희망이 함께 하는 송년이기를. 메리 크리스마스.

2020

제2장

마음에 담아둔 사랑 하나 있다면

039 나만 겪는 고통은 없다

> 최후를 예감했어. 기억력이 사라지고 있었거든. 매번 무언가를 잃어버렸지. 처음에는 장갑이었는데 그 추위에는 정말 심각한 문제였네. 다음은 시계였어. 그 다음엔 칼, 그 다음엔 나침반. 쉴 때마다 나는 헐벗은 상태가 되어가고 있었지. 살 길은 한 걸음을 내딛는 것이었어. 또 한 걸음. 언제나 똑같은 그 한 걸음을 내딛고 또 내디뎠지.
>
> – 앙투안 드 생텍쥐페리 '인간의 대지'(1939년, 프랑스) 중에서

작가이자 항공 우편기 조종사였던 생텍쥐페리의 '인간의 대지'에는 '나의 동료 앙리 기요메, 그대에게 이 책을 바친다'는 헌정사가 붙어 있다. 안데스산맥을 횡단하다가 추락, 영하 40도의 혹한 속에서 극적으로 살아 돌아온 기요메를 중심으로 작가 자신과 동료들의 비행 경험을 소설 형식으로 담고 있다.

배가 고프고 잠이 쏟아지고 살갗이 터지는 추위 속에서 기요메는 걷고 또 걷는다. 살아서 구조될 때까지 죽을힘 다해 걸으리라, 그렇게 믿고 있는 아내와 동료들의 희망을 배신하지 않으리라, 그는 다짐했다. 몇 시간도 못 버티고 그가 동사했을 거라며 닷새 만에 구조 작업은 중단됐지만 7일째 되는 날, 기요메는 기적처럼 동료들 앞에 나타났다.

사람들에 대한 책임, 조종사라는 직업인의 의무, 무엇보다 자기 생명에 대한 책임을 다한 것이 기요메의 위대함이라고, 인간은 장애와 맞서 싸울 때 진정한 자신을 발견하는 법이라고, 그런 정신이야말로 진흙으로 만들어진 인간을 인간답게 창조해 내는 것이라고 작가는 말하고 있다.

"폭풍우와 안개, 눈 때문에 힘들 때가 있을 거야. 그럴 때면 자네보다 먼저 그 일을 겪은 사람들을 떠올리게. 그리고 생각하는 거지. 그들이 이겨냈다면

나도 이겨낼 수 있다고." 불시착으로 여러 번 생사 위기에 놓였던 생텍쥐페리는 그때마다 기요메의 조언을 떠올리고 힘을 냈을 것이다. 세상에 나만 겪는 고통이란 없을지 모른다. 겁내지 말고 앞으로 나아가면 된다. 장갑이 없어도 한 걸음, 나침반이 없어도 한 걸음. 그렇게 담담한 발걸음으로 2020년, 첫 아침을 연다.

040 창조와 파괴의 갈림길에서

"그럼 나는, 나라고 네 엄마를 사랑하는 줄 아니?" 참다못한 르픽 씨가 불쑥 내뱉었다. 이 말에 홍당무는 눈을 들어 아빠를 바라보았다. 무뚝뚝한 얼굴, 텁수룩한 수염, 너무 많은 말을 한 것이 부끄러운 듯 수염 속에 숨어버린 입, 주름진 이마. 홍당무는 입을 뗄 수가 없었다. 비밀스러운 기쁨과 꼭 움켜쥔 아빠의 손, 이 모든 것이 날아가 버릴까 봐 두려웠다.

– 쥘 르나르 '홍당무'(1894년, 프랑스) 중에서

빨간 머리카락과 주근깨투성이 얼굴 때문에 홍당무 소리를 듣는 소년은 더럽고 영악하고 난폭해 보인다. "무슨 죄가 많아 저런 애를 낳았을까?" 한탄하지만 씻기지도 않고 제대로 먹이지도 않고 궂은일만 시키며 못살게 구는 건 홍당무의 엄마다.

술래잡기할 때는 일부러 잡혀주길 좋아하고 말타기 놀이할 때는 말이 되길 좋아하는 아이, 이따금 근사한 표현을 쏟아내서 친구들에게 시인 같다는 탄성을 듣는 홍당무가 바라는 건 엄마의 사랑 그리고 가족의 따뜻한 보살핌이다.

'홍당무'는 너무 가까워서 상처를 주고받는 것조차 당연하게 여기는 가족,

그 속에서도 아이들은 성장하고 있다고, 햇빛 한 줌을 보려고 삐뚤삐뚤 몸을 비틀며 자라난 못생긴 소나무처럼 오늘도 꿋꿋이 살아가고 있다고 말하는 것 같다.

아내의 잘못된 양육 방식에서 구제해 주지는 못하지만, 아버지는 마음 깊이 홍당무를 사랑한다. 그런 아버지에게 아이는 꼭 한 번, 엄마 때문에 죽고 싶다고, 엄마랑 떨어져 살고 싶다고 말한다. 그러자 뜻밖에도 이 무능한 아버지는 엄마 때문에 자신도 힘들다고 속을 털어놓는다. 만약 홍당무가 자라서 좋은 어른이 될 수 있었다면, 아버지와 함께한 이 짧은 순간, 세상에 나와 똑같은 이유로 나와 똑같은 고통을 감당하는 사람이 있다고 느낀 안도감 덕분이었을 것이다.

성장은 혼돈의 시간이다. 카오스는 인생을 창조할 수도, 자신을 파괴할 수도 있는 힘이다. 갈림길에서 필요한 건 나도 겪어봤지만 그까짓 거 별거 아니었다는 '과거의 공감'이 아니라 나도 지금 너와 똑같이 느끼고 있다고 말해주는 단 한 사람, '현재의 내 편'이다.

041 지금 당장 사랑한다고 말하라

"엄마는 행복해질 방법을 찾으려고 애쓰는 중이야. 웃으면 행복해지지." "전 행복해지는 방법 따위 찾지 않을 거예요. 앞으로도 그럴 거고요." "저런, 그러면 안 돼." "왜요?" "아빠는 네가 행복해지기를 원하실 테니까." "아빠는 제가 아빠를 기억하길 바라실 거예요." "아빠를 기억하면서 행복해질 수도 있잖니?"
- 조너선 사프란 포어 '엄청나게 시끄럽고 믿을 수 없게 가까운'(2005년, 미국) 중에서

카페 문이 열릴 때마다 가슴 설렌 적 있을 것이다. 5분이 지나고 10분이 지나고 끝내 그 사람이 나타나지 않을 때, 기대는 불안이 되고 분노가 되고 슬픔이 된다. 하물며 공항으로 마중 가려고 집을 나섰을 때, 함께 먹을 음식을 준비하고 있을 때 그 사람이 탄 비행기가 추락했다는 소식을 듣는 순간의 충격은 어떤 것일까.

지난 1월 8일 우크라이나 민간 여객기 격추 사건이 발생했다. 176명의 승객 전원이 숨졌다. 이륙한 지 2분 만이었다. 책과 노트북을 꺼내고 수납함에 트렁크를 밀어 넣고 좌석 벨트를 매고 앉아 휴대폰을 비행기 탑승 모드로 설정하기에도 모자란 시간이다. 죽음이 닥쳤다는 걸, 다시는 가족을 만날 수 없다는 걸, 사랑한다는 말 한마디 남길 수 없다는 걸 깨달을 겨를조차 없었을 것이다.

소설은 '9·11 테러'로 아빠를 잃은 아홉 살 소년의 이야기다. 흔적도 없이 갑자기 사라져 버린 아빠의 마지막을 상상하며 아이는 늘 불안과 공포를 느낀다. 건물이 폭파되면서 흩어졌을 아빠의 세포들을 수많은 사람이 호흡할 때마다 들이마시고 내쉰다고 생각한다. 다시는 웃어도 안 되고 행복해서도 안 된다고 믿는다.

허공에서 펑, 영문도 모른 채 증발하고 싶은 사람은 아무도 없다. 사랑하는 이를 그리 떠나보낸 뒤 쉽게 잊고 쉽게 웃을 수 있는 사람도 없다. 확인할 길 없는 그들의 최후는 살아 있는 사람들 마음속에서 고통과 그리움으로 끝없이 자란다. 누구라도 격추된 비행기의 승객이 될 수 있었다고 생각하면 아찔하다. 다시는 못 만나도 후회 없도록 사랑해, 사랑해요, 사랑한다, 지금 말하는 수밖에.

042 그 남자의 콧수염

> 눈이 마주치자 그는 짧게 다듬은 까만 콧수염 밑에서 하얀 이를 드러내며 동물처럼 미소 지었다. 피부는 가무잡잡하게 햇볕에 탔고, 눈은 강간할 처녀나 도망치려는 범선을 가늠해 보는 해적의 눈처럼 까맣고 대담했다. 그녀를 쳐다보며 빙긋 웃는 입가에는 냉소적인 즐거움이 서렸고 얼굴에는 냉혹한 무자비함이 드러나서 스칼릿은 숨이 막힐 지경이었다.
> – 마거릿 미첼 '바람과 함께 사라지다'(1936년, 미국) 중에서

콧수염 기른 남자, 하면 레트 버틀러가 떠오른다. '바람과 함께 사라지다'의 히어로, 처음에는 경멸당했으나 어려움에 처할 때마다 흑기사처럼 나타나 도움을 주었고 끝내는 스칼렛의 마음을 사로잡은 레트는 첫인상부터 강렬했다.

스칼렛의 첫사랑 애슐리가 혈기도 없고 콧수염도 기르지 않은 것과는 대조적이다. 콧수염 있는 남자와 키스하면 따갑지 않을까 궁금하던 여학생 시절, 레트를 연기한 클라크 게이블의 사진을 구하려고 충무로를 뒤지고 다닌 때를 생각하면 지금도 가슴이 설렌다.

채플린의 우스꽝스러우면서도 비극적인 콧수염도 있고, 히틀러나 스탈린, 레닌과 마르크스의 잔혹하고도 폭력적인 콧수염도 있다. 콧수염 없는 조선 왕들의 어진은 찾아보기 어렵다. 대한제국의 고종과 순종도 콧수염을 기르고 있다. 꽃미남, 초식남이 매력적으로 보이는 지금과 달리 과거에는 한껏 멋 부린 콧수염이 부와 권력, 세련됨과 남자다움의 상징이었다.

어떤 이유든 외모를 조롱하는 건 유치하고 비겁하다. 주한 미 대사의 콧수염이 일제 총독을 연상시킨다며 비난 일색이다. 그런데 정확히 누굴 말하는지 모르겠다. 많은 사람이 이토 히로부미를 떠올렸겠지만 그는 총독이 아니었다.

그는 조선총독부를 설치하기 전 통감부의 초대 통감이었다.

레트는 가진 것에 감사할 줄 모르고 자기 마음에 솔직하지 못했던 스칼렛을 냉정하게 떠난다. 놓치지 말아야 할 사람을 보내면 남는 건 뒤늦은 후회뿐이다. 남북전쟁을 치르느라 너무 지쳐 울 기운도 없던 스칼렛은 내일 다시 힘을 내어 사랑을 되찾으리라 다짐한다. 누구에게나 내일의 태양은 떠오른다. 다만, 진실 없는 과거에 집착하는 사람에게 미래는 없다.

043 콜레라보다 지독한 코로나 시대

콜레라는 피부색이나 가문을 전혀 고려하지 않았다. 콜레라는 갑작스럽게 시작된 것처럼 갑자기 사라졌는데, 그 전염병의 희생자가 얼마나 되는지는 전혀 파악되지 않았다. 그것은 그 숫자를 밝히는 일이 불가능했기 때문이 아니라 우리가 지닌 가장 일상적인 장점 중 하나가 자신의 불행에 대해서는 입을 다무는 것이었기 때문이다.

– 가브리엘 가르시아 마르케스 '콜레라 시대의 사랑'(1985년, 콜롬비아) 중에서

코로나바이러스 공포가 나날이 거세지고 있다. 국가마다 대응한다지만 잠복기도 있고 무증상 환자도 있는 데다, 전염병에 감염된 사실을 드러내고 싶어 하지 않는 심리 때문에 피해 상황이 정확히 알려지지 않는다고 한다.

공산주의 지지자였고 카스트로를 존경했던 작가의 소설은 유럽에서 콜레라가 창궐하던 19세기 말을 배경으로 세 남녀의 사랑을 그린다. 페르미나는 집안의 반대로 사랑하던 아리사를 배신하고 콜레라 예방과 치료에 헌신하여 명망이 높았던 우르비노 박사와 결혼한다.

가난한 청년 아리사는 실연으로 괴로워하지만 결혼하지 않고 그녀만을 바라며 살기로 맹세한다. 열심히 재산을 모으며 51년 9개월 4일을 기다린 끝에 그는 여든한 살에 세상을 떠난 우르비노 박사의 장례식에 찾아가 남은 생을 함께하자며 페르미나에게 사랑을 고백한다. 남편의 죽음을 슬퍼하던 그녀는 처음에 화를 내지만 결국 아리사의 진심을 받아들인다. 아리사가 일흔여섯, 페르미나가 일흔두 살이었다.

'콜레라 시대의 사랑'은 운명적 사랑을 상징하는 작품으로 손꼽히곤 하지만, 카사노바 못지않은 아리사의 연애 전력을 알고 그러는 것일까, 궁금하다. 그러나 수많은 연애를 했더라도 콜레라 같은 병으로 소멸하고 말 육체의 사랑은 중요하지 않은 것인지도 모른다.

콜레라보다 더 지독한 상사병을 평생 앓으며 살아온 아리사에겐 인생 전부가 콜레라 시대였다. 하지만 우르비노 박사보다 오래 산 덕에 사랑의 최종 승자가 될 수 있었다. 명성은 죽은 자의 것일지언정 기회는 집념을 갖고 더 오래 살아남은 자의 몫이다. '코로나 공포'도 무사히 넘기고 절대로 쉽게 죽지 말 일이다.

044 생각도 연습이 필요하다

인간의 두뇌란 작고 텅 빈 다락방 같은 것입니다. 그 방에는 원하는 가구만 골라 채워 넣어야 합니다. 온갖 잡동사니를 닥치는 대로 쓸어 넣는 사람은 바보입니다. 그렇게 하다가는 쓸모 있는 지식은 밀려 나오거나 다른 것들과 뒤죽박죽돼서 필요할 때 꺼내 쓰지 못하게 되니까요. 그래서 뛰어난 장인은 다락방에 넣어둘 것을 고르는 데 극히 조심스럽지요.

- 아서 코난 도일 '주홍색 연구'(1887년, 영국) 중에서

한쪽은 숨기고 한쪽은 찾으려는 데 추리소설의 매력이 있다. 작가는 단서를 감추고 독자는 비밀을 찾아 범인을 추측한다. 코난 도일의 셜록 홈스 시리즈 가운데 '주홍색 연구'는 런던 경시청에서 살인사건 해결을 의뢰받은 홈스가 범인을 밝혀내는 과정을 기록한 왓슨 박사의 첫 번째 기록이다.

어린이를 위한 축약본과 달리 완역본으로 만난 홈스는 살짝 당황스럽다. 연구를 위해서는 잔혹한 동물실험도 마다하지 않고 안하무인으로 잘난 체도 한다. 코카인 중독자인 데다 지구가 태양 주위를 도는 것과 같은 일반상식도 모른다. 왓슨이 그의 무지에 놀라자, 기억력은 한정된 것이니 필요한 것만 머리에 넣는 게 당연하다며 홈스는 부끄럼 없이 말한다.

세상은 흐름을 따라가는 수많은 대중과 물결을 만들어 가는 소수의 전문 집단으로 나뉜다. 과학이 발달할수록 스마트폰 같은 기기에 의존하는 대중이 많아지겠지만 어떤 사람들은 고전을 통해 단련된 머리와 가슴을 절대로 포기하지 않을 것이다. 그 속에 인간 본성을 이해하고 세상을 지배하고 통치하는 지혜가 감추어져 있기 때문이다.

머릿속 다락방에 무엇을 채울 것인가는 개인의 자유다. 다만 홈스의 말처럼 태양 아래 새로운 건 없고, 상상하고 추리하는 능력은 과거 경험이 기록된 고전을 통해 효과적으로 훈련할 수 있다. 문학적 상상력이 부족하면 누가, 언제, 어디서, 무엇을, 어떻게, 왜 그랬는지 인과관계를 논리적으로 유추하기 어렵다. 생각하기를 싫어하는 시대, 셜록 홈스 시리즈부터 시작해 보자.

045 몰라도 너무 모른다

"게슬러 씨는요?" 내가 물었다. "돌아가셨습니다." 청년이 대답했다. "몹시 비참하게 가셨어요. 가엾은 노인. 굶어 죽었지요. 의사 말로는 진행이 늦은 아사였대요. 아시다시피 그런 방법으로 장사하는 분이었잖아요. 주문을 받으면 시일이 오래 걸렸지요. 손님들은 보통 기다리려 하지 않는데 말이에요. 그래서 고객을 모두 놓쳐버렸지요."

– 존 골즈워디 '최고의 제품'(1912년, 영국) 중에서

아버지 사업이 어려워진 후 어머니가 식당을 연 적 있다. 권리금과 월세에 맞추다 보니 구청 주변이긴 했지만 거리도 좀 멀고 위치도 외졌다. 한번 먹어본 사람들은 맛있다며 찾아주어서 점심때는 그럭저럭 테이블이 채워졌지만, 번화가도 아니어서 퇴근 시간 후에는 손님이 적었다.

평생 전업주부로만 살다 가족의 생계를 떠맡은 장사가 쉬울 리 없었다. 그렇게 몇 달, 손님 없는 가게를 지켜내던 어머니는 속이 새카맣게 타서 응급실에 실려 갈 지경이 되었다. 가게는 문을 닫았고 빚은 더 늘었고 어머니는 건강을 회복하는 데 오래 걸렸다.

게슬러 형제는 성실하게 구두를 지었다. 심혈을 기울여 아름답고 튼튼한 수제화를 만들었지만, 기성화에 익숙해진 고객들은 주문하고 오래 기다려야 하는 형제의 가게를 더 이상 찾지 않았다. 세상이 숭고한 예술혼을 알아주지 않았든 그들이 시대의 흐름을 못 따라갔든 결과적으로 가게에 손님이 없게 되자 동생은 마음을 앓다 병들어 죽고 형도 곧 세상을 떠났다. 사망 원인은 아사.

"식당에 손님이 적어서 편하겠다, 그간에 많이 벌어놓은 것으로 버텨야 한다"며 국무총리가 위로 아닌 위로를 던졌다. 마음 넓은 주인은 괜찮았는지 모

르지만, 나조차 오래전 그 시절이 떠올라 가슴이 따끔거렸다. 다음날 '농담'이었다고 변명했지만 국민의 분노는 더욱 커졌다.

주인이든 가족이든 종업원이든, 손님 없는 가게에서 출입구만 뚫어지게 지켜본 적 있는 사람은 안다. 손님이 없다는 건 속이 시커멓게 바짝바짝 타들어가는 일이라는 걸. 손님이 적다는 건 결코 편하고 좋은 게 아니다. 몰라도 정말 너무 모른다.

046 우리의 고통은 왜 당신의 고통이 아닌가

> 잘 들어라. 정부는 정당하게 간주되는 행동을 긴급하게 이행할 수밖에 없었음을 유감스럽게 생각한다. 우리는 병이 더 이상 전염되는 것을 막고자 한다. 감염된 사람들을 모두 한군데 모아놓고, 또 그들과 접촉한 사람들을 인접한 별도의 시설에 모아놓기로 결정했다. 규칙을 준수하기 바란다. 허가 없이 건물을 나가지 마라. 즉시 사살할 것이다.
>
> – 조제 사라마구 '눈먼 자들의 도시'(1995년, 포르투갈) 중에서

우리 동네 편의점에는 마스크가 없다. 약국에서는 소독용 알코올이 품절이란다. 저녁거리를 사러 간 슈퍼마켓에서는 배달을 요청하는 전화벨 소리가 끊이질 않았다. 평소 30분이면 현관 앞에 가져다주었는데 이제는 3시간 넘게 기다려야 한다고 했다. 집 밖에 나오면 정말 위험한 걸까? 사람들은 마스크를 쓰고도 불안해한다.

중국인의 유입을 막지 않는 한 '문 열어두고 모기 잡는 격'이라는 비판에 대해 복지부 장관은 "겨울이라 모기 없다"는 말장난 같은 답변을 했다. 첫 희생

자가 나온 날, 영화 '기생충' 관계자들과 '짜파구리 파티'를 열고 파안대소했던 청와대는 확진자가 600명이 넘고 다섯 번째 사망자가 나오고서야 코로나 감염증 위기 경보를 최고 단계로 올리고 '규정에 얽매이지 않는 전례 없이 강력한 대응'을 지시했다.

"내 호르몬 속에는 공산주의가 있다"고 말했던 작가는 갑자기 두 눈이 멀어 버리는 전염병이 창궐한 사회의 혼란을 그린다. 원인도 치료법도 찾지 못한 정부는 감염자들과 접촉자들을 강제 격리한다. 눈먼 환자는 점점 많아지고 열악한 시설 속에 방치된 인간들 사이에서는 생존을 위한 약탈과 폭력과 살인이 난무한다. 악취 나는 쓰레기와 오물과 시체를 더듬어 지옥의 울타리를 넘어봐야 군인들이 쏜 총에 맞아 죽을 뿐이다.

일찌감치 문을 잠갔다면 국민은 안전했을 것이고 다른 나라에서 한국인 입국을 거부당하는 치욕도 겪지 않았을 거라고들 말한다. 그러나 더 큰 문제는 마스크를 써라, 백신 여권을 받아라, 하며 바이러스를 핑계로 전 세계가 통제사회로 내달리고 있다는 것이다. 제 집 식구는 나 몰라라, 남의 집 젓가락 짝까지 맞춰주는 오지랖 넓은 정부는 우리 국민을 어디로 데려가려는 것일까?

047 이 땅의 청춘과 우물 안 개구리

클로이와 나는 우리가 비행기에서 만난 것을 아프로디테(사랑의 여신)의 계획으로 신화화했다. 사랑 이야기라는 원형적 서사의 제1막 제1장으로 바꾸어 버린 것이다. 우리 두 사람이 태어날 때부터 하늘의 거대한 정신이 우리 궤도를 미묘하게 조정하여 어느 날 파리 발 런던 행 비행기에서 우리를 만나게 해준 것 같았다.

— 알랭 드 보통 '왜 나는 너를 사랑하는가'(1993년, 스위스) 중에서

'여행지에서 만난 연인은 행복하게 잘 산다'는 속설이 있다. 모두 그런 건 아니겠지만 여행 취미가 같고 드넓은 세상을 가슴에 품었으니 서로를 통 크게 이해할 수 있을 것 같다. 이국에서 나눈 아름다운 추억도 일상의 권태를 틈틈이 씻어줄 것이다.

'왜 나는 너를 사랑하는가'는 심리학과 철학을 소설 형식으로 풀어낸 사랑에 관한 보고서다. 비행기 옆자리에 앉게 된 것을 계기로 클로이와 연인이 되었지만 끝내 헤어진 주인공이 실연의 상처를 극복하고 새로운 사랑을 얻게 되는 과정을 따라간다.

여행지의 만남이든 공항의 이별이든, 우리나라 젊은이들에게는 한동안 허락되지 않을 경험이다. 현재 세계 91개 국가·지역이 한국인의 입국을 전면 금지하거나 엄격히 제한하고 있다. 무역으로 먹고사는 나라인 것을 모른다 해도, 외국을 수시로 드나들어야 하는 기업인들의 발이 묶이면 어떻게 되는지 모른다 해도, 죽음의 공포마저 무시하더라도 이 땅의 청춘들은 당분간 배낭여행도, 어학연수도, 비행기 옆자리에 누가 앉을까 하는 설렘도 기대할 수 없는 가여운 세대가 되었다.

세계 어디든 마음대로 갈 수 있고 한국인이라며 우쭐거릴 수도 있던 시간이 멈췄다. 강제 회항은 그나마 다행이다. 아름다운 섬의 허니문을 꿈꾸었던 신혼부부들에겐 도마뱀과 쥐와 모기와 함께했던 격리 기간만 악몽처럼 남겨졌다.

코로나 공포는 한국만의 문제가 아니다. 그런데도 왜 우리만 유독 좁은 우물 안 개구리가 되어버렸을까. 왜 세계에서 소외되고 있는지, 그동안 우리가 누려온 것들이 무엇인지, 누구에게 무엇을 빼앗겼는지 냉정히 돌아봐야 한다.

048 한 번도 경험하지 못한 나라

>돼지와 개의 배급량은 그대로였지만 다른 동물들의 배급량은 또다시 줄었다. 배급량을 너무 평등하게 하는 것은 동물주의 원칙에 어긋난다고 스퀼러는 설명했다. 물론 배급량을 재조정할 필요는 있지만(감축이란 말은 절대 하지 않았다) 식량 사정이 결코 나쁜 것은 아니며 존스 시대와 비교하면 사정이 훨씬 나아진 것이라고 했다.
>
>— 조지 오웰 '동물 농장'(1945년, 영국) 중에서

마스크 5부제가 시작된 월요일 오전, 약국 앞에 사람들이 하나둘 모여들더니 금세 줄이 길어졌다. 약국 문이 열리고 10분 만에 대기표가 다 나갔단다. 오전 11시에 입고된다고 해서 다시 나갔는데 물량이 확보되지 않은 듯, 한참을 지켜보았지만 판매는 시작되지 않았다. 지금까지 '한 번도 경험해 보지 못한 나라'다.

의사의 처방을 받아야 하는 것도 아닌데 마스크를 왜 약국에서 팔아야 하는지 모르겠다. 개인 사업자인 약사가 주민센터의 공무원처럼 정부 지시를 받아 일하는 것도 이상하다. 기침하는 사람, 더 자주 외출하고 더 밀폐된 공간에서 일하는 사람 등 개인에 대한 배려도 없다. 모두가 '평등하게' 일주일에 한 번, 최대 두 장이 허락될 뿐이다.

'동물 농장'은 스탈린이 지배하던 소련의 참상을 고발한다. 가축들은 자유롭게 살아보겠다며 농장 주인을 내쫓았지만 지도자를 자처하는 개와 돼지에게 훨씬 더 혹독하게 착취당한다. 배급량은 자꾸 줄어서 동물들은 헐벗고 굶주리다 병든 채 죽어 가는데 권력에 취한 개, 돼지는 검은 뒷거래로 부를 쌓고 파티를 즐기며 피둥피둥 살이 쪄간다.

궁금하다. 중국에 수많은 마스크를 지원한 정부도, 이 정책을 결정한 책임자들도 번호표 받고 신분증 보이고 자기 돈 내고 구매하는지. 청와대와 고위 공직자들은 약국 앞에 줄 서 본 적 있는지. 한 장도 사지 못해 돌아서며 허탈해 본 적 있는지.

작가가 소설에서 비판한 것은 스탈린 중심의 공산주의였지만 그가 추구했던 건 이상적인 사회주의 세계의 완성이었다. 그러나 그가 오래 살아 지금의 세상을 봤다면 '내가 꿈꾸었던 사회주의 사회는 이런 게 아니었다, 내가 비판한 게 바로 이런 사회였다'며 비명을 지르지 않았을까.

049 시대의 소음과 트로트 열풍

미래에 대해 겸허하게 바라는 게 있다면 '국화꽃은 시들고'라는 노래가 싸구려 카페에서 금이 간 앰프를 통해 아무리 나쁜 음질로 흘러나온다 해도 계속해서 사람들의 심금을 울리는 것이었다. 그리고 길 저편에서는 청중이 말없이 그의 현악 사중주에 감동하고 있을 수도 있었다. 어쩌면 멀지 않은 훗날, 두 청중이 겹쳐지고 뒤섞이게 될지도 모른다.

— 줄리언 반스 '시대의 소음'(2006년, 영국) 중에서

얼마 전 어머니가 휴대폰으로 영상을 보여주었다. 젊은 사람이 노래를 정말 잘한다고, 친구분들 사이에서도 인기가 최고라고 했다. 얼굴도 이름도 기억나지 않지만 트로트 대회 참가자였을 것이다. 그 후에도 여러 사람이 이야기해서 우승 후보자들의 노래를 몇 곡 찾아 들었다. '가요무대'에서나 들을 법한 곡들을 젊은 세대가 구성지게 부르는 게 신기했다.

'시대의 소음'은 스탈린 치하에서 작곡가로 활동했던 쇼스타코비치의 내면 갈등을 그리며 공산주의를 비판한다. 음악이 대중을 선동하고 권력을 비호하는 데 이용당하는 걸 알면서도 그가 원한 건 음악을 하는 것, 음악을 위해 살아가는 것이었다. 그는 언제 비밀경찰에게 끌려갈지 모르는 공포 속에서도 작품만은 살아남길 원했다. 클래식이든 그의 아버지가 즐겨 부르던 대중가요든 미래의 언젠가는 모든 음악이 자유롭게 연주되고 불릴 수 있기를 꿈꾸었다.

트로트는 아무리 밝게 불러도 한(恨)과 설움이 내재된 노래다. 코로나다, 마스크 5부제다, 경기 침체다 해서 마음 둘 곳 없는 사람들의 가슴에 트로트의 직설적인 가사들이 화살처럼 날아가 꽂혔을 것이다.

무엇보다 힘들게 살아왔다는 젊은 도전자들을 응원하며 시청자는 시대의 소음과 고통을 잠시나마 잊을 수 있었던 게 아닐까. 트로트 열풍은 복고 예찬이다. 현재가 불안하고 미래가 암울한 까닭에 과거가 좋았다고 생각하는 대중심리의 반영이다.

축제가 끝나고 우승자가 결정되었단다. 성원했던 사람이 이겼다면 기분 좋겠지만 그렇지 않다면 자신이 패배한 듯 허탈하기도 한가 보다. 엄마가 응원한 건 누구였을까. 전화해 봐야겠다.

050 인간이라면 하지 말아야 할 짓

마음껏 탐한 후 그녀를 끌어안고 비로소 인간다운 애정이 담긴 신음을 토할 때(그녀의 잿빛 눈동자는 더욱더 공허해져서) 내 사랑은 치욕과 절망으로 변해갔다. 하지만 그렇게 고통스러운 참회의 절정에서 느닷없이 모순된 욕망이 끔찍하게도 다시 솟구쳐 올랐다. 그러면 "아 제발, 싫어요!" 롤리타는 애원하며 하늘이 무너져라 한숨을 내쉬었다.

― 블라디미르 나보코프 '롤리타'(1955년, 미국) 중에서

성범죄 영상물을 배포한 20대 남성이 체포되었다. 그는 끔찍한 성적 학대 영상들을 수년간 제작하고 유포해서 돈을 벌었다. 폭력과 강간 정도가 너무 지독해서 기사를 읽는데 가슴이 진정되지 않았다. 현재까지 밝혀진 피해자만 76명, 그중 미성년자가 16명이다. 시키는 대로 하지 않으면 가족에게 알리는 것은 물론 죽이겠다고 협박했다.

열두 살 의붓딸에 대한 성적 욕망을 그린 '롤리타'를 외로운 중년 남성의 불꽃 같은 사랑이라고 해석하는 독자도 있겠지만 현실에서 그의 행위는 명백한 범죄다. 볼셰비키 혁명 때 유럽으로 망명, 미국으로 이주한 작가의 소설은 재판을 앞둔 험버트가 소아성애자인 자신을 뻔뻔하게 변호하기 위해 쓴 글로 채워져 있다.

하지만 '불쾌, 끔찍, 비열, 타락, 잔인, 악마적 교활'이란 표현을 담은 서문만 보더라도 작가가 소아성애를 미화하거나 권장하려는 의도가 아니었다는 건 분명하다. 어린 소녀가 관계를 힘들어하는 묘사도 자주 보인다. 험버트도 자신이 판사라면 35년 형을 선고할 거라며 강간죄를 인정한다.

사람이 하지 못할 일은 없다고 하지만 인간인 이상 하지 말아야 할 짓이 있다. 약한 생명을 학대하고 그 고통을 보며 즐거워하는 괴물이 되는 것. 그런데 백만 원이 넘는 회비를 내는 유료 회원이 3만 명이 넘고 실제 이용자는 몇 배 더 많았다니 경악스럽다.

성폭력은 개인의 영혼과 미래를 파괴하는 추악한 범죄다. 특히 아동과 청소년에 대한 성범죄는 가장 악랄한 폭력이다. 인간이길 포기한 가해자의 인권은 어디까지 보호해야 할까. 일벌백계로 범죄에 대한 경각심을 일깨우는 계기가

되길 바란다.

051 죽음의 또 다른 얼굴

성 밖은 그들이 알 바 아니었다. 바깥세상 일로 슬퍼하거나 연민하는 것은 어리석었다. 왕자는 성 안에 온갖 쾌락 거리들을 갖추어 놓았다. 어릿광대와 가수들, 댄서와 악사들, 미남 미녀들이 가득했고 와인도 충분했다. 성 안은 이 모든 것과 함께 안전했다. 성 밖에는 '붉은 죽음'이 존재하고 있었다.

- 에드거 앨런 포 '붉은 죽음의 가면무도회'(1842년, 미국) 중에서

북한이 지난 일요일 새벽, 동해상으로 두 발의 탄도미사일을 쏘았다. 올해 들어 벌써 네 번째 도발이다. 중국에서 시작된 코로나바이러스로 전 세계가 초긴장 상태인 것과는 대조적이다. 확진자가 전혀 없다고 공식 발표하고 있는 북한이 건재를 과시하려는 듯 우리의 안전과 평화를 계속 위협하고 있다.

'붉은 죽음의 가면무도회'는 흑사병에서 착안했을 적사병, 즉 '붉은 죽음'이란 역병 때문에 인구가 절반으로 줄어든 어느 왕국의 기괴한 사건을 기록하고 있다. 왕자는 물자와 식량을 충분히 비축하고 건강한 귀족과 하인 등 1,000명을 불러들인 다음 성문을 걸어 잠근다. 성 밖의 국민은 죽든 말든 관심도 없는 왕자와 귀족들은 매일 사치스러운 파티를 즐긴다.

그러던 어느 날, 흉측한 모습을 하고 가면무도회에 나타난 참석자가 못마땅했던 왕자는 불경죄를 물어 그를 죽이겠다고 덤벼든다. 하지만 칼을 빼 든 순간, 쓰러져 죽은 건 왕자였다. 주위 사람들이 놀라 달려들었지만 붉은 가면과 망토 속엔 아무것도 없다. 그가 바로 파티에 초대받지 않은 손님, 어느새 성

안에 침입한 '붉은 죽음'이었다는 사실을 깨달으며 사람들은 죽어간다.

북한에도 많은 환자와 사망자가 있으리라는 추측이 나오고 있다. 하지만 성 안에서 배 불릴 궁리만 하는 권력자들이야말로 오랫동안 북한 주민들에겐 그 어떤 바이러스보다 무서운 죽음의 사신이었다. 그리고 그런 북한의 권력자를 도와야 한다고 끊임없이 주장하고 실행하는 자들 역시 '붉은 가면'을 쓴 죽음 의 또 다른 얼굴이 아니겠는가.

052 푸른 하늘이 돌아왔다

> 몇백 킬로미터 높이에서 아래를 내려다보라. 지구는 푸른빛으로 이어져 있다. 한순간이라도 이 광경을 보게 되면 그 아름다움에 가슴이 벅차오를 것이다. 바로 그곳이 우리 고향인 것이다. 고향. 내가 사는 세상. 내가 태어난 곳. 내가 알고 들어본 모든 사람이 저 아래, 눈부시게 빛나는 푸르름 아래에서 태어나 자란 것이다.
>
> — 칼 세이건 '콘택트'(1985년, 미국) 중에서

'코로나 확산 방지를 위한 전면 통제'라고 쓴 플래카드가 산책로 입구를 가로막고 있다. 2킬로미터 넘게 늘어선 벚나무마다 꽃이 흐드러지게 피었지만 예쁘다고 말해줄 사람들은 보이지 않는다. 그래도 투명한 햇살을 만끽하며 파란 하늘을 향해 팔 뻗은 꽃가지들은 제 세상 만난 듯 싱그럽기만 하다.

'콘택트'는 대중의 눈을 지구 밖 드넓은 우주로 돌리게 했던 '코스모스'의 저자이자 천체물리학자 칼 세이건이 쓴 소설이다. 이 작품은 외계 생명체의 존재 여부에 대해 더 재미있게 접근할 길을 제시한다. 소설을 각색한 동명의

영화는 '지구에만 생명체가 산다면 엄청난 공간 낭비'라는 인식을 일반인에게까지 각인시켰지만, 작가가 그 모든 것을 통해 진짜 전하고 싶었던 메시지는 지구에 대한 사랑, 우주에서 우리가 살아갈 수 있는 단 하나뿐인 행성의 소중함이다.

지난 몇 년간 봄만 되면 하늘이 보이지 않았다. 대기를 뒤덮은 누런 먼지 때문에 외출에서 돌아오면 마스크를 했는데도 목이 아팠다. 사태가 지속된다면 우리나라만의 문제로 끝나지 않을 것이다. 머잖아 우주에서 바라본 지구는 푸른빛의 아름다운 띠가 아니라 누렇게 뜬 환자의 초췌한 얼굴처럼 보이게 될지 모른다. 저런 데서는 어떤 생명체도 살 수 없다며 외계인도 고개를 젓고 도망갈 것이다. 그런데 잠시, 파란 하늘이 돌아왔다. 코로나가 중국 생산 라인을 마비시켰다고 알려진 뒤부터다.

우주는 하나를 빼앗아 가면 다른 하나를 채워준다. 더 많은 희생과 슬픔을 막기 위해 사회적 거리 두기를 지켜야 한다는 요즘, 창밖의 맑은 하늘이라도 없었다면 어쩔 뻔했을까. 봄날의 파란 하늘이 이렇게 소중할 수가 없다.

053 왜 국회의원이 되고 싶을까

톨리 남작은 선거를 책임지고 있었는데 특정 정당을 선택한 투표용지를 조금씩 훔쳐내는 기발한 술책을 생각해 냈다. 그는 빼낸 투표용지의 숫자만큼 자기 마음에 드는 후보자의 이름에 표기한 투표용지를 대신 채워 넣었다. 이 과감한 만행은 일부 유권자에게 발각되었지만, 그들은 즉시 남작에게 찬사를 보낸다는 뜻을 밝혔다.

- 스탕달 '적과 흑'(1830년, 프랑스) 중에서

사람은 하루 평균 약 200번의 거짓말을 한다. 설마, 하며 부정하고 싶지만 오랜만에 만난 친구에게 "하나도 안 변했네"라고 말하거나 몹시 아프고 힘든데도 "괜찮다"고 해본 적 없는 사람이 있을까? 타인을 격려하려고, 위기를 모면하려고, 크든 작든, 희든 검든 보통 사람들도 8분에 한 번꼴로 거짓말을 한다.

큰 목소리로 끊임없이 정의를 외치며 표를 얻어야 하는 정치인은 어떨까? '적과 흑'은 거짓의 계단을 밟고서라도 성공을 움켜쥐려 했던 청년의 야망과 파멸을 담고 있다. 세상은 물론 자신의 마음마저 속여 온 줄리앙은 죽음을 앞두고서야 인생의 참된 행복이 진실한 사랑에 있다는 것을 깨닫는다.

많은 사람이 출세를 꿈꾼다. 그런데 기업인, 법조인, 예술인, 교육인, 언론인 구분 없이 성공의 최종 목적지는 정치권력인 모양이다. "국회의원이 되려는 야심가들은 자유주의니, 국민에 대한 사랑이니 운운하겠지만 국가라는 배 위에 올라 조종하고 싶은 거지. 돈벌이가 되니까"라는 소설 속 문장은 스탕달이 살던 시대의 프랑스 정치인에게만 해당하는 것은 아니다. 작가는 소설에 등장하는 톨리 남작과 지지자들을 통해 선거 조작도 서슴지 않는 정치 세계의 추악한 단면을 폭로했다.

국민은 더 안전하고 풍요로운 나라를 만들어 줄 사람이길 바라며 투표하지만 배지를 달고 싶은 그들도 같은 마음인지는 모르겠다. 선거에 참여하는 국민의 희망과 당선되려는 자들의 야심, 건널 수 없는 강처럼 둘 사이의 거리가 그 어느 때보다 멀다. 앞으로 무엇이 얼마나 바뀔지, 많은 사람이 기대보다는 걱정을 앞세우는 이유다.

054 죽은 자들을 위한 세상

모든 통신 수단이 사라져 버렸다. 라디오, TV, 신문 등 언론이 넘어갔고 전화와 전보까지 그들이 장악해 버렸다. 반대편 사람들이 반격할 수 없도록, 아무것도 남기지 않고 모두 점령해 버린 것이다. '패배'라고 그는 생각했다. '이것이 어쩔 수 없이 우리 앞에 놓인 현실이야. 그들이 권력을 잡게 된다면 그 다음은 우리의 죽음이겠지.'

- 필립 K. 딕 '죽은 자가 무슨 말을'(1964년, 미국) 중에서

김정은의 생사에 관심이 모이고 있다. 북한에는 이미 두 구의 시신이 보존되어 있는데 소문대로 문제가 생긴 것이라면 그 또한 미라가 되어 김일성, 김정일과 함께 3대의 시신이 나란히 전시될지도 궁금하다.

레닌과 스탈린, 호찌민과 마오쩌둥의 경우처럼 공산주의 사회에서는 죽은 자를 신격화하여 정치생명을 이어간다. 망자를 땅에 묻거나 화장하여 자연으로 돌려보내는 대신 방부 처리에 많은 돈을 들여서라도 산 사람을 죽은 사람 앞에 머리 숙이게 한다. 썩어가는 몸을 앞세워야 할 정도로 통치가 어렵고 권력이 불안정하다는 뜻이다.

정·재계의 큰손이던 사라피스가 죽자, 그의 생전 영향력을 이용하려는 사람들이 언론 매체는 물론 개인의 전화 통화 기능까지 장악, 위조한 망자의 목소리를 내보낸다. 세상은 온통 죽은 자의 지시와 간섭으로 채워지고, 그 결과 그들이 원하는 정치인이 대통령 후보로 지명된다. 결국 반대파는 죽은 자의 망령을 걷어내고 개인의 자유를 되찾기 위해 총을 집어 든다.

소설은 망자를 이용한 권력 쟁탈과 대중의 지배가 계속되는 미래의 전체주의 사회를 예견했다. 영화 '마이너리티 리포트'와 '토탈 리콜', '블레이드 러너'

등의 원작자인 필립 K. 딕은 공산주의가 참된 지성인의 양식으로 인식되던 시절, 드물게도 공산주의를 반대했던 작가다.

　죽은 자가 계속 말을 해야 통제할 수 있는 사회는 살아 있는 사람을 위한 세상이 아니다. 김정은의 생사는 중요하지 않다. 그런 말이 나도는데도 쉽게 해명하지 못할 정도로 권력 누수 또는 변화가 생겼다는 것에 주목할 뿐. 무엇보다 죽은 자를 위한 세상에서 억압과 패배와 죽음만을 기대할 수밖에 없는 사람들이라면 무엇이 더 두려울까.

055 거짓의 올가미

　"보석 상자의 열쇠를 훔쳐서 귀고리를 꺼냈느냐?" 카타리나가 입을 열었다. 자기 말을 스스로 믿으려고 애쓰는 듯 목소리는 몹시 떨리고 있었다. "아닙니다. 작은 마님." 내가 훔쳤다고 말해버리면 모두가 편하리라는 것은 알고 있었지만 거짓말을 할 수는 없었다. "거짓말 마라. 하녀들은 항상 뭔가 훔치는 족속들이니까. 네가 내 귀고리를 가져갔지?"

— 트레이시 슈발리에 '진주 귀고리를 한 소녀'(1999년, 미국) 중에서

　누명을 쓰는 것처럼 억울한 일이 또 있을까. 단순한 오해는 시간이 지나면 밝혀지지만 상황 판단이나 정직한 증언으로 무고를 밝히기 어려운 경우는 얼마든지 있다. 하물며 몇몇 사람이 작정하고 도둑이나 성추행범, 심지어 살인자로 지목하면 무죄를 증명하기란 쉽지 않다. 결백을 주장할수록 거짓의 올가미는 더 세게 숨통을 죄어온다.

　'진주 귀고리를 한 소녀'는 17세기를 살았던 네덜란드 화가 페르메이르의 그

림이다. 그 아름다움에 매혹된 작가는 명화가 탄생하게 된 과정을 상상했고 그림과 같은 제목의 소설을 발표했다.

하녀 그리트는 페르메이르에게 예술적 영감을 불러일으키고 새 그림의 모델이 되는 소설 속 인물이다. 화가는 그녀가 진주 귀고리를 하길 원했고, 사위의 재능을 아꼈던 장모는 딸의 귀고리를 몰래 가져다준다. 그리트는 이틀 치 급료에 맞먹는 사비를 털어 마취제를 사고 혼자서 피를 흘리며 바늘로 귀를 뚫는다.

하지만 화가의 아내는 그림 속 아름다운 그리트를 보고 질투심에 사로잡혀 다짜고짜 그녀를 도둑으로 몰아세운다. 아내의 잔소리가 귀찮은 화가도, 귀고리를 빌려준 장모도 하녀를 변호해 주지 않는다. 결국 그리트는 도둑 누명을 쓰고 화가의 집을 나온다.

'자결하게 해야' '인천 앞바다에 묻어 버려야' '다시는 회생 못 하게 폭격해야' 한다는 대화는 조직폭력배들의 말이 아니다. 마음에 들지 않은 대표를 성추행 혐의로 모함하고 모의했던 서울시립교향악단 직원들이 나눈 메시지 내용이다. 사건 후 6년이 지나서야 모든 혐의에 무죄 판결이 나긴 했지만 집단 안에서, 이익 앞에서 인간이 얼마나 사악할 수 있는지를 잘 보여준 사례였다. 누명을 벗는 일이 하늘의 별 따기보다 어려운 이유다.

056 반평생을 땅에 묻은 날의 쓸쓸함

장례 행렬은 곡소리와 함께 장지로 향했다. 흰 신발을 신은 많은 일꾼이 상여를 따라갔다. 아버지와 아내 오란, 두 사람을 땅에 묻는 동안 왕룽의 가슴은 너무나 슬펐지만 다른 사람들처럼 소리 내어 울지는 않았다. 봉분 쌓은 것도 차마

보지 못하고 그는 혼자 걸어서 집으로 향했다. '나는 그 무덤에 내 반평생을 묻은 셈이다. 나도 절반은 그 속에 묻힌 것이다.'

– 펄 벅 '대지'(1931년, 미국) 중에서

얼마 전 지인이 부친상을 당했는데 문상을 가지 못했다. 코로나 사태로 다들 조심하는 시기이니 조문을 받지 않겠다고 했기 때문이다. 문상객을 맞는 대신 가족이 모처럼 마주 앉아 아버지와의 추억을 나눌 수 있어 좋다고 말하는 그의 목소리는 뜻밖에도 평온했다.

겪어보지 않으면 생각이 미치지 못하는 일이 많다. 일부 국가처럼 강제적 외출 금지나 결혼식·장례식 금지령은 없다 해도 경조사를 맞이한 사람들이 스스로 주변을 배려하고 있다. 그래도 상실감을 잠시나마 잊게 해줄 상가의 시끌벅적함도 필요한 건데 싶어서 안타깝게 느껴지는 것은 어쩔 수 없다.

'대지'는 땅에 의지해 척박한 삶을 살아가는 왕룽 일가 3대의 이야기다. 가난한 집에 시집와서 자식을 낳고 쉴 새 없이 일하며 집안을 번성시켰으면서도 행복이 무엇인지 모르고 살던 오란은 아들이 결혼하는 것을 보고서야 안도하며 눈을 감는다. 이어 시아버지도 숨을 거둔다. 늙은 아버지와 고생한 아내의 장례식을 같은 날 성대하게 치렀지만 왕룽의 뒤늦은 후회와 슬픔은 잦아들지 않는다. 그들의 무덤에 자신의 반쪽을 묻고 온 것만 같아 돌아오는 길, 하염없이 눈물을 흘린다.

조문객으로 인산인해를 이룬다 해도 떠난 이와 남은 이를 위로할 수는 없다. 그래도 가까운 사람이 세상을 떠났는데 찾아갈 수도 없고 찾아오는 사람도 없다고 생각하면 쓸쓸해진다. 바이러스를 빙자한 야단법석이 하루빨리 사라지고 사회 활동이 정상화될 때까지 장례식 치를 일이 없으면 좋으련만, 달려오는 죽음을 막아설 수 있는 이가 누가 있을까.

펄 벅은 한국을 '고결한 사람들이 살고 있는 보석 같은 나라'라고 했다. 우리는 우리 자신을 못 보는 것일까. 그 보석을 다 잃어버린 것은 아닐까.

057 정의를 외치는 목소리와 탐욕의 상관관계

　나는 하루 10회 정도 사람들 앞에 불려 나가 재주를 부렸다. 몇 주일간 쉬지 않고 혹사를 당하다 보니 건강은 극도로 악화되었다. 주인은 돈을 많이 벌면 벌수록 더욱더 탐욕스러워졌다. 먹을 수도 없을 만큼 너무나 힘들었던 나는 뼈만 남아 앙상하게 야위었다. 내가 곧 죽을 것 같았는지 그는 최대한 나를 이용해 더 많은 돈을 벌 궁리를 했다.

- 조너선 스위프트 '걸리버 여행기'(1726년, 아일랜드) 중에서

　많은 사람이 어린이용 동화책으로 알고 있는 '걸리버 여행기'는 성직자이자 정치평론가이기도 했던 조너선 스위프트가 발표한 정치 비판 소설이다. 항해에 나선 걸리버는 풍랑이 닥치고 선상 반란을 당하고 해적선을 만난 탓에 미지의 세계로 들어간다.
　소인국에서는 포로가 되고 거인국에서는 노예처럼 부려지기도 하지만 그의 품성과 지식이 호감을 사서 왕들의 총애를 받는다. 과학이 발전한 나라에서는 허공에 떠다니는 섬에 초대받고, 사람을 태우고 다니던 말이 인간을 지배하는 세상도 경험한다. 이상적 세계란 무엇일까, 인간의 본성을 파고들며 작가는 독자에게 질문을 던진다.
　걸리버를 발견한 거인국 농부는 그를 구경거리로 만들어 돈을 번다. 서커스단의 원숭이처럼 끌고 다니며 도시 순회공연을 강행한다. 무리한 일정 탓에

걸리버가 쇠약해지자 잘 돌보기는커녕 죽기 전에 벌 수 있는 만큼 벌어야겠다며 악착같이 방안을 모색한다.

전국 방방곡곡, 소녀상을 세우고 위안부 할머니들을 앞세워 반일 감정의 선봉에 섰던 사람들이 후원금으로 사들인 전원주택을 사적으로 이용, 펜션으로 운영하여 사익을 취하고 워크숍을 핑계로 모여 앉아 일본 과자를 안주 삼아 술판도 벌였단다. 장례 조의금조차 그분들을 위해 쓰지 않았다.

100명 중 1명이 사기를 당하는 나라, OECD 회원국 중 사기 범죄율이 가장 높은 나라, 그 결과 사기 공화국이란 오명을 얻은 나라에서 국민 돈 무서운 줄 모르는 이들이 단체장이 되고 국회의원이 되는 건 놀랄 일도 아니다. '네 돈은 내 돈'이라고 생각하는 이들이 자본주의를 비판한다. 정의를 외치는 목소리는 돈과 권력에 대한 탐욕의 크기와 비례하는 법이다.

058 자살자가 남긴 교훈

> 당신은 모든 걸 과장하는 경향이 있어요. 적어도 지금 우리가 문제 삼고 있는 자살만 하더라도 당신은 그것을 위대한 행위와 비교하지만, 그건 절대로 옳지 않아요. 뭐니 뭐니 해도 자살이란 결국 나약함 때문이라고 생각할 수밖에 없어요. 괴로움에 가득 찬 삶을 꿋꿋하게 참고 견디어 나가기보다는 차라리 죽는 편이 쉬우니까요.
>
> - 요한 볼프강 폰 괴테 '젊은 베르테르의 슬픔'(1774년, 독일) 중에서

언제부턴가 자살한 유명인에 대한 사회적 추모가 당연해졌다. 죽음을 안타까워하는 것은 인지상정이지만 병사나 사고사 또는 전사와 달리 자살을 미화

하거나 영웅시하는 것은 아닌가, 의심해 봐야 할 시대의 단면이다.

실연의 고통을 이겨내지 못하고 자살로 짧은 생을 마감한 청년의 이야기 '젊은 베르테르의 슬픔'은 출판되자마자 스물다섯 살의 괴테를 일약 세계적 베스트셀러 작가 반열에 올려놓았다. 베르테르의 패션 스타일을 따라 하는 것이 당시 유럽 청년들에게 큰 유행이었을 뿐만 아니라 그의 죽음을 모방해서 자살한 사람도 많았다.

괴테는 약혼자가 있는 여성을 좋아했던 자신의 아픈 경험과 유부녀를 사랑했던 친구의 자살 사건을 문학적으로 승화시켰다. 샤를로테라는 여인 이름까지 그대로 썼지만 베르테르와 달리 여든세 살, 죽음이 제 발로 찾아올 때까지 괴테는 열정적으로 저술 활동을 펼치며 살았다. 삶과 죽음에 대한 작가의 건강한 신념을 베르테르의 연적이었던 알베르트가 대신 말해주고 있는 것 같다.

프랑크푸르트에 있는 괴테하우스를 돌아본 적 있다. 괴테가 태어나 40대 중반까지 살았던 집은 '젊은 베르테르의 슬픔'을 집필한 곳이기도 했다. 세계적 문호라고 해서 왜 슬픔이 없고 절망이 없었을까만, 천명이 다할 때까지 살며 사랑하며 끝없이 썼던 위대한 작가의 손길과 숨결이 배어 있는 공간에서 느끼는 감동은 특별한 것이었다.

소설 속 죽음이 아름답다 해도, 살아생전 굉장한 자취를 남겼다 해도 자살로 생을 마감한 사람이 주는 가장 큰 교훈은 죽을 만큼 힘들어도 절대로 삶을 포기하지 말아야 한다는 것이다. 생사(生死)라 하지 생살(生殺)이라 하지 않는다. 죽음(死)이 스스로 찾아올 때까지 자신을 죽이(殺)지는 말라는 뜻이다.

059 더 가질 수 없어서 다행이다

우주 비행 연구는 중단되었다. 오버로드가 지닌 과학과의 격차가 너무나 컸다. 인류는 우주 비행의 꿈을 포기했다. 힌트조차 주지 않는 원리로 만든 우월한 추진 장치를 그들이 가지고 있는데 인간이 로켓을 새로 개발하려 한다는 것은 무의미했다. 오버로드는 지구에서 전쟁과 기아와 질병을 없애버렸을 때 인간의 모험심도 함께 파괴해 버린 것이다.

— 아서 C. 클라크 '유년기의 끝'(1953년, 영국) 중에서

우주에서 지구를 바라보면 어떤 기분일까. 미국의 민간 우주 기업 '스페이스X'가 얼마 전 두 우주 비행사를 태운 로켓을 쏘아 올리는 데 성공했다. 그들은 궤도를 돌며 두 달간 우주에 머물다 돌아올 예정이다. 대중화하려면 시간이 더 걸리겠지만 우주 관광 시대의 서막이 올랐다.

'SF소설의 대가'로 불리는 작가의 소설은 외계 생명체의 지배를 받게 된 미래 지구를 그린다. 처음에는 두려워하고 공격도 해보지만 무력을 행사하지도 않고 특별한 요구 조건도 없이 평화와 풍요와 오락만을 무제한 제공하는 그들의 통치 방식에 인류는 금방 익숙해진다.

오버로드라고 하는 외계인 치하에서 인간이 할 일이라고는 먹고 자고 여가를 즐기는 것뿐, 흉내조차 낼 수 없는 그들의 놀라운 과학 문명 앞에서 인간은 새로운 것을 창조해 낼 엄두도 내지 않는다. 응석받이로 자라 혼자 살아갈 능력을 잃은 철부지처럼 완벽한 복지 혜택에 빠져 외계인의 지배를 거부해야 한다는 의식조차 하지 못하고 인류가 맞이한 운명은 멸종. 지구를 지키겠다며 용감하게 맞서 싸우다 점령당하는 것보다 훨씬 더 무서운 결말이다.

손톱 끝으로 가려질 만큼 작은 행성, 무한한 공간 속에 먼지처럼 떠 있는

조그만 점 위에서 수십억 명이 북적이며 살아가고 있다는 것이, 우주에서 바라보는 고요한 그 순간에도 기아와 질병, 폭동과 전쟁이 벌어지고 있다는 사실이 믿기지 않을 것 같다.

지구 밖에서 지구를 바라볼 수 있는 책을 읽으면 세상이 조금 달라 보인다. 더 가질 수 없어서, 다 이룰 수 없어서, 그 결과 아직 꿈꿀 수 있어서 다행이란 생각도 든다. 모자람과 욕망이 성장과 발전의 열쇠다. 그걸 기억한다면 우리는 훨씬 더 행복해질 텐데.

060 중요한 건 색깔이 아니라 생명

"앵무새를 죽이면 죄가 된다는 걸 기억해라." 아버지가 죄라는 말을 한 건 그때가 처음이었다. 난 모디 아줌마에게 그 이야기를 했다. "아빠 말씀이 옳아. 앵무새는 우리를 즐겁게 해줄 뿐, 곡식을 축내거나 옥수수 창고에 둥지를 만들지는 않거든. 그저 온 힘을 다해 노래를 불러주지. 그래서 앵무새를 죽이면 죄라고 하셨을 거야."

— 하퍼 리 '앵무새 죽이기'(1960년, 미국) 중에서.

백인 경찰관의 과잉 진압으로 한 흑인이 죽었다며 인종차별을 반대하는 시위가 세계 곳곳에서 벌어지고 있다. 그 와중에 미국의 백화점과 명품 매장, 우리나라 교민들이 운영하는 상점 수십 곳이 약탈당했다. '흑인의 생명도 중요하다'는 피켓 문구를 '흑인의 생명만 중요하다, 흑인과 흑인 옹호자는 무슨 짓을 해도 좋다'는 뜻으로 오해하는 사람이 많은 모양이다.

'앵무새 죽이기'는 흑인 용의자를 변론하게 된 백인 변호사와 그의 여덟 살짜리 딸을 통해 당시 미국의 흑백 갈등이 얼마나 심각했는지를 이야기한다. 주민들은 혐의가 있을 뿐인 흑인을 당장 처형하길 원하고, 그를 변호하는 일은 부끄러운 짓이라며 변호사와 가족에게 적의를 드러낸다. 재판 과정에서 모든 증거가 무죄를 가리키는데도 흑인이라는 이유로 유죄 판결이 내려진다.

작가는 인간에게 해를 주지도 않고 오히려 아름다운 노래를 들려주는 앵무새(정확히는 흉내지빠귀)를 죄가 없어도 희생당하는 흑인에 비유하고 있지만 흑인은 절대 죄를 짓지 않는 인종이라거나 죄를 지었어도 흑인이니 보호해야 한다고 설득하고 있는 것은 아니다.

흑인으로 사는 게 힘들다지만 백인 노숙자도 넘쳐나고 다양한 인종 속에서 시위대의 약탈 피해를 견디고 있는 한국 교민의 삶도 수월할 리 없다. '흑인의 생명도 중요하다'는 주장이 설득력을 가지려면 '동양인의 생명도 중요하다, 백인의 생명도 중요하다, 모든 생명이 다 중요하다'는 주장이 함께 거론되어야 한다.

차별을 반대하는 목소리는 필요하다. 그러나 마땅히 되찾아야 할 건 모든 생명에 대한 존중이지 특정 피부색에 한정된 무조건적인 보호와 배려는 아니다.

061 자식, 부모의 몸을 빌려 찾아온 손님

토비아스가 자랄수록 아버지 틸의 애정은 커졌지만 계모인 레네의 애정은 식었다. 1년 후 사내아이를 낳은 뒤부터 그녀의 애정은 증오로 변해갔다. 그때부터 토비아스의 고통이 시작되었다. 아이는 틸이 집에 없을 때 끊임없이 학대받았다. 울며 보채는 어린 동생을 돌보느라 연약한 힘을 다 쏟았지만 학대는 끝나지 않았다.

- 게르하르트 하웁트만 '선로지기 틸'(1888년, 독일) 중에서

계모와 계부에게 학대받은 아이들에 관한 기사가 연일 마음을 아프게 한다. 아홉 살 남자아이는 작은 가방 안에 갇혀 7시간 넘게 몸부림치다 죽었다. 집에서 도망쳐 나온 아홉 살 여자아이는 온몸에 멍이 들어 있었다. 쇠줄에 묶여 쇠 파이프로 맞았고 뜨거운 프라이팬으로 지진 손에는 지문도 없었단다.

'선로지기 틸'은 드센 계모와 내성적인 친부 사이에서 희생당하는 아이를 다룬다. 건장한 체격에 소심한 영혼을 가진 틸은 죽은 전처와의 사이에서 낳은 아들이 새 아내에게 학대당하는 걸 알면서도 가정의 평화를 위해서라는 핑계로 모른 척한다. 그러나 아이가 기차에 치여 죽는 사고가 발생하자 원망과 죄책감이 폭발한 듯, 아내와 함께 갓난아이까지 참혹하게 살해한다. 재판 후 정신병원으로 실려 가는 틸은 죽은 아들의 털모자만 한없이 쓰다듬는다.

사람들은 아주 쉽게 계모와 계부를 탓한다. 피가 섞이지 않은 아이를 사랑하는 건 쉽지 않은 일이다. 그런데도 본능을 넘어 친자식 못지않게 의붓자식을 훌륭히 키우는 계부와 계모는 얼마든지 있다. 우리가 더 걱정해야 할 문제는 친부와 친모가 학대를 방관하거나 범죄에 가담한다는 사실이다. 아동 학대의 77%를 친부모가 저지르지만 아이 대부분은 아무런 대책 없이 학대 부모에게 되돌려 보내진다.

자식 사랑하지 않는 부모는 없다지만 자식 사랑하는 법을 모르는 부모는 너무나 많다. 제 자식 제 맘대로 하는 걸 간섭할 수 없다는 생각도 흔하다. 아이는 부모의 몸을 빌려서 이 세상에 온 귀한 손님이다. 아동 학대는 끔찍한 범죄라는 인식이 절실하다.

062 지켜야 할 명예가 없는 사람들

"이렇게 기분이 좋았던 적은 내 생에 없었어. 그가 죽었어. 난 위기를 모면한 거야. 카페에 온 것도 엄청난 행운이군. 그러지 않았다면 나는 쓸데없이 자살할 뻔했잖아. 이건 정말 운명이야. 그의 분노가 뇌졸중을 일으켰을 거야. 이제 나는 살아도 돼. 모든 것이 다 내 차지인 거야. 이 빵, 정말 맛있어요, 하베츠발너 씨. 아주 훌륭해요!"

— 아르투어 슈니츨러 '구스틀 소위'(1901년, 오스트리아) 중에서

허영심만 가득한 구스틀 소위는 오페라 공연이 끝나고 서둘러 극장을 나오다가 빵집 주인 하베츠발너와 마주친다. 외투 보관소에서 새치기하려던 그를 막아선 제빵사는 소위의 군도를 움켜잡고는 순서를 기다리지 않으면 검을 부러뜨리겠다며 귀에 대고 으름장을 놓는다. 소위는 그의 덩치와 자신의 검을 쥐고 있는 커다란 손에 기가 질려 입도 벙긋 못한다.

소설은 오직 머릿속에서만 정의로울 뿐 실제로는 비겁하고 경망스러운 장교의 끊임없는 내면 독백을 따라간다. 정신을 추스르고 거리로 나왔지만 온 세상이 자신을 조롱하는 것만 같다. 제빵사가 떠벌리고 다니면 어쩌지? 입 다물어 달라고 부탁하러 갈까? 이런저런 불안에 빠져들던 그는 잃어버린 군인의 명예를 회복하는 길은 자살뿐이라고 판단한다. 다음 날 아침 7시에 품위 있게 죽기로 마음을 정한 소위는 공원 벤치에서 그만 잠이 든다.

눈을 떠보니 아침, 배가 고파진 그는 죽음을 잠시 미루기로 하고 단골 카페에 들어가 빵과 커피를 주문한다. 종업원은 지난밤 공연을 보고 집으로 돌아가던 빵집 주인이 뇌졸중으로 죽었다는 소식을 전한다. 소위는 뛸 듯이 기쁜 마음을 감추고 자신의 불명예를 안고 죽은 제빵사가 마지막으로 구웠다는 빵

을 맛있게 뜯어 먹는다.

지난 6월 16일, 북한이 개성공단 내 남북공동연락사무소 건물을 폭파했다. 청와대는 유감스럽다면서 앞으로 또 그러면 강력 대응하겠다는 엄포만 놓았다. 국방부 장관은 폭파는 했을지언정 군사 합의를 파기한 것은 아니라고 북한 입장을 변호, 두둔했다. 명예와 체면은 다르다. 명예와 자만도 다르다. 그 차이를 모르는 사람만이 수치심도 없이 자기만족에 빠져 행복하다.

063 그들을 선택한 사람의 최후 소망

"이것이야말로 그 작자의 남모르는 소망일지도 몰라. 인간을 되새김질하는 동물 수준으로 끌어내리는 것, 인간을 굴종시키고 우둔하게 만드는 것, 이 성가신 나라가 지표면에서 지워졌으면 하는 것. 그러면 얼마나 말끔할 것인가! 그의 주장과 반대로 흘러가는 현실도 사라질 테고 지금까지 저지른 범죄의 흔적과 증거도 깡그리 없어져 버릴 테니."

— 이스마일 카다레 '아가멤논의 딸'(1985년, 알바니아) 중에서

소설의 '나'는 공산당 고위층만 참석할 수 있는 기념식 초대장을 받고 어리둥절하다. 주위 사람들도 겉으로는 축하해 주지만 '그걸 받는 대가로 누굴 감옥에 보낸 거냐?' 하고 비난의 눈총을 보낸다. 실수로 동료를 수렁에 빠뜨린 적 있었을까, 당의 숙청 작업에 나도 모르게 이용당해 공을 세운 것일까, 그도 불안하다.

행사장으로 가는 길, 그는 더 많은 빵을 얻고자 당에 아부하는 사람, 사소한 실언이나 별 뜻 없이 터뜨린 웃음 때문에 배신자로 낙인찍혀 비참하게 살

아가는 사람들과 마주친다. 스탈린보다 잔혹하게, 마오쩌둥보다 지독하게 공산주의를 고집하며 국가와 국민을 파멸로 몰아가는 독재자에 대한 분노가 새삼 그의 마음을 집어삼킨다.

신분 차이로 연인을 잃은 주인공을 통해 공산주의를 비판한 '아가멤논의 딸'은 당시 공산주의 체제였던 알바니아에서는 출판할 수 없었다. 이스마엘 카다레는 "작품과 작가의 정치적 성향을 결부시켜선 안 된다. 하지만 작가로서 넘어서는 안 될 선이 있는 법"이라며 공산주의자 페터 한트케가 2019년 노벨문학상을 받은 것을 비판하기도 했다.

트로이 전쟁을 앞두고 딸 이피게네이아를 제물로 바치는 이벤트를 펼쳐 병사들의 충성과 승리를 얻은 아가멤논처럼, 연인의 아버지도 딸의 사랑을 희생해 권력 핵심으로 다가가는 중이었다. 기념식장에서 그녀를 발견한 주인공은 사랑할 자유마저 앗아간 독재자를 향해 마음으로 외친다. '당신이야말로 독(毒)이며 재앙의 망령이다!'

공산주의가 왜 나빠? 아직도 공산주의 타령이야? 하고 되묻는 사람도 많겠지만 최근 정부 각료로 내정된 사람들, 국정원장, 통일부 장관, 안보실장, 외교·안보 특별보좌관의 이름들을 보자니 새삼 궁금해진다. 그들을 선택한 사람의 최후 소망은 무엇인가.

064 영웅은 전설로 다시 태어나야 한다

이 늙은 용사는 누구였던가? 우리의 아버지들이 벙커힐에서 고전을 면치 못할 때 그는 밤새 그 주위를 지켰다. 그가 다시 모습을 보이는 건 미래의 일일지 모른다. 암흑의 시대이고 역경과 위급의 때일 것이다. 국가의 폭정이 우리를 압박하거나 침략자들의 발이 국토를 더럽히는 일이 있으면 그는 또다시 나타날 것이다. 그가 바로 이 나라의 정신이기 때문이다.

— 너새니얼 호손 '늙은 용사'(1835년, 미국) 중에서

'늙은 용사'는 나라가 절체절명 위기에 빠져 있을 때마다 반드시 나타난다는 전설적 백발 용사에 대한 이야기다. 미국이 독립하기 전, 영국에서 파견된 총독의 폭압을 견디다 못한 시민들이 광장에 모였을 때다. 분산된 힘을 하나로 묶을 지도자가 없던 군중은 아무것도 하지 못했다. 자신들을 이끌어 줄 영웅이 나타나길 간절히 바랄 뿐이었다.

그때 백발노인이 총독과 군대를 막아서며 "멈추라!" 호령했다. 당당한 풍모와 매서운 눈빛에 총독조차 오금이 저렸다. "총독은 과거의 이름. 오늘로 너의 권력은 끝나리라"는 예언을 듣자 불길했던지 결국 병사들을 물린다. 그런데 거짓말처럼 다음 날, 영국에 새 왕이 즉위했다는 소식이 전해진다. 정세가 바뀌고 총독과 측근들은 감옥에 갇히는 신세가 되고 만다.

자유를 되찾은 시민 중 백발의 용사가 누구인지, 어디에서 왔는지 아는 사람은 없었다. 이후 그를 본 사람도 없었다. 오래전 왕에게 진언하다 미움받아 희생된 충신의 화신이며, 나라가 폭정에 시달리거나 전쟁으로 환란에 빠질 때, 후손들이 옳지 않은 일을 벌일 때면 나타나 바로잡아 준다는 전설이 대신 생겨났다.

"내가 앞장설 테니 나를 따르라. 내가 후퇴하거든 나를 쏘라"며 두려움에 빠진 병사들을 격려하여 적진으로 돌격, 낙동강 전선을 지키고 대한민국을 구한 6·25전쟁 영웅 백선엽 장군이 지난 10일, 100세를 일기로 별세했다. 두려움을 떨치고 앞장선 영웅들이 지켜낸 것이 지금 우리가 가진 자유다. 진보란 이름으로 역사의 주인 노릇을 하는 시대를 밀어내고 대한민국의 진정한 영웅

을 전설로 살려내고 기억하는 것, 자유를 누린 우리가 마땅히 해야 할 일이다.

065 마스크로 가릴 수 없는 개성

> 나는 빨강이어서 행복하다! 나는 뜨겁고 강하다. 당신들은 나를 거부하지 못한다. 나는 숨기지 않는다. 나에게 있어 섬세함은 단호함과 집념을 통해 실현된다. 나는 나 자신을 드러낸다. 나를 보라. 본다는 것은 얼마나 아름다운가! 산다는 것은 보는 것이다. 나는 사방에 있다. 삶은 내게서 시작되고 모든 것은 내게로 돌아온다. 나를 믿어라!
>
> – 오르한 파묵 '내 이름은 빨강'(1998년, 튀르키예) 중에서

사람들은 왜 세계 문학을 읽지 않을까? 며칠 전 지인들과 이야기할 기회가 있었다. 먹고살기 바빠서, 어렵고 귀찮아서, 골 아프고 재미없어서. 이런저런 핑계를 꼽아보니 입시 교재 말고 문학이 설 자리는 없는 것 같았다. 그래도 수업 시간, 교과서 밑에 헤르만 헤세를 펼쳐놓는 학생이 있을지도 모른다. 교사의 눈을 피해 '로빈슨 크루소'를 읽는 소년, 턱을 괸 채 스칼렛 오하라의 세계에 빠진 소녀도 있으리라 믿고 싶다.

소설은 16세기 오스만제국을 살았던 궁정화가들의 고민을 추적한다. 신이 하늘에서 내려다본 세상을 상상한 세밀화는 거리와 크기를 구분하지 않아 평등하고 평평하다. 그런데 원근법이라는 새로운 화풍이 그들을 혼란스럽게 한다. 인간 중심의 그림은 신에 대한 반역이라는 공포가 살인사건으로 폭발한다.

사람은 남들과 다르지 않기를 바라면서도 자기 눈으로 보고 자신이 생각한 것을 표현하길 원한다. 그 특별함을 타인에게 인정받고 싶어 한다. 이 소설에

는 개성 표출을 두려워하는 화가들과 달리 스스로 보고 생각하고 이야기하는 나무와 말(馬), 죽음과 금화들이 등장한다. 전쟁과 학살, 피와 시체를 연상시키는 빨강조차 존재를 뽐내며 색깔을 갖고 표현하라, 인간을 설득한다.

비행기 타고 배낭여행, 온 가족 유럽 여행이 많은 사람에게 꿈같은 이야기가 됐다. 코로나바이러스를 핑계 대며 한여름에도 마스크로 얼굴을 가리고 입을 막고 살아라, 강요하는 세상이 왔다. 중동 여인들처럼 진한 눈 화장이 유행이라지만 마스크로도 가려지지 않는 '나만의 이름과 색깔'은 어디에서 찾아야 할까? 물놀이나 해외여행 대신 세계 고전 문학과 함께 휴가를 보내면 좋으련만.

066 진실과 기쁨은 어디에 있는가

내 인생이 택했던 길을 두고 왜 이렇게 했던가, 왜 못했던가, 끙끙대고 속을 태운들 무슨 소용이 있을까? 여러분이나 나 같은 사람들은 진실하고 가치 있는 일에 작으나마 기여하고자 노력하는 것으로 충분할 것 같다. 그리고 누군가 그 야망을 추구하는 데 인생의 많은 부분을 희생할 각오가 되어 있다면 결과가 어떻든 그 자체만으로도 긍지와 만족을 느낄 만하다.

― 가즈오 이시구로 '남아 있는 나날'(1989년, 영국) 중에서

교회에서 봉사하는 직분을 집사라고 한다던데 최근에는 고양이를 키우는 사람을 집사라고 부른단다. 집사란 원래 저택에 고용되어 주인을 모시며 집안일을 도맡아 관리하는 사람을 뜻한다. 흐트러짐 없는 앤서니 홉킨스의 모습이 오래 기억되는 영화 '남아 있는 나날'은 동명 소설을 각색한 것으로 35년간 저

택의 집사로 충직하게 일해 온 스티븐스의 인생을 회고한다.

가즈오 이시구로는 일본계 영국 작가로 2017년에 노벨문학상을 받았다. 부모와 함께 다섯 살에 일본을 떠났고 작품도 영어로 썼지만 1968년 가와바타 야스나리, 1994년 오에 겐자부로에 이어 일본인에게 세 번째로 노벨문학상의 자긍심을 안겨준 작가가 됐다.

우리나라 독자들도 매해 가을이 되면 노벨문학상 심사 결과에 촉각을 곤두세운다. 자신들이 좋아하는 작가가 후보에 오르고 수상하길 바란다. 그러나 한 달 평균 여섯 권의 책을 읽는다는 일본과 1년 평균 6.1권, 성인 10명 중 4명이 1년간 단 한 권도 읽지 않는 우리의 현실을 비교해 보면, 아무리 노벨상의 권위가 추락했다고는 해도 세계적인 문학상을 바라는 것은 지나친 욕심이다.

월드컵 우승이나 올림픽 금메달처럼 노벨문학상을 탄 작품이라 해도 내가 읽은 책 한 권, 오늘 밑줄 그은 문장 한 줄보다 귀할 리 없다. 집사라서 더 행복하다는 고양이 주인처럼, 낮은 자리일망정 자신의 직업에 긍지를 찾은 스티븐스처럼 진실과 기쁨은 크고 높고 밝은 데만 있는 건 아니다. 지칠 때 꺼내 읽고 용기와 지혜를 얻는 책이 있다면 어떤 길을 선택했든 즐겁게 갈 수 있다. 마음에 담아둔 사랑 하나 있으면 외로운 생도 견딜 만해지는 것처럼.

067 6·25전쟁을 남한 도발로 믿었던 사르트르

"그가 숨은 데를 알아요. 묘지입니다. 무덤 파는 인부의 집이나 구덩이 안에 있을 거예요." 그놈들을 골려주려고 지어낸 이야기였다. 놈들이 일어나 허리띠를 조여 매고 부산하게 서두르는 꼴을 보고 싶었다. 정말 그들이 벌떡 일어섰다. "로페 중위에게 열다섯 명을 보내라고 해." 명령을 내리고 나서 뚱뚱한 장교는 나를 돌아보며 말했다. "네 말이 사실이 아니라면 각오해."

– 장 폴 사르트르 '벽'(1939년, 프랑스) 중에서

스페인 내전 중 체포된 파블로는 동료 라몽의 소재를 대지 않으면 총살당할 위기에 처한다. 밤새 죽음의 공포에 떨던 그는 라몽이 묘지에 숨어 있다고 자백한다. 위기를 모면하기 위한 거짓말이었지만 도망 중이던 라몽이 하필 묘지에 숨어들었다가 발각, 사살된다. 뜻하지 않게 동료를 제물로 바치고 목숨을 구했다는 걸 알게 된 파블로는 망연자실한다.

프랑스 최고 지성으로 알려진 사르트르는 '반(反)공산주의자는 개'라고 혐오할 정도로 열혈 공산주의자였다. 폭력을 허용해서라도 문학이 사회를 개혁해야 한다고 주장했고 '한국의 6·25는 미국 사주를 받은 남한의 도발로 시작된 전쟁'이라고 굳게 믿었던 스탈린의 지지자였다.

1964년 노벨문학상 수상자로 지명되었지만 '거액의 상금이 작가의 어깨에 무거운 짐'이 된다는 이유로 폼 나게 상을 거부했던 사르트르는 10년쯤 뒤, 그때 안 받은 상금을 줄 수 없겠느냐고 협회에 타진했다가 거절당하기도 했다. 그가 '20세기 가장 완전한 인간'이라며 찬양한 사람은 쿠바를 공산주의 나락으로 떨어뜨린 체 게바라였다.

사르트르의 사상과 행적을 알고 나면 난해했던 그의 문장이 이해되기도 한다. 단편소설 '벽'에서 파블로의 고발과 라몽의 죽음은 정말 우연이었을까, 혹시 파블로는 그의 죽음을 예상한 게 아닐까, 의심의 눈으로 페이지를 다시 뒤적이게 될 수도 있다.

노벨문학상은 당대 최고 작품을 쓴 위대한 작가에게 주는 상이 아니다. '이상적 방향으로 문학 분야에서 눈에 띄게 기여한 사람'이라는 모호한 심사 기준은 문학 외 역사, 철학, 대중음악 등 각 분야에서 정치적 영향력이 큰 인물

을 선택하는 결과를 낳았다. 노벨문학상 선정도 사람이 하는 일, 시대 흐름과 문화의 단면으로 바라봐야 한다고 생각하면 어쩔 수 없이 씁쓸해진다.

068 혼자가 되는 게 두렵다면

> 너 자신만의 모습을 찾아라. 너 자신이 아닌 다른 사람도 할 수 있는 것이라면 하지 마라. 너 자신이 아닌 다른 사람도 말할 수 있는 것이라면 말하지 말고, 남도 쓸 수 있는 것이라면 글로 쓰지 마라. 초조하게 아니 참을성을 가지고 아! 모든 존재 중에서 결코 다른 무엇으로도 대치될 수 없는 너라는 존재를 스스로 창조하라.
>
> — 앙드레 지드 '지상의 양식'(1897년, 프랑스) 중에서

한때 내 침대 머리맡에는 '지상의 양식'이 놓여 있었다. 잠들기 전 한두 문장을 읽다 보면 이토록 좋은 글을 쓴 작가도 완벽한 생을 살지 않았다는 사실이 내 어깨를 토닥여 주었다. 이 책이 출판된 후 10년간 겨우 500부만 팔렸다는 것, 2,000부도 못 되던 초판이 다 팔리기까지 거의 20년이나 걸렸다는 슬픔도 내 등을 쓰다듬는다.

앙드레 지드를 처음 만난 건 중학생 때였다. 당시 학교는 일주일에 한 권씩 세계문학 작품을 읽도록 했는데 그의 소설 '좁은 문'과 '전원 교향곡'도 그때 만났다. 심리나 종교적 해석은 고사하고 사촌 간 사랑이나 목사의 세속적 욕망조차 이해할 수 없었지만 열네댓 살 소녀의 감성은 소설에서 쉽게 빠져나오지 못했다.

산문집 '지상의 양식'을 읽은 건 한참 뒤였다. '너 자신만의 모습을 찾으라'

는 목소리가 곳곳에 배어 있는 문장들은 영원히 닿을 수 없는 별처럼 멀고 눈부신 것이었다. 하지만 그의 소설들을 통해 작가가 말하려 했던 것이 세상이라는 사슬에 묶여 살아가는 인간에 대한 애틋함, 그 속박에서 벗어나길 바라는 삶에 대한 희망이 아니었을까, 생각했다.

비례대표 의원이 분홍색 미니 랩 원피스를 입고 국회에 출근했다. 그 모습이 예뻐 보였는지 같은 디자인의 원피스가 인터넷 쇼핑몰에서 금세 완판되었다고 한다. '누구도 대신할 수 없는 나'가 된다는 건 세상에서 유일한 존재, 완전한 혼자가 된다는 뜻이다.

고독이 두려운 사람들은 남들과 똑같은 옷을 입고 맛집에서 밥을 먹고 인터넷에 사진을 올리며 타인의 공감을 바란다. 그 초조한 기다림 속에서 지드의 책을 만난다면 진실한 친구의 음성을 들을 수 있다. "나는 오직 남들과 다른 면 때문에 흥미를 느낄 뿐. 공감이 아니라 사랑이어야 해."

069 불행과 고통이 주는 선물

"나의 오랜 슬픔을 눈물로, 피로 쓴 이 원고를 당신께 바치오. 내게 사랑에 대한 믿음을 주어 마침내 죽은 가족들을 마주하고 이 극을 쓰게 해준 당신. 고통에 시달리는 티론 가족 네 사람 모두에 대해 연민과 이해, 용서의 마음으로 이 글을 쓰게 해준 당신. 당신과 보낸 지난 12년은 빛으로의, 사랑으로의 여로였소. 내 감사의 마음을 당신은 알 것이오. 나의 사랑도!"

— 유진 오닐 '밤으로의 긴 여로'(1956년, 미국) 헌정사 중에서

대학 시절 영미 희곡 시간에 '밤으로의 긴 여로'를 배웠다. 책장에 꽂혀 있

던 교재를 오랜만에 꺼내보니 누렇게 바랜 종이에 작은 글씨로 적은 메모들이 고스란히 남아 있다. 퓰리처상을 네 번이나 받았고, 1936년에 희곡 작가로는 처음으로 노벨문학상도 받으며 최고의 명성을 누렸지만 몹시 불행한 삶을 살았다는 걸 그때 알았다. 그의 삶 자체가 '밤으로의 긴 여로'였다고 할까.

이 작품은 작가의 불행한 가족사를 녹여낸 자전적 희곡으로, 부모와 두 아들 간에 켜켜이 쌓여온 비극을 폭발시키는 하루 동안의 이야기다. 오직 돈만 아는 구두쇠 아버지, 둘째 아들의 죽음이 장남 탓이라고 원망하며 마약중독자가 된 어머니, 그런 부모 밑에서 방탕하게 살아가는 형 그리고 죽은 둘째 형을 대신하는 존재일 뿐, 가족 불행의 원인이 된 자신은 차라리 태어나지 말아야 했다고 느끼는 셋째가 작가의 분신이다.

오닐은 눈이 빨개질 만큼 수많은 밤, 울며 써 내려간 원고를 결혼기념일에 아내에게 바쳤다. 그녀와도 말년에는 불화했고 세상에 작품을 발표하는 것도 사후에야 가능했지만 아서 밀러의 '세일즈맨의 죽음', 테네시 윌리엄스의 '욕망이라는 이름의 전차'와 함께 미국의 3대 희곡으로 꼽힌다.

톨스토이가 '행복한 가정은 비슷한 이유로 행복하고, 불행한 가정은 그 이유가 제각기 다르다'고 했지만 개인의 행불행 역시 마찬가지다. 천재란 재능을 타고났기에 삶이 불행한 것일까. 생이 고통스러워서 천재적 재능을 발휘하게 되는 것일까. 행복한 예술가도 있지만 세계 명작은 대부분 지독한 불운 속에서 탄생한다. 당사자에겐 고통이 행운으로 느껴질 리 없지만 누군가의 불행은 이따금 세상에 다시없을 귀한 선물을 남겨주곤 한다.

070 자유 없는 세상의 참혹함

"중천에 해가 걸려 있으면 말이야" 하고 중령이 끼어든다. "열두 시가 아니고 한 시야." 슈호프가 눈을 치켜뜨며 반박한다. "그럴 리가. 해가 가장 높이 떠 있을 때는 정오야." 중령이 되받아친다. "명령이 있은 다음부터는 오후 한 시가 되었을 때, 해가 가장 높이 떠 있단 말이야." "그따위 법을 누가 만들었는데?" "그야 소비에트 정부지."

— 알렉산드르 솔제니친 '이반 데니소비치, 수용소의 하루'(1962년, 소련) 중에서

많은 독자가 달콤한 연애 이야기를 좋아한다. 그런데 남자와 여자, 사람과 사람 사이에서 벌어지는 갈등의 밑바닥에서도 인간의 권력 욕망이 꿈틀거린다. 사랑받고 싶고 소유하고 싶은 욕구가 왜곡되면 추앙받고 싶고 지배하고 싶은 욕망으로 자란다. 열등감이 큰 사람일수록 세상을 마음대로 휘젓길 바라고, 사랑과 정의란 이름으로 사람을 밟고 서서 군림하길 원한다.

소련군 장교였던 27세의 솔제니친은 스탈린을 비난하는 편지를 친구에게 보냈다가 발각, 10년간 시베리아 강제 노동 수용소에 갇힌다. 그때의 경험을 녹여 발표한 작가의 첫 소설이 '이반 데니소비치, 수용소의 하루'다. 영하 27도, 언제나 그랬듯 춥고 배고프고 고됐지만 영창에도 끌려가지 않았고 평소보다 죽 한 그릇을 더 먹을 수 있었던 하루를 보낸 주인공은 시린 밤, 새우잠을 청하면서도 행복을 느낀다.

외모와 장애, 학식과 출신 등 온갖 열등감에 시달렸던 스탈린을 작가는 태양마저 지배하려는 사람, 해가 가장 높이 뜨는 시간까지 결정하는 인간이라 말하고 있다. 스탈린 사후, 체제는 더욱 강화되었고 1970년, 노벨문학상을 받았으나 시상식에도 참석할 수 없게 했던 소련은 솔제니친이 공산 사회의 공포

를 더 상세히 묘사한 '수용소 군도'를 발표하자 국외로 추방해 버렸다. 20년간 미국에서 망명 생활을 했던 그는 1994년, 소련이 붕괴한 후에야 고향으로 돌아갈 수 있었다.

척박한 땅에도 씨앗을 뿌리고 눈앞이 캄캄한 밤에도 별을 찾는 것이 인간이지만, 밝고 따뜻한 것을 미워하고 어둠을 숭배하는 것도 인간이다. 그들에게 자유를 빼앗기고 나서야 소설 같은 세상이 있다는 걸 깨닫는다면 너무 늦다. 자유가 없는 세상에서는 연애와 사랑조차 쓰디쓴 꿈, 인간은 빵만으로는 살 수 없다는 말조차 사치일 뿐이다.

071 부부, 그들만의 신화 창조

"우린 가지 않을 거예요. 여기서 아들을 낳았으니까, 여기 그대로 있을 거예요." 그녀가 말했다. "아직 여기서 죽은 사람은 하나도 없소. 죽어서 땅에 묻힌 사람이 없는 한 그곳을 고향이라 말할 순 없는 법이오." 그가 말했다. 우르술라가 부드러우나 단호한 어조로 대꾸했다. "당신이 이곳에 머물도록 내가 죽어야 할 필요가 있다면, 난 죽겠어요."

- 가브리엘 가르시아 마르케스 '백 년의 고독'(1967년, 콜롬비아) 중에서

2014년 타계한 콜롬비아의 소설가 마르케스. 그의 아내가 지난 달, 87세의 나이로 세상을 떠났다. 신혼 초, 남편이 집필에만 몰두할 수 있도록 가난한 살림을 책임져야 했던 아내, 무명시절을 함께 견딘 그녀가 없었다면 세계적으로 5,000만 부 이상 팔렸다는 '백년의 고독'도, 1982년에 받은 노벨문학상도 없었을지 모른다.

소설 속 가계도의 맨 윗자리를 차지하는 호세 아르카디오 부엔디아는 고향을 떠나 새로 정착한 땅이 섬이었다는 사실을 뒤늦게 알고 육지로 떠나자고 하지만 아내 우르술라가 반대한다. 1967년에 발표한 '백년의 고독'은 바로 그곳, 마콘도에서 벌어지는 부엔디아 집안의 7대에 걸친 번성과 몰락의 가족사를 신화적 상상력으로 그려낸다.

공산당원이기도 했고 카스트로와 특별한 친분을 가졌던 작가였기에 남미의 분열과 침체의 원인이 서구 문명 탓이라고 주장하는 소설로 해석되곤 한다. 그러나 근친상간의 결과 돼지 꼬리를 달고 태어난 아이가 개미떼의 밥이 되어 죽는 것으로 부엔디아 집안이 멸문한다는 결말은 100년간 지속된 고독과 소멸의 위기가 타 문화를 건강하게 받아들이지 못해 맞이한 필연으로 읽힌다. 내 것, 내 가족, 내 민족만을 고집하는 폐쇄성이야말로 근친상간인 것이다.

삶은 스토리다. 부부의 인연도 두 사람만의 이야기를 쌓아가는 일이다. 원심력을 좇아 더 큰 세상으로 나아가려는 남편과 컴퍼스의 다리처럼 꿈쩍도 않고 가정을 지키는 아내. 전혀 다른 두 사람이 만나 수십 년, 가족의 신화를 함께 창조해온 부부라면 죽음인들 갈라놓을까. 몇 년 늦게 저쪽 세계에 도착한 아내를 소설가 남편은 어떤 얼굴로 마중했을까, 궁금해진다.

072 위대한 것은 일상에 있다

난 늙긴 했지만 바보는 아니란다. 게다가 네 아빠는 내 아들이기도 하잖니. 엄마들은 자기 자식에 대해 많은 걸 알지. 좋은 것이든 나쁜 것이든. 네 엄마 아빠가 이 일로 서로를 미워하게 되진 않을 게다. 오히려 좀 더 이해하게 될 거야. 누군가를 사랑한다면 함께 그리고 가까이 있어야 하는 거야. 믿을 수 있고 함께 웃을 수 있어야 하는 거지. 그것은 숨 쉬는 일만큼이나 중요한 거야.

- 로자문드 필처 '9월'(1988, 영국) 중에서

  탁상달력을 뒤늦게 넘기다가 계절이 바뀐 것을 깨닫고 로자문드 필처의 '9월'을 꺼내 들었다. 먼지를 털고 누렇게 바랜 소설을 뒤적이는 것, 해마다 이맘때면 내가 반복하는 일이다. 지난 해, 95세를 일기로 생을 마친 필처는 세계적으로 6,000만 부 이상을 판매, 애거서 크리스티 이후 최고의 여성작가로 손꼽힌 영국의 소설가다. 우리나라에 소개된 작품은 '조개 줍는 아이들'과 '9월' 등 몇 권. 지금은 중고서점에서도 찾아보기 어렵다.

  스코틀랜드의 작은 마을, 9월에 있을 파티를 준비하며 집집마다 감춰져 있던 비밀들이 드러난다. 78세 생일을 맞은 바이올렛은 아들 내외와 이웃의 문제를 모두 알고 있지만 아무것도 해결해 줄 수 없다는 사실에 무력감을 느낀다. 그래도 기회가 되면 인생의 지혜를 전해준다. 자신의 교육 문제로 다투는 부모 사이에서 불안해하던 여덟 살짜리 손자도 그녀의 말을 듣고 고개를 끄덕이며 겨우 안심한다.

  제목이나마 익숙할 것 같아 수상작들을 주로 다루지만 문학의 가치는 노벨이니 퓰리처니 하는 문학상에 있지 않다. 인종, 성별, 이념, 빈부 갈등과 환경 문제 등 사회를 비판한 작품들이 계속 선정되고 주목받을수록 독자는 문학에서 점점 더 멀어질 뿐이다.

  '위대한 것은 일상 속에 있다'고 말한 필처의 소설에는 극적인 사건이 없다. 독자는 크게 다를 줄 알았던 타인의 삶에서 자신과 똑같은 모습을 발견하고 소설 읽는 즐거움을 만끽한다. 왜 이런 좋은 소설들이 우리 주변에서 사라진 걸까. 차별과 불만과 분노를 부추기는 소설들 대신 절판되었거나 소개되지 않은 필처의 작품들을 서점에서 만나게 된다면 얼마나 기쁠까.

073 때가 되면 보내야 하는 사랑

> 모렐 부인은 폴을 기다렸다. 그녀의 삶은 이제 그의 마음에 자리 잡고 있었다. 그 밖의 인생은 그녀에게 의미가 없었다. 그가 어디로 가든지 그녀는 자기의 영혼이 아들과 함께한다고 느꼈다. 그가 무슨 일을 하든지 그녀는 자신의 영혼이 그의 곁에서 연장을 건넬 준비를 하고 서 있다고 느꼈다. 그녀는 아들, 폴을 지키기 위해 싸울 것이다.
>
> — 데이비드 허버트 로런스 '아들과 연인'(1913년, 영국) 중에서

곧 제대할 아들에게 고급 수입 자동차를 선물로 주겠다고 지인이 말했을 때, 과한 게 아닐까 싶었다. 시내에 갖고 다니기 불편하다며 주차장에 세워둔 채 자신도 소형차를 타고 다니면서 이제 갓 스무 살 넘은 대학생에게 덩치도 가격도 큰 외제 중형차는 부담스러울 것 같았다. 그러나 무엇이든 다 해주고 싶고, 무엇이든 최고를 주고 싶은 게 부모 마음이려니 이해했다.

남편과 불화했던 모렐 부인은 너무나 사랑했던 큰아들이 뜻밖에 죽자, 작은아들 폴에게 온갖 정성을 쏟는다. 어머니를 믿고 의지하며 그 사랑 안에서 행복해하면서도 폴은 단단한 모성의 벽에 갇혀 연인들과의 관계를 발전시켜 가지 못한다.

무엇보다 독립적 인간으로 성장하지 못한다. 폴은 '해방'이란 제목이 붙은 소설의 거의 마지막 장에서 어머니의 죽음을 맞이한다. 작가는 자신의 모습을 투영했던 폴이 슬픔 속에서도 어머니의 영향권에서 벗어나 마침내 자신만의 인생을 시작할 수 있으리라 희망하며 작품을 끝낸다.

전 법무부 장관이던 어머니 덕에 황제 군 복무를 한 게 아니냐는 의혹의 중심에 선 27세 청년이 정황을 묻는 기자에게 "제가 누군지 아세요?" 하고 되물

었단다. 그는 자신이 누구라고 말하고 싶었던 것일까.

"철수네 집이죠?" 묻는 아들 친구에게 "아니다. 여긴 내 집이다"라고 철수 아버지가 답했다는 우스갯말이 있다. 아버지의 집과 차가, 어머니의 직위와 권력이 자식의 것이 아닌 걸 가르치는 사랑, 아무리 눈에 넣어도 아프지 않은 자식일지라도 불로소득을 물려주는 대신 자기 힘으로 살아가도록 멀리서 지켜보는 사랑이 부모에겐 참 어려운 일이다.

074 뻔뻔한 사람들

나는 그를 용서할 수도, 좋아할 수도 없었지만, 그는 자기가 한 일이 완벽하게 정당한 것이었다고 생각했다. 톰과 데이지는 천박한 인간들이었다. 물건이든 사람이든 박살 내버리고는 돈이나 경박한 무관심, 또는 그들을 함께 있게 하는 것이라면 무엇이든 상관없이 그 뒤로 숨어버렸다. 그렇게 자신들이 만들어 낸 쓰레기를 다른 사람들이 치우도록 하는 족속이었다.

– 프랜시스 스콧 피츠제럴드 '위대한 개츠비'(1925년. 미국) 중에서

매일 쏟아지는 뉴스와 기사를 접하며 '사람이 어쩌면 저리도 뻔뻔할까?' 하고 생각할 때가 있다. 그럴 때 생각나는 이름이 '위대한 개츠비'에 나오는 톰과 데이지다. 피츠제럴드의 소설은 가난 때문에 놓쳐버린 연인을 되찾고자 노력했으나 사랑도 성공도 끝내 붙잡지 못한 채 살인 누명을 쓰고 목숨까지 잃는 한 남자의 비극을 그린다.

불법 밀주 사업으로 거부가 된 개츠비는 톰과 결혼해 살고 있는 데이지와 재회한다. 남편의 외도와 폭력 때문에 불행하다면서도 데이지는 선뜻 그의 품

으로 돌아오지 않는다. 애만 태우던 어느 날, 함께 차를 운전하고 가던 데이지는 톰의 정부를 치어 죽이는 사고를 낸다. 개츠비는 운전한 건 자기라며 데이지의 죄를 뒤집어쓰고, 사망자의 남편은 복수심에 불타 그를 살해한 뒤 자살한다. 이 모든 걸 알면서도 데이지와 톰은 별일 없었다는 듯, 그들만의 평화로운 세계로 돌아간다.

"그 두 사람은 썩어빠졌어요. 당신은 그들을 합쳐놓은 것보다 가치 있는 사람이에요." 개츠비에 대한 소설 속 화자의 평가지만, 세상 누구도 그를 위대하다고 생각하지는 않는다. 수단 방법을 가리지 않고 돈을 모은 졸부, 남의 아내가 된 연인을 빼앗아서라도 과거의 사랑을 되찾겠다던 어리석은 남자는 쓸쓸한 장례식의 주인공이 되어 자취 없이 사라져갔을 뿐이다.

데이지를 열망한 개츠비처럼, 남들에겐 가치 없는 것일지라도 사랑하는 마음이야말로 인간을 위대하게 하는 힘이다. 하지만 순수하기만 한 위대함은 곧잘 또 다른 사람의 이기심에 희생되고, 세속의 부와 성공은 종종 양심의 가책을 모르는 자들의 차지가 된다.

075 왜 국민을 지켜주지 않는가

> 윤리학에는 서로 반대되는 두 가지 개념만 존재하네. 개인이란 신성불가침한 존재여서 수학 공식이 적용될 수 없다는 게 첫 번째야. 또 다른 개념은 집단의 목표가 모든 수단을 정당화한다는 기본 원칙에서 출발하지. 개인은 모든 면에서 공동체에 종속되어야 하고 그를 위해 희생되어야 하며 희생을 요구받는 거야. 즉 공동체는 개인을 실험 토끼나 희생양으로 처리할 수 있다는 얘기지.
>
> — 아서 쾨슬러 '한낮의 어둠'(1940년, 독일) 중에서.

지난 9월 22일, 서해북방한계선(NLL) 인근에서 표류 중이던 대한민국 국민이 북한군에게 발견되어 총살당하고 시신마저 불태워졌다. 죽음의 고비에서 배를 발견한 순간 이젠 살았구나 하고 그가 느꼈을 잠깐의 안도감과 이대로 죽는 것인가 하고 절망했을 때의 두려움을 상상하면 가슴이 조여든다.

이달 초 김정은에게 '생명 존중에 대한 강력한 의지에 경의'를 표했던 이 나라의 국군 통수권자는 뒤늦게 상황을 보고받고도 유엔 총회 연설에서 종전선언을 재차 강조했다. 며칠 앞당겨 치른 국군의 날 행사에서도 평화만을 이야기했고, 오후에는 흥겨운 아카펠라 공연을 참관했다. 지난해 11월 두 탈북 청년을 강제 북송한 정부답다.

한때 독일 공산당원이었으나 환멸을 느끼고 전향한 작가의 소설은 40년간 공산주의 혁명을 이끌었으나 넘버원(스탈린)에게 숙청당하는 주인공이 개인으로 깨어나는 과정을 담고 있다. 그는 넘버원의 암살 누명을 쓰고 처형에 직면해서야 자신이 앞장섰던 혁명, 그 때문에 죽어간 수많은 사람의 희생이 단 한 명의 독재를 위한 것이었음을 깨닫는다.

사회주의를 표방하는 권력자에게 국민 한 사람 한 사람은 소중하지 않다. 지배하고 착취해야 할 국가라는 공동체의 구성 요소일 뿐, 수천만 명 중 하나에 불과한 개인의 목숨이 귀할 리 없다. 그러나 국민의 생명과 안전을 지켜주지 못하는 정부가 과연 얼마나 오래 존속할 수 있을까? 너무 많이 죽여서 자기가 쓰러졌을 때 구해줄 측근 하나 없었던 스탈린, 길거리로 끌려 나가 총살당한 루마니아의 차우세스쿠, 이라크의 후세인과 리비아의 가다피가 맞이한 최후를 떠올려볼 일이다.

076 광장에서 태어난 정권, 광장이 두렵다

> 파리의 혁명재판소와 전국의 4만 내지 5만 개의 혁명위원회, 자유와 생명의 안전은 뒷전으로 한 채 선하고 무고한 이를 악하고 죄 많은 자에게 넘길 수 있는 용의자법(반혁명 분자로 의심되는 자의 체포가 가능한 법), 아무런 죄도 범하지 않았지만 재판받을 기회도 없는 사람들로 가득 찬 감옥, 이러한 것들이 새로운 질서와 관례가 되었다.
>
> – 찰스 디킨스 '두 도시 이야기'(1859, 영국) 중에서

지난 10월 3일, 광화문 일대의 차량 진입을 통제하기 위해 서울에 90개의 검문소가 설치됐다. 경찰 버스 300대가 차 벽을 쌓고 180중대, 1만 병력이 시민들의 광장 집결을 막았다. 지하철은 광화문 주변 역을 무정차 통과했고 노선버스들도 우회하는 바람에 많은 시민이 불편을 겪었다.

코로나 확산 방지를 핑계 댔지만 반정부 시위 원천 봉쇄가 목적이었을 것이다. 집회 강행 시 체포하거나 운전 면허를 취소할 것이며 관용은 일절 없다고 미리 겁박한 정부였다. 프랑스혁명을 상징하는 단두대와 효수까지 재현한 촛불 집회로 잡은 권력이니 광장이 무서운 건 당연하다. "하야 집회가 열리면 광장에 나가 끝장 토론을 해서라도 설득하겠다"던 약속이 새빨간 거짓이었음을 스스로 증명하는 것도 이해는 된다.

군중의 광기가 폭발한 프랑스혁명의 결과는 끔찍했다. 풍요와 평화를 기대한 시민들이 맞이한 건 더 지독한 굶주림과 혼란, 새로운 위정자들이 벌이는 피비린내 나는 공포정치였다. '크리스마스 캐럴'로 친근한 작가 찰스 디킨스는 '두 도시 이야기'에서 프랑스혁명이 인간 정신을 얼마나 황폐하게 만들었는가, 어떻게 개인의 생명과 자유와 사유재산을 약탈했는가, 혁명이란 결국 불필요

하고 무가치한 역사의 퇴보가 아니었는가, 독자에게 묻고 있다.

집회의 자유, 표현의 자유를 외치며 광장에서 태어난 정권이 광장의 자유를 허락할 리 없다. 참고 견디는 한, 국민의 입을 막고 손발을 묶는 악법들은 우리 사회의 새로운 질서와 관례가 될 것이다. 독재란 언제나 대중의 환호를 받은 권력에 의해 합법의 탈을 쓰고 시작되어 법치란 이름으로 완성된다.

077 주적을 주군처럼 사랑하는 사람들

> 누구 하나 그녀를 쳐다보거나 챙겨주는 사람은 없었다. 희생시키고 나서 더럽고 쓸모없는 물건처럼 내던진 무리들이 그녀를 멸시하고 있었다. 굶주린 이리 떼같이 그들이 먹어 치운 음식이 가득 담겨 있던 커다란 바구니가 떠올랐다. 그녀는 울지 않으려 애썼으나 눈물이 흘러내렸다. 계란을 다 먹은 민주주의자는 재미있다는 듯 웃으며 휘파람을 불기 시작했다.
>
> – 기 드 모파상 '비곗덩어리'(1880년, 프랑스) 중에서

지난 10월 10일, 북한 노동당 창당 기념식이 열렸다며 뉴스마다 요란하다. 불과 며칠 전 우리 국민을 사살·소각한 김정은이 '사랑하는 남녘 동포'라는 말을 했단다. 그게 감동이었을까. 국군의 날 퍼레이드가 없어 아쉬웠던 탓일까. 몇몇 방송사는 김일성 광장에서 야밤에 벌어진 북한의 대규모 열병식을 중계했다. 적에게 자국민이 총살당했는데도 종전 선언을 하자는 권력자 치하이니 이상할 것도 없다.

'비곗덩어리'는 감언이설로 설득하고 이용한 뒤에 쓸모가 다하면 시궁창에 던져버리는 인간의 위선을 적나라하게 보여준다. 전쟁 지역을 벗어나려고 마

차에 탄 승객들은 엘리자베스가 비곗덩어리 소리를 듣는 매춘부임을 알고 껄 끄러워하지만, 고픈 배를 채우기 위해 그녀가 가져온 음식을 게걸스럽게 먹어 치운다.

자기들의 안전을 위해 싫다는 그녀를 적군 장교의 침실에 들여보낸다. 그 대가로 안전과 자유를 보장받지만 고마워하기는커녕 불결하다는 듯 그녀에 게 모멸감을 주고 음식조차 나눠 주지 않는다. 엘리자베스를 원한 건 장교가 귀부인들을 존중하는 신사이기 때문이라며, 자기들을 인질 삼은 적군을 입에 침이 마르도록 칭찬한 그들이었다. 민주주의 투사라는 사내야말로 휘파람을 불며 그녀의 희생과 눈물을 한껏 비웃는다.

언제부터였을까. 주적을 주군 모시듯 한다. 품 팔고 머리카락 팔아서, 사막 과 전쟁터를 뛰어다니며 피와 땀으로 지켜낸 풍요와 자유를 누린 자들이 대 한민국을 부정한다. 스톡홀름 증후군에 빠진 인질들처럼, 몸과 마음을 바쳐 북한을 흠모한다. '헬조선'이라는 조롱과 함께 내팽개쳐진 대한민국, 승객들을 살렸지만 경멸당한 엘리자베스 신세와 무엇이 다른가?

078 권력을 얻으면 사라지는 양심

데이비슨은 위세 좋게 일어서서 말했다. "총독이 책임을 면하려고 하는 건 한 심한 일이에요. 눈에 보이지 않는 죄악은 죄악이 아닌 것처럼 그가 말했지만, 저 런 여자는 존재한다는 사실이 이미 치욕이며 다른 섬으로 넘긴다고 해서 문제 가 해결되는 것도 아닙니다. 우리는 워싱턴에 영향력이 있으니 만일 일 처리에 불만이 남는다면 그에게 이로울 게 없다고 말해주었습니다."

- 서머싯 몸 '비'(1921년, 영국) 중에서

'절대 권력은 절대 부패한다'는 어느 역사가의 말처럼 권력과 비리가 무관할 수 없다는 걸 인정하더라도 부동산 투기, 사모 펀드 비리, 권력 남용 등 정치인과 연결된 의혹이 끝도 없이 쏟아져 나오는 건 놀랍다.

국민은 이제 진실이 드러나고 범법자들이 처벌받을 거라 기대하지 않는다. 정의의 수호자를 자처하던 최고 권력자와 그가 비호하는 전·현직 법무부 장관, 고위 관료들의 태산 같던 혐의가 묻혀버리는 걸 반복해서 보아온 탓이다.

단편소설 '비'는 타인에게는 도덕적 잣대를 엄격히 들이대지만 자기 욕망을 제어하는 데는 나약하기 짝이 없는 인간의 본질을 통렬히 보여준다. 장마 때문에 섬에서 발이 묶인 선교사 데이비슨은 같은 숙소에 묵고 있던 새디가 문란하게 산다며 당국에 고발한다.

그를 원망하던 새디는 감금이 결정되자 겁을 먹고 영혼을 구원해달라며 매달린다. 매일 밤 그녀 방을 찾아가 함께 기도하던 데이비슨은 어느 날 아침, 칼로 목을 그어 자살한 시체로 발견된다. 모든 정황은 세상을 향한 새디의 절규에 담겨 있다. "사내들은 다 똑같아. 추악하고 더러운 돼지 새끼들!"

윤리적 우월함을 장담하는 것만큼 어리석은 것도 없다. 작은 죄는 부풀리고 없던 죄도 만들어 남을 단죄하는 사람이야말로 그 속은 더 추한 법이다. 그래도 데이비슨은 욕망을 이기지 못한 자신을 환멸해서 스스로 벌할 만큼의 양심은 남아 있었다.

궁금하다. 인간은 힘을 갖게 되면 수치심을 잃게 되는 것일까. 아니면 원래 자기 성찰이 없는 자들이 권력에 취해 휘청거리다가 끝내 자멸하게 되는 것일까?

079 누구의 죽음도 가벼이 여기지 말라

> 내가 죽음을 앞둔 아내에게 의지가 된 것처럼 그녀의 상냥함과 용기는 아내의 죽음을 받아들일 수 있도록 나를 도왔다. 아내는 우리의 지난날은 경이로웠으며 지금도 여전히 그렇다는 것을, 그 무엇도 우리가 함께한 시간을 퇴색시킬 수 없으며 같이할 시간이 얼마 남지 않았다는 사실이 우리의 유대를 약화시키기보다 오히려 강화시킨다는 것을 깨닫게 해주었다.
>
> — 마르크 베르나르 '연인의 죽음'(1972년, 프랑스) 중에서

국민들이 자꾸 죽어간다. 북한군 총에 맞아 죽고 코로나로 죽고 이젠 독감 예방주사를 맞고도 죽는다. 백신 접종 후 사망자 수가 단기간에 급속히 늘었는데도 질병관리청장은 별일 아니라며 접종을 중단하지 않겠다고 발표했다. 노년층 사망이 많은 데 대해 보건복지부 장관도 '70세 이상 노인은 하루 평균 500명 이상 죽는다'며 무슨 대수냐는 식의 발언을 내놓았다.

단편소설 '연인의 죽음'은 시한부 선고를 받은 아내의 마지막을 지키는 남편의 이야기다. 그는 수명이 두세 달밖에 남지 않은 늙고 병든 아내를 포기하지 않는다. 수십 년을 해로했지만 그들 생애에서 가장 위대한 사랑이 시작된다. 아내는 남편의 극진한 보살핌 속에서 2년을 더 살다 떠난다. 남편은 그제야 아무런 회한 없이 영원한 이별을 받아들인다.

삶에서 가장 깊이, 크게 깨우치는 순간은 죽음을 앞두었을 때일지 모른다. 살아있음의 소중함을 느끼고 일생을 정리하고 가족과 마지막 인사도 나눠야 한다. 떠나는 사람도, 보내는 사람도 준비할 시간이 필요한 것이다. 매일 얼마나 많은 사람이 죽든, 죽음이란 개인의 고유한 경험이고 슬픔이며 존중받아야 하는 삶의 마지막 과정이다.

누구도 영문 모르고 죽어서는 안 된다. 그런 죽음을 강요해서도, 방치해서도 안 된다. 그래서 국가가 있고 경찰이 있고 부검도 있는 것이다. 개인의 인생과 생명은 그 사람만의 것이 아니다. 늙었든 젊었든, 잘났든 못났든 누군가의 아버지이고 어머니이며 아들이고 딸이다. 국민의 안전과 건강을 책임지는 부서와 수장이라면, 누구의 죽음도 가벼이 여기지 말라.

080 집에 대한 오만한 편견

> 베넷 부인은 몹시 비참했다. 그녀는 샬럿을 보는 것도 싫었다. 저 애가 이 집의 상속자라니, 하며 질투 어린 증오심으로 그녀를 바라보았다. 샬럿이 찾아오면 이 집을 차지할 날을 고대하고 있는 거라 단정했다. 그녀가 콜린스 씨에게 속삭이기라도 하면 롱본의 저택과 토지에 대해 이야기하고 있으며, 베넷 씨가 죽으면 자기와 딸들을 집에서 쫓아낼 거라고 믿었다.
>
> — 제인 오스틴 '오만과 편견'(1813년, 영국) 중에서

새가 둥지를 짓듯 사람도 집을 갖고 싶어 한다. 안락한 나만의 장소, 누구도 침범할 수 없는 가족의 공간을 원한다. 더 좋은 환경에서 더 쾌적하고 더 안전하게 살고 싶은 것은 인간의 기본 욕구이다. 애써 일하고 살뜰히 돈을 모으는 이유, 집을 갖는 것이 생의 목표가 되기도 하는 까닭이다.

'오만과 편견'은 아름답고 당당한 성격의 엘리자베스 그리고 부와 교양을 갖춘 다시(Darcy)의 사랑 이야기지만 그들의 주변 인물들도 깊은 인상을 남긴다. 콜린스 목사는 엘리자베스에게 청혼했다가 거절당하자 샬럿과 냉큼 결혼한다. 사랑하지도 않으면서 콜린스를 받아들인 친구를 엘리자베스는 이해하

지 못한다.

예쁘지도 않고 물려받을 재산도 없는 샬럿에겐 계산이 있었다. 딸은 유산을 상속할 수 없다는 당시 법에 따라 엘리자베스의 아버지가 죽으면 친척인 콜린스가 후계자가 된다. 그와 결혼하면 많든 적든 베넷가의 집과 재산이 그녀 소유가 된다는 의미다. 베넷 부인은 그런 샬럿이 얄밉기만 하다.

샬럿이 속물로 보인다면 그 또한 오만한 편견일지 모른다. 많은 사람이 집을 갖기 위해 청춘과 인생을 희생한다. 크든 작든, 가격이 얼마든 저마다 능력껏 꿈이 실현되도록 제도적으로 돕는 것이 정상적 국가의 역할이다.

정부가 곧 스물네 번째 부동산 대책을 내놓는단다. 집권 후 스물세 번의 정책이 실패했다는 뜻이다. 이젠 집을 사고팔기 어렵다. 전세 찾기도 힘들다. 행복 추구권, 사유재산권, 거주 이전의 자유가 사라져간다. 날개 돋친 듯 세금만 오른다. 누구를 위한 정책인가? 매번 가장 큰 이익을 보는 건 세금 걷느라 눈이 벌건 정부다.

081 거짓을 이기는 가장 큰 힘

나는 근본적인 것, 진실을 알아야겠네. 그렇지 않다면 무엇 때문에 목숨을 부지했단 말인가? 무엇 때문에 41년이란 세월을 견디었겠나? 나는 믿을 수 없는 형제, 도망간 친구였던 자네를 기다린 게 아닐세. 희생자인 내가 재판관이 되어 피고가 된 자네를 기다린 거라네. 마침내 자네가 내 앞에 앉아 있는 지금, 나는 묻고 피고는 대답해야 하네.

— 산도르 마라이 '열정'(1942년, 헝가리) 중에서

헨릭은 41년 만에 고향으로 돌아온 친구와 마주 앉는다. 사냥이 있던 오래전 그날, 형제처럼 믿었던 친구는 그에게 총을 겨누었다가 겁먹은 생쥐처럼 달아나 버렸고 아내는 입을 꼭 다문 채 시름시름 앓다가 죽었다. 친구와 아내는 그를 배신했던 것일까? 의심과 복수의 불길에 휩싸여 젊음을 보내야 했던 헨릭은 여든 살을 앞두고서야 친구에게 묻는다. "자네가 날 죽이려 했던 걸 내 아내가 알고 있었나?"

진실, 그 자체는 아무 힘도 없는 것 같지만 아내는 진실을 말할 수 없어 속병 들어 죽었다. 헨릭은 진실을 알아야겠다는 일념으로 평생의 고독을 홀로 견뎠다. 비겁하게 떠났던 친구가 노년에 돌아와 헨릭과 마주 앉은 것도 가슴 깊이 묻어두었던 진실을 발설하고 싶은 욕망 때문이었을 것이다.

'열정'은 공산주의에 반대했던 작가가 헝가리를 떠나 세계를 떠돌게 되면서 출간이 금지되었다가 소련이 해체된 후 세상에 알려진 작품이다. 이 소설에는 아무것도 모르고 살기보다는 고통을 안고 죽을지언정 진실을 직시하겠다는 인간의 결연한 선언이 담겨 있다.

옵티머스·라임 펀드 사태, 원전 조기 폐쇄 과정, 법무부 장관의 검찰 특수활동비 남용 그리고 코로나 팬데믹과 백신 접종 사망자 논란 등, 그 속에 감춰진 거짓과 진실은 무엇일까?

어느 나라, 어느 정당, 어떤 정치인을 지지하든 다르지 않다. 정직하고 자유로운 세상에서 살기를 바란다면 어떤 거짓도 용납해서는 안 된다. 올바른 재판관의 마음으로, 진실을 밝혀내고야 말겠다는 열정이야말로 세상의 거짓을 무너뜨리는 가장 큰 힘이다.

082 부당한 세상을 바꾸고 싶은가

"네 방탕도 이쯤에서 끝내. 더는 세상이 용납하지 않을 테니까." 세상이란 게 도대체 뭘까요? 인간의 복수(複數)일까요? 세상의 실체는 어디에 있나요? 무조건 강하고 준엄하고 무서운 것이라고만 생각하면서 여태껏 살아왔습니다만 호리카가 그렇게 말하자 불현듯 '세상이라는 게 사실은 너 아니야?'라는 말이 혀끝까지 나왔습니다. 하지만 그를 화나게 하는 게 싫어서 도로 삼켰습니다.

― 다자이 오사무 '인간 실격'(1948년, 일본) 중에서

'인간 실격'은 소심하고 예민한 청년 요조가 사회에 적응하지 못하고 파멸해 가는 과정을 그린다. 내향적인 성격을 감추려고 광대 짓을 하거나 술과 여자에 빠져 동반 자살을 시도하기도 했던 그는 친구를 화나게 하는 것도 싫어서 진땀이 나도록 속으로만 대꾸할 뿐, 생각을 말하지 못한다. 그는 끝내 정신병원에 갇히고 물거품처럼 세상에서 사라지고 만다.

미국, 독일, 소련, 프랑스 등 여러 나라 작가를 이야기할 때와 달리 일본 작가와 그들의 작품을 소개하는 것은 늘 조심스럽다. 일본에 절대 지지 않겠다며 토착 왜구, 친일 적폐로 낙인찍어 온 정부의 선동 아래 반일 감정에 짓눌린 사회 분위기 때문이다.

그런데 정부가 내년에 있을 도쿄올림픽의 성공을 기원하며 북한의 김정은을 동반하려고 궁리 중이란다. 제2의 평창올림픽을 만들겠다는 것인데 세계인들 앞에서 남북이 포옹하는 꿈이라도 꾸는 것 같다. 남의 나라 잔치에 숟가락을 얹겠다는 욕심을 넘어 주인 행세를 할 모양이다. 그동안 외쳐 온 사과하라, 배상하라, 죽창을 들자는 구호와 염치는 어디에 던져버렸는지 궁금하다.

최근 일본 패션 브랜드 매장이 인산인해를 이루었다. 고객들은 몇 시간씩

줄을 서서 기다렸고 어떤 제품들은 금세 완판되었다. 값싸고 좋은 제품을 사려는 소비자 개인의 욕구가 강요된 반일 감정을 앞지른 것이다. 도둑질과 살인이 아닌 이상 자기 뜻을 포기하고 세상이 시키는 대로 사는 것은 요조처럼 인간 자격을 상실하는 일이다. 부당한 전체를 이길 수 있는 건 누구나 자유로워야 한다는 걸 깨닫고 행동하는 개인뿐이다.

083 법의 횡포는 개인을 파괴하는 방식

> 법원의 배후에 거대 조직이 있다는 것은 의심할 여지가 없습니다. 그 조직은 뇌물을 밝히는 감시인과 생각이 모자라는 감독관, 그리고 수준 낮은 판사들을 먹여 살리며 수많은 서기와 경찰관 등 보조 인력을 거느립니다. 그들은 죄 없는 이들을 체포하고, 아무 성과도 없는 소송을 벌이지요. 이렇게 무의미한 일만 하니 조직이 부패하는 것을 어떻게 피할 수 있겠습니까?
>
> — 프란츠 카프카 '소송'(1925년, 체코) 중에서

인권 변호사 출신의 최고 권력자와 자칭 사회주의자 전 법무부 장관을 포함, 요즘 세상을 가장 시끄럽게 하는 자들은 법을 전공한 고위 관료와 정치인들이다. 검찰 개혁을 하겠다는 법무부 수장과 그를 거부하겠다는 검찰청 우두머리 간 난투극이 한창이다.

면담하자, 거부한다, 감찰하겠다, 불법이다, 특활비를 썼느냐, 금일봉을 돌렸느냐, 날마다 뉴스 머리를 장식하며 편을 갈라 싸운다. 화환을 받았느니, 꽃바구니를 받았느니 뽐내며 으르렁거리기도 한다. 탁구 시합을 관전하듯 국민이 왼쪽, 오른쪽으로 나뉘어 응원도 하고 야유도 하지만 모두가 한 뿌리, 한 가지

에서 갈라져 나온 같은 이름의 나뭇잎들이다.

'소송'은 법의 횡포가 한 개인을 얼마나 쉽게 파괴할 수 있는지를 잘 보여준다. 평범한 시민 요제프 K는 이유도 모른 채 기소당한다. 그 후 법의 이름으로 감시당하고 사유재산을 강탈당하며 자유마저 빼앗긴다.

공정한 재판이 무죄를 입증해 줄 거라 믿었던 K는 끝내 법의 하수인들에게 살해당한다. 그것이 법의 최종 판결이었다. 이 모든 과정을 겪으며 K가 깨달은 것은 세상이 법원에 속해 있으며 거짓이 세계 질서가 되어버렸다는 것. "개 같군!" 죽어가던 K가 치욕을 느끼며 마지막으로 내뱉은 말이었다.

꽹과리처럼 요란한 활극이 저 위에서 벌어지는 사이 권력 무죄, 평범 유죄, 친북 무죄, 친한국 유죄, 친정권 무죄, 반정권 유죄의 판결이, 악질 범죄는 선처하고 경범죄는 강력히 처벌하는 관례가 국민 통제 수단이 되고 있다. 법이 제 손안에 있다고 믿는 조직들이 원수처럼 싸운다고 부패가 사라지고 개혁이 이루어질까, 묻고 싶다.

084 국민은 도깨비방망이가 아니다

개를 팔 때도 새 주인이 어떤 사람인지 알아봐야 하는 거야. 그런데 우리 집을! 태곳적부터 하겐슈트림가(家)는 우리의 적수야. 그 늙은이는 할아버지와 아버지를 속였어. 운명의 장난이라고? 그건 부덴브루크가는 끝났다, 결국 망해서 물러난다, 그 자리에 하겐슈트림가가 시끌벅적하게 들어선다는 의미야. 안 돼, 토마스. 난 그를 결코 이 집에 들여놓지 않을 테야.

- 토마스 만 '부덴브루크가의 사람들'(1901년, 독일) 중에서

건강보험료가 또 올랐다. 집권 후 납부 대상이 아니던 사람들을 지역 가입자로 전환한 것도 모자라 몇 차례나 금액을 인상하더니 11월분부터 많은 가구에게 기존 납부액의 두세 배를 더 내라 한다.

국민은 금과 은을 쏟아내는 도깨비방망이가 아니다. 발로 걷어차면 동전을 토해내는 고장 난 자판기도 아니다. 공시지가만 올랐지 사회적 거리 두기로 손과 발이 다 묶였는데 어디서 돈을 만들어 내라는 것인가?

국민건강보험공단 자료에 따르면 지난 5년간 외국인에게 지출된 건강보험 급여액은 3조 4,000억 원, 그중 중국인에게 지급된 금액만 2조 4,000억 원이다. 현 정권 들어 평균 지급액이 두 배 이상 늘었다니 이번에 증액될 600억 원도 밑 빠진 독에 물 붓기가 될 것이다. 중국인의 건강을 위해 대한민국 국민의 허리가 부러질 판이다.

'부덴브루크가의 사람들'은 4대에 걸친 한 가문의 흥망성쇠를 다룬다. 곡물상을 크게 일으키고 발전시킨 할아버지와 아버지 세대를 지나 창업 100주년을 맞은 부덴브루크 집안은 멸문의 길로 들어선다. 장녀 토니는 대대로 살아온 저택을 적수라 여겼던 자에게 넘겨야 하는 현실을 부정하지만 돌이킬 방법은 없다. 장남 토마스 혼자 애를 썼으나 가족들은 돈을 쓸 줄만 알 뿐, 가업을 이을 후계도 없으니 당연한 결과다.

가정이든 국가든 남 퍼주기만 좋아하면 넉넉했던 살림살이도 거덜나게 마련이다. 개를 팔 때도 새 주인이 어떤 사람인지 살펴보는 법인데 우리는 대체 이 나라를 누구에게 넘긴 것인가? 그들은 국민을, 국민의 피와 땀을 누구에게 팔아넘기고 있는 것인가?

085 어두운 거리를 지나면 빛이 보일까

거리는 사람 하나 없이 황량했고 내가 건물 안으로 들어올 때보다 더 어두웠다. 경찰관은 여전히 맞은편 인도에서 보초를 서고 있었다. 왼쪽으로 고개를 돌리면 또 다른 경찰관이 순찰을 돌고 있는, 인적 없는 광장이 보였다. 건물의 모든 창이 천천히 내리는 어둠을 빨아들였다. 검은 창문들은 여기에 사는 사람이 아무도 없다는 것을 분명히 느끼게 해주었다.

– 파트리크 모디아노 '어두운 상점들의 거리'(1978년, 프랑스) 중에서

오래전엔 등화관제를 시행했다. 북한 도발 시 적기가 불빛을 향해 폭탄을 떨어뜨리지 못하도록 커튼을 치고 불을 끄고 암흑과 정적을 견디는, 야간 공습을 대비한 훈련이었다. 통행금지도 있었다. 사람들은 신데렐라처럼 괘종시계가 열두 번을 치기 전에 집에 들어가려고 뛰었다. 시간을 넘기면 파출소에서 하룻밤을 신세져야 했다.

그때보다 더한 시대가 왔다. 12월 4일, "서울을 멈추겠다. 도시의 불을 끄겠다"고 서울시가 선포했다. 8일에는 사회적 거리두기 2.5단계를 실시, 코로나 확산을 이유로 저녁 9시부터 모든 경제 활동을 금지하고 시민의 자유를 통제하겠단다. 2주 예정이라지만 빌딩과 상가의 공실률은 더 높아지고 자영업자와 소상공인의 폐업은 늘어날 것이다. 감염 가능성보다 겁나는 건 생계의 막막함인 것을.

기억을 잃어버린 소설의 주인공은 과거를 추적하던 중 한때 살았던 아파트를 찾아가 캄캄한 거리를 내려다본다. 희미한 과거와 표류하는 현재, 불투명한 미래가 보일 뿐, 불빛 하나 없는 거리에서 그는 섬뜩함마저 느낀다.

9시 통금의 목적은 방역인가, 절전인가. 중산층 몰락과 경제 붕괴는 아닌가.

유리한 과거는 미화하고 불리한 역사는 지우려는 권력자, 결핵보다 치사율이 낮은 바이러스가 전쟁과 빈곤보다 무섭다는 정치인, 아무것도 하지 말고 집에서 꼼짝 말라며 두려움을 과장하는 그들이 바라는 미래는 어떤 세계일까.

불 꺼진 도시, 인적 없는 텅 빈 상가, 검문하는 경찰들만 서성이는 어두운 상점들의 거리를 지나면 눈부신 세상을 만날 수 있을까. 의심과 불안이 깊어지는 시절이다.

086 영도자님, 새 집을 주셔서 고맙습니다

> 우리가 지금 모시고 있는 분은 가장 유능한 정치가이며 가장 위대하고 슬기로운 자유주의자, 사상가 그리고 민주주의의 신봉자이십니다. 영도자로 다른 사람을 상상하는 것은 국가의 운명을 위기에 몰아넣는 일입니다. 만약 감히 그런 사람이 있다면 위험천만한 정신병자로 취급받아야 할 것이며 법이 정한 대로 국가에 대한 반역자로 심판받아야 할 것입니다.
>
> – 미겔 앙헬 아스투리아스 '대통령 각하'(1946년, 과테말라) 중에서

부동산을 잡겠다고 큰소리쳤던 정권이 치솟는 집값은 나 몰라라, 집을 소유하지 않아도 공공주택에서 행복할 수 있다고 선전한다. 퇴임 후 살 곳이라며 1,000평 가까운 땅을 매입한 사람이 못 하나 마음대로 박을 수 없는 전용면적 13평 임대 아파트를 둘러보며 아늑하다, 아이들을 키우며 사는 것도 가능하겠다고 흡족해했다. 수행한 국토부 장관은 중산층까지 임대 사업을 확대하겠다고 추임새를 넣었다.

'대통령 각하'는 무소불위의 권력을 휘두르는 독재자와 그의 비위를 맞추며

부와 권력을 누리는 고위 관리들, 그 밑에서 신음하다 죽어가는 국민의 처참한 실태를 그린다. 권력자를 찬양하는 공지문이 발표되면 대중은 손뼉을 치며 환호성을 지른다. 정신병자나 반역자로 몰려 죽지 않기 위해서다. 그러나 시민들은 희생되고 최측근이던 주인공도 권력자의 눈 밖에 나자 비참하게 버려지고 참혹하게 죽어간다.

지난 가을, 북한의 김정은이 수해 지역에 새로 지은 주택단지를 돌아보며 대만족했다는 기사들이 쏟아졌다. 검게 그을리고 비쩍 마른 주민들은 알록달록 한복까지 입고 나와 마을 잔치를 벌였고 "우리의 위대한 영도자님, 새 집을 줘서 정말 고맙습니다"라며 눈물을 흘렸다.

내 집 마련의 꿈을 비웃듯 임대주택을 권하며 흐뭇해하는 정책 수장들의 모습은 '사회주의 마을에 인민의 기쁨과 행복의 웃음이 끝없이 넘쳐난다'던 북한 방송과 묘하게 겹친다. 정권이 지속된다면, 평생 월세를 내야 하는데도 '이렇게 좋은 집을 임대해 주셔서 감사합니다'라고 울먹이며 살아야 하는 건 아닐까, 쓸데없이 걱정만 앞선다.

087 정권의 자유는 무제한, 국민의 자유는 불필요

모든 것은 이미 돌이킬 수 없이 결정되었다. 더는 삶의 계획을 세울 필요가 없고, 빵 조각을 위해 싸울 필요도 없다는 생각에 그들은 깊은 안도감마저 느꼈다. 이제 그들은 타인의 뜻에 종속되어 있었고, 그 무엇도 변화시킬 수 없었다. 천천히 그들을 수용소로 데리고 가는 이 철로에서 방향을 바꿔 다른 어디로도 갈 수 없었다. 기차는 겨울을 향해 가고 있었다.

- 바를람 샬라모프 '콜리마 이야기'(1978년, 소련) 중에서

대북 전단 금지법이 국회에서 통과되었다. 유엔은 과도한 제약이라고 비판했지만, 통일부는 민의에 따른 민주적 개정이라며 재고 요청에 불만을 표했다. 외교부 장관도 미국의 한 방송에 출연해 "자유는 제한될 수 있고 절대적인 것이 아니"라며 금지 법안을 옹호했다.

'콜리마 이야기'는 구(舊)소련 당시 반 스탈린 운동을 했다는 혐의로 구속, 시베리아의 콜리마 강제 노동수용소에 억류되었던 작가가 석방 후 힘겹게 완성한 소설이다. 그는 숨 쉴 자유조차 없는 극한의 수용소에서 멀건 죽과 딱딱한 빵 조각으로 연명하며 매일 16시간의 노동으로 혹사당하면서도 17년을 견뎠다.

육신과 마음이 만신창이가 된 작가는 정신병원에 수용된 채 쓸쓸히 생을 마쳤다. 소련에도 양심의 자유, 표현의 자유, 집회의 자유가 있었다. 다만 공산주의 혁명에 방해가 된다면 그 어떤 자유라도 박탈할 자유가 더 높은 자들에게 있었을 뿐.

장관의 말대로 자유는 생존에 절대적인 것은 아니다. 자유가 제한된 곳에서도 사람은 살아간다. 굶주림과 채찍의 공포에 질린 인간은 차라리 아무것도 책임질 필요가 없는 노예의 삶에 안도하기도 한다. 그러나 자유 없는 인간은 우리에 갇힌 짐승과 같다. 자유가 제한된 사회일수록 권력의 중심에서는 자유의 독점 현상이 나타난다. 내 입은 와인 파티, 네 입은 마스크, 내 집은 수백 평, 네 집은 13평, 나는 다 소유, 너는 무소유.

자유를 탄압하는 독재라고 데모하던 사람들, 사람이 먼저라며 부르짖던 인권은 누구를 위한 것이었을까? 촛불 집회 당시 무한한 표현의 자유로 집권 기회를 마련한 정권이 내 자유는 무제한, 너의 자유는 불필요하다는 취지의 발언과 행동을 서슴없이 한다. 이것이 독재가 아니고 무엇인가, 많은 국민은 혼란스럽다.

088 절망이 무르익어야 희망은 현실이 된다

아가씨는 날이 밝아 하늘의 별들이 희미하게 사라질 때까지 내게 가만히 기대고 있었습니다. 가슴은 두근거렸지만 나는 아름다운 생각만을 보내주는 별의 보호를 받으며 아가씨의 잠든 모습을 바라보았습니다. 우리 주위에는 별들이 양 떼처럼 조용한 운행을 계속하고 있었지요. 나는 생각했습니다. 저 별들 가운데서 가장 곱고 가장 빛나는 별이 길을 잃고 내려와 내 어깨 위에서 잠든 것이라고.

― 알퐁스 도데 '별'(1869년, 프랑스) 중에서

많은 사람이 절망하고 분노하며 발만 동동 구른 1년이었다. 정치와 경제는 물론 법조, 교육, 문화 등 세상은 이미 복구하기 어려울 정도로 사회주의화 되었다. 부동산 세금 폭탄, 청년 부채율 상승, 1가구 1주택법 발의, 거리 두기 3단계 검토, 5인 이상 모임 금지, 이웃 신고 급증. 뉴스 제목만 봐도 머리가 지끈거린다. 어디에서 희망을 찾아야 할까.

'별'은 몇 주가 지나도 사람 그림자 하나 볼 수 없는 산골짜기에서 양을 치는 외로운 목동의 사랑 이야기다. 아름다운 스테파네트는 산에 올라왔다가 폭우를 만나고, 계곡물이 불어 마을로 돌아가지 못한다. 별이 총총 빛나는 밤, 방울 소리처럼 웃으며 이야기를 나누던 아가씨는 목동의 어깨에 살포시 기대어 잠든다.

"이런 데서 살고 있군요. 어머나, 가여워라." 아가씨가 안타까워할 정도로 열악한 환경에서 살아가는 목동에게 남몰래 사랑하는 주인집 딸은 밤하늘의 별만큼이나 머나먼 사람이다. 그런데 순수하고 진실한 마음이 기적을 일으켰을까. 뜻밖에도 목동은 평생 간직할 아름다운 별밤을 선물 받는다.

희망은 척박한 대지에서 싹이 트고 별빛은 한겨울 허허벌판, 짙은 어둠 속에서 가장 맑게 반짝인다. 영원히 닿을 수 없는 머나먼 별조차 우리의 몸과 지구를 구성하고 있는 것과 똑같은 물질로 이루어져 있음을 깨달을 때 별은 곧 내가 되고 당신이 된다.

목동처럼 진실하게 자신의 삶을 사랑하다 보면 어느 날, 우리 어깨 위에도 별이 내려오는 날도 오지 않을까. 새해는 깊은 어둠을 깨우는 샛별 같은 날들로 채워지기를. 해가 저물고서야 별이 빛나듯, 절망이 무르익고서야 희망은 현실이 되리니.

2021

제3장

공정은 기적을 부른다

089 꿈꾸고 애쓰면 이루어지는 새해

그는 우연히 대학 생활을 화려하게 그려낸 소설을 읽었다. 훌륭한 청년이 고학하며 우등상을 타고 친구들과 재미있고 유익한 대화를 나누는 내용이었다. 새벽까지 소설을 읽은 예순네 살의 액셀브로드는 대학에 갈 결심을 했다. 예전에 하루 18시간씩 밭에 나가 일할 때처럼 입학 준비에 매진했다. 그는 하루에 12시간씩 공부하며 어려운 과목들을 마스터해갔다.

― 싱클레어 루이스 '늙은 소년 액셀브로드'(1927년, 미국) 중에서

5인 이상 모임 금지 명령이 전국으로 확대되었다. 자영업자와 소상공인의 고통은 손을 쓸 수 없을 지경으로 치닫고 있다. 코로나를 핑계로 국민 개개인에 대한 정부의 감시와 통제가 당연해지고 있다. 정부는 K방역만 홍보하느라 1년 내내 국민 손발을 묶어놓고 한 달 운영비도 되지 않는 지원금을 주는 대신, 스스로 방역 지침을 준수하고 저마다 자립하도록 지나친 규제와 엄격한 제재를 풀어주어야 한다.

액셀브로드는 노년이 되어서야 삶의 여유를 얻고 65세 늦깎이 대학생이 된다. 젊은 날 밭을 갈듯 열심히 공부한 그는 지성의 전당이라 믿었던 명문 대학에 입학하지만 그곳에서 마주한 건 자기보다 마음이 더 늙은 청년들, '농장 헛간 뒤에서 떠벌리는 일꾼들의 수작'만도 못한 교수들의 작태였다.

그러던 어느 날, 이상에 꼭 맞는 학생을 만나 문학과 역사와 음악에 대해 밤새 이야기를 나누며 꿈에 그리던 대학의 낭만을 만끽한다. '인생 70년을 살고 고향 떠나 1,500마일을 달려온 목적이 바로 이거야.' 너무도 행복했던 그는 만족감을 소중히 간직하기 위해 젊은 친구에게 작별 편지를 남긴 뒤 미소를 지으며 고향으로 돌아간다.

그의 결정이 지혜로워 보이든 엉뚱해 보이든, 인간이 원하는 것은 열심히 일하고 자유롭게 도전하고 마음껏 경험하며 스스로 책임지는 세상이다. 하라, 마라, 된다, 안 된다, 사사건건 간섭하는 사회가 아니다. 그런 곳에서는 아무도 꿈꿀 수 없고 그 무엇도 이룰 수 없다. 개인은 어리석지 않고 나약하지 않다. 건강한 욕망을 통제하고 자유를 박탈하며 생존을 가로막는 권력이 반드시 무너지는 이유이다.

090 눈이라도 잘 치워주길 바란다

국경의 긴 터널을 빠져나오자, 눈의 고장이었다. 밤의 밑바닥이 하얘졌다. 신호소에 기차가 멈춰 섰다. 건너편 좌석의 처녀가 다가와 시마무라 앞의 창을 열어젖혔다. 차가운 눈의 기운이 흘러 들어왔다. 처녀는 창밖으로 몸을 내밀고 외쳤다. "역장님, 역장님." 등불을 들고 천천히 눈을 밟으며 다가온 남자는, 목도리로 콧등을 감싸고 모자에 달린 털가죽을 귀까지 내려 덮고 있었다.

― 가와바타 야스나리 '설국'(1948년, 일본) 중에서

지난 6일 저녁부터 서울을 비롯한 여러 도시에 눈이 내렸다. 10cm 조금 넘는 적설량이었기에 일반적인 관리가 이루어졌다면 도시가 마비될 정도는 아니었다. 그러나 퇴근길, 버스와 택시는 오지 않았고 전철은 승객들을 가둔 채 캄캄한 터널 속에 멈춰 섰으며 자동차들은 서로 뒤엉켜 다발 사고를 냈다. 방법이 없어 귀가를 포기한 사람들도 있었다. 그야말로 눈의 도시, 아니 눈의 아비규환이었다.

'설국'은 겨울이면 1~2m씩 눈이 쌓이는 온천지로 여행 온 시마무라와 그

지방에 사는 게이샤의 허무한 만남을 아름다운 문장으로 엮어놓았다. 세상의 추한 것을 다 감싸도 봄이면 녹아 사라질 눈처럼 시마무라에겐 일도 사랑도 '헛수고'로 느껴질 뿐이다. 하지만 쓸데없는 것처럼 보이는 시간의 연속이 빚어낸 결정체가 삶이 아닌가.

여행지에서 만난 눈은 낭만적일 수 있다. 차 마시며 창밖에 내리는 눈을 바라보는 일도 즐겁다. 그러나 자연이 마냥 좋은 것만은 아니다. 특히 도시의 자연은 잘 극복되고 다듬어지고 관리되어야 한다. 자연재해로부터 국민의 안전을 지켜야 할 의무와 책임이 시 당국과 정부에도 있다.

좋은 소설을 읽으면 그 주인공이 되고 싶을 때가 있지만 '열심히 일하고 사무실을 나오자 눈의 지옥이었다. 집에 갈 걱정에 눈앞이 하얘졌다'로 시작하는 소설 같은 세상을 경험하고 싶은 사람은 없다. 인생에 닥쳐오는 문제들이 그렇듯 폭설은 미리 대비하고 퍼붓는 동안에도 치우고 녹여야 한다. 왜 헛수고를 하느냐며 손 놓고 있다가는 생사의 갈림길에 설 수도 있다. 눈이라도 잘 치워주길 바란다.

091 말과 생각을 포기했다면 항복한 것이다

사람들은 '현실 제어'라 불렀지만 신어로는 '이중사고'라고 한다. 알면서도 모르는 척하는 것, 뻔한 진실을 교묘하게 꾸며 거짓말을 하는 것, 모순되는 두 가지 견해를 동시에 지지하고 동시에 믿는 것, 논리를 사용하여 논리에 맞서는 것, 도덕을 주장하면서 도덕을 거부하는 것, 민주주의가 아닌 줄 뻔히 알면서 당이 민주주의의 수호자라고 믿는 것.

— 조지 오웰 '1984'(1949년, 영국) 중에서

북한이 현 정권을 향해 '특등 머저리'라고 비난을 퍼붓자 '좀 더 과감하게 대화하자'는 뜻이라고 민주당 의원이 해석을 내놓았다. '삶은 소 대가리도 앙천대소할 노릇'이라고 했을 때 한 방송은 '애정이 있다는 표현'이라고 설명했다. 앞으로는 관심 있는 사람에게 적극적으로 대화를 청하고 싶을 때 "특등 머저리 씨, 삶은 소 대가리도 어이없어 껄껄 웃을 일이군요"라고 말하면 될 것 같다.

'이익 공유제, 소득 주도 성장, 포용 국가, 공유 경제'처럼 한글로 표기했으나 우리말로 느껴지지 않는 용어들이 난무한다. 국정 최고 책임자가 신년사에서 언급한 '착한 임대료, 필수 노동자, 백신 자주권, 선도 국가, 가교 국가'와 같은 말도 낯설기만 하다. 정부가 일찍이 내건 '기회는 평등, 과정은 공정, 결과는 정의'라는 표어도 국민이 기대했던 세상을 뜻한 건 아니었다.

'1984'는 공산주의, 전체주의를 비판하고 그 위험성을 경고한 소설이지만 바이러스를 핑계로 통제사회화 되어가는 2021년 전후의 대한민국을 내다보고 쓴 미래 예언서처럼 느껴지기도 한다. 이 책에서 작가는 '새로운 단어의 목적은 사고 폭을 좁히는 데 있다. 언어가 완성될 때 혁명도 완수된다. 2050년까지 지금 우리가 사용하는 말을 이해할 사람이 남아 있을 것 같은가?'라고도 묻는다.

말은 시대에 따라 변화한다. 그러나 의도적으로 단어가 삭제되고 의미가 왜곡되며 특정 이념을 담은 용어가 범람하는 건 위험하다. 미사일을 쏘며 서로 죽이고 땅을 빼앗는 것만 전쟁이 아니다. 말을 포기했다면 항복한 것이고 적의 입맛에 맞게 이중사고를 해야 한다면 정복당한 것이다. 북한을 따르며 그들을 거스르지 않으려는 말과 생각이 우리 사회에 뿌리내리고 있다.

092 공유를 강요하는 사람들

"전부 그만둬야 하지 않을까?" 로라가 겁에 질린 목소리로 말했다. "그만두다니, 뭘?" 조즈가 놀라서 큰 소리로 물었다. "물론 가든파티 말이지." 그러자 조즈는 더 놀란 모양이었다. "파티를 그만두자고? 그런 바보 같은 소리가 어딨어? 일을 그런 식으로 처리할 수는 없어. 또 아무도 그걸 기대하지 않는다고." "이웃에 살던 사람이 죽었는데 파티를 할 수는 없잖아."

– 캐서린 맨스필드 '가든파티'(1922년, 영국) 중에서

민주당 대표가 '이익 공유제'를 제안했다. 최고 권력자가 신년 기자회견에서 바람직하다며 동의하자 정치권은 입법 절차에 들어가겠다고 했다. 지난 3년간 공무원을 9만 명이나 늘려온 정부는 앞으로 8만 명을 더 뽑을 예정이다. 그들이 꼬박꼬박 받는 월급은 국민 주머니에서 나가는 세금인데 공무원 연봉은 올해 0.9%, 대통령직 연봉도 2.8% 인상된다. 어려운 경제 상황을 감안, 고위 공직자의 인상분을 반납한다지만 기존의 소유와 이익은 손해 보지 않겠다는 뜻이다.

로라는 이웃에 살던 가난한 짐꾼이 사고로 죽었다는 소식을 듣고 파티를 취소해야 한다고 생각한다. 그러나 가족은 동의하지 않는다. 그녀도 곧 드레스와 예쁜 모자로 치장한 자기 모습에 매혹되어 파티를 즐긴다. 저녁 무렵이 되어서야 남은 파티 음식을 들고 조문을 가지만 로라는 난생처음 마주한 삶의 양면성, 즉 삶과 죽음, 풍요와 빈곤의 간격을 감당하지 못하고 울먹인다. 그녀의 마음을 헤아린 오빠가 말한다. "인생이란 그런 게 아니겠니?"

동정심으로 남은 빵을 좀 나눠줄 수는 있어도 남의 삶을 대신 살지 못한다. 가난과 고통과 죽음을 공유할 수도 없다. 세금 감면과 영업 제한 해제 대

신 공동체 상생과 이익 공유를 주장하는 이들이야말로 제 것은 내놓지 않는다. 그들은 누구보다 많이 갖고 있으면서도 더 갖기 위해 수단 방법을 가리지도 않는다.

토지와 노동과 자본을 공유하자는 것이 공산주의다. 소유를 죄악시하며 평등하게 못 사는 사회, 공유를 강요하는 자들만 배부른 세상이 공산주의가 말하는 유토피아다.

093 슬픈 나라의 노래

> 라이먼과 마빈은 어밀리어의 귀중품을 몽땅 가져갔다. 카페의 테이블마다 무시무시한 욕을 새겨놓았고 사탕수수 한 통을 부엌 바닥에 온통 쏟아붓고 과일잼이 든 병들을 다 깨뜨렸다. 그들은 증류기를 완전히 박살 내고 새로 산 커다란 응축기와 냉각기도 망가뜨린 뒤 오두막에 불을 질렀다. 그들은 생각해 낼 수 있는 것은 모두 파괴해 버렸다. 그런 뒤 두 사람은 함께 도망쳤다.
>
> - 카슨 매컬러스 '슬픈 카페의 노래'(1951년, 미국) 중에서

영화 '판도라'를 관람한 뒤 "탈원전 국가로 가야 한다"고 말했던 현 정부는 2017년, 신규 원전 건설을 백지화하며 탈핵 시대를 본격 선포했다. 태양광 사업으로 국토는 깎여나갔고 한국전력은 심각한 적자에 시달리고 있으며 수많은 인재가 일자리를 잃었다. 그렇게 세계 최고의 기술을 자랑하던 국가의 미래사업 기반이 무너졌다. 그런데 2018년, 남북정상회담 후 북한에 원전 건설을 제안한 문서가 발견, 정권의 이적 행위 의혹이 제기되고 있다.

'슬픈 카페의 노래'는 오갈 데 없던 꼽추 라이먼을 사랑한 어밀리어의 이야

기다. 그녀는 라이먼을 집에 들이고 카페도 연다. 사람들은 저녁이면 그곳에 들러 작은 행복을 누렸다. 하지만 라이먼은 어밀리어에게 앙심을 품고 있던 전과자 마빈과 어울리게 되고 그녀의 인생 모두를 훔치고 카페를 부수고 불을 지른 뒤 달아난다. 어밀리어는 절망에 빠지고 그녀의 카페가 사라진 마을은 다시 황량하고 쓸쓸해진다.

사랑에 빠진 사람은 어떻게 하면 그가 웃을까, 무엇을 주면 기뻐할까, 고민한다. 주머니가 비면 빚을 내서라도 선물한다. 반면 과분한 애정을 받는 쪽은 감사는커녕 더 욕심내고 윽박지르고 빼앗으며 폭력을 일삼기도 한다.

일부 국민의 과장된 지지를 받으며 '하고 싶은 것 다' 하고 있는 정권은 이적 행위 의혹에 대해 터무니없다며 화만 내고 있다. 북한이 별별 욕설을 퍼부어도 침묵하는 그들, 자국민의 고통에는 끝없이 눈감는 정부는 주적에게 무엇을, 얼마나 더 주고 싶은 것일까? 일방적이고도 무한한 그들의 사랑이 '슬픈 나라의 노래'로 끝나지 않기를 바랄 뿐이다.

094 법을 지켜야 할 이들이 외면하는 법

나흘 전에 법정에 갔었어. 판사가 무슨 명령을 내렸는데 변호사들 마음에 전혀 들지 않았던 모양이야. 대놓고 그 명령을 거부하더라고. 아주 광적으로 변해서 판사를 끌어내리더니 마구 두들겨 패더라니까. 판사가 주재하는 바로 그 법정에서 말이야. 아니, 사람들이 판사를, 그것도 법정 안에서 두들겨 팬다면, 우리들의 미래가 도대체 어떤 꼴이겠는가?

- 아라빈드 아디가 '화이트 타이거'(2008년, 인도) 중에서

지난 4일 법관 탄핵이 국회에서 강행되었다. 해당 판사는 일찌감치 사의를 표명했고 혐의에 대해 무죄 판결을 받은 데다 며칠 후면 임기가 만료되는 터였다. 그런데도 탄핵이 가능했던 건 정치적 판세를 계산한 대법원장이 그의 사표를 수리하지 않았기 때문이다. 국회가 입맛 따라 대통령이든 판사든 마음대로 탄핵할 수 있는 권력 집단임을 또 한 번 세상에 각인시킨 사건이다.

'화이트 타이거'는 부패할 대로 부패한 인도의 정치계와 그로 인한 국민의 고통을 날카롭게 풍자한다. 운전기사 발람은 원하는 만큼 뇌물을 주지 않는다는 이유로 엄청난 세금을 부과한 정치인들에게 현금 다발을 선물하는 주인을 모시고 다닌다. 한번은 고위 장관의 보좌관을 차에 태우게 되는데 그가 판사 구타 사건을 이야기하며 나라의 미래를 걱정한다. 하지만 그야말로 더 많은 뇌물과 향응을 바라는 가장 썩은 정치인 중 하나일 뿐이다.

한때는 국회의원과 판사처럼 법과 관련된 사람들이 불의를 물리치고 진실을 지키는 정의의 사도인 줄 알았다. 그러나 국회는 자기들에게 이로운 법만 만들고 일부 법조인은 권력 앞에 엎드려 진실과 자긍심을 스스로 내던져 버린 지 오래다. 그러니 소설 속 판사처럼 누군가의 마음에 들지 않는 판결을 내렸다고 그 자리에서 끌어내려진들 누굴 탓할 수 있을까.

뒤늦게 '사법부 바로 세우기'를 외친다지만 법의 이름으로 거짓말하고 진실에 침묵하며 혼란에 앞장선 건 그들 자신이 아니었는지. 눈앞의 손익에만 급급한 일부 법조인들의 현실 인식이 안타깝고 답답하다.

095 걱정은 불안을, 긍정은 기적을

기분이 참 묘하다. 어디를 가든 내가 최초가 아닌가. 로버 밖으로 나가면? 그곳에 발을 디딘 최초의 인간이 된다. 언덕을 오르면? 그 언덕을 오른 최초의 인간이 된다. 암석을 걷어차면? 그 암석은 백만 년 만에 처음 움직인 것이다. 나는 최초로 화성에서 장거리 운전을 했다. 최초로 화성에서 31일을 넘겼다. 최초로 화성에서 농작물을 재배했다. 최초로, 최초로, 최초로 말이다.

– 앤디 위어 '마션'(2011년, 미국) 중에서

참 이상한 설날이었다. 햇빛이 봄처럼 밝아서 새해 복 많이 받으라는 인사가 새삼스러웠다. 5인 이상 모이면 불법이 되는 명절이기도 했다. 위반하지 않으려면 시간을 나눠 첫째네 가족이 부모님 댁에 들어가서 세배하고 나온 뒤 둘째네가 들어가고 그들이 떠나면 셋째가 들어가야 했을 것이다.

더 이상했던 것은 중국을 향한 정치인들의 새해 인사였다. 공산당 창당 100주년을 축하했던 정권답게 국무총리 이하 국회의장과 경기도지사 등 일부 정치인들이 중국인에게 전하는 춘절 인사를 유튜브 채널에 올렸다. 일본과 미국은 배척하면서 중국만은 살뜰하게 챙긴다. 그들은 정말 국익과 국민을 위해 일하는 정치인들인 걸까?

우주비행사 마크는 우연한 사고로 화성에 홀로 남게 된다. 당장 먹을 식량과 물은 있었지만 구조될 가능성은 희박했다. 마크는 지식과 기술을 총동원, 생존 방법을 찾아간다. 수없이 실패하고 절망하지만 원망하지 않고 불평하지 않고 희망도 놓지 않는다. 그는 결국 549일 만에 지구로 돌아오는 귀환 길에 오른다.

언제부턴가 정치와 사회에 대해 불만을 늘어놓는 나를 깨달으며 깜짝깜짝 놀란다. 내가 이렇게 부정적인 사람이었나, 우울해진다. 그래도 화성에 장기 거주하는 최초의 지구인이라며 자신을 격려했던 마크에 비하면 운이 좋다. 마스크를 쓸지언정 숨 쉴 수 있는 지구에 있고 친구와 가족도 만날 수 있다. 한 번도 경험하지 못한 이상한 나라를 살아가는 최초의 한국인 중 하나라는 자부심도 필요하다. 걱정은 불안을 부르고 긍정은 기적을 부른다. 더 큰 목소리로 희망을 이야기해야 한다.

096 거짓말은 만 가지 죄악의 뿌리

> 거짓말을 하고 거짓에 귀 기울이는 자는 결국 자기 내부에서도, 자기 주위에서도 어떤 진실도 분간하지 못하게 되며, 자신은 물론 타인들도 존경하지 않게 됩니다. 사랑하는 법을 잊어버리고 사랑이 없는 상태에서 마음껏 즐기고 기분을 풀자니 음욕에 탐닉하여 결국 짐승과 다름없는 죄악의 소굴로 빠져들게 됩니다. 이 모든 것이 끝임없는 거짓말에서 비롯되는 것입니다.
> – 표도르 도스토옙스키 '카라마조프가의 형제들'(1880년, 러시아) 중에서

K방역을 자랑하며 백신 무료 접종을 장담한 정부는 이에 필요한 예산 4조 6,000억 원을 마련하지 못했다고 하면서도 최소 20조, 최대 100조 원이 든다는 4차, 5차 재난지원금을 논의하고 있다.

많은 국민이 5인 이상 모임 금지로 일상의 자유를 빼앗기고 생계마저 위협받고 있다. 명절에는 가족과 함께 성묘도 못 했고 부모님이 돌아가셔도 장례조차 제대로 치르지 못한다. 그런데 민주 투사 하나가 죽었다며 수백 명이 모여 노제를 지냈다. 정계 인사들도 앞다투어 찾아갔지만, 장례식은 집회가 아니라며 제재하지 않았다.

백신은 안전하다면서도 최고 권력자가 실험 대상처럼 1호 접종자가 돼선 안 된다는 모순된 발언이 여당에서 나왔다. 코로나 경기 악화로 '근로소득과

사업소득이 감소'했다는 걸 인정하면서도 '역대 가장 좋은 성과'를 냈다며 자축하는 정권도 현실과 바람을 구별하지 못하고 있다.

도스토옙스키의 마지막 작품 '카라마조프가의 형제들'은 원초적 탐욕만을 추구하며 살았던 표도르의 죽음과 그의 아들들에 얽힌 장대한 서사다. 표도르의 비도덕적 성품을 알아본 수도원 장로는 거짓말이 모든 죄악의 근본이라며 따끔하게 일침을 놓는다. 그가 뒤늦게나마 조언을 새겨들었다면 부친 살해라는 비극적 사건은 없었을지도 모른다.

지난 1월 19일, 거짓말이 탄로 나 사퇴 요구까지 받은 대법원장이 사실과 다른 사과문을 내놓아서 또다시 논란이 되었다. 보궐선거를 해야 하는 서울과 부산의 전 시장들처럼 현 정권 관련자들의 성 추문이 많은 것도 당연해 보인다. 장로의 말대로 거짓이 만연한 탓에 자정 능력을 잃은 결과다.

097 늙음이 겸손과 지혜가 되려면

나는 오싹함을 느꼈다. 내 얼굴은 아마도 파랗게 질렸던 모양이다. 우리는 잠시 아무 말도 못 하고 그대로 서 있었다. 메르세데스는 거의 알아볼 수 없을 정도로 늙어버렸다. 나는 눈앞의 그녀와 지난날의 메르세데스를 비교해 보았다. 하늘과 땅 차이였다. 그녀의 아름다운 이마와 예쁜 눈만 변하지 않았을 뿐이었다. "메르세데스, 아무리 세월 탓이라 해도...."

- 에두아르도 아리아스 수아레스 '서러워라, 늙는다는 것은'(1944년, 콜롬비아) 중에서

북서풍이 불지 않아 먼지 없는 날이면 밖으로 나간다. 꽃샘이지만 뺨을 쓰다듬는 햇빛과 바람이 한결 부드러워졌다. 아직 앙상한 가지뿐인 나무들조차

싱그러운 기운을 뿜어낸다. 새들의 지저귐은 발랄하고 날갯짓도 쾌활하다. 봄이다.

노란 고양이가 작은 언덕 위에 누워 있다. 한참을 쳐다봐도 움직이지 않는다. 검은 고양이가 그 옆에 앉아 우두커니 죽음을 지키고 있다. 생명이 돌아오는 봄에도 떠날 것은 떠난다. 마지막이 언제인지 알 수 없으나 이 봄이 살아가면서 맞는 첫 번째 봄이다. 오늘이 앞으로 살아가야 할 첫째 날이다. 지금이 남아 있는 시간 중 당신이 가장 젊은 순간이다.

콘스탄티노는 긴 방랑 끝에 고향으로 돌아와 옛 연인과 재회한다. 메르세데스는 다른 남자와 결혼해 잘살고 있었지만 그녀의 얼굴엔 20년의 세월이 할퀴고 간 흔적만 가득하다. 젊은 날의 메르세데스를 쏙 빼닮아 너무도 아름다운 그녀의 딸이 콘스탄티노의 마음을 흔든다. 그러나 자신도 늙었음을 고통스럽게 깨달은 그는 다시 고향을 떠난다.

여든을 앞둔 어머니는 여기저기 몸이 아프다면서도 "익어가느라 그런다. 그래야 땅에 떨어져 새로 태어나지"라고 말한다. 늙는다는 것은 약해지는 것이다. 약한 것은 서러운 법이다. 하지만 낮추고 물러설 때 연약함은 겸손이 되고 지혜가 된다.

보통 사람들도 일선에서 은퇴한다. 정치권력자들만 정년도 없고 물러날 생각도 없다. 노년의 건강과 열정은 좋은 것이다. 그러나 그들의 끝없는 노욕(老慾)과 노추(老醜)를 견뎌야 하는 국민은 괴롭다.

098 대웅전을 불태운 수행자의 번뇌

나를 태워 죽일지도 모를 불이 금각도 태워 없앨 거라는 생각은 나를 거의 도취시켰다. 똑같은 재앙, 똑같은 불의 불길한 운명 아래, 금각과 내가 사는 세계는 동일한 차원에 속했다. 나의 연약하고 보기 흉한 육체와 마찬가지로, 금각은 단단하면서도 불타기 쉬운 탄소의 몸을 지니고 있었다. 도둑이 보석을 삼켜서 숨기고 달아나듯, 내 몸속에 금각을 숨겨 도망칠 수도 있을 것 같았다.

- 미시마 유키오 '금각사'(1956년, 일본) 중에서

단풍으로 유명한 내장사의 대웅전이 화재로 또다시 전소되었다. "함께 생활하던 스님들이 서운하게 해 술을 마시고 우발적으로 불을 질렀다"고 수행자가 방화를 자백했다. 마음을 다스려 큰 지혜를 얻겠다며 머리 깎고 속세를 떠났을 텐데 남이 좀 서운하게 했다고 술을 마신 것도 모자라 수행처에 불까지 질렀다니, 아둔한 중생은 그 마음이 쉽게 헤아려지지 않는다.

미조구치는 외모 콤플렉스를 가진 말더듬이 소년이다. 그는 금각사의 전각이 세상에서 가장 아름다운 것이라 믿는다. 전쟁 중 눈부신 금각도, 못생긴 자신도 함께 불타 사라질지 모른다는 공통점을 발견하고 기뻐하지만 끝내 아무런 손상도 입지 않은 전각과 여전히 초라한 자신은 별개의 존재임을 깨닫는다.

소설은 실제 금각사 방화 사건을 소재로 한다. 당시 방화범은 '인간 소외'와 '아름다움에 대한 질투' 때문에 불을 질렀다고 했다. 그를 모델로 한 미조구치도 금각에 불을 지르고 달아난다. 지고의 아름다움을 무너뜨리며 높이 치솟는 불길을 바라보던 그는 살아야지, 하고 생각한다. 죽음과 탄생, 파괴와 창조의 순환 등, 다양한 문학적 해석이 가능한 결말이다.

현실은 다르다. 서운할 때마다 술을 마셔야 한다면 바닷물이 술이라도 모자랄 것이다. 화날 때마다 불을 지른다면 남아날 건물도 없다. 덕 높은 수행자도 어딘가엔 있겠지만 술 마시고 패싸움하고 룸살롱 드나드는 승려들, 부와 권력을 바라고 정치적 구호를 외치는 종교 지도자들이 넘쳐난다. 제 마음 하나 어

쩌지 못하면서 세상과 중생을 구하겠단다. 얼마나 맹랑한 꿈인가.

099 우리의 진짜 영웅

그뿐만이 아닙니다. 시저는 자기의 숲을 여러분에게 주었습니다. 테베레강 이쪽의 개인 정원과 새로 심은 과수원까지 전부 말입니다. 시저는 여러분과 여러분의 후손에게 영원히 물려주었습니다. 이제 누구든지 마음 내키는 대로 가서 쉬고 산책할 수 있는 시민의 안식처가 생긴 것입니다. 시저는 그런 분이셨습니다! 언제 또 그런 분이 오겠습니까?
― 윌리엄 셰익스피어 '줄리어스 시저'(1599년, 영국) 중에서

박정희 대통령 시대를 배경으로 하는 소설, 영화, 드라마엔 비판적 왜곡이 가득하다. 하지만 그 시절을 산 사람들은 한결같이 말한다. 덕분에 5,000년의 가난을 벗고 보릿고개의 설움을 씻었다고. 우리도 잘살아 보자, 우리도 할 수 있다는 희망으로 신바람 나게 일했다고. 그런데 어쩌다 박정희란 이름 석 자는 독재와 적폐의 대명사가 되었을까.

기원전 44년 3월 15일은 로마 제국의 발판을 다진 줄리어스 시저가 브루투스와 원로원 의원들에게 시해된 날이다. 죽기 전 탄식처럼 내뱉은 "브루투스 너마저!"라는 대사가 나오는 희곡이 셰익스피어의 '줄리어스 시저'다.

작가는 황제가 되려던 시저를 살해한 브루투스의 편에서 사건을 바라본다. 하지만 시저가 로마와 시민을 얼마나 사랑했고 그들을 위해 무엇을 유산으로 남겼는지 이야기하며 브루투스의 반역에 분노하도록 대중을 설득하는 안토니우스의 명연설도 들려준다.

시저와 같은 역사적 인물은 수많은 문학 작품과 영화, 드라마, 다큐멘터리 또는 공연 예술 등에서 다양한 모습으로 그려진다. 1,000편의 작품은 저마다 해석이 다르고, 그걸 본 만 명의 사람은 만 가지 생각을 하기 마련이다. 그 결과 시저는 사랑도 받고 미움도 받는다. 그런데 우리 사회는 하나만 보여주고 하나의 결론만 강요한다. 그것과 다른 평가는 용납하지 않는다.

뮤지컬 '박정희'가 공연 중이다. 독재자, 친일파 적폐 등 온갖 불의한 수식어를 붙여 진실을 감추고 그를 존경하는 사람들까지 무식하고 몰상식한 죄인으로 낙인찍는 사회 분위기에서 그를 긍정적으로 그렸다는 것만으로도 박수 쳐줄 일이다. 수천 년 전의 아득한 과거 위인이나 조선 사람들 대신 자랑스러운 대한민국을 일으킨 진짜 영웅들이 대중에게 사랑받는 계기가 되길 바란다.

100 국민은 죄인, 물가와 세금은 벌금

시민들의 재산을 직접 훔치는 편이 그들에게 없어서는 안 될 생필품에 슬쩍 간접세를 붙이는 것보다 더 부도덕하다곤 할 수 없는 거야. 통치한다는 건 훔치는 거야. 나는 말이지, 노골적으로 훔치는 쪽이야. 이 바보들아, 국고가 중요한 것이라면 인간의 생명 같은 건 중요하지 않아. 돈이 전부라고 보는 이상, 목숨 같은 것은 헌신짝같이 생각해야 마땅한 거야.

- 알베르 카뮈 '칼리굴라'(1944년, 프랑스) 중에서

2,000원도 안 하던 대파 한 단이 5,900원이다. 계란 한 판은 세 배로 올라 9,000원 안팎. 휘발유 값도 올랐다. 허리띠 졸라매고 마련한 아파트를 한 채라도 가졌다면 건강보험료, 취득세, 재산세, 양도세, 종합부동산세 등, 내야 할

세금 걱정에 땅이 꺼진다. 살아서 먹어야 한다는 죄로, 차가 있다는 죄로, 집을 소유했다는 죄로 벌금을 내는 꼴이다.

정부는 '세금 낼 능력이 없으면 집을 팔고 나가라'며 큰소리다. LH공사 직원들은 내부 정보를 이용한 신도시 투기가 자기들 능력이라며 성난 국민을 비웃는다. 양산에 사저 부지를 갖고 있는 권력자도 농지법 위반 의혹에 대해 '좀스럽다'며 비난하지 말 것을 요구했다. 그들에게 국민은 세금을 거두기 위해서만 필요한 존재인 모양이다.

공산주의에 반대했던 카뮈의 희곡 '칼리굴라'는 네로, 코모두스와 함께 폭군으로 기억되는 로마 제국 황제의 이야기다. 칼리굴라는 재산을 몰수하기 위해 귀족들을 적폐로 몰아 죽인다. 국민에겐 감당할 수 없는 세금을 강제한다. 사치로 탕진한 국고를 채울 수만 있다면 국민의 목숨 따윈 하찮다. "이 세상에 평등이라는 선물을 주겠어. 내일부터 다 같이 굶주리는 거야"라고 말했던 황제는 결국 폭정에 시달리던 원로원 의원들과 심복에게 살해당한다.

'파 테크'가 유행이란다. 대파의 뿌리를 잘라 화분에 심어 길러 먹는 사람이 많아졌다는 것이다. 이젠 차도 팔고 집도 팔고, 계란을 먹으려면 닭을 키워야 하는 건 아닌지. 물가와 세금은 자꾸 오르는데 세금을 내라면 낼 수밖에 없는 국민은 허리가 휜다. 이것이 '사람이 먼저'라던 정권의 평등과 정의, 국민의 행복이란 말인가?

101 위기의식을 갖는 게 먼저다

그들은 천장을 올려다보고는 놀라 끔찍한 비명을 질렀다. 엄청나게 큰 샹들리에가 악마의 부름을 받고 객석을 향해 미끄러지듯 내려오고 있었다. 급기야 천장 꼭대기에서 오케스트라석의 한가운데로 그대로 곤두박질치며 내리꽂혔다. 여기저기서 도망치라는 외침과 함께 공포로 가득 찬 극장 안은 그야말로 아수라장이었다. 숱한 사람이 다쳤고 여성 한 명이 사망했다.

– 가스통 르루 '오페라의 유령'(1909년, 프랑스) 중에서

북한이 지난 21일에 이어 25일, 또 미사일을 쏘았다. 유엔 안전보장이사회의 결의안을 위반하는 명백한 도발이었다. 그런데도 국민은 외신을 통해 소식을 들었을 뿐, 정부와 군 당국은 국가 위기 상황을 즉각 알리지 않았다. 긴급 국가안전보장회의에도 참석하지 않았던 군 최고 통수권자는 서해수호의 날 기념식에서 "대화를 위해 노력해야 할 때"라는 것만 강조했다.

흉측한 얼굴을 갖고 태어나 어머니의 사랑조차 받지 못한 에릭은 천재적 예술성을 가졌으나 유령처럼 오페라 극장 지하에 숨어 산다. 자신의 요구를 세상이 들어주지 않으면 협박하고 납치하고 관객이 꽉 찬 극장을 죽음의 공포 속에 몰아넣기도 한다.

어둠의 세계에 갇혀 살아가는 에릭이 원한 건 대화가 아니었다. 그가 궁극적으로 바란 건 크리스틴의 사랑이었지만 세상을 살아가기 위해 실질적으로 필요로 했던 것은 대리인을 내쫓지 말 것, 오페라 공연을 언제든 볼 수 있도록 지정석을 비워둘 것, 사랑하는 크리스틴에게 반드시 여주인공을 맡길 것, 그리고 다달이 일정한 돈을 내놓으라는 것이었다.

북한이 미사일로 위협하며 대화 분위기를 산산조각 내는데도 정부는 "대화 분위기에 어려움을 주는 일은 결코 바람직하지 않다"며 아무런 반박도 하지 않는다. 북한에게 '태생적 바보, 말 더듬는 떼떼'라는 욕을 들어도 조금도 이상하지 않은 정권이다. 전쟁을 원하는 국민은 없다. 그렇다고 멸시와 굴욕을 바라는 것은 아니다. 국가 위기 상황엔 영민한 전술과 과감한 전략이 필요하

다. 중요한 건 정부에 위기의식이 있는가, 하는 문제이다.

102 통역이 필요한 정치인의 말

카파시는 종이 위에 또박또박 주소를 쓰는 동안 상상했다. 그녀는 그의 안부를 묻는 편지를 쓰리라. 그러면 그도 가장 재미있는 생활의 에피소드만 골라서 답장을 쓰겠지. 그녀는 뉴저지 집에서 그의 편지를 읽으며 웃고 또 웃을 것이다. 머지않아 그녀는 자신의 실망스러운 결혼 생활을 고백할 것이고, 그도 비슷한 고백을 할 것이다. 이런 식으로 그들의 우정은 자라나리라.

― 줌파 라히리 '질병의 통역사'(1999년, 미국) 중에서.

사람은 혼자 있을 때와 누군가 함께 있을 때가 다르다. 정장을 입었을 때, 청바지를 입었을 때 행동거지도 달라진다. 주먹 센 사람 앞에서는 기가 죽고 행색이 초라한 사람 앞에서는 콧대가 높아진다. 말도 그렇다. 연인의 '사랑해'와 스토커의 '사랑해'는 다르다. 같은 사람, 같은 말이라도 자신이 처한 상황과 상대의 본심을 읽지 못하면 엉뚱하게 해석될 수 있다.

인도인 부모 사이에서 태어난 미국 작가의 단편소설집 '질병의 통역사'는 양면적이고도 위선적인 인간 군상을 담고 있다. 그중 표제작은 인도에 여행 온 미국인 가족의 차량 운전과 통역 안내를 맡은 카파시가 젊은 부인과 이야기를 나누게 되면서 품게 된 짧고 허무한 환상을 그린다.

다스 부인은 남편과 아이들을 짜증스럽게 바라보며 결혼 생활에 대한 불만과 외도했던 사실을 털어놓는다. 카파시가 찍힌 사진을 보내주겠다며 주소도 묻는다. 카파시는 그녀의 말을 호감으로 오해하고 편지 왕래로 시작될 은밀한 미래를 상상하며 설렌다. 하지만 부인에게 인도는 머나먼 이국, 카파시는 두 번 다시 만날 일 없는, 후련하게 속을 내보여도 소문날 걱정 없이 잠깐 스쳐 갈 타인일 뿐이었다.

똑같이 성 추문으로 공석이 된 서울시장과 부산시장의 보궐선거일이다. 임기 1년짜리 시장이지만 엄청난 일들을 해내겠다며 약속한 사람들. 그들이 한 말과 시민이 들은 말은 통역이 필요 없는 것이었을까?

앞과 뒤, 안과 밖이 같은 사람은 드물다. 화장실 갈 때와 나올 때 마음이 다르고, 돈조차 앉아서 빌려주고 서서 받는다고 했다. 하물며 표를 얻어 권력을 쥐는 정치인은 다를까.

103 꼰대 정치가 답할 차례

"이제 나하고 형님은" 그날 저녁 식사 후에 니콜라이가 서재에 앉아서 말했다. "시대에 뒤떨어진 사람들이 되었고 우리의 시대는 끝났어요. 어쩌겠어요? 바자로프가 옳을지도 몰라요. 그러나 솔직히 말하면 괴로워요. 이제야말로 아르카디와 친해져서 정답게 살 수 있으리라고 기대했는데 나는 뒤떨어져 있고 그 애는 앞으로 달아나 버렸어요. 우린 서로를 이해할 수 없어요."

– 이반 투르게네프 '아버지와 아들'(1862년, 러시아) 중에서

유럽의 자유주의 사상을 작품 속에 녹여냈다고 평가받는 투르게네프의 소설 '아버지와 아들'은 세대 갈등을 다룬 대표적인 소설이다. 대학을 졸업한 아르카디는 친구 바자로프와 함께 집으로 돌아온다. 바자로프는 기존의 관습과 질서, 구시대의 유물을 모두 파괴해야 한다고 믿는 급진적 진보주의자다. 그런

세계관은 보수주의를 상징하는 아르카디의 아버지 니콜라이와 큰아버지 파벨과 사사건건 충돌한다.

모든 걸 다 안다는 듯 세상을 경멸하던 바자로프도 실은 좌충우돌하며 인생을 배워가는 청년이었다. 그는 사랑이란 감정마저 위선일 뿐이라고 냉소했지만, 한 여인을 사랑하게 되면서 삶의 또 다른 진실을 경험한다. 실연의 아픔을 잊으려고 고향으로 돌아간 그는 군의관이던 아버지를 도와 환자를 돌보다 전염병에 걸려 죽음에 이른다.

젊은 세대는 진보, 민주, 정의, 평등이라는 말에 현혹된다. 저 강만 건너면 푸른 초원이 펼쳐질 거라 믿는다. 그들 눈에 기성세대는 답답하고 어리석고 무식하게만 보인다. 구세대에게도 신세대는 한없이 부족하고 불완전하게만 보이는 미완의 존재들이다. 하지만 보수라 불리는 어른들이 진심으로 바라는 것은 그들이 대대손손 건강하고 자유롭고 풍족하게 이 땅에서 오래오래 살아가는 것이다.

선거에서 더불어민주당이 참패했다. 정부 여당의 끝없는 실정과 비리가 촛불만 켜면 미래가 저절로 밝아진다고 믿었던 청춘들을 등 돌리게 했다는 분석이다. 하지만 젊다는 건 쉼 없이 변화한다는 것이다. 오늘의 선택이 내일 또 선택하겠다는 약속도 아니다. 이제 기성세대가 답할 차례다. 소신 있게 과감하게 그러나 정직하게, '꼰대'를 벗어난 어른들의 성숙한 변화가 절실하다.

104 통제는 왜 자꾸 늘어나는가

시간이 지역에 따라 다른 이 세계에서는 살아가는 모습이 아주 다양하다. 도시끼리 서로 오고 가지 않으므로 세상살이가 수천 가지 다른 방향으로 발전해

나갈 수 있다. 어떤 도시에서는 사람들이 가까이 모여 함께 살아갈 수도 있고 다른 곳에서는 뚝 떨어져 살 수도 있다. 산 하나만 넘어도, 강 하나만 건너도 살아가는 방식이 다른 것이다.

– 앨런 라이트먼 '아인슈타인의 꿈'(1993년, 미국) 중에서

시간은 쏜살같다고 한다. 하지만 누구나, 언제나 똑같이 빠르게 느끼는 건 아니다. 시간은 그야말로 상대적이어서 지루한 일을 하거나 보고 싶은 사람을 기다릴 때는 한없이 느리다. 재미있는 일에 몰두하거나 좋은 사람을 만날 때는 시간이 눈 깜짝할 사이 흐른다. 나이를 먹을수록 세월은 더 빨리 간다. 지구는 일정한 속도로 도는데 사람들은 저마다 다른 시간을 살아간다.

천체 물리학자이자 소설가가 쓴 '아인슈타인의 꿈'은 시간을 연구하던 물리학도가 상상한 세상의 기록이다. 시간이 반복되는 세상, 순간만 존재하는 세상, 종말이 닥친 세상 등 천차만별의 세계가 펼쳐진다. 엉뚱한 상상 같지만 사람들이 시간을 보내는 각기 다른 모습이다.

지난 17일부터 일반 도로의 주행 속도가 50km로 제한되었다. 학교 앞과 주택가에서는 30km 이상 달릴 수 없다. 출퇴근과 등·하교, 약속 시간을 더 넉넉히 계산해야 한다. 하루 24시간도, 거리도 변한 게 없지만 체감 시간은 더 느려지고 체감 거리도 더 멀어졌다. 연료비와 범칙금 부담 가능성도 커졌다.

과거엔 언덕 하나만 넘어도, 시냇물 하나만 건너도 사는 방식이 달랐지만, 이제 지구는 산을 넘어도 바다를 건너도 동일한 법을 따라야 하는 하나의 세계가 되어가고 있다. 대중교통을 장려하고 자율 주행 시대를 준비하며 OECD 국가들이 시행하고 있다는 명분 아래, 통제가 늘어가는 것, 개인이 선택하고 책임질 수 있는 자유의 범위와 다양성이 줄어들고 있는 건 우려할 만한 일이다.

105 자격 없는 이가 조종석에 앉으면

> 마차는 궤도를 이탈하여 제멋대로 날뛰었다. 마부석에 앉은 파에톤은 기겁했지만 천마를 다스릴 재간이 없었다. 어디가 어딘지 분간도 되지 않았다. 설사 알았다 해도 천마를 다스릴 수 없으니 마찬가지인 셈이었다. 파에톤은 아득히 높은 하늘에서 대지를 내려다보았다. 그의 얼굴에서 핏기가 사라졌다. 그의 무릎은 갑자기 엄습한 공포에 걷잡을 수 없이 떨리기 시작했다.
> – 푸블리우스 오비디우스 '변신 이야기'(8년, 고대 로마) 중에서

가족 빼고 세상 모두에게 친절한 사람들이 있다. 그들은 남에게는 너그럽지만 가족에게는 인색하다. 이웃돕기에는 앞장서면서 제 식구 배곯는 건 신경 쓰지 않는다. 지금 우리나라 국정을 책임지는 자리에 앉아 있는 사람들도 다르지 않은 것 같다.

다음 달에 있을 한미 정상회담을 앞두고 정부는 미국과 대립하고 있는 중국의 외교정책을 지지한다고 공식 석상에서 밝혔다. 북한과 대화하고 중국과 협력할 것도 미국에 촉구했다. 그들 머리엔 오직 북한과 중국뿐이다. 자국의 이익과 국민을 위한 말과 행동, 동맹국에 대한 우의나 외교적 계산은 보이지 않는다. 한국이 미국의 동맹국인지 중국과 북한의 속국이자 대변인인지를 전 세계가 의심케 했다. 그래도 '외교왕 보유국'이라며 손뼉 치는 사람이 많다.

태양신의 서자 파에톤은 아버지를 찾아가 자기가 진짜 아들이라면 태양신의 마차를 몰게 해달라고 조른다. 부자 관계를 인정하며 우리 아들, 하고 싶은 거 다 해보라던 태양신은 소원을 들어주겠다고 한 약속을 후회하며 고삐와 채찍을 건넨다.

자신만만하게 마부석에 앉았지만 신이 모는 마차를 애송이 파에톤이 감당

할 리 없었다. 마차는 이내 불덩어리가 되어 온 대지를 불바다로 만든다. 보다 못한 신들의 아버지 유피테르가 파에톤을 향해 벼락을 던짐으로써 그의 불행과 세상의 재앙을 끝낸다.

자리가 사람을 만든다는 말이 있다. 하지만 일반인이 조종석에 앉는다고 비행기를 날게 할 수는 없다. 능력에 넘치는 자리는 파에톤처럼 그 자신은 물론 세상까지 불행에 빠뜨린다.

106 '좀스럽고 민망한' 권력자의 고소

"임금님이 벌거벗었어요." 꼬마가 소리쳤다. 그제야 사람들이 웅성대기 시작했다. "맞아, 아무것도 안 입은 거야." "그렇지? 내 눈에도 그렇게 보여." 사람들은 큰 소리로 웃으며 외쳤다. "임금님은 벌거숭이다!" 사람들의 말을 듣고 왕은 부끄러웠다. 그렇다고 행차를 그만둘 수는 없었다. 왕은 더 당당히 걸어갔다. 시종들도 의젓한 척 벌거숭이 임금님을 따라갔다.

– 한스 크리스티안 안데르센 '벌거벗은 임금님'(1837년, 덴마크) 중에서

정부 수장을 비판한 전단을 배포했다는 이유로 한 청년이 고소당했다가 취하되는 사건이 있었다. 피해자의 고소가 있어야만 수사가 가능한 모욕죄 혐의였다. 고발자가 누구냐는 질문에 경찰은 "내 입으로는 말할 수 없다. 알아서 생각하라"고 답했다.

그 많던 표현의 자유는 다 어디로 갔을까. 권력을 비난하지 못하도록 입막음 당한 것은 어제오늘의 일이 아니다. 청와대와 민주당은 가짜뉴스 유포죄와 명예훼손죄로 국민에 대한 고소·고발을 남발해 왔다. 정부 시책에 반대하는

연예인도 방송에서 사라진다.

'벌거벗은 임금님'은 사치를 좋아하다 호되게 망신당한 왕의 이야기다. 재단사로 위장, 엄청난 의상 제작비를 챙긴 사기꾼은 '천하의 멍청이에게는 보이지 않지만 세상에서 가장 아름다운 옷'이 완성되었다며 왕에게 빈손을 바친다.

아무것도 보이지 않았지만 멍청이로 낙인찍힐까 두려운 신하들은 근사하다며 아부하고, 왕은 반신반의하면서도 새 옷을 입었다고 착각한 채 거리에 나선다. 왕의 패션쇼를 보러 나온 군중들도 바보가 되지 않기 위해 거짓으로 환호한다. 그런데 어린 꼬마가 깔깔 웃으며 진실을 폭로해 버린 것이다.

궁으로 돌아간 왕이 사기꾼을 잡아 벌을 내렸다거나 어리석음을 깨우치고 성군이 되었다는 등 나라마다, 시대마다 다양한 결말이 동화 끝에 덧붙여졌다. 화가 난 왕이 아이와 군중을 명예훼손죄나 모욕죄로 처벌했다는 엔딩도 있었을지 모르겠다. '국민에겐 권력자를 비판할 자유가 있다'고 했던 자신의 과거 발언을 잊었다 해도, 모든 걸 다 가졌는데 뭐가 무서워서 '좀스럽고 민망하게' 국민을 고소했는지 정말 모르겠다.

107 국민은 경찰을 믿고 싶다

조니 입장에서는 하고 싶지 않은 일이지만 달리 방법이 없다. 경찰이 된 이상 설령 친구라 할지라도 살인범을 도망가게 해서는 안 된다. 믿고 찾아온 친구를 배반하는 일은 분명 고통스럽다. 그런 일은 다른 사람이 해주었으면 싶다. 하지만 대신할 다른 사람이 없다면, 자신이 나서서 임무를 수행하지 않으면 안 된다.
— 옥타버스 로이 코헨 '경찰관은 거짓말을 하지 않는다'(1952년, 미국) 중에서

의대생 한강 실종 사망 사건에 대한 의혹이 걷히지 않고 있다. 몇 시간 전까지 살갑게 대화를 주고받던 아들이 실종되고 닷새 만에 주검이 되어 돌아왔으니 부모의 심정이 어떨지 상상도 되지 않는다. 그런데 마지막까지 함께했던 주변인들에 대한 사실 확인과 증거 수집이 제대로 이루어졌는가, 안타깝게 지켜보고 있는 많은 사람이 의심하고 있다.

한때 좋은 친구였던 두 남자가 경찰관과 범죄자로 재회한다. 강도 살인범이 되어 도주 중이던 텍스는 조니가 경찰관이 된 줄 모르고 찾아와 함께 저녁을 먹으며 긴장을 푼다. 그러나 텍스의 정체를 알고 있던 조니는 친구를 배반하는 것이 괴로웠지만 아내를 시켜 경찰에 은밀히 연락해 놓은 상태다.

텍스도 조니의 제복을 발견, 형사들이 잠복해 있다는 사실을 알게 된다. 텍스는 조니를 협박, 그의 경찰복을 입고 조니의 아내를 인질 삼아 빠져나가려 한다. 하지만 텍스는 짧은 격투 끝에 체포당한다. 공과 사를 구별해서 경찰의 책임을 다했던 조니와 범인 앞에서 조니가 정복으로 갈아입고 집 밖에 나올 리 없다고 눈치챈 형사들의 신속한 판단이 사건을 해결했다.

'경찰은 거짓말을 하지 않는다'로 번역된 이 소설의 원제는 '언제나 경찰을 믿어라(Always Trust a Cop)'이다. 국민은 경찰을 믿는다. 경찰은 절대 거짓말하지 않고 거짓을 편들지 않는다고, 힘 가진 자들만의 보디가드가 아니라고, 진실을 밝혀 피해자의 억울함을 풀어주는 것이 경찰의 첫 번째 의무라는 신념으로 불철주야 수사하고 있다고 한 치의 의심도 없이 믿고 싶다.

108 김일성 회고록 판매가 출판의 자유인가

로돌프는 그녀를 울게 하던 감미로운 말을 더 이상 입에 담지 않았고 그녀를 미치게 하던 열렬한 애무도 하지 않았다. 그 결과 마치 바닥으로 빨려 들어가는 강물처럼, 그녀가 흠뻑 빠져 있던 엄청난 사랑이 발밑으로 사라지며 갯벌을 드러내는 것 같았다. 그녀는 믿고 싶지 않았다. 그녀는 더 많은 애정을 쏟았다. 그러자 로돌프는 아예 무관심을 감추려 하지도 않게 되었다.

- 귀스타브 플로베르 '보바리 부인'(1857년, 프랑스) 중에서

  김일성 회고록 판매·배포 금지 신청을 법원이 기각했다. 지금까지 불온서적이던 북한의 선전물 '세기와 더불어'를 마음껏 읽어도 좋다고 법이 허락한 것이다. 출판협회도 '국가보안법이 출판의 자유를 침해할 수 없음'을 증명한 판결이라며 환영했다. 앞으로는 북한의 그 어떤 출판물도 우리나라에서 출간·유통될 수 있다는 선언으로 해석된다.

  엠마는 시골 마을 의사의 아내인데 남편은 무능하게만 보이고 안정된 생활은 권태롭기만 하다. 그녀는 새로운 자극을 찾아 애인에게 몰두한다. 그러나 잠깐의 행복을 맛보게 했던 불륜은 바람처럼 스쳐 가고 허영심을 채워주던 사치는 감당할 수 없는 빚으로 남는다.

  어리석은 사람은 이미 가진 것의 소중함을 모른다. 여기는 벌레투성이인데 강 건너 풀밭엔 꽃과 나비만 산다고 믿는다. 하지만 이곳을 버리고 저곳으로 건너간 엠마는 훨씬 더 끔찍한 처지에 놓였다는 걸 깨닫고 끝내 음독자살한다. 아내의 실체를 알고 충격을 받은 남편도 죽음을 맞는다. 졸지에 부모를 잃은 어린 딸의 불행을 암시하는 것도 작가는 잊지 않았다.

  출판사는 누구와 출판 계약을 했을까? 인세는 누구에게, 어떻게 지급될까? 우리의 영웅은 매국노, 친일파, 독재자로 매도하고 김일성 3대는 항일운동가, 개혁 군주라 찬양하는 책들이 버젓이 출판되는 현실이 암담하다.

  착한 남편과 자식은 팽개치고 외도에서 존재 의미를 찾으려 했던 보바리 부

인의 허무한 열정이 불러온 비극적 종말이, 돌아선 애인처럼 싸늘한 북한만 오매불망 바라보는 이 나라의 미래가 되지 않길 바랄 뿐이다.

109 참전 용사 앞에 무릎을 꿇어라

> 이사벨 옆에 있기만 해도 톰은 자신이 더 깨끗하고 새로운 존재가 되는 것 같았다. 그 느낌은 살점이 찢기고 팔다리가 꺾인 아비규환 속으로 그를 다시 데려갔다. 톰은 죽음을 목격하고도 그 무게에 무너지지 않는 게 힘겨웠다. 자신만 멀쩡히 살아 있어야 할 이유가 없었다. 톰은 죽음이 데려간 전우들을 생각하며 울었다. 자기가 죽인 사람들을 생각하며 울었다.
>
> – M. L. 스테드먼 '바다 사이 등대'(2012년, 오스트레일리아) 중에서

한미 정상회담 중 가장 인상적인 장면은 95세 전쟁 영웅의 명예훈장 수여식이었다. 그는 6·25전쟁 당시 중공군과 맞서 싸운 중위였다. 백악관이 훈장을 수여하는 자리에 한국 정상을 참석시킨 것은 처음이다. 북한과 중국, 한국과 미국의 관계를 재확인하며 피로 맺어진 한미 동맹을 각인시킨 시간이었다.

톰은 무공훈장을 받은 퇴역 대위다. 전쟁의 상흔을 치유하지 못한 그는 세상이 싫어 무인도의 등대지기가 된다. 소설은 이후, 전쟁으로 오빠들을 잃은 이사벨을 만나 결혼한 뒤 톰이 겪게 되는 가슴 아픈 사건에 대해 쓰고 있지만 전쟁에서 살아 돌아온 군인의 고통을 작품 전반에 잘 녹여내고 있다.

어느 날 남자의 시신 한 구와 갓난아기를 실은 조각배가 섬으로 떠밀려 오고 유산을 거듭했던 아내는 아기를 키우겠다고 고집한다. 하지만 머잖아 아기의 친엄마가 나타나고 사람들은 톰이 남자를 살해한 것 아닌가 의심한다. 전

장에서 죽어간 전우들과 자신이 죽여야 했던 이들처럼 자신도 죽었어야 한다고 생각하는 톰은 없는 죄마저 감내하려 한다. 톰이 전쟁 후유증을 앓고 있으면서도 진실한 사람인 걸 잘 아는 지인은 "톰 같은 사람이 고통을 겪어선 안 된다"며 안타까워한다.

조국과 자유를 지켜낸 군인은 존중받아야 한다. 군 통수권자는 "한국의 평화와 자유를 함께 지켜준 참전 용사들 덕에 폐허에서 일어나 오늘의 번영을 이룰 수 있었다"며 미국에 감사를 표했다. 바이든 대통령을 흉내 내며 영웅 앞에서 무릎을 꿇은 모습으로 사진도 찍었다. 한 달 후 열릴 6·25전쟁 71주년 기념 행사에서도 같은 말, 같은 행동을 보여주길 바란다면, 너무 야무진 기대겠지?

110 거울, 셀카 그리고 자서전

왕비는 매우 아름다웠지만, 자신감이 과하고 오만해서 누군가 자신보다 더 아름다울 수 있다는 생각조차 견딜 수 없어 했다. 왕비에게는 마법의 거울이 있었는데 늘 자신의 모습을 비춰보며 물었다. "거울아, 이 세상 모든 여자 중에서 누가 가장 아름답지?" 그러면 거울이 대답했다. "왕비님이 세상에서 가장 아름답지요." 왕비는 행복했다. 거울이 진실을 말했기 때문이었다.

— 그림 형제 '백설 공주'(1812년, 독일) 중에서

인생을 아름답게 마무리하는 방법 중 하나가 자서전을 쓰는 것이다. 소박했든 치열했든 한평생을 살며 깨우친 지혜를 자손과 지인에게 글로 남기는 일은 소중하다. 그런데 정치인의 자서전은 좀 다르다. 머리를 쓸어올릴 때마다

'거울아, 거울아. 세상에서 어떤 남자가 가장 멋지지?' 하고 묻는 것 같은 사람, 자칭 '사회주의자'라 천명했던, 전 법무부 장관이 자서전을 출간했다.

그림 형제는 유럽에서 전해 내려오던 이야기들을 동화로 재탄생시켰는데 '백설 공주'도 그중 하나다. 왕비에겐 미모를 판정해 주는 마법의 거울이 있었다. 늘 그녀가 최고라고 말해주던 거울은 언제부턴가 백설 공주의 아름다움을 더 높이 평가한다. 분개한 왕비는 공주를 죽이려 한다.

동화 속 마법이 아니더라도 사람은 누구나 거울 속 자기의 모습을 매력적이라고 생각한다. 하루에도 몇 번씩 거울 속에서 만나는 자기 얼굴과 친숙하기 때문에 호감도가 높은 까닭이다. 하지만 거울에 비친 얼굴은 좌우가 뒤바뀐 모습이다. 셀프 사진도 마찬가지다. 각도와 조명, 더 예쁘게 보정해 주는 앱을 사용하면 연예인 같은 외모를 뽐낼 수도 있다. 그러나 세상이 그렇게 믿어주었으면 하는 바람일 뿐, 사실과는 다르다.

시인 하이네는 '인간이란 자신에 관해서는 반드시 거짓말을 하기 마련이므로 정직한 자서전은 없다'고 했다. 해명하고 싶은 게 많을수록 기억의 왜곡과 자기 연민, 변명이 더해진다. 거짓과 진실이 뒤바뀐 기억의 거울, 추함이 포장된 인생의 셀카, 세상에서 누가 가장 진실한 인간이지? 하고 물으면 "바로 당신!"이라고 답해주는 것이 면피성 자서전의 본질이다.

111 너무 빨랐던 참모총장의 전격 사임

오후 내내 기병대에는 특별한 일이 없어 상사의 몽상은 계속해서 멋대로 이어졌다. 마음 한편에서는 공돈이 생기거나 상금이라도 탔으면 하는 바람이 한없이 솟았고 주머니 속으로 굴러들어올 거액의 금화가 끝없이 어른거렸다. 침대가 있던 그녀의 방에 발을 들여놓을 수 있을지도 모른다고 생각하니 온갖 소원과 욕망이 와그작거리며 떼 지어 몰려들었던 것이다.
― 후고 폰 호프만스탈 '기병대 이야기'(1899년, 오스트리아) 중에서

공군 성폭력 피해 자살 사건이 벌어졌다. 지난 3월 부사관은 고참 중사의 사적 모임에 불려 나갔다가 자동차 뒷자리에서 강제 추행당했다. 그러나 군은 사건 은폐를 위해 협박과 허위 보고로만 일관했다. 부대의 기강을 바로잡아야 할 직속 상관은 '없던 일로 해달라'며 합의까지 종용했다. 이에 정권은 최고 지휘권자에게 책임을 종용, 공군 참모총장이 전격 사임했다.

'기병대 이야기'는 이탈리아 독립전쟁 중 한가한 일상을 꿈꾸던 안톤 상사의 죽음을 그린다. 본대로 진군하던 기병대는 포로와 전리품을 획득하며 승리를 거듭해 간다. 이런저런 전공을 세웠던 상사는 어느 마을을 지나다가 오래전에 알았던 여자를 보게 된다. 이후 그는 여자의 침실을, 그녀와 함께 살아가는 느긋한 인생을 상상한다.

한번 풀어진 긴장은 다시 조여지지 않는다. 상사는 새롭게 포획한 말의 고삐를 놓으라는 중령을 쏘아본다. 명령을 거부한 상사를 중령이 즉결 처형한다. 겁을 먹은 다른 병사들은 그제야 자신의 소유라 생각했던 전리품들을 내려놓는다. 중령은 비로소 군기가 바짝 잡힌 기병대를 이끌고 적진을 통과, 무사히 전초기지에 도착한다. 만약 안톤의 군기 해이와 인권에 대해 책임지라며 중대장을 해임했다면 군대는 어찌 되었을까.

평범한 일상과 개인 소유를 바라는 인간의 욕망을 통해 전쟁의 부당함을 고발하는 소설이지만 군대의 궁극적 존재 이유는 전쟁의 승리다. 군의 본분을 잊고 사적 이익을 취하거나 성욕을 해결하는 장으로 이용해선 안 된다. 일벌백계의 본으로 엄히 처벌할 일이다. 그러나 직접 관련 책임자들에 대한 수

사가 완결되기도 전에 참모총장의 옷부터 서둘러 벗긴 군 최고 통수권자의 결정이 타당했는가엔 의문이 남는다.

112 안전은 뒷전, 생색내기만 열심

아카키는 죽을힘을 다해 초소로 달려갔다. 경찰이 졸고만 있으니, 강도가 횡행하지 않느냐고 소리쳤다. 순경은 자기한테 욕설을 퍼붓지 말고 서장을 찾아가라고 했다. 서장실에서는 아직 주무신다, 외출 중이라는 말만 했다. 그 다음 찾아간 고관은 "내가 누군지 알고 하는 소린가?" 하고 호통을 쳤다. 그는 망연자실하여 비틀비틀 물러섰다. 온몸이 후들후들 떨려 서 있을 수도 없었다.

— 니콜라이 고골 '외투'(1842년, 러시아) 중에서

지난 9일 광주, 철거 작업 중이던 5층 건물이 무너지며 시내버스를 덮쳤다. 탑승자 17명 중 9명이 사망, 8명이 중상을 입었다. 인근 주민은 일찍부터 철거 방식에 의문을 갖고 사고를 예감, 두 달 전 국민신문고에 안전 관리를 요청했다. 그러나 관련 기관은 감독에 적극 나서는 대신 공문만 발송했고 사고가 나자 시공사와 감리자를 고발하겠다며 엄포를 놓았다.

'외투'는 러시아 문학의 모태라고 칭송되는 작품이다. 가난한 아카키는 힘들게 돈을 모아 겨울 코트를 장만한다. 모진 한파도 견딜 수 있겠다며 행복했지만 외투를 산 지 하루 만에 강도에게 빼앗긴다. 코트 없이는 겨울을 날 수 없고, 다시 장만할 돈도 없던 그는 일선 경찰과 경찰서장, 고관에게 외투를 찾아 달라고 애원한다. 그러나 탄원에 귀 기울이는 공직자는 한 명도 없다.

하급 담당자는 상사에게 책임을 미루고 지위가 높은 사람은 시민을 돌보는

것보다 더 중요한 일이 있다며 외면한다. 고위 관리는 자신이 누군 줄 알고 감히 하찮은 부탁을 하느냐며 화만 낸다. 목숨과도 같던 외투를 찾을 길은 없고 자신을 지켜주지 않는 사회에 절망한 아카키는 상심한 나머지 끙끙 앓다 숨을 거두고 만다.

조폭 출신이자 전 5·18 단체장이 사건에 개입되었다는 의혹이 있었지만, 수사 착수 전 미국으로 떠났다는 기사가 보도되었다. 매몰된 버스의 정밀 분석과 희생자 부검은 왜 필요했을까? 해야 할 일은 하지 않고 생색낼 일만 열심이다. 광장에는 강도들이 날뛰고 도둑맞은 외투 하나 찾아주지 못하는 소설 속 세상과 다를 게 없다. 여기저기 금 가고 깨져서 물이 줄줄 새는 항아리 같은 현실이다.

113 아빠 찬스와 창작지원금

너무 오랫동안 끼니를 때우지 못한 탓에 네가 보내준 돈을 받았을 때는 어떤 음식도 제대로 소화시킬 수 있는 형편이 아니었다. 상상하기 어려울지 모르겠지만, 돈을 받자마자 내가 간절히 원한 것은 먹는 게 아니라 그림을 그리는 것이었다. 그동안 비록 밥도 못 먹고 지냈지만, 아니 어쩌면 그랬기 때문에 더더욱 나는 그림을 그리고 싶었다.

– 빈센트 반 고흐 '편지들'(1914, 네덜란드) 중에서

정권 수장의 아들이 2020년 5월, 파라다이스 문화 재단에서 주는 지원금 3,000만 원 수혜에 이어 창작지원금 6,900만 원을 또다시 받게 됐다. 가난한 작가들에겐 꿈같은 금액이다. 다른 사람이 아니고 왜 또 그인가, 많은 사람이

의문을 품는 이유는 수혜자가 이 나라 최고 권력자의 아들이기 때문이다.

소설보다 더 소설 같은 삶을 살았던 네덜란드의 화가, 빈센트 반 고흐가 생전에 판 그림은 단 한 점뿐이었다. 그는 동생이 보내주는 돈에 의지해 살아야 했는데 그를 정말 고통스럽게 한 것은 배고픔이 아니었다. 물감을 사지 못해 그림을 그릴 수 없을지도 모른다는 두려움, 자신을 책임지고 있는 동생에 대한 한없는 미안함이었다.

천재적인 재능을 펼치며 당대의 부와 명성을 누린 예술가가 없는 건 아니지만 대부분의 천재는 돈을 벌어 굴리고 불리는 재주까진 갖지 못했다. 그래서 예전에는 귀족들이 후원했고 현대에 와서는 국가가 그 역할을 대신한다.

심사도 사람이 하는 일, 청탁하지 않았고 특혜를 바라지 았았다 해도 권력자의 자식이 지원한 걸 알았다면 자유로울 사람은 많지 않다. 더구나 작년 말에 받은 1,400만 원을 더해 몇 달 만에 총 8,300만 원을 벌었다면 '아빠 찬스'가 아니라고 장담할 수 있을까.

남의 흉내를 내서라도 팔리는 그림을 그릴 수도 있었을 텐데 자기만의 그림을 추구하다 쓸쓸히 세상을 떠난 고흐는 '사자는 원숭이 짓을 하지 않는 법'이라고 편지에 쓴 적 있다. 지원금 수혜로 실력을 평가받았다고 자부하는 권력자의 아들은 평생을 화가로 인정받지 못해 외로웠지만, 별처럼 빛나는 영혼을 지키고 살았던 예술가의 그 말을 이해할 수 있으려나.

114 정치인과 도리언 그레이 증후군

비결을 알려주게. 다시 젊어질 수만 있다면 무슨 짓이든 하겠네. 젊음! 세상에 청춘만 한 것이 또 어디 있겠나. 젊은이들이 무식하니 어쩌니 하는 말은 다

> 어리석은 소리야. 요즘 내가 경청할 만한 이야길 하는 건 모두 나보다 훨씬 어린 사람들뿐일세. 젊은이들이 나보다 앞서가는 것 같아.
> – 오스카 와일드 '도리언 그레이의 초상'(1890년, 영국) 중에서

힙합 가수처럼 청바지와 티셔츠, 검은 가죽 재킷과 선글라스를 쓴 70세 전직 총리의 모습이 공개되었다. 68세의 전 여당 대표는 온라인 게임을 하는 모습을 인터넷에 올렸다. 이에 질세라 65세의 현직 도지사도 뮤직비디오를 냈고 50세의 여당 의원은 아이돌 그룹의 춤을 흉내 내며 젊은 세대와의 소통을 강조했다. 일명 '부캐(부캐릭터) 열풍', 대선 후보로 나선다는 정치인들의 최근 행보다.

빅토리아 시대의 소설은 영원한 젊음을 탐했던 인간의 파국을 그린다. 스무 살의 그레이는 자신의 초상화를 보고 매혹된다. 쾌락주의자 헨리 워튼 경도 그의 아름다움을 극찬하며 인생에서 가치 있는 건 잠시 후면 사라질 젊음과 눈앞의 아름다움이라고 부추긴다. 젊어질 수만 있다면 어떤 대가라도 치르겠다며 그레이를 부러워한다.

그레이는 초상화가 자기 대신 늙어가길 바라게 되고 소원은 이루어진다. 그가 방부제 같은 젊음을 유지하며 온갖 쾌락을 탐하는 사이, 그가 지은 죗값을 대신 치르듯 그림은 추하게 늙어간다. 그리고 어느 날, 그레이는 젊음에 집착하느라 잃어버린 소중한 것들을 아쉬워하며 인생을 후회한다. 그는 혐오스럽게 변해버린 초상화 앞에서 끔찍한 최후를 맞는다.

젊음은 아름답다. 그러나 젊다는 것과 철없는 것은 다르다. 노화를 거부하고 젊음에 집착하는 증상을 '도리언 그레이 신드롬'이라고 한다. 서른여섯 살의 야당 대표와 스물다섯 살의 대통령비서실 청년비서관이 스포트라이트를 받는 시절이다 보니 정치무대가 점점 막장 코믹 드라마의 오디션장이 되어간

다. 격(格)과 지성과 애국심 그리고 능력을 갖춘 정치인은 어디에 있을까.

115 X파일과 마지막 생존자

다섯 명의 인디언 소년이 법을 공부했지. 한 명이 대법원으로 들어가서 네 명이 되었네. 네 명의 인디언 소년이 바다로 나갔지. 한 명이 훈제된 청어에 먹혀서 세 명이 되었네. 세 명의 인디언 소년이 동물원을 걷고 있었지. 한 명이 큰 곰에게 잡혀서 두 명이 되었네. 두 명의 인디언 소년이 햇볕을 쬐고 있었지. 한 명이 햇볕에 타서 한 명이 되었네.

- 애거사 크리스티 '그리고 아무도 없었다'(1939년, 영국) 중에서

1년의 절반이 끝나고 남은 절반을 시작하는 7월이다. 올해는 대통령 선거에 나가겠다는 정치인들의 선언으로 하반기의 문을 열었다. 당연히 나오겠거니 한 사람도 있고 저 사람도 대통령을 꿈꾸었나 싶은 자도 있다. 새삼 강도 높여 현 정권을 비판하는 그들의 출정가를 들으며 또 많은 사람은 새로운 희망에 부푼다.

추리소설의 여왕이라 불리는 작가는 열 명의 손님을 외딴섬으로 초대하며 소설을 시작한다. 그들은 서로 인사를 나누며 저택에서 휴가를 보내게 된 걸 행운으로 여긴다. 하지만 '열 명의 꼬마 인디언'이라는 동요처럼, 차례차례 사라질 운명이라는 걸 알고 공포에 휩싸인다.

그들은 자신이 과거에 저질렀던 범죄에 대한 책임을 지고 한 사람씩 죽어간다. 법정에서 이미 무죄 판결을 받았는데 대체 누가, 왜 또다시 처벌하는 건지 억울하지만 빠져나갈 길은 없다. 결국 열 명 모두가 죽고 섬에는 아무도 남지

않는다.

정치 세계도 소설 못지않게 잔혹하다. 온갖 소문과 의혹이 적힌 '엑스 파일'이 후보들을 향해 총알처럼 날아든다. 소문이 사실이든 거짓이든, 부정하고 해명할수록 유권자의 뇌리에 깊이 각인되고 생존 가능성은 작아진다. 초대됐든 자원했든, 정치생명을 담보로 선거라는 이름의 섬에 발을 디딘 대가다.

소설과 다른 건 모두가 죽지는 않는다는 것이다. 마지막 생존자는 권력의 월계관을 쓴다. 소문은 진짜일까 가짜일까? 다음 타겟은 어떤 비밀을 가졌을까? 최후의 생존자는 누가 될까? 현실은 종종 밤새워 읽던 추리소설보다 더 많은 긴장감과 상상력을 요구한다.

116 코로나를 좋아하는 사람들

"다 소용없을 겁니다. 페스트는 정말 세니까요." 그러고 나서 코타르는 비아냥거리며 말했다. "그리고 말이죠, 난 페스트 안에 있는 게 더 편해요. 그런데 내가 왜 그걸 저지하는 데 힘을 보태야 한다는 건지 모르겠네요." 그러자 타루는 갑자기 깨달았다는 듯 이마를 탁 치면서 말했다. "아, 내가 깜빡 잊었네요. 페스트가 아니었다면 당신은 벌써 체포되었으리라는 것을요."

― 알베르 카뮈 '페스트'(1947년, 프랑스) 중에서

지난 12일부터 코로나 방역 4단계가 시작됐다. 낮에는 4인, 저녁 6시부터는 2인의 동행만 허락된다. 한 지붕 식구 말고는 직계 가족과 백신 접종자라도 예외는 없다. 행사, 모임, 집회 모두 금지다. 확진자 수가 많다고는 해도 대부분이 완치되고 사망자도 거의 없다. 오히려 서민 경제의 몰락이야말로 절벽 끝에서

추락 중이다. 그런데도 정부는 왜 록다운(봉쇄령)을 고집할까?

'페스트'는 전염병이 창궐한 알제리 해안 도시에 갇힌 사람들의 다양한 모습을 담고 있다. 수많은 사람이 죽어 나가고 시민들은 '빵이 아니면 공기를 달라'며 비명을 지르지만 당국은 속수무책이다. 오직 의사 리유와 여행자 타루를 중심으로 뜻있는 사람들이 보건대를 조직, 자발적으로 죽음의 공포와 성실하게 싸워나갈 뿐이다.

좀도둑 코타르는 페스트 시절이 즐겁기만 하다. 전염병으로 사회가 너무나 혼란해진 터라 경찰의 손이 그에게 미치지 않기 때문이다. 덕분에 그는 폐쇄된 도시에서 부족해진 물품들을 암거래하여 돈을 벌고, 보건대 사람들과도 어울리며 외로움도 잊는다. 그에게 페스트는 축복이다. 코타르는 전염병이 끝날까 불안하다. 그는 페스트가 영원히 계속되길 바란다.

누구를 위한 극단적 거리 두기일까? 정부는 민노총 대규모 집회를 원천 봉쇄하지 않았다. 방역본부는 급격한 확진자 수 증가가 민노총 집회와는 무관하다고 발표했다. 모임 자체가 전염의 원인이 아니라는 자백이다. 혹시 한여름 대규모 전력난을 걱정해서 에어컨 사용량을 줄이려는 비책의 일환일까? 그것도 아니면 혹시 정책 결정자 중에 코타르처럼, 코로나와 경제 몰락을 행운으로 여기는 사람이 있는 것은 아닐까?

117 외교, 알고도 안 하고 몰라서도 못 하고

TV를 통해 전 인류에게 외계인의 인사를 전할 자리가 준비되었다. 외계인은 진심어린 호의를 담아 지구인에게 보내는 메시지를 낭랑한 음성으로 읽었다. "야, 이 더러운 원숭이 새끼들아. 우리가 이렇게 찾아와서 떨냐? 못생긴 상판대기를 하고 서 있는 네 놈들, 꼴도 보기 싫다. 이놈이고 저놈이고 싹 다 죽어버려라!"

– 호시 신이치 '우호 사절'(1960~1990년, 일본) 중에서

'NO 재팬! 가지 않습니다! 다시는 지지 않겠습니다!'와 같은 표어를 외치며 집권 기간 내내 반일 운동을 펼쳤던 정부가 도쿄올림픽 개막식에 참석하지 못하게 되어 전전긍긍하는 모습이다. 초청장도 받지 못했는데 정상회담을 기대하며 곤란한 조건들을 내밀고는 들어주지 않으면 불참하겠다고 되레 큰소리까지 쳤다.

지구에 외계인이 찾아온다. 침략인지 화친인지, 그들의 목적을 몰라 어떻게 대처해야 할지 난감했던 사람들은 일단 환영위원회를 조직한다. '외교야말로 인류가 낳은 최고의 문화'라고 자부하던 환영단은 우주선에서 나온 그들의 외모를 보며 징그럽고 불쾌하다고 생각하지만 '멋진 분들을 만나 기쁘다'며 반갑게 인사한다.

인간의 말을 해독한 외계인은 겉과 속이 다른 걸 알고 당황한다. 지구인은 생각과 정반대의 말을 하는 신기한 생명체라고 판단한 그들은 호의를 전달하기 위해 묘안을 짜낸다. 예의 바르고 정중한 말은 적대적으로 받아들일 테니 가장 상스러운 욕설과 적의가 담긴 메시지를 전한 것이다. TV 방송으로 외계인의 저주를 들은 사람들은 어떤 표정이었을까?

양쪽의 오해가 풀려서 친교를 맺었는지, 인류의 운명을 건 우주 전쟁이 시작됐는지는 알 수 없다. 인간과 외계인의 노력이 실패로 끝났을지라도, 언어와 역사와 문화가 다른 세상을 배려하고 상생할 길을 찾기 위해 마땅히 갖춰야 할 기본예절, 그것이 외교다. 이걸 알고도 안 하는 것인지 몰라서 못 하는 것인지, 그 결과 당연히 가야 할 자리에도 초대받지 못하는 우리나라의 고립이

안타깝기만 하다.

118 진실은 언제나 부메랑처럼

> 그게 바로 우리의 현실이야. 우리가 원하면 뭐든지 할 수 있지. 그런데 떠나버리지 않은 이유는 돌아와야 한다는 걸 알고 있었기 때문이야. 우린 서로 사슬로 묶여 있어, 코라. 우린 산꼭대기에 있다고 생각했지. 그게 아니었어. 산이 우리 위에 있었고, 그날 밤 이래로 산은 언제나 거기 있었어.
>
> – 제임스 M. 케인 '포스트 맨은 벨을 두 번 울린다'(1934년, 미국) 중에서

2017년 드루킹의 대선 댓글 여론 조작 사건과 관련, 전 경남지사의 2년 실형이 확정됐다. 공직선거법 위반 혐의는 무죄가 되었지만 댓글 순위 조작 프로그램인 킹크랩의 존재를 몰랐다는 주장은 인정되지 않았다. 판결 후 기자들 앞에 선 그는 '진실은 아무리 멀리 던져도 제자리로 돌아온다'는 말로 헛된 결백을 주장했다.

'포스트 맨은 벨을 두 번 울린다'는 원작 소설보다 잭 니컬슨이 프랭크를 연기했던 영화로 기억된다. 떠돌이 프랭크는 잠시 머물러 일하게 된 식당 주인의 아내 코라와 불륜관계를 맺고 그녀와 공모해 사장을 죽인다. 코라는 남편의 사망 보험금을 타고 프랭크는 그녀와 함께 자유를 얻는다.

하지만 행복을 움켜쥐었다고 자만한 순간, 그들은 불안해진다. 살인 용의자 신분을 벗기 위해 상대에게 불리한 증언을 했던 그들은 더 이상 서로를 믿지 못한다. 순식간에 쌓아 올린 죄악의 산도 무겁게 그들을 짓누른다. 그래도 헤어질 수 없었던 건, 범죄의 공유야말로 인간을 결속시키는 가장 단단한 사슬

이기 때문이다. 그리고 그 사슬이 죄인들을 파멸로 몰아간다.

안보를 위해 북한의 사이버 부대에 대응했던 정당한 활동을 국정원의 대선 개입이라며 대통령의 사과를 요구했던 과거와 달리, 최측근의 댓글 여론 조작 혐의가 유죄 판결을 받았는데도 가장 큰 수혜자라 할 수 있는 청와대는 입을 꾹 다물고 있다.

법전에도 없는 국정농단, 경제공동체란 죄명이 가능했다면 여론농단, 범죄이익공동체라는 죄명도 가능하다. 진부한 것 같아도 뿌린 대로 거둔다. 진실은, 죄와 벌은 아무리 늦어도 있어야 할 자리로 돌아오기 마련이다.

119 금메달보다 빛난 신사의 품격

신사의 존재는 외투의 맵시가 아니라 태도와 발언과 몸가짐을 통해 가장 잘 드러난다. 백작이 말했다. "신사라면 손님을 먼저 대접했을 겁니다. 신사라면 포크를 들고서 손짓하지는 않겠지요. 입에 음식을 문 채로 얘기하지도 않을 테고요. 신사라면 대화를 시작할 때 자기 자신부터 소개할 겁니다. 자신이 손님보다 유리한 위치에 있는 경우라면 특히 더 그렇지요."

- 에이모 토울스 '모스크바의 신사'(2018년, 미국) 중에서

지난 7월 22일 도쿄올림픽 축구 1차전, 뉴질랜드와의 경기에서 우리나라 대표팀은 0:1로 패배했다. 경기가 끝나고 승리 골을 넣은 상대편 선수가 다가와 악수를 청했을 때 우리 팀 선수는 거절했다. "진 게 너무 실망스러워서 아무 생각도 들지 않았다"고 했지만 입을 꽉 다문 채 화난 표정으로 눈길마저 외면한 것은 자랑스럽지 않은 매너였다.

반면 유도에서 은메달을 딴 선수는 준결승전에서 상대편 선수의 손에 쥐가 나자 풀리길 기다려 주었다. 아픈 손을 공격하지 않았으며 이긴 뒤에는 진 선수를 위로해 주었다. 결승전에서는 아쉽게 패했지만 승리한 일본 선수의 손을 번쩍 들어 올려 축하해 주었다. "제가 여태까지 잡아본 상대 중에 가장 강했어요." 인터뷰에서 그는 상대 선수를 칭찬했다.

역사를 배경으로 감각적인 소설을 쓰는 작가는 볼셰비키 혁명 시절, 귀족이라는 이유로 한 호텔에 종신 연금된 백작에 대해 이야기한다. 그가 소유했던 모든 건 '인민의 것'이 되고 건물 밖으로 나오는 순간 총살이 결정된다. 평생을 그곳에 갇혀 살았지만 그는 언제나 존경받는 신사였다. 혁명 세력의 대령이 신사란 무엇이냐고 묻자 백작은 태도에서 우러나오는 상대에 대한 배려를 이야기한다.

겸손하되 비굴하지 않고, 상대를 존중하되 자신을 비하하지 않는 말과 행동은 하루아침에 완성되지 않는다. 어려움에 처했을 때, 고통스럽고 불행하다 느껴질 때 인격은 여과 없이 드러난다. 이기적인 행동, 경박한 말장난이 난무한 세상에서 유도 선수가 보여준 모습은 칭찬받아 마땅한 스포츠맨 정신, 금메달보다 귀하고 우승보다 아름다운 신사의 품격이었다.

120 서부 전선, 정말 이상 없나

공격, 연습, 돌격, 반격. 간단한 이 말 속에 얼마나 많은 사연이 담겨 있던가! 이 부대는 지난해 징집된 어린 청년들이 대부분이다. 이들은 훈련을 거의 받지 않았고, 전선에 투입되기 전 이론적인 것만 약간 배웠을 뿐이었다. 진지전은 많은 지식과 경험이 필요한데 이들은 유산탄과 포탄도 제대로 구별할 줄 모르기 때문에 쉽게 목숨을 잃는다.

– 에리히 마리아 레마르크 '서부 전선 이상 없다'(1928년, 독일) 중에서

  몇 해 전 세상을 떠난 지인의 별명은 놀부였다. 욕심 많고 심술궂고 남 잘되는 꼴 못 보고 손해 보는 일은 안 하는 사람이었다. 어릴 때부터 머리가 좋아서 학교에선 늘 1등이었는데 시험 때만 되면 라이벌 친구를 꼬여내 밤늦게까지 놀았다. 시험은 평소 실력으로 보는 거라며 느긋한 척했지만 본인은 이미 며칠씩 밤을 새워 만반의 준비를 해놓은 터였다.

  북한이 한미연합훈련을 하지 말라고 했다. 해봐야 좋을 게 없다고 중국도 거들었다. 주적과 이마를 맞대고 살아가는 우리 자신을 지키는 일이고 동맹 맺은 미국과 알아서 할 일인데 통일부와 국정원은 연기하는 게 좋겠다고 했다. 70명이 넘는 국회의원들도 연기해야 한다고 주장했다. 군 통수권자조차 '여러 가지를 고려'하라며 국가 수호의 책임을 회피했다.

  제1차 세계대전의 참상을 그린 '서부 전선 이상 없다'는 '사랑할 때와 죽을 때', '개선문'과 함께 반전문학의 대표작으로 꼽힌다. 열아홉 살의 어린 지원병 파울이 경험한 전쟁은 끔찍하다. 훈련도 제대로 받지 못한 병사들은 전쟁을 어떻게 하는지 배울 틈도 없이 포탄과 총알, 추위와 배고픔 속에서 팔다리가 잘린 채 죽어간다. 파울이 전사한 날에도 군 보고서에는 '서부 전선 이상 없음'이라고 기록된다.

  야외 실제 훈련도 없이 컴퓨터 시뮬레이션으로만 한미연합훈련이 진행된 게 3년째다. 1년에 몇 번씩 미사일로 위협하는 북한은 정말 평화를 원해서 훈련을 반대할까? 전쟁을 바라는 국민은 없다. 그러나 훈련되지 않은 우리 군이 만에 하나 전쟁을 하게 되면 어떤 일이 벌어질까. 반전만을 위한 반전은 위험하다. 전쟁을 위한 충분한 대비와 꾸준한 훈련만이 전쟁을 불러들이지 않는

다. 시험 전날이면 경쟁자에게 술까지 먹였다는 놀부 어르신의 1등 비결을 생각해 볼 일이다.

121 아프간을 쫓는 나라

> 탈레반은 큰 집을 찾고 있었다더구나. 그들은 하산에게 집을 안전하게 지키기 위해서 자기들이 들어와 살겠다고 했대. 하산이 다시 항의했지. 그랬더니 거리로 끌고 가서 무릎을 꿇으라고 명령하고는 뒤통수를 쏴 죽였다는구나. 하산의 아내 파르자나가 비명을 지르며 달려들자 그녀도 쏴 죽였단다. 그자들은 그게 정당방위라고 했단다.
>
> – 할레드 호세이니 '연을 쫓는 아이'(2003년, 미국) 중에서

아프가니스탄에서 미군이 철수했다. 미국의 무기와 장비를 장악한 탈레반은 카불을 점령했고, 정권을 인수했다. 대통령은 돈 보따리를 싸 들고 일찌감치 도망갔고, 국민은 각자도생해 보겠다며 공항으로 달려가 이륙하는 비행기에 매달렸다. 권력을 장악한 탈레반은 총을 들고 거리로 나가 전 정권에서 일했던 사람들을 색출하고 있다. 저항할 수 없도록 시민들을 위협하며 여성 혼자 집 밖에 나왔다는 이유로 즉결 처형도 서슴지 않는다.

아프가니스탄 출신의 작가는 '40년간 평화를 찾아 헤맨 아프간 사람들을 버려선 안 된다'며 목소리를 내는 작가다. 그는 소련 침략으로 아프가니스탄이 공산화되었을 때, 숙청을 피해 망명했던 아버지를 따라 미국으로 가서 작가가 되었다. 그러는 동안에도 아프간 국민은 공산주의, 부패 정권, 탈레반 틈바구니에서 끝없는 고통을 겪었다.

아미르도 미국에서 성공적으로 정착한 작가다. 그는 멀리서 온 한 통의 전화를 받는다. 그는 어린 시절 충직했던 하인, 자신이 도둑 누명을 씌워 내쫓았던 하산이 그들이 살았던 저택을 지켜내려다 탈레반에게 총살당했다는 소식을 듣는다. 아미르는 하산이 남긴 아들을 구하기 위해 탈레반이 점령하고 있는 지옥, 약탈과 학살이 난무하는 카불로 향한다.

미국이 지난 20년간 지원했던 100조 원어치의 첨단 무기와 장비가 탈레반의 손에 들어갔다. 오랫동안 정치인, 고위 관리들이 장비를 팔아넘겼고 군인들도 무기를 버리고 달아난 탓이다. 북한의 비위를 맞추려고 한미연합훈련 전면 중단, 전작권 환수, 종전 선언, 평화협정을 주장하며 '주한미군 물러가라' 외치는 우리나라의 미래가 아프간과 같지 않을 거라는 보장은 있을까.

122 법무부의 '우산 맨', 우리의 자화상

> 높은 지붕 위에 올라간 새끼 염소가 아래를 내려다봤다. 늑대 한 마리가 지나가는 것이 보였다. 새끼 염소는 늑대가 올라올 수 없는 곳에 있었기 때문에 안심하고 그를 놀려댔다. 늑대는 새끼 염소를 올려다보며 말했다. "이 철딱서니 없는 것아. 네가 지금 우쭐거릴 수 있는 건 네가 잘나서가 아니라 네가 서 있는 그 자리 때문이란다."
>
> — 이솝 '늑대와 지붕 위의 새끼 염소'(BC 6세기, 고대 그리스) 중에서

상상조차 해본 적 없는 장면이라 충격이었다. 양복을 말끔히 차려입은 법무부 직원이 죄인처럼, 흥건히 젖은 아스팔트 위에 무릎을 꿇고 차관을 위해 우산을 받쳐 들었다. 우리나라 국민이나 탈북자를 위한 자리도 아니었다. 아

프가니스탄 난민을 위해 우리 국민이 낸 세금을 쏟아부어 무엇을, 어떻게, 얼마나 잘해 줄 것인지를 발표하는 시간이었다.

코로나 때문에 야외를 고집했다지만 비가 오면 장소를 옮기는 게 상식이다. 강당이나 처마가 있는 건물 입구, 또는 현관 로비였어도 큰 문제가 되지 않았을 것이다. 그런데 굳이 추적추적 내리는 빗속에서 브리핑을 강행했다. 자신은 TV에 나오지 않으면서 차관에게 우산을 씌워주려던 직원은 주위 사람들 지시에 따라, 차관의 묵인 아래 빗속에서 무릎을 꿇어야 했다.

법무부를 대표해서 브리핑을 하는 차관이 얼마나 높은 사람인지는 모르겠으나 국민 앞에 서는 일이었다. 우산을 직접 쓰겠다고 해야 했다. 짧은 시간이니 우산을 쓰지 않겠다고, 다들 빗속에 서 계시는데, 목숨 걸고 탈출한 난민도 있는데 비 좀 맞아도 된다고 말할 수도 있었다. 어떤 이유였든 자국민을, 그것도 부하 직원을 노예처럼 무릎 꿇게 해서는 안 되는 거였다.

고대 그리스에서 살았던 노예라고 알려진 이솝, 그가 쓴 수많은 우화 중 하나는 윗자리에서도 겸손하게 '아래를 올려다볼 줄' 알아야 한다고 말한다. 잠시 높은 자리에 올라 늑대를 깔보는 새끼 염소처럼, 조금만 출세하면 안하무인이 되는 사람이 많다. 무릎 꿇은 법무부 '우산 맨'의 모습이 권력 앞 우리의 나약한 자화상인 것만 같아 민망하고 씁쓸하다.

123 '사람이 먼저'가 아니라 '먼저 사람이'

사람들은 그와 아들을 종종 착각했다. 그러면 벤자민은 기분이 좋았다. 전쟁에서 돌아왔을 때 자신을 덮쳤던 음험한 공포를 곧 잊어버렸고, 외모에 대해 순진한 기쁨을 느끼게 됐다. 딱 하나 흥을 깨는 게 있었는데, 그는 아내와 함께 사람들 앞에 나서는 게 싫었다. 거의 쉰이 다 된 그녀를 보고 있자면 어처구니가 없다는 생각이 들었다.

— F. 스콧 피츠제럴드 '벤자민 버튼의 시간은 거꾸로 간다'(1922년, 미국) 중에서

정치색이 분명한 51세 변호사가 현 정부 수장을 비판한 101세 원로 철학자에게 '100년 동안 안 하던 짓'을 했다며 '이래서 오래 사는 게 위험하다'고 말했다. 정치권의 노년층 폄하는 오랜 악습이다. '60세 이상은 투표하지 말고 집에서 쉬라'거나 '노인네들이 오지 못하게 엘리베이터를 모두 없애버리자'거나 '나이 들면 사람이 멍청해진다'며 자기 진영을 반대하는 노인 세대를 비난한다.

인간에게 자부심과 어리석음을 동시에 주는 게 몇 가지 있다. 그중 하나가 노력 없이 누리는 젊음이다. 그래서 젊음은 눈부시지만 오만하다. 어떻게 저렇게 쭈글쭈글 늙어서 바보 같은 말만 할까, 난 절대 늙지 않을 거야, 착각한다. 젊음에 권력과 명성이 더해지면 세상에 무서울 게 없어지기도 한다. 그러나 시간은 예상보다 빨라 모든 것을 변화시킨다.

영화를 본 독자라면 브래드 피트의 근사한 외모와 사랑을 떠올릴 테지만, 피츠제럴드의 원작 소설은 조금 다르다. 50대 외모였을 때 20세 아가씨와 결혼한 벤자민은 스무 살 청년이 되자 볼품없어진 쉰 살의 아내에게 환멸을 느낀다. 노인의 모습으로 태어나 장년에서 청년으로, 소년이 다시 갓난아기가 되는 이야기는 인간은 육체를 떠나 생각할 수 없으며 '늙으면 애 된다'는 속언의 풍자다.

늙고 싶어서 늙는 사람은 없다. 생명과 건강이 주어지는 한 생각하고 말하고 행동하며 살 뿐이다. 고난 없는 인생은 없으므로 포기하지 않고 100년을 살았다면 그 자체로도 존중받을 일이다. 자신과 생각이 다르다고 외모나 장애, 늙음과 죽음을 소재로 조롱하는 건 비겁하다. 51세라면 그 정도는 알아야

한다. '사람이 먼저'라지만, 사람이 되는 게 먼저다.

124 모비 딕을 쫓는 이유

> 모든 것을 파괴할 뿐, 정복하지 않는 고래여, 나는 너를 향해 돌진하고 네놈과 끝까지 맞붙어 싸우리라. 지옥의 한복판에서라도 나는 너에게 작살을 던지고, 오직 증오를 담아 내 마지막 숨을 거두는 순간까지 너를 쫓으리라. 저주받을 고래여, 갈가리 찢길지언정 네 몸에 묶여서라도 너를 추격하리라! 자, 이 창을 받아라!
>
> – 허먼 멜빌 '모비 딕'(1851년, 미국) 중에서

세상은 늘 편을 갈라 싸운다. 소수의 지배하는 사람들과 다수의 지배당하는 사람들, 가진 것을 지켜야 하는 쪽과 갖고 싶은 것을 빼앗아야 하는 쪽이 서로 모략하고 창을 던지고 칼을 찌른다. 정치권은 말할 것도 없다. 이쪽은 했다, 저쪽은 안 했다, 이 사람은 진짜다, 저 사람은 가짜다, 공격하고 방어한다. 손에 쥔 권력을 놓고 싶지 않아서, 새로운 권력자가 되고 싶어서, 또는 권력 주변에서 살아가기 위해.

주머니에 돈 한 푼 없던 이스마엘은 새로운 세계에 대한 희망을 품고 포경선 피쿼드호에 오른다. 그러나 외다리 선장 에이허브는 이스마엘처럼 저마다 꿈을 안고 승선한 선원들의 바람은 아랑곳하지 않는다. 그는 오직 자신의 한쪽 다리를 앗아간 흰고래 모비 딕을 찾아 복수할 날만을 고대한다. 마침내 모비 딕과 마주한 선장은 모두의 목숨을 걸고 결전을 펼친다.

"모비 딕이 당신을 찾는 게 아닙니다. 미친 사람처럼 쫓아가는 것은 당신이

오." 이제라도 그만두라고 일등 항해사 스타벅도 지혜로운 충언을 하지만 선장은 파국을 향해 돌진한다. 그는 모비 딕을 끝장낼 작살을 명중시키지만 선원들과 피쿼드호는 침몰한다. 그 자신도 인생을 건 복수심과 함께 바다 깊이 수장되고 만다.

바다와 흰고래는 선도 아니고 악도 아니다. 그래서 에이허브의 복수심을 광기라 읽는 사람도 있고 불굴의 의지라 해석하는 사람도 있다. 권력도 마찬가지다. 국민은 이스마엘처럼 더 나은 내일을 위해 포경선에 오른 선원들이다. 그런데 우리가 탄 배의 선장은 무엇을 위해 누구와 싸우고 있는가? 싸움의 대상과 싸움의 목표가 그 사람이 누구인가를 말해준다.

125 재물로 사람을 얻어 천하를 가질 수 있을까

두 사람은 마침내 결혼했다. 리무진의 고급 가죽 시트에 기대앉자 엠버의 머릿속에 앞으로 펼쳐질 삶이 떠올랐다. 세계 곳곳에 비싼 집을 두고 황홀한 여행을 다니며 보모와 하녀들이 그녀의 명령에 따라 움직이고 고급 의상과 보석이 가득할 터였다. 거만한 여자들은 그녀에게 머리를 숙일 것이다. 엄청나게 많은 돈과 권력자 남편만 있으면 가능한 일이었다.

― 리브 콘스탄틴 '마지막 패리시 부인'(2017년, 미국) 중에서

'화천대유'니 '천화동인'이니 하는 말이 낯설다. 둘 다 '주역'에서 꺼낸 말로 넓게 의역하면 '사람과 재물을 모아 천하를 얻는다'는 뜻이다. 그래서일까? 그들 회사 이름과 얽혀 수천억의 배당금, 출자 대비 1,000배의 이익, 연 10억 이자, 고문 변호사료 월 1,500만 원에 대한 기사들이 넘쳐난다. 재물로 사람을

얻었으니 다음 목표는 천하를 쥐는 것일까?

엠버는 가난과 멸시에 진저리를 치며 부와 권력을 원한다. 그녀는 성공한 사업가, 잭슨의 부인이 될 계획을 세운다. 잭슨의 아내 대프니에게 접근, 거짓말로 환심을 사서 친구가 되고, 잭슨의 비서가 되고 정부도 된다. 잭슨이 그토록 바라던 아들을 임신하자 엠버는 잭슨을 대프니와 이혼시키고 마침내 결혼한다. 엠버는 세상 최고의 승자가 된 기분이었다.

하지만 그토록 행복해 보였던 대프니의 삶은 지옥, 그 이상이었다. 잘생긴 얼굴에 세련된 매너, 자상함까지 갖춘 듯 보이는 잭슨은 사실 잔혹하기 그지없는 소시오패스였다. 매일 학대받던 대프니의 간절한 소원은 남편에게 벗어나 자유를 찾는 것. 그녀는 자신을 이용해 남편을 차지하려는 엠버에게 기꺼이 그러나 아무것도 모르는 척, 지옥의 바통을 넘겨준 것이다.

특혜 의혹에 법조계와 정치권 유력 인사들의 이름이 오르내린다. 논란의 중심에 선 정치인은 해명 대신, 이를 계기로 자신이 대통령이 되면 '민간 기득권을 해체하고 공영 개발을 제도화'하겠다며 사회주의 가속화 의지를 노골적으로 밝혔다. 우리가 맞이할 미래는 어떤 모습일까? 지옥을 빠져나간 대프니, 잘못된 선택을 뒤늦게 깨달은 엠버, 우리는 어느 쪽일까? 본질을 직시하지 못하면 머잖아 더 크게 고통당하는 건 언제나 우리 자신이다.

126 권력자라면 오이디푸스처럼

보라. 이 사람이 오이디푸스 왕이다. 시민들 중 그의 행운을 부러워하지 않은 자 누구였던가? 하지만 보라. 그가 얼마나 무서운 재난의 크나큰 파도 속으로 휩쓸려 들어갔는지. 그러니 필멸의 인간은 마지막 날을 볼 때까지는 누구도 행복한 사람이라 부르지 말아야 한다. 그가 어떤 고통도 겪지 않고 삶의 경계를 넘어서기 전까지는.

- 소포클레스 '오이디푸스 왕'(BC 429년 초연, 고대 그리스) 중에서

사회적 거리 두기가 2주 더 연장되었다. 영업 시간 제한과 사적 모임 통제로 지난 2년간 자영업자와 소상공인, 일반 시민의 생활은 점점 더 큰 어려움 속으로 빠져들고 있다. 11월부터 '위드(with) 코로나' 시대로 전환될 거라지만 마스크나 백신 접종 확인증이 없으면 사회활동에 제약을 받는 등, 강제 방역 정책은 앞으로도 국민의 일상을 지배할 것 같다.

소포클레스가 약 2,000년 전에 쓴 비극의 주인공 오이디푸스 왕은 자신의 운명을 알기 전까지는 부러울 게 없는 사람이었다. 그는 역병과 기근을 해결하려면 선왕을 죽인 죄인을 찾아 벌해야 한다는 신탁을 듣는다. 왕은 자신이 바로 그 범인임을, 오래전 길에서 함부로 죽였던 사람이 테베의 선왕이자 자신의 친부였다는 사실을 알게 된다.

스핑크스의 수수께끼를 풀었던 오이디푸스를 시민들은 지혜롭고 용맹한 왕으로 떠받들었으나 그는 부친 살해범이자 어머니와 근친상간한 죄인이었다. 재혼해서 아들딸 낳고 살았던 남편이 자신이 버린 아들이었다는 사실을 알고 왕비는 자결한다. 오이디푸스도 진실을 보지 못한 두 눈을 바늘로 찔러 멀게 한 뒤 모든 재앙의 책임을 지고 테베를 떠난다.

과학적 사고가 당연해진 요즘, 현대의 역병이 되어버린 코로나와 그로 인한 불황이 권력자의 숨겨진 죄 때문이라 생각하는 사람은 없다. 하지만 국가와 국민의 운명을 손에 쥐었던 권력자에겐 오이디푸스처럼 모든 것을 책임지고 떠나야 할 순간이 찾아온다. 무심한 선택과 사소한 결정에 대해서조차 반드시 대가를 치러야 하는 인생의 법칙이야말로 오이디푸스가 우리에게 주는 가

장 큰 비극적 교훈이다.

127 절대 추락하지 않는 사람들

"그런데 어떻게 해서 그렇게 대단한 사람이 추락하셨죠?" 추락했다? 그래, 추락이 있었다. 그건 의심할 여지가 없다. 하지만 대단하다? 그것이 그에게 맞는 말인가? 그는 자신을 점점 더 모호해져 가는 사람으로 생각한다. 역사의 변방에 속하는 인물. 그는 말한다. "어쩌면 가끔씩 추락하는 것도 우리에게 좋은 일인지 모르지요. 부서지지만 않는다면요."

— 존 M. 쿳시 '추락'(1999년, 오스트레일리아) 중에서

임기가 끝나가는 정권의 지지율은 40%대, 높은 편이라고 한다. K방역을 성공으로 이끈 리더, 최고의 외교 협상가, 전략가, 승부사이기 때문이란다. 경기지사는 대장동 게이트의 중심에 섰는데도 과반의 지지를 얻어 민주당 대선 후보로 확정됐다. 국모의 운명을 가졌다는 아내와 손바닥에 쓴 왕(王)자를 앞세워 미신 신봉을 자랑하는 이는 야당의 유력한 대선 후보다.

데이비드는 제자 멜라니와 성관계를 가졌다는 혐의로 고발당한다. 사과하라는 학교 측의 권고를 무시한 그는 대학 교수직을 사임하고 딸 루시의 농장에 머문다. 그러던 어느 날, 괴한들이 침입하고 루시는 성폭행을 당한다. 딸을 지켜주지 못해 괴로워하던 데이비드는 그제야 멜라니의 부모를 찾아가 상처 준 것을 사죄한다.

백인의 유색 인종 차별 정책이 끝난 후의 남아프리카공화국을 배경으로 하는 이 소설은 백과 흑, 가해자와 피해자가 자리를 바꾸었을 뿐, 똑같은 폭력이

난무하는 세상을 그린다. 데이비드는 아무런 가책 없이 살았다가 가해자로 낙인 찍혀 명예를 잃었고, 딸은 피해자가 되어 모든 걸 다 빼앗겼지만 추락의 끝, 그 밑바닥에서 다시 시작하는 용기 있는 삶을 선택한다.

인생이란 실수하고 잘못하고 고통받으면서도 자신의 차원을 업그레이드해 가는 과정일지도 모른다. 그렇지만 얼굴도 들지 못할 참담한 상황에서도 절대 추락하지 않는 사람들이 있다. 그들은 잘못과 거짓의 혐의가 크면 클수록 더 큰 소리로 결백과 청렴을 주장한다. 그래야 대중의 신뢰와 부와 권력을 지킬 수 있기 때문이다. 하지만 추락해야 할 때 추락하지 못하면 진실한 인생을 살아갈 기회를 영원히 놓치는 것일 수도 있다. 그까짓 게 왜 중요하냐고 하겠지만.

128 이상한 나라의 앨리스가 된 국민

"모두가 이긴 거야. 모두가 상을 받아야 해." 도도새가 말했다. "그러면 누가 상을 줘?" 동물들이 물었다. "그건 물론 저 애지." 도도새가 앨리스를 가리켰다. 그러자 동물들이 앨리스를 둘러싸고 왁자지껄 외쳤다. "상을 줘. 상을 줘!" 앨리스는 당황해서 주머니에 손을 넣었다. 마침 호두 사탕 한 봉지가 있어서 모두에게 상으로 나눠주었다.

- 루이스 캐럴 '이상한 나라의 앨리스'(1865년, 영국) 중에서

앨리스는 정원에 나타난 토끼를 쫓다가 이상한 세계로 들어간다. 그곳에서 앨리스는 보였다, 안 보였다 하는 고양이, "너는 누구냐?"고 자꾸 묻는 쐐기벌레, 교훈만 늘어놓는 귀부인과 화가 날 때마다 "저놈의 목을 베라"고 명령하는 여왕을 만난다. 차를 한 잔도 마시지 못하는 다과회에도 참석하고 재판정에

서 입바른 말을 하다가 사형선고를 받기도 한다.

'이상한 나라의 앨리스'는 동화로 알려져 있지만 빅토리아 시대의 사회상을, 특히 노닥거리거나 졸거나 거들먹거릴 줄만 아는 당시 지배 계층의 모순을 풍자한 것으로도 해석된다.

이러한 사회 비판은 과거에만 해당되지 않는다. 출발점도 다르고 결승선도 없고 언제 끝나는지도 알 수 없는, 그러나 모두가 승자가 될 수 있다는 달리기 경주는 '기회는 평등, 과정은 공정, 결과는 정의'롭다면서도 지배 권력층의 이익만을 챙겨온 현 정부의 모토를 떠올리게 한다.

이상한 나라의 동물들은 땀 흘리며 힘들게 경기를 하고도 승패를 가리지 않는다. 모두가 이겼다면서 경주에 참가한 앨리스에게 상품을 내놓으라고 한다. 다 같은 우승자라면서도 앨리스의 사탕을 자기들끼리만 나눠 먹고는 그녀의 골무를 빼앗았다가 도로 주면서 앨리스에게 주는 상이라며 환호하고 손뼉친다. 제대로 하는 일은 없이 국민의 등골을 빼먹는 정치인들의 쓸모없음에 대한 가차 없는 조롱이다.

처형 직전 '휴, 꿈이었구나!' 하고 깨어나는 동화와 달리, 비리는 감춰지고 의혹은 사라지고 죄와 거짓과 위선만이 득세하는 세상이 눈앞의 현실이다. 하루하루 이상한 나라의 앨리스가 된 기분으로 산다. 그런 국민이 어디 하나둘일까.

129 과학은 우주로, 정치는 퇴화 중

"행복이 무엇인지는 잘 모르겠습니다. 하지만 아무리 힘든 일을 겪더라도 그것이 진정 옳은 길을 가는 중에 생긴 일이라면, 오르막이든 내리막이든 그 한 걸음 한 걸음은 모두 진정한 행복에 가까워지는 것이겠지요." "네, 맞아요. 최고의 행복에 이르기 위해 갖가지 슬픔을 겪어야 하는 것도 모두 하늘의 뜻이랍니다."

— 미야자와 겐지 '은하철도의 밤'(1934년, 일본) 중에서

인공위성 발사체 누리호가 지난 21일, 우주를 향해 날아올랐다. 3단계 분리를 성공시키며 목표했던 높이까지는 도달했으나 탑재했던 위성을 궤도에 진입시키는 데는 실패했다. 그러나 1992년 '우리별'이라는 작은 위성을 시작으로 우주 개발 사업에 뛰어든 지 30년, 한국은 이제 1톤이 넘는 물체를 우주로 쏘아 올릴 수 있는 독자 기술을 가진 일곱 번째 나라가 됐다.

'기차가 어둠을 헤치고 은하수를 건너면'으로 시작하는 주제가로 유명한 TV 애니메이션 '은하철도 999'에 영감을 준 소설이 '은하철도의 밤'이다. 고기잡이 나간 아버지를 기다리며 병 든 어머니를 돌보는 조반니는 어느 밤, 친구 캄파넬라와 함께 은하철도를 타고 우주를 여행한다. 하지만 그 모든 것은 꿈, 소년은 친구가 하늘나라로 떠나버린 것을 알게 된다.

지금은 수많은 독자의 사랑을 받는 책이지만, 미완의 유작이기에 작가는 그 어떤 영광도 누린 적 없다. 자비로 출판한 적 있는데 팔린 책은 고작 다섯 권. 그래도 '내 책은 세상에 도움이 될 거야'라며 작가는 자신의 글을 믿었다.

실패 없는 성공은 없다. 그런데 중요한 도약의 과정, 발사가 예정보다 늦춰지고 문제를 인지한 과학자들 모두 초긴장 상태였을 그 순간, 우주센터 통제실에 정부 수장과 의전비서관, 방송 관계자들이 들이닥쳐 어수선했다고 한다. 더구나 실패 후 과학기술부의 결과 발표도 있기 전에 주인공인 양, 정부가 대국민 담화까지 먼저 내놓았다.

멀찍이서 지켜보고 연구진의 브리핑까지 들은 뒤 나섰다면 얼마나 의젓해

보였을까. 과학 기술은 우주를 날 수 있을 만큼 성장했는데 성숙한 정부는 언제쯤 국민의 몫이 되려나.

130 설거지론과 국민 퐁퐁단

'그대의 가면이 벗겨질 때 연인은 그대를 미워하리. 그대의 운명이 스러질 때 아름다운 모습도 시들어지리. 그대의 삶이 나뭇잎처럼 떨어지고 빗방울처럼 흩뿌려지고, 그대가 쓴 베일은 슬픔이 되고 머리에 얹은 관은 괴로움이 되리니.' 속았다는 생각이 들면 사람의 마음이란 매정해지기 마련이다. 테스의 존재란 지금의 클레어에게 한낱 미물과 다름없었다.

- 토머스 하디 '더버빌가의 테스'(1891년, 영국) 중에서

최근 '설거지론'과 '퐁퐁남'이라는 말이 이슈다. 화려한 연애 경력이 있는 여성인 줄 모르고 결혼해서 물질적 풍요와 사회적 신분 상승까지 제공한 순진하고 능력 있는 남성의 삶을 조롱하거나 자조하는 말이다. 과거가 무엇이든 지금 사랑하고 존중하며 알뜰살뜰 산다면 문제 될 게 없을 텐데 신뢰의 부재를 추측하게 하는 세태가 씁쓸하다.

소설 문학에서 '설거지남'이기를 거부한 대표적 인물이 테스의 남편 클레어다. 테스가 순결한 처녀일 거라 확신했던 그는 결혼 첫날밤, 알렉의 정부로 살면서 아이까지 낳은 적 있다는 그녀의 고백에 기겁한다. 자신도 과거가 있었지만, 테스의 진실한 사랑을 의심하며 속았다고 생각한 클레어는 아내를 떠난다. 이후 테스는 물론 그도 고통의 나락으로 떨어진다.

3년 만에 바티칸에서 교황을 다시 만난 정부의 수장은 북한을 방문해 달

라, 또 한 번 간곡히 청했다. 그에게는 오직 북한에 대한 사랑뿐, 여러 가지로 힘든 우리 국민을 축복해 달라고 할 마음은 없었나 보다. 그에게 국민이란 북한을 원조할 수 있도록 돈 벌어 세금 내는 기계에 불과한 것일까.

대학 시절, 주체사상에 빠져 화염병을 던지며 반정부 시위를 주도하다 경찰서를 드나들던 사람들. 민주화 세력이니 민주 유공자니 하며 한자리씩 차지한 그들이야말로 연애는 북한과 실컷 하고 결혼은 대한민국과 했지만 살림은 나 몰라라, 북한과 바람피우는 꼴이다.

세금을 펑펑 쓰며 북한까지 지원한 결과, 국가 부채는 400조가 늘어 1,000조를 넘었다. 국민 1인당 빚이 2,000만 원이다. 성실하게 살아오다 설거지론이니 퐁퐁남이니 하는 자괴감으로 괴로운 것이 꼭 일부 남성들만은 아닌 것 같다.

131 선거, 사회를 통제하는 또 다른 방식

전쟁에 진리나 아름다움이나 지식이 무슨 소용이 있겠나? 사람들은 조용한 삶을 위해서라면 무엇이라도 좋다는 식이었어. 우리는 그 후부터 통제를 계속해 왔어. 물론 그것은 진실을 위해서는 별로 좋은 일이 아니었지. 하지만 행복을 위해서는 아주 좋은 일이었어. 인간은 무엇인가를 얻으려면 필연적으로 대가를 치러야 해. 자네들은 지금 그런 대가를 치르고 있어.

— 올더스 헉슬리 '멋진 신세계'(1932년, 영국) 중에서

달리는 지하철의 실내 스피커에서는 반드시 마스크를 쓰고 옆 사람과 대화하지 말라는 안내 방송이 반복된다. 승객들은 마스크로 입을 꼭 막고 스마트폰만 들여다본다. 외국어를 공부하거나 책을 읽는 사람도 간혹 있겠지만, 그

림과 짧은 대사만 이어지는 웹툰, 정치나 연예 관련 포털 기사들이 대부분이다. 드라마나 영화, 오락 프로그램을 보기도 한다.

과학이 발달한 미래의 '멋진 신세계'는 인간도 공장에서 생산한다. 크게 다섯 부류로 나뉜 사회 계급에 따라 외모와 지능을 갖고 태어난 사람들은 정해진 역할에 맞게 양육된다. 현실에 만족하도록 세뇌되기 때문에 누구도 불만을 느끼지 않는다. 기분 나쁜 일이 생겨도 국가가 무제한으로 제공하는 마약을 사탕처럼 입에 넣고 삼키면 이내 즐거워진다. 슬픔과 분노는 없다. 반역과 반란도 있을 수 없다. 모두가 행복한 세상이다.

텔레비전이 바보상자였던 시절이 있었다. 그러나 이제는 원하는 프로그램을 언제 어디서든 볼 수 있는 세계적 스트리밍 서비스에 가입하고 남들과 똑같은 걸 본다고 자랑한다. 스마트폰을 바보상자라고 하는 사람도 없다. 최신 기기로 자주 바꾸고 더 많이 들여다보는 사람을 첨단 문명인이라 착각한다. 과학이 발달할수록 인간은 그렇게 스스로 생각하고 판단하는 힘을 잃는다.

내년에 대통령 선거가 있다며 TV와 포털의 보도 열기가 뜨겁다. 그걸 본 대중은 이자다, 저자다, 저마다 편들고 싸운다. 5년에 한 번, 4년에 한 번, 중간중간 탄핵과 보궐선거. 그렇게 해마다 무언가 바뀌면 고통이 사라질 거라는 기대, 우리 손으로 세상을 바꿀 수 있다는 희망, 이것이야말로 사회를 유지하는 통제 방식, 대중에게 던져주는 마약은 아닐는지.

132 최고 권력자 딸의 친정살이

나의 흰색은 녹아버렸고 아무도 그것을 눈치채지 못했다. 두 달 전, 나는 내가 어떤 인간인지 알고 있었다. 아무런 삶의 흔적도 남기지 않은, 라틴어를 가르쳐 온 일개 교사인 것을. 지금 나는 눈을 바라본다. 눈 역시 흔적을 남기지 않고 녹으리라. 하지만 이제 나는 눈이 규정할 수 없는 존재임을 깨닫는다. 나는 내가 어떤 인간인지 더 이상 알지 못한다.

- 아멜리 노통브 '오후 네 시'(1995년, 프랑스) 중에서

정부 수장의 딸과 그 가족이 1년 가까이 청와대에서 함께 살고 있다. '아빠 찬스'와 '관사 부동산 재테크'라는 비난이 일자 여당 의원은 권력자의 사생활은 보호되어야 하며 딸의 친정살이는 인간적인 면에서 이해해 줄 일이지 불법은 아니라고 변호했다. 심지어 '야박함을 넘어 야비한 정치 공세'라고 반박했다.

에밀은 퇴직 후 교외의 새 집에서 아내와 함께 조용한 노후를 시작한다. 그런데 오후 4시만 되면 덩치 큰 이웃 남자가 찾아온다. 애써 묻는 말에만 그렇소, 아니오, 퉁명스럽게 대답할 뿐이면서도 그는 매일 와서 두 시간씩 에밀의 안락의자를 차지한다. 에밀은 사생활을 침해하는 비상식적인 이웃의 방문이 괴롭기만 하다.

외출도 해보고 아내가 병이 났다고 핑계도 대봤지만 이웃의 막무가내 침입을 막을 길이 없다. 에밀은 몇 가지 알게 된 사실을 바탕으로 무례한 이웃의 방문 목적을 추측한다. 에밀은 그가 공허한 삶을 끝내고 싶어 하며 자신이 그 죽음을 도와야 한다고 결론짓는다. 평생 상식적이고 교양 있게 살아왔다고 자부하던 에밀은 이웃을 배려한다는 명분 아래 그를 살해한다.

자기 집은 팔아 저축하고 친정살이라며 세금으로 유지되는 청와대에 얹혀 사는 것이 당연한 일일까? 세금이 잘못 쓰이면 분노하는 것이야말로 국민의 당연한 권리다. 상식을 벗어난 이해를 끝없이 강요하는 사회다. 개인의 사생활은 점점 사라지는데 권력자의 사생활은 보호하고 이해하고 지켜줘야 한단다.

비정상을 정상이라고 억지로 납득해야 하는 부당한 현실이 반복되면 사람

은 자기 안에 있는 줄도 몰랐던 괴물로 돌변하기도 한다. 대체 언제부터 최고 권력자와 그 측근의 사생활에 정치권과 국민이 이토록 너그러웠을까, 어리둥절하다.

133 나도 공산당이 싫어요

"자네의 가장 큰 이상이 뭐지?" "공산주의를 실현하고 공산주의 사업을 위해 죽을 때까지 분투하는 겁니다." 그녀가 미지근한 표정으로 웃었다. 마치 석탄불 위에 얇게 올려진 얼음과도 같았다. 류렌이 솔직하게 대답하라며 다시 한 번 정색하고 물었다. "자네의 가장 큰 이상은 뭐지?" "승진입니다. 아내와 아이를 도시로 데려왔으면 합니다."

— 옌롄커 '인민을 위해 복무하라'(2005년, 중국) 중에서

신세계그룹의 부회장이 개인 소셜 미디어에 올린 '공산당이 싫어요'라는 발언이 화제다. 그는 '반공 민주 정신에 투철한 애국애족이 우리의 삶의 길이며 자유세계의 이상을 실현하는 기반'이라는 국민교육헌장의 문구도 덧붙였다. 이에 대해 친여 성향의 사람들이 소비자에게 피해와 불쾌감을 주고 공산권 국가의 반감을 살 수 있다며 비난과 압박을 가하고 있다.

요리 실력과 성실함을 인정받아 사단장의 사택에서 일하는 취사병 우다왕은 하루빨리 당의 인정을 받아 가족을 도시로 데려오고 싶어 한다. 그런데 사단장이 장기 출장을 간 사이, 그의 젊은 아내와 류렌과 관계를 맺게 되고 처음으로 내면의 욕망을 깨닫는다. 그는 꿈을 묻는 류렌에게 처음엔 공산주의 사회의 이상을 말하지만 결국 개인의 소박한 바람을 이야기한다.

옌롄커의 소설은 출간되자마자 공산당 지시에 따라 전량 회수되었고 출판, 홍보, 게재, 비평, 각색을 할 수 없는 5금 조치를 당했다. 내밀한 개인의 사생활과 인간의 감정까지 통제하는 공산당의 허상을 남녀의 성애를 통해 적나라하게 표현한 데다 개인을 희생하고 혁명에 헌신해야 하는 공산주의 정신을 조롱했다는 이유였다. 제목 '인민을 위해 복무하라'는 1944년 마오가 내건 정치 슬로건으로 개인의 행복보다 혁명의 대의와 사회 공의를 위해 일하라는 국민적 구호였다.

공산주의 체제에서 국민이 잘 먹고 잘사는 나라는 역사상 없었다. 소련과 중공, 북한이 일으킨 6·25전쟁을 모르는 국민도 없다. 중국 진출 20년 만에 이마트를 철수했던 기업인의 소신을 누가 뭐라 할 수 있나. 오히려 진보라는 이름으로 사회주의와 공산주의를 강요하는 사회 분위기 속에서 그의 발언 이후 많은 사람이 소리 내어 말하기 시작했다. "나도 공산당이 싫어요!"

134 묻힐 땅이 없는 두 전직 대통령

몇 분이 안 되어 모두 가버렸다. 지친 표정으로 눈물을 흘리며 우리 종(種)이 가장 좋아하지 않는 활동으로부터 떠나가 버렸다. 그리고 그는 뒤에 남았다. 물론 다른 누가 죽었을 때와 마찬가지로 많은 사람이 비통해했지만, 어떤 사람들은 아무런 영향을 받지 않거나 자기도 모르게 안도했다. 또는 좋은 이유든 나쁜 이유든 진정으로 기뻐하기도 했다.

- 필립 로스 '에브리맨'(2006년, 미국) 중에서

약 한 달 간격으로 두 전직 대통령이 세상을 떠났다. 하지만 고인과 유족이 원했을 국립 현충원에는 안장되지 못했다. 정치권에서는 과거에 대해 그들이 사과해야 했다고 끊임없이 외친다. 마치 단 한 번도 잘못을 저지른 적 없는 사람들처럼. 자기들은 절대로 죽지 않을 것처럼.

소설 속 화자는 오늘 무덤에 묻힌 망자다. 그는 일생 동안 크고 작은 일들, 사랑과 이별, 열정과 권태, 성공과 실패의 순간을 겪었다. 누구나 그렇듯 가끔은 병원 신세를 지기도 했다. 자부심도 느끼고 후회도 남았지만 돌아보면 죽음과 장례식조차 삶의 과정일 뿐이다. 제목처럼 태어나면 반드시 죽는 우리, 세상 모든 사람이 이 소설의 주인공이다.

가족과 지인들은 흙 한 줌씩 망자에게 던져주고 묘지를 떠난다. 그들 또한 언젠가는 닥쳐올 장례식의 주인공이 될 거라는 사실을 망각한 채, 웃고 웃는 일상으로 돌아가는 것이다. 어떤 이는 죽은 이를 그리워하고 어떤 이는 여전히 미워하며 또 어떤 이는 후련해한다. 아쉬울 것도 서운할 것도 없다. 오늘 땅에 묻힌 그 역시 타인의 장례식에서 숱하게 경험했을 감정이다.

전직 대통령들에 대한 호불호는, 현 정부와 일반 국민, 이쪽과 저쪽으로 나뉜 사람들의 생각 차이는 크고 깊다. 그래도 일부, 그들의 죽음을 애도하는 사람들의 조문 행렬이 추운 날씨에도 끊이지 않았다고 한다. 싫은 사람이라 해도 누군가에게는 소중한 사람이고 빈자리는 커 보이기도 하는 법이다.

어디에 묻힌들 죽은 사람이 무엇을 알까마는, 죽은 이의 진짜 무덤은 살아 있는 자의 기억이라 해도, 한 나라를 책임졌던 대통령들이 현충원에 묻힐 수 없다는 건 우리 시대, 또 하나의 슬픔이다.

135 왜 백신 접종을 강요하나

> 이것은 당신들의 죄가 아니다. 당신들은 환자다. 그러나 기뻐하라. 당신들은 완벽해지고, 기계와 동등해지고, 백 퍼센트 행복으로 향한 길이 열린다. 모두들, 노소를 막론하고 서둘지어다. 서둘러 '위대한 수술'을 받을지어다. 위대한 수술이 시술되고 있는 강당으로 빨리 갈지어다. 위대한 수술 만세! 단일제국 만세! '은혜로운 분' 만세!
>
> — 예브게니 이바노비치 자먀친 '우리들'(1924년, 러시아) 중에서

이번 주부터 백신 패스가 없으면 카페나 식당을 이용할 수 없다. 청소년도 내년 2월부터 도서관, 학원 등의 출입이 금지된다. 질병관리청장은 "확진자 급증과 변이 대응을 위해 예방접종에 꼭 참여해 달라"고 했다. 3차 접종과 미접종자 및 중고등학생 모두에게 백신을 맞히겠다는 것이 정부의 방침이다.

'1984', '멋진 신세계'와 함께 3대 디스토피아 소설로 손꼽히는 '우리들'은 평등하고 행복하다. 세계 단일정부 치하에서 우리는 이름도 없이 번호로만 불린다. 우리에겐 자유도 필요 없다. '은혜로운 분'이라 불리는 독재자의 지시를 따르기만 하면 만사가 순조롭다. 안전을 위해 우리의 일거수일투족을 감시하는 정부는 행복의 적이라 불리는 반역자들, 즉 개인의 자유로운 선택권을 되찾으려는 자들을 색출, 처단하고 그 공포심으로 대중을 복종시킨다.

반역의 싹을 잘라내기 위해 뇌의 일부를 제거하는 수술도 강제한다. 수술을 받고 나면 아무런 의심 없이 '은혜로운 분'을 사랑하고 존경하게 된다. '우리가 일등이다! 우리는 이미 수술받았다. 모두 우리를 따르라!'는 수술을 선동하는 정부의 슬로건이다.

국민의 80퍼센트가 2차 접종을 마쳤는데도 확진자 수가 폭발했고 알파, 베

타, 감마, 델타도 모자라 오미크론이라는 변이까지 나왔단다. 백신 무용론이 나올 법도 한데 전파와 감염, 변이 확산을 막으려면 추가 접종만이 최선이라는 논리를 어떻게 이해해야 할까. 무증상이나 경증이 많은 상황에서도 정부는 국민의 사회생활을 모두 멈춰 서게 했다. "국민의 건강을 위해서"라고 말하는 정부를 믿고 따르는 동안 정작 빼앗긴 것이 무엇인가. 우리는 질문해야 한다.

136 달님이란 이름은 하늘에 돌려주고

> 두 건물 사이로 난 틈새가 '달의 궁전'이라는 글자가 적힌 분홍색과 파란색의 선명한 네온사인 불빛으로 채워져 있었다. 중국 음식점의 간판인 것을 알았지만 내게 느닷없이 달려든 그 글자들이 현실적인 판단과 생각을 모두 앗아가 버렸다. 그것은 마법의 글자들이었다. 그 글자들이 하늘에서 바로 내려온 메시지인 것처럼 어둠 속에 걸려 있었다.
>
> – 폴 오스터 '달의 궁전'(1989년, 미국) 중에서

달(moon)이라 불리던 권력자와 함께하는 마지막 해, 2021년도 보름밖에 남지 않았다. 일자리 확대, 권력 개혁, 부정부패 척결, 한미동맹과 자주국방으로 안보 강화, 청년 고용 확대, 성평등, 노인 복지, 자녀 키우기 좋은 환경, 자영업자와 소상공인이 사업하기 좋은 사회 그리고 청와대를 컨트롤 타워로 하는 안전하고 건강한 나라. 현 정권의 10대 공약이었다.

인류가 달에 처음 착륙하던 해, 가난한 대학생 포그는 세 들어 살게 된 원룸 아파트 창밖으로 '달의 궁전'이란 중국 음식점의 네온사인을 보며 미래를 꿈꾼다. 하지만 그곳에 사는 동안 학비를 보내주던 유일한 혈육, 삼촌을 잃고

하루 한 끼도 먹기 힘든 빈곤을 경험한 뒤 노숙자가 된다. 극적으로 발견되어 아사 위기를 모면할 때까지 쓰레기통을 뒤지며 살았다.

다시 자기 방을 갖게 되었을 때 포그는 달빛이 비치는 밤을 그린 그림을 보게 된다. 그에게 달은 남이 이룩한 성공, 배부르게 먹을 수 있는 환상, 이제는 사라져 버린 그림 속 낭만이었을 뿐, 실체가 아니었다. 그는 또다시 빈털터리가 되지만 황량한 어둠 속에서 둥글고 밝은 진짜 보름달을 두려움 없이 마주한다. 새롭게 시작할 용기를 비로소 가슴에 품게 된 것이다.

'달님'이라 불리는 정권 수장이 만든 세상은 얼마나 밝아졌을까. 누군가에겐 눈부셨겠지만, 더 많은 사람에겐 구름 뒤에 숨은 달, 마법의 주문 같은 달빛의 모래성은 아니었는지. 너무 늦은 게 아니라면 달의 이름은 하늘의 달에게 돌려주어야 한다. 사람은 사람의 이름으로, 사람의 일을 할 수 있을 뿐이다.

137 추리소설보다 더 미스터리한 정치 세계

"사고였다고 생각해요?" 네드는 고개를 가로저었다. "아들이 재선을 방해할지도 모른다는 생각에 제정신을 잃고 일을 저지른 것 같아요." 재닛은 양손을 맞잡아 깍지를 끼고 힘겹게 질문했다. "아버지를 내버려 두었다면 정말 폴을 쐈을까요?" "그랬을 겁니다. 법이 심판할 수 없는 죽음을 위대한 노정치인이 대신 갚아주었다며 빠져나올 수 있었을 테니까요."

– 대실 해밋 '유리 열쇠'(1931년, 미국) 중에서

아들의 불법 도박, 불법 마사지업소 출입 및 성매매 의혹 그리고 배우자의 허위 경력 논란들과 관련, 여야 대선 후보들이 해명과 사과를 하느라 정치권

이 번잡하다. 국정 책임자가 되려면 검증을 받아야 하는 건 당연한 일, 그들은 가족에 대해 몰랐을까? 절대 드러날 리 없다고, 터져도 문제가 되진 않는다고, 그런 것쯤 대충 넘어갈 거로 생각했을까?

폴은 상원의원 헨리의 재선을 위해 자금과 조직을 동원하는 지역의 거물이다. 그런데 선거를 앞두고 의원의 아들이 시체로 발견되자 폴이 의심받는다. 그와 경쟁하던 조직의 협박을 받은 언론사도 폴에게 불리한 기사를 쏟아낸다. 하지만 호형호제하며 폴의 브레인 역할을 하던 네드가 사건을 조사하고 뜻밖에도 상원의원이 범인인 것을 알아낸다.

아들을 죽인 의원은 선거에서 무조건 이겨야 한다며 사건 현장을 조작하고 용의선상에서 자신을 배제시켜 준 폴마저 죽이려 했다. 진실을 알고 있는 그를 믿지 못했고 그 살인까지 이용해 정치적 이득을 보려 했던 것이다.

많은 사람이 새로운 정치를 기대한다. 그러나 길을 잃고 헤매다 산해진미가 차려진 오두막을 발견하고 잠긴 문을 열었으나 뱀들이 쏟아져 나왔고, 다시 문을 잠그려 했지만 열쇠가 깨져 결국 도망칠 수밖에 없었다는 소설 속 꿈 이야기처럼, 눈앞에 보이는 희망은 더 끔찍한 재앙을 불러오는 유리 열쇠가 되기도 한다.

본인과 가족의 잘못을 책임지는 정치인을 보기 힘들다. '수신제가 치국평천하'는 너무 낡은 교훈이라 하겠지만 추리소설보다 더 미스터리한 일들이 벌어지는 세계가 정치인 것은 분명하다.

138 희망보다 걱정이 앞서는 연말

여기에 다시는 오지 마십시오. 절대 나를 찾지 마시오. 왜냐하면 내가 국회의원으로 당선될 확률이 아주 높거든요. 부탁입니다. 만에 하나 길에서 만나도 모른 척합시다. 인사도 건네지 맙시다. 없는 사실도 억지로 지어내는 때가 아닙니까? 그러니까 나는 당신과 만난 일도 없고 한 번도 본 적도 없으며, 당신도 날 만난 적이 없는 겁니다.

― 아지즈 네신 '이렇게 왔다가 이렇게 갈 수는 없다'(1968년, 튀르키예) 중에서

내란선동죄로 8년간 복역해 온 전 통진당 비례대표 국회의원이 가석방되었다. 불법 정치 자금 수수 혐의로 실형을 살았던 전 총리도 복권되었다. 5년 가까이 수감 생활을 하고 있는 전 대통령도 신년 특사로 석방된다. 임기 말에 이른 현 정권의 결정과 그에 따른 파장이 어떤 이익과 손해를 가져올지 계산하느라 정치권은 또 분주하다.

'이렇게 왔다가 이렇게 갈 수는 없다'로 우리나라에 번역 소개된 자전적 소설의 원제는 '망명의 기억'이다. 작가는 국가 이익에 반하는 출판 활동을 했다는 이유로 징역과 유배형을 살았던 시간을 기록했다. 유배 생활은 수감 시절보다 더 춥고 배고프고 외로운 것이었다. 정부에서 내쳐진 요주의 인물인 걸 알게 되면 사람들은 행여 불똥이 튈세라 그를 피했다.

교정하는 일이라도 얻으면 끼니를 해결할 수 있지 않을까 해서 작가는 고픈 배를 안고 신문사를 찾아간다. 정부에 쓴소리도 하는 발행인에게 이해와 배려를 기대하는 마음이 컸다. 사장은 "당신의 용기 있는 행동과 투쟁 의지에 박수를 보냅니다"라고 말한다. 그러나 그는 곧 국회의원이 되어야 하니 제발 아는 척하지 말아 달라고 신신당부하며 작가를 내쫓아 버린다. "우리는 서로 만난 적도, 대화를 나눈 적도 없는 거요. 밖에서 마주쳐도 절대 아는 척하지 맙시다. 자, 잘 가시게."

일반인도 누굴 멀리하고 누구와 친하게 지낼지 계산하며 휴대폰 연락처에

서 어떤 번호는 지우고 어떤 이름은 새로 입력한다. 하물며 정치다. 정부는 사상과 이념, 국가 안보의 양극단에 있는 정치인들의 동시 석방과 복권이 '통합과 포용'을 위한 결정이라고 했다. 하지만 대한민국 체제를 전복하려던 세력을 귀환시켰다. 더 큰 혼란과 위기가 오는 건 아닐까, 희망보다 걱정이 앞서는 연말이다.

2022

제4장

오늘은 더 나은 내일의 시작

139 불안과 단절의 시대, 호랑이 같은 본능으로

나는 태평양 한가운데 고아가 되어 홀로 떠 있었다. 몸은 노에 매달려 있었고 앞에는 커다란 호랑이가 있고, 밑에는 상어가 다니고, 폭풍우가 몸 위로 쏟아졌다. 이성적으로 이런 상황을 본다면, 호랑이에게 잡아먹히기 전에 물에 빠져 죽기를 바라리라. 하지만 나는 힘껏 노에 매달렸다. 무조건 매달렸다. 공포는 여전히 남아 있었지만, 호랑이보다 태평양이 더 두려웠다.

― 얀 마텔 '파이 이야기'(2001년, 캐나다) 중에서

호랑이해가 시작되었다. 말도 많고 탈도 많던 정권이 곧 막을 내린다. 그렇다고 더 좋은 시대가 온다는 약속은 없다. 시간이 갈수록 사람과 세상이 진화하고 진보하는 것 같아도 그것이 꼭 지성과 발전과 안전을 의미하는 것은 아니다. 오히려 꼼꼼히 대비해도 언제 무슨 일이 터질지 모르는 미래, 예기치 못한 돌발 상황만큼 무서운 것도 없다.

많은 독자가 동명의 영화로 먼저 만났을 소설의 주인공 파이는 인도에서 동물원을 운영하던 가족과 함께 더 나은 미래를 위해 캐나다로 가던 중 폭풍우를 만난다. 배는 침몰하고 우여곡절 끝에 살아남은 건 파이와 우리에 갇혀 있던 리처드 파커란 이름의 호랑이뿐이다. 소년은 맹수와 함께 생사의 고비를 수없이 넘으며 망망대해를 표류하다 227일 만에 구조된다.

어떻게 작은 구명보트에서 맹수와 공존할 수 있었을까? 파이는 호랑이를 떼어놓을 수도 있었다. 하지만 잡아먹힐지도 모른다는 두려움을 이기고 250kg의 호랑이를 길들이고 먹이고 보살폈다. 그 선택은 옳았다. 야생의 본능을 잃지 않은 호랑이 덕분에 파이는 굶어 죽지 않았다. 호랑이 때문에 슬픔과 두려움, 절망과 외로움에 빠질 여유 따위 없었다.

경제 활동은 막으면서 세금과 물가만 올리는 불안의 시대, 사람과 사람을 만나지 못하게 하는 단절의 시대다. 그래도 호랑이 같은 본능으로 살아남아야 한다. '호랑이보다 더 무서운 것이 절망'이라는 책 속의 한 문장처럼, 오늘이 더 나은 내일의 시작이라는 희망, 절망에 지지 않겠다는 결심으로 삶의 무거운 배낭을 추슬러 메고 다시 힘껏 일어서야 하는 1월의 아침이다.

140 프랑켄슈타인이 될 것인가

노예여. 전에 내가 알아듣게 설명해 주었건만, 내가 겸손하게 대해 줄 필요가 없다는 걸 너 스스로 증명했구나. 내게는 힘이 있다는 사실을 기억하라. 너는 네가 불쌍하다고 생각하고 있지만, 나는 네가 대낮의 햇빛조차 증오스러워할 만큼 비참하게 만들어 줄 수 있다. 너는 내 창조자지만, 내가 네 주인이다. 복종하라!

— 메리 셸리 '프랑켄슈타인'(1818년, 영국) 중에서

여당의 대선 후보 지지율이 가장 높다고 한다. 굵직굵직한 추문과 의혹이 끊이지 않는데도 지지층이 확고한 모양이다. 높은 자리일수록, 혐의가 클수록 해당 정치인에 대한 수사는 이루어지지 않는다. 침묵하거나 얼렁뚱땅 사과하는 것으로 끝이다. 그래도 문제를 제기하면 지지 세력이 공격하고 매도한다. 그렇게 혐의는 묻히고 당사자는 대중 앞에 나와 연예인처럼 새로운 이미지를 각인시킨다.

프랑켄슈타인의 이름을 모르는 독자는 없겠지만 200여 년 전 영국에서 살았던 18세의 여성 작가가 쓴 소설이라는 사실을 알면 대부분 놀란다. 프랑켄

슈타인이 괴물의 이름이 아니라고 하면 또 한 번 놀란다. 괴물을 만든 사람이 빅터 프랑켄슈타인이다. 그런데도 프랑켄슈타인은 인간이 만든 괴물의 대명사가 되었다.

빅터는 생명을 창조하는 데 성공했지만 그 모습이 너무나 흉측해서 무책임하게 도망쳤다. 태어나자마자 버림받은 데 분노한 괴물은 빅터를 찾아가 힘을 가진 자기가 주인이라며 노예처럼 자기가 시키는 대로 하라고 명령한다. 말을 듣지 않으면 고통을 주겠다고 협박한다. 결국 빅터는 괴물에게 사랑하는 사람들을 모두 잃고 자신도 죽음에 이른다.

선거 전에는 국민의 종이라며 땅바닥에 엎드려 표를 구하지만 선출되고 나면 '네가 뽑았지만 내가 너의 주인이다, 복종하라'며 자유를 억압하고 괴롭히는 정치인이 대부분이다. 그 어떤 죄를 지어도 책임지지 않고 처벌받지 않는 것이 우리의 정치 현실이다. 우리는 어떤 미래를 창조하고 싶은 것인가? 우리가 만들고 남긴 것들이 훗날 우리의 이름으로 기억될 것이다. 한번 결정되면 돌이킬 수 없다. 괴물을 만들고 고통받은 프랑켄슈타인이 되지는 말아야 한다. 지난 5년, 충분히 경험하지 않았던가.

141 세상이 무너지지 않는 이유

균열은 바로 내 눈앞에서 순식간에 벌어졌다. 한줄기 회오리바람이 사납게 몰아쳤다. 꽉 찬 보름달이 눈앞에서 폭발하는 것 같았다. 거대한 벽이 무너져 내리는 순간, 머릿속이 핑핑 돌았다. 벼락처럼 길고도 사나운 굉음이 들려왔다. 저택을 둘러싸고 있던 깊고 검은 호수가 서서히, 그리고 조용히 어셔 가의 잔해를 집어삼켰다.   - 에드거 앨런 포 '어셔가의 몰락'(1839년, 미국) 중에서 새해가 시작된 지 얼마나 됐다고 사건 사고의 연속이다. 지난 5일, 평택에서 발생한 냉동 창고 화재 진압 과정에서 소방관 세 명이 안타깝게 순직했다. 14일엔 광주광역시의 아파트 건축 현장에서 외벽 붕괴 사고가 일어나 다수의 실종자와 사망자를 낳았다. 북한도 5일과 11일, 14일, 벌써 세 차례나 미사일 도발을 감행했다.

어셔가(家)는 왜 몰락했을까? 유서 깊은 가문이었지만 낡고 음산한 저택에 남겨진 건 세상과 단절되어 살아가던 로드릭과 마들렌이라는 병약한 남매뿐이었다. 로드릭은 여동생의 죽음을 끝까지 지켜볼 용기가 없어서 가사 상태인 줄 알면서도 그녀를 관에 넣고 못을 박는다. 그 후 로드릭의 심장을 옥죈 죄책감과 공포심은 그와 어셔가를 서둘러 파국의 골짜기로 이끈다.

소방 현장에서 상황 판단을 제대로 못 한 지휘관의 무리한 지시가 있었다고 한다. 건설 현장 사고도 부실 공사의 가능성이 높다고 한다. 연속된 북한의 도발에도 군 통수권자는 언제나처럼 '주시하라'는 말만 남긴 채 중동으로 떠났다. 과도한 코로나 방역으로 평범한 일상이 무너져 가는 와중에 일어나지 말아야 할 사고로 잃지 말아야 할 목숨을 잃는 사건들을 접할 때마다 많은 사람의 가슴은 졸아든다.

지난 11일에도 기억해야 할 사고가 있었다. 스물여덟 살의 공군 소령이 이륙 직후 기체 이상으로 추락, 순직했다. 탈출할 수 있었지만 민가에 피해가 가지 않도록 인근 야산까지 조종을 계속했던 것으로 알려졌다. 사는 게 살얼음판이다. 그래도 작지만 소중한 것들, 사랑하는 사람들을 지켜내려 애쓰는 이들의 뜨거운 가슴이 있어서 세상은 무너지지 않는다.

142 선물하고 뺨 맞기

> 여우가 두루미를 식사에 초대했다. 여우는 납작한 접시에 수프를 담아 내왔다. 부리가 긴 두루미는 수프를 한 모금도 먹을 수 없었다. 여우는 두루미가 먹지 못한 수프까지 싹싹 핥아먹었다. 화가 난 두루미는 며칠 후, 여우를 초대했다. 두루미는 목이 긴 호리병에 고기를 담아 내왔고 여우는 먹을 수 없었다. 두루미는 여우의 고기까지 맛있게 먹어 치웠다.
>
> – 이솝 '여우와 두루미'(BC 6세기, 고대 그리스) 중에서

주한 일본 대사가 청와대의 설 선물을 돌려보냈다. 선물 상자에 독도가 그려져 있는 게 불쾌하다는 이유였다. 그래도 선물을 반송하다니, 하고 생각했지만 몇 해 전 도쿄 한일 정상회담 때의 오찬이 떠올랐다. 아베 전 총리가 정부 수장에게 취임 1주년 축하 케이크를 선물하자 '단 것을 잘 못 먹는다'며 면전에서 거절하지 않았던가.

이솝 또는 아이소포스라 불리는 고대 그리스 작가의 수많은 우화는 겹겹이 쓴 가면을 벗겨내며 우리가 감추고 싶은 인간의 본성과 그 관계의 허상을 드러낸다. 여우는 왜 접시에 음식을 담았을까? 두루미의 부리가 길다는 걸 깜빡했을까? 그릇이 납작 접시밖에 없었을까? 단순한 실수인지 심술궂은 장난인지 알 수 없지만 손님에 대한 배려가 없었던 것은 분명하다. 그러니 쫄쫄 굶고 돌아간 두루미의 초대를 받았을 때 제대로 대접받으리라 기대했다면 어리석기 짝이 없다.

아이들끼리 오목을 두더라도 상대의 다음 수를 생각하며 돌을 놓기 마련이다. 설을 맞아 1만 5,000명에게 똑같이 보냈다지만 '여긴 우리 땅'이란 주장이 담긴 선물이 일본 대사관에 도착하리라는 걸 몰랐을 리 없다. 그러면 일본이

어떻게 반응하리라는 것을 예상하지 못했을까? 혹시 언론 보도가 나가면 또다시 국민의 반일 감정이 고조되길 바란 걸까?

영화 '라이프 오브 파이'를 보았을 때 배가 침몰한 장소를 나타내는 지도 한쪽에 영어로 '일본해'라고 표기된 것을 발견하고 아쉬웠던 적 있다. 우리 것을 지키려면 더 강하고 더 현명해져야 한다. 청와대는 일본이 독도 영유권을 다시 한번 큰 소리로 주장할 기회를 선물한 셈이다. 정말 독도를 지킬 마음이 있는 것인가? 반일 정서를 부채질하면서 청와대의 본심은 위일(爲日)이 아닐까, 종종 의심스럽다.

143 세금 도둑이 너무 많다

"정말 신기한 건, 관료들이 정한 법을 제일 먼저 어기는 사람들이 관료들 본인이라는 사실이에요." 기자가 말했다. "지난 7년간의 입출금 내역도 확보했습니다." 와이셔츠의 눈동자가 이리저리 헤매기 시작했다. "누군가의 과거를 진지하게 파기 시작하면, 대개는 그 사람 혼자만 간직하는 게 낫겠다 싶은 것들을 발견하게 되죠."

– 프레드릭 배크만 '오베라는 남자'(2012년, 스웨덴) 중에서

경기도지사였던 대선 후보의 아내가 남편이 좋아한다며 한우와 샌드위치 등을 사는 데 법인 카드를 유용했다고 한다. 그녀의 남편은 "나라에 돈이 없는 게 아니라 도둑이 너무 많다"고 말한 적 있다. 사익을 위해 국민의 세금을 쓰는 것이 엄연한 도둑질이라는 뜻이다.

청소년 방역 패스를 강요해 온 질병청은 소속 공무원과 가족, 그들 자녀의

백신 접종 현황 자료를 공개하라는 국회의 요구를 두 차례나 거부했다. 솔선수범했다면 떳떳하게 내놓았을 것이다.

오베는 근면하게 일하고 성실하게 세금을 납부해왔지만 국가의 도움을 받은 적은 없다. 오히려 부모님이 남겨준 집을 도시개발이란 명목으로 나라에 빼앗겼고 하반신이 마비된 아내를 위해 수없이 탄원했지만 아무런 배려도 받지 못했다.

그의 아내가 반대하는데도 알츠하이머에 걸린 친구를 요양원에 강제 이송시키려 하자 오베는 사회복지과에 항의한다. 뜻을 같이한 지역신문 기자는 요양원 사업으로 부당한 이익을 취해온 정황을 포착한다. 숨길 게 많은 담당자는 그제야 물러선다. 와이셔츠로 대변되는 권위적인 관료들, 나랏일 한다면서 개인의 자유와 권리만 훔쳐 온 자들에게서 오베가 얻어낸 작은 승리였다.

'누구도 무언가를 제대로 해낼 능력이 없다는 사실에 나라 전체가 기립 박수를 보내고 있는 상황, 범속함을 거리낌 없이 찬양해 대는 세상'이다. 자신과 가족만 위하면서 입으로는 정의롭고 공정한 사회를 만들겠다는 사람들 대신, 원칙을 지키며 실천하는 사람들, 말이 아닌 행동으로 청렴과 정직과 헌신을 증명하는 사람들이 존중받고 성공하며 우리 사회를 이끌어가길 바라는 것은 이제 너무 큰 꿈이 되었다.

144 코로나 방역보다 중요한 것

조는 베스가 얼마나 아름답고 다정한 성품을 타고났는지, 모든 이의 마음 깊숙한 곳을 얼마나 다정하게 채워주었는지 깨달았다. 남을 위해 희생하고 누구에게나 있을지 모를 소박한 선함을 실천함으로써 행복하게 만들어 준 베스의 이타적인 마음이 얼마나 가치 있는지도 알게 되었다. 그 선함은 다른 모든 재능보다 더 사랑받고 귀하게 대접받아야 마땅했다.

– 루이자 메이 올컷 '작은 아씨들'(1868년, 미국) 중에서

문구점에서 아르바이트 점원에게 혼이 났다. 필통을 고르는데 안경에 김이 서려서 마스크를 올렸다 내렸기 때문이다. "마스크 똑바로 쓰세요!" 매장이 떠나갈 듯 몇 번이나 소리쳐서 누가 저렇게 무식하게 떠드나 했더니 나에게 치는 호통이었다. 호랑이 선생님에게 딱 걸린 아이처럼, 찍소리도 못하고 냉큼 코를 덮었다.

고속도로 휴게소 화장실 가까운 데 주차하고 급히 뛰어내려 거동이 불편한 어머니를 부축했다. 안전하게 들어가시도록 화장실 출입문을 활짝 열었다. 한 여성이 어머니의 뒤를 따르기에 나는 밖에서 문을 잡고 서 있었다. 여자가 뭐라고 하는 것 같았는데 고맙다는 말인 줄 알고 싱긋 웃었다. 그녀는 화가 났는지 자기 마스크를 가리키며 크게 외쳤다. "마스크 쓰라고요!"

'작은 아씨들'은 어려움 속에서도 진실하게 살아가는 네 자매의 모습을 보여주지만 셋째 딸 베스는 일찍 세상을 떠난다. 가난한 이웃을 돌보다가 성홍열에 감염된 베스는 건강을 회복하지 못했다. 하지만 이웃을 탓하고 책임지게 해야 한다는 원망은 소설 속에 단 한 마디도 나오지 않는다.

코로나 방역은 어떤 이에게는 죽음의 공포를, 또 어떤 이에게는 지적하고 훈계하고 고발해야 한다는 의무감을 일깨웠다. 9시 넘어 영업하는 가게를 이웃 가게 주인이 신고하는 사례도 부쩍 늘었다고 한다.

방역 지침 준수야말로 지상 최고의 덕목이며 서로 감시해야 좋은 사회를 만들 수 있다고 믿는 사람들이 많다. 하지만 그보다 더 중요한 걸 잊었다. 지적하기 전에 '실례합니다만'이 먼저다. 문을 열어주면 '고맙습니다'가 예의다. 힘

든 세상일수록 우리를 견디게 하는 건 '다정한 성품'과 '소박한 선함'이 건네는 작은 행복이다.

145 더 나은 내일을 기다리기 때문이다

자, 기회가 왔으니 그동안 무엇이든 하자. 우리 같은 놈들을 필요로 하는 일이 항상 있는 건 아니니까. 하지만 문제는 그런 게 아니야. 문제는 지금 이 자리에서 우리가 뭘 해야 하는가를 따져보는 거란 말이다. 우린 다행히도 그걸 알고 있거든. 이 모든 혼돈 속에서도 단 하나 확실한 게 있지. 그건 고도가 오기를 우린 기다리고 있다는 거야.

- 사무엘 베케트 '고도를 기다리며'(1952년, 프랑스) 중에서

대통령이 되겠다는 사람들의 모습이 담긴 벽보가 거리마다 나붙었다. 파라다이스를 약속하며 근사하게 웃고 있는 사진 속 후보는 자그마치 14명이나 된다. 당선되리라는 확신보다 다른 무언가를 위해 대통령 후보였다는 이력이 필요해서 나선 이들이 대부분일 것이다. 그래도 유권자는 그들 중 더 좋은 나라를 만들어 줄 인물이 있으리라 믿고 싶어 한다.

2주 더! 3주 더! 꼬리에 꼬리를 물며 정부가 백신 접종을 강제하고 사회적 거리 두기를 강요한 지 2년이 넘었다. 하지만 확진자 수는 계속 증가해서 최근엔 10만을 넘었다. 그래서 얼마큼의 피해를 보았나? 국민은 무엇을 위해 시키면 시키는 대로 그 까다로운 방역 지침을 지켜온 것인가?

두 남자가 고도를 기다린다. 고도가 누구인지는 모른다. 왜 기다려야 하는지도 모른다. 그가 꼭 온다는 보장도 없다. 그를 만나서 무엇을 할지 생각해

본 적도 없다. 그래도 날이면 날마다 고도를 기다린다. 이 허망한 작품은 하나 마나 한 소리, 해도 그만, 안 해도 그만인 행동을 반복할 뿐, 고도는 끝내 오지 않는다.

사람들은 늘 무언가를 기다린다. 누군가는 출세와 권력을, 어떤 이는 정권 재창출 또는 정권 교체를 기다린다. 대부분의 사람은 조금 더 좋은 사회를, 노력한 만큼 정당한 보상이 주어지는 세상을 바란다. 무엇보다 마스크 없이 공부하고, 백신 없이 일하고, 언제 어디서든 자유롭게 살아갈 수 있는 평범한 일상을 기다린다.

오늘과 다른 내일을 기다리는 것만이 살아갈 힘이 될 때가 있다. 선거를 앞두고 또 많은 사람이 신바람 나는 미래가 오기를 간절히 기다리고 있다.

146 전쟁, 우리는 안전한가

국가가 존재하고 또 굶어 죽지 않으려고 먹는 빵처럼 국가가 꼭 필요한 것이라면, 누군가 지키러 가야 합니다. 아이들은 스무 살이면 입대합니다. 그들은 부모의 눈물을 원하지 않습니다. 아이들이 인생의 추함이나 삶의 씁쓸한 환멸을 겪지 않고 젊은 나이에 열정적으로 죽는다면 무엇을 더 바라겠습니까? 울음을 그쳐야 합니다. 웃어야 합니다. 저처럼 말입니다.

— 루이지 피란델로 '전쟁'(1918년, 이탈리아) 중에서

병장이 된 지인의 아들이 휴가를 나왔을 때였다. 좀 일찍 복귀할 수 없느냐고, 후배 병사가 전화로 진지하게 묻더란다. 북한이 연달아 미사일을 쏘아대서 비상이 걸렸는데 신참이라 아는 것은 없고 어지간히 답답했던 모양이다.

무사히 휴가를 마치고 귀대했지만 병사는 업무에 즉시 복귀할 수 없었다. 일정 기간 코로나 음성 판정을 기다려야 했고 해제될 즈음에는 확진자가 나왔다는 이유로 부대 전체에 격리 조처가 내려졌다. '그럼 나라는 누가 지켜?' 했지만 공연한 걱정이었을 것이다. 우리 군사력은 세계 6위란다.

인용한 짧은 소설은 외아들을 최전선에 보낸 부모를 위로하는 어느 전사자의 아버지를 묘사한다. 병사의 어머니는 행여 전사 통지서를 받게 되지 않을까 두렵기만 하다. 그러자 전사자의 아버지가 그녀를 위로한다. 자식이 때 묻지 않은 인생을 살다 국가를 위해 죽는다면 기쁜 일이라고 호기롭게 말한다. 하지만 "아드님이 정말 죽었나요?"라는 질문을 받자 덩치 큰 이 남자는 새삼 아무 말도 못 하고 가슴이 찢어지도록 울음을 터뜨리고 만다.

지난해에는 아프가니스탄이 탈레반에 점령되더니 이번엔 우크라이나가 전쟁의 무대가 되었다. 경제, 군사, 외교 면에서 상호보완적일 때 유지되는 것이 평화다. 힘의 균형이 무너지고 동등한 이익을 주고받을 수 없을 때, 싸워서 얻는 게 더 많다는 계산이 나올 때 전쟁은 시작된다.

먼 나라 전쟁의 불똥이 물가 상승으로 번지고 있지만 내전과도 같은 정치권의 혼란과 분열은 쉽게 끝날 것 같지 않다. 국민의 안전과 우리 젊은이들의 목숨을 헛되이 잃지 않을 만큼 국방은 정말 튼튼한가? 복잡한 국제 관계 속에서 우리가 전쟁과 무관하다고 누가 장담할 수 있을까?

147 선거 개표의 밤을 앞두고

마녀들 : 맥베스 만세, 글램즈 영주 만세! 코더 영주 만세! 곧 왕이 되실 분 만세!

뱅쿠오 장군 : 만약 너희가 시간의 씨앗을 들여다볼 수 있어 어떤 씨가 자라고, 자라지 않을지를 안다면 내게도 말해다오.
　　마녀들 : 맥베스보다는 못하나 더 위대하도다. 맥베스보다는 못하나 더 행복하도다. 왕이 되지는 못하나 후손이 왕이 되리니.
- 윌리엄 셰익스피어 '맥베스'(1623년, 영국) 중에서

교차로에서 아주머니 한 분이 길을 물었다. 답을 하고 나란히 서서 신호등이 바뀌기를 기다리는데 유튜브에서 여당 후보의 욕설을 들어봤느냐고 그녀가 내게 물었다. 그토록 상스러운 사람이 어찌 대통령이 될 수 있겠느냐는 거였다.

얼마 전에 만난 지인은 여당 지지자였는데 그의 고민은 좀 더 현실적이었다. 현 정부가 세금을 너무 올려서 정권 교체의 필요성은 절감하지만 1번을 버릴 정도로 2번 후보의 메리트가 크지 않다는 말이었다.

'맥베스'는 아들을 얻기 위해 이혼과 참수와 재혼을 반복했던 헨리 8세의 사후, 피비린내 나는 왕위 계승전의 끝에서 완성된 희곡이다. 왕관은 아들에서 생질녀의 딸로, 다시 장녀에게서 앤 불린의 딸, 엘리자베스에게 넘어갔다. 후손이 없던 여왕의 뒤를 이은 건 권력다툼에서 밀려나 폐위되고 목이 잘린 메리의 아들 제임스였다. 셰익스피어는 이 작품에서 제임스1세가 강직한 뱅쿠오 장군의 후손임을 암시함으로써 왕의 정통성을 천명했다.

왕의 권위는 혈통에서 나오지만 대통령의 자격은 그동안 어떤 일을 해왔는가, 앞으로 어떤 일을 해낼 것인가에 달렸다. 맥베스가 실패한 원인도 마녀의 예언과 아내의 충동질 덕에 왕이 되긴 했으나 세상을 위한 비전을 스스로 갖지 못한 탓이었다.

왕과 대통령은 다르다. 그러나 그들이 무엇을 꿈꾸는 사람인가에 따라 국

가의 운명은 달라진다. 부조리했던 5년을 견디고 다시금 부강한 나라, 잘사는 국민을 위해 일해 줄 리더를 기대하는 많은 유권자의 잠 못 드는 밤이 다가오고 있다.

148 풍수와 청와대

게르만은 미끄러져 들어온 하얀 여인이 죽은 백작 부인임을 알아보았다. "나는 오고 싶지 않았는데" 그녀가 말했다. "네 청을 들어주라는 명령을 받아서 왔어. 3, 7, 1을 차례로 걸면 이길 거야. 하루에 카드 한 장 이상은 걸지 않아야 하고 이후에는 일생 동안 도박을 해선 안 돼. 또 네가 내 양녀 리자베타와 결혼한다면 날 죽게 만든 걸 용서해 주겠어.

— 알렉산드르 푸시킨 '스페이드의 여왕'(1833년, 러시아) 중에서

대통령 당선인이 청와대에 들어가지 않겠다고 했다. 집무실과 관사를 광화문으로 옮기겠다는 것이다. 그러나 광화문은 대규모 시위 공간이 된 지 오래다. 또한 경호나 비서진 실무 공간 확보 등 현실적인 문제 때문에 현 정부도 실행하지 못한 공약이었다.

젊은 장교 게르만은 사교계의 늙은 백작 부인이 젊은 시절, 도박에서 연달아 세 판을 이겨 엄청난 돈을 딴 적 있다는 이야기를 듣는다. 그는 치밀한 계획 끝에 노부인의 방에 숨어든다. 하지만 늦은 밤 갑자기 나타난 청년이 도박의 비밀을 말하라며 총을 들고 협박하자 놀란 노부인은 심장마비로 죽고 만다.

직접 살인한 건 아니었지만 꺼림칙했던 게르만 앞에 백작 부인이 나타나 돈 따는 비결을 알려준다. 반신반의했지만 그는 이틀 연속 큰돈을 딴다. 그러나

세 번째 날, 돈과 인생, 모든 것을 잃는다. 부인의 지시대로 분명 1, 즉 에이스를 냈는데 테이블에 던져진 카드는 스페이드 퀸이었다. 너무 긴장한 탓에 저지른 실수였을까, 백작 부인의 저주였을까?

러시아 문학의 아버지라 불리는 푸시킨의 소설 속 주인공은 꿈인지 생시인지 모를 죽은 자의 말을 믿고 운명을 걸었다. 청와대 터가 험해서 국가 분란과 대통령들의 불운이 끊이지 않는다는 말을 믿는 사람들이 많다. 역대 대통령들이 퇴임 후 행복한 삶을 살지 못했던 것은 사실이다. 현 정권도 "풍수상의 불길한 점을 생각해 옮겨야 하는데"라고 브리핑을 한 적 있다.

'제왕적' 권력의 상징을 청산하겠다며 이전 의지를 분명히 하고 있는 당선자의 공약이 이번엔 실현될까? 현직을 포함, 역대 대통령들의 말년 불행이 풍수 때문인지 아닌지 비교, 확인해 볼 수 있게 될지도 모르겠다.

149 부패한 정치인이 가는 지옥

단테는 자신의 직위를 이용하여 사리사욕을 채운 탐관오리들을 본다. 그들은 펄펄 끓는 역청 속에 잠겨 벌 받으면서 무시무시한 악마들의 감시를 받는다. "이놈이 관리였어. 거기는 죄다 도둑놈들이지. '아니오'도 돈이면 금방 '네'로 바뀌거든." 마귀는 죄인을 밑으로 던지고는 소리를 질렀다. "쇠갈퀴가 싫으면 역청 위로 대가릴 내밀지 마!" 그러더니 백 개도 넘는 쇠갈퀴로 그를 찔러댔다.

— 단테 알리기에리 '신곡'(1320년, 이탈리아) 중에서

청와대가 시켜 먹은 호텔 도시락이 얼마짜리인지, 배우자의 몸치장에 얼마나 많은 세금이 쓰였는지 알려줄 수 없단다. 현 정부가 특수활동비 등의 지출

내역을 공개하라는 법원 명령을 거부했다. 공익을 해칠 수 있기 때문이라는데, 상대적 박탈감과 빈곤감, 그동안 속았구나 하는 배신감에 화병이 난 국민들이 폭동이라도 일으킬까 걱정된다는 뜻일까?

대통령이 되면 세금을 어디에 어떻게 얼마나 썼는지 아무도 모르게 유용할 수 있는 특권을 받는다. 월급 외 별도의 세금으로 배우자를 마음껏 먹이고 입히고 사치스럽게 꾸밀 수 있는 특혜도 누린다.

국회의원 300명도 그에 못지않은 특권을 갖는다. 오죽하면 저승에 간 국회의원이 생전에 누린 혜택을 늘어놓자 "그래도 나라가 안 망한단 말이냐. 나도 신 노릇 때려치우고 대한민국 국회의원이나 해야겠다"며 하느님이 노여워했다는 농담까지 생겼을까.

'신곡'은 지옥과 연옥, 천국을 차례로 돌아본 저승세계 여행기다. 지옥은 아홉 층으로 나뉘어 음욕, 식탐, 사기, 폭력 등의 죄를 지은 자들을 벌한다. 그중 국민의 고혈을 짠 부패한 정치인은 뜨거운 기름지옥에 떨어진다. 허우적거리다 고개라도 내밀면 악마가 쇠갈퀴로 갈기갈기 사지를 찢어버린다.

정치권의 부정부패에 분노해 봐야 그들의 특권은 계속해서 늘어만 간다. 선거 때는 공익을 위해 일하겠다며 엎드리지만 선출되면 자신들만의 사익을 도모한다. 5년 전보다 세금을 40%나 더 내야 하는 국민은 사후 그들을 데려간다는 지옥이나 상상하며 한숨 쉴 수밖에.

150 죽음의 홍수, 누가 책임지나

다음 차례는 누구일까? 어쩌면 나 아닐까? 남의 죽음은 필연적으로 우리 자신의 죽음을 생각하게 한다. 오늘 아침 내가 침대에 틀어박혀 골몰했던 생각도 그런 것이었다. 머리와 발치에 구리 창살이 있는 이 침대는 나의 임종 침상이 되리라. 나는 죽음보다는 장례식을 상상한다. 그 편이 기분이 좀 낫다. 적어도 고인에게 가장 힘든 순간은 이미 지나고 난 후다.

- 베로니크 뒤 뷔르 '체리토마토파이'(2017년, 프랑스) 중에서

코로나 때문에 사망자가 급증, 화장터와 시신 보관 냉장 시설이 포화 상태라고 한다. 식품 냉동 탑차나 정육 보관용 냉동 창고를 이용하는 장례업체도 있단다. 죽음의 밀물이 정점을 찍을 때 수명이 다하면 고기를 보관하던 냉동실에서 다른 망자들과 섞여 며칠을 기다려야 한다니, 그마저도 없으면 상온에서 부패하여 악취를 풍길 수도 있다니 상상하기도 싫다.

일기 형식의 소설 속 주인공은 아흔 살의 할머니다. 자식들은 도시에서 살고 있고 남편은 몇 년 전 세상을 떠났다. 몸은 점차 쇠약해지고 정신도 깜빡깜빡할 때가 많지만 그녀는 혼자 장보고 책 읽고 텃밭 가꾸는 조용한 생활이 좋다. 하지만 가까운 친구와 지인들의 부음이 하나둘 쌓여가고 친척의 장례식에 다녀온 뒤, 그녀는 자신의 죽음을 생각한다.

아흔한 번째 생일을 보내고 어느 봄날, 일기는 끝난다. 잔은 침대에서 평화로운 죽음을 맞았을 것이다. 그녀의 침실에서 자식과 손자들이 마지막 입맞춤을 했을지도 모른다. 그녀의 바람대로 꽃과 노래가 함께하는 소박한 장례식이 끝난 뒤 남편 옆에 묻혔을 것이다. 우리네 현실에서는 불가능한, 그러나 누구라도 부러워할 만한 아름답고 평온한 인생의 종막이다.

잘 사는 것도 복이지만 잘 죽고 잘 묻힐 수 있는 것도 큰 복이구나, 새삼 깨닫게 해주는 시절이다. 마스크 써라, 백신 맞아라, 만나지 말라, 임종하지 말라, 바로 화장해라! 얼마나 혹독한 방역이었나. 그런데도 확진자 수, 사망자 수는 세계 1위란다. 국민은 정부를 믿고 방역 지침을 따랐다. 죽음의 홍수라는

참담한 결과에 대해 정책 시행자는 책임져야 한다.

151 절대 반지 그리고 송곳과 채칼

이건 생각보다 훨씬 더 무서운 반지야. 그것을 소유한 사람은 완전히 압도당하게 된다네. 반지가 사람을 소유하게 되는 셈이지. 결국에는 반지를 지배하는 암흑의 권능이 감시하는 미명의 지대를 헤매게 된다네. 의지력이 강하거나 원래 선량한 사람이라면 그 순간이 다소 지연될 수도 있겠지만, 의지력이나 선량함도 영원히 지속될 수는 없는 법일세. 결국엔 암흑의 권능에 사로잡히고 마는 거지.

- J.R.R.톨킨 '반지의 제왕'(1954년, 영국) 중에서

전 법무부 장관 딸의 대학, 의전원 경력이 삭제됐다. 입학 자격을 갖추지 못했다는 대법원의 판결에 따른 후속 조치다. 의사면허도 취소 절차에 들어갔다. 그는 '송곳으로 심장을 찌르고 채칼로 살갗을 벗겨내는 것 같은 고통'이라며 괴로움을 호소했다.

2014년 아시안게임에서 금메달을 따고 대학에 특례입학했으나 정치 싸움에 휘말린 결과 학력을 포함, 많은 것을 잃어야 했던 전 승마 선수를 떠올리는 사람이 많다. 당시 그는 그녀와 그녀의 엄마를 얼마나 모질게 비난하고 매도했던가. 지금 그가 고통스럽다면 아비로서가 아니라 분에 넘치는 힘을 휘둘렀던 시간에 대해 마땅히 치러야 하는 대가일 것이다.

마법의 반지는 지배하고 싶은 욕망을 일깨운다. 훔치고 빼앗아서라도 가지라고 다그친다. 속이고 때리고 죽여서라도 높이 오르라고 재촉한다. 악을 소탕

하고 비뚤어진 사회를 바로잡는 데 그 힘을 사용하겠다고 맹세해도 반지는 착한 욕망에 만족하지 않는다. 그 속성을 아는 현자들은 반지를 두려워하여 만지려고도 하지 않는다.

소설에서는 반지를 파기하고 악을 물리치고 세상의 평화를 되찾는다. 하지만 현실에서 권력을 향한 인간의 욕망은 죽지 않는다. 탐욕스러운 권력자들이 재촉하는 불행과 그 밑에서 신음하는 사람들로 세상은 하루도 평온할 날이 없다.

지방선거를 앞두고 내가 적임자다, 이 사람이 유능하다, 저 사람을 밀어달라, 앞에 나선 이들과 뒤에서 미는 사람들, 정당마다 지역마다 후보 경쟁이 치열하다. 훗날 '송곳과 채칼'로 살을 저미는 고통을 느낀다며 울먹일 사람은 아닐까, 눈여겨보게 된다.

152 마기꾼과 마실감 그리고 마르소나

> 느낌이 이상했다. 몸이 더 젊고 더 가볍고 더 행복해진 느낌이었다. 그 안에 통제할 수 없이 무모해진 내가 있었다. 감각적인 이미지들이 마구 얽힌 채 머릿속을 급류처럼 흘러갔다. 의무감은 녹아내렸으며, 영혼은 낯설고 순수하지 않은 자유를 갈구했다. 마치 와인을 마실 때처럼 나는 쾌감을 느꼈다.
> – 로버트 루이스 스티븐슨 '지킬 박사와 하이드 씨'(1886년, 영국) 중에서

거리 두기가 해제되었지만 마스크 쓰기는 계속된다. 실외에서 마스크가 의무였던 적은 없다. 그런데도 한산한 등산로나 산책길에서, 혼자 자전거를 타고 혼자 조깅하고 혼자 운전하면서도 마스크를 벗지 않는다. 마스크를 쓰고 꽃

놀이 데이트를 하고 마스크를 씌운 아기를 안고 가족사진을 찍는다.

꼭 방역 때문이 아니더라도 마스크를 써서 좋다는 사람들이 의외로 많다. 햇볕에 얼굴이 타지 않아서, 화장을 안 해도 되니까, 못생긴 얼굴이 가려지니까. 마스크를 벗으면 못생겨 보이는 사람을 '마기꾼'이라고 한단다. 마스크와 사기꾼의 합성어다. 마스크 의무가 사라지면 '마실감(상실감)'을 호소하는 사람도 많을 것 같다. 남의 눈치 보며 썼던 마스크는 자신을 감추는 '마르소나', 즉 또 다른 얼굴, 페르소나가 아니었을까.

지킬 박사는 선과 악을 분리하는 실험에 성공한다. 그는 자신이 개발한 약을 먹고 악의 화신, 하이드가 된다. 억압해 두었던 본성을 발현시킬 때의 쾌감은 굉장한 것이었다. 하지만 그의 선한 영혼은 하이드에게 점령당해 사라져 간다.

혹시 마스크를 쓰지 않은 사람을 보면 화가 나는가. 우월감을 느끼고 마스크를 쓰라며 혼내주고 싶은가. 억눌렸던 제2의 인격이 마스크 안에서 자란 것일지 모른다. 세 살부터 마스크를 쓴 아기들은 여든까지 그 트라우마를 벗어나지 못할 수도 있다. 어른들도 쇼윈도에 비친 맨얼굴을 보면 화들짝 놀랄지도 모르겠다. 하이드에서 돌아올 수 없었던 지킬 박사처럼.

확진자가 매일 수십만씩 나온다면서도 제재를 푼다는 건 그만큼 위험성이 낮다는 뜻이다. 이제 가면을 벗어야 한다. 얼굴과 표정을 되찾아야 한다. 거리에서 만났을 때 웃으며 반겨주던 환하고 아름다운 당신의 미소를.

153 보험 살인과 검수완박

계산적인 범죄가 자신의 본모습을 잃었을 때, 온전한 인격과 완벽히 합치하지 않을 때 저질러진다고 가정하는 것만큼 큰 실수는 없다. 본디 흉악한 자가 살인을 저지른다. 대담하고도 뻔뻔하게 저지른다. 악명 높은 범죄자가 양심에 비추어 보면서 흉악한 범죄를 담대하게 저질렀다면 놀랄 일이다. 범죄를 양심에 비춰볼 수 있다면, 혹은 비춰볼 양심이라도 있다면 범죄를 저지르겠는가?

―찰스 디킨스 '생명보험 사기 사건'(1859년, 영국) 중에서

죽음이 두 사람을 갈라놓자마자 젊은 아내는 장례식장에서 웃고 떠들고 게임을 했다. 남편이 죽은 지 한 달, 그녀는 연인과 함께 외국 여행을 다녔다. 평소 사이가 좋지 않았다면 남편의 죽음이 슬프지 않을 수 있다. 남편 앞으로 들었던 보험금을 타서 애인과 새 인생을 시작할 꿈에 부풀 수도 있다. 그래도 양심이 있다면 속마음을 감추고 눈물을 보이기 마련이다.

보험금을 위한 살인은 드물지 않다. 찰스 디킨스도 유산 상속과 보험 수령을 목적으로 친지들을 죽인 연쇄 살인범의 실제 사건에 착안, 보험 사기 살인 사건을 미스터리 단편소설로 쓴 적 있다. 슬링턴은 유산을 가로챌 목적으로 조카를 독살한다. 이웃집 남자를 속여 자신을 수령인으로 한 뒤 생명보험에 가입시킨다. 물론 그 또한 죽일 계획이다. 현실과 달리 소설에서는 다행히도 범인은 벌을 받고 위험에 빠져 있던 또 한 명의 조카는 목숨을 구한다.

가평계곡 살인사건 석 달 만에 내사가 종결되었다가 유가족 요청으로 재수사에 들어갔으나 흐지부지되었다. 잠자고 있던 사건이 깨어난 건 그로부터 2년 뒤, 인천지검이 수사를 재개하면서였다. 용의자가 검거된 건 사건 발생 3년 만이다. 검찰의 수사권이 없었다면 영원히 묻혔을 것이다. 그랬다면 용의자에 의해 또 다른 희생자가 몇 명 더 생겼을지도 모를 일이다.

현재 재논의에 들어간 검찰 수사권 완전 박탈(검수완박)이 실현되면 얼마나 많은 사건의 진실이 묻히게 될지 알 수 없다. 개혁은 검찰에만 필요한가? 경찰

은 개혁이나 견제가 필요 없는 기관인가? 어떤 제도나 시스템도 완전하지 않다. 가장 위험한 것이 독점이다. 경찰만의 수사권은 선량한 국민을 위한 것이 아니다. 국민을 위해 일해야 할 국회는 누구를 위해 검수완박을 결정하려 하는가?

154 국민의 뜻이라는 입법 독재

> "당신이 보고서를 썼습니까?" 재판장이 물었다. "너잖아!" 다른 피고인이 손가락으로 한나를 가리켰다. "아닙니다. 내가 쓰지 않았습니다." 검사가 전문가에게 의뢰해서 보고서에 쓰인 필체와 한나의 필체를 비교해보자고 제안했다. "내 필체라고요?" 한나는 더욱더 불안한 태도를 보였다. 그녀가 말했다. "전문가까지 부를 필요 없습니다. 내가 그 보고서를 썼다는 사실을 시인합니다."
>
> – 베른하르트 슐링크 '책 읽어주는 남자'(1995년, 독일) 중에서

얼마 전 대통령 당선인 진영은 '검찰 수사권 완전 박탈' 논란을 국민투표로 끝내자고 제안했다. 선거관리위원회는 법적으로 불가하다고 했고, 국민투표란 히틀러가 좋아할 일이라며 대통령 집무실 이전 문제부터 물어보라고 비아냥댔다. 이에 대통령직인수위원회는 법을 바꾸자고 했다. 야당도 여당의 반대야말로 히틀러식 독재라며 비난했다.

결정하기 어려운 일이니 국민의 지혜로 결정해 주소서, 하는 모양새는 얼핏 민주적이고 국민 존중의 뜻이 담겨 있는 것처럼 보인다. 하지만 정치인 마음대로 발의한 사안마다 투표로 결정하자며 여론몰이를 한다면 그 책임은 온전히 국민 몫이 된다. 1934년 히틀러는 국민의 열렬한 찬성 속에서 총통이 되었다. 95.7%의 투표 참여, 88.1%의 찬성이라는 국민투표의 결과였다. 폭압은 늘 민

주주의라는 형식을 빌려 국민 선택의 결과였다는 정당성을 업고 시작된다.

그 시절 독일인으로 살았던 한나는 수용소의 가스실 살상에 일조했다는 혐의로 전범재판에 선다. 함께 기소된 다른 피고인들은 자신들의 죄를 가볍게 하려고 한나에게 모든 책임을 덮어씌운다. 한나는 읽고 쓸 줄 몰랐다. 보고서를 쓸 권한도 능력도 없었다. 하지만 문맹을 수치라고 여긴 그녀는 히틀러의 하수인이라는 비난을 선택하고 종신형을 선고받는다.

또 한 번의 국민투표는 필요 없었다. 여당이 국회에서 관련 법안들을 강행 처리, 모두 통과시켰다. 국민투표로 얻은 과반의 의석수 덕분이다. 검수완박은 다수당 마음대로 해도 돼, 하고 허락한 국민투표의 결과물인 셈이다. 시대의 불행은 통치자들의 권력욕과 오판 그리고 무책임으로 시작된다. 국민의 뜻이라는 명분으로 완성된 입법 독재는 결국 한나처럼 국민 한 사람 한 사람, 개인의 희생으로 귀결된다.

155 찬양의 시대는 가라

필센버그 대통령은 온 세상에 바다 향기를 전해 주는 존재였다. 기쁨을 주고, 죄를 사해 주며, 가슴을 뜨겁게 하고, 온종일 들뜨게 했다. 봄날의 벚나무 수목원처럼 더없이 매력적이었다. 폭풍처럼 시선을 사로잡고 현악기의 울림처럼 마음을 흔들었다. 작가들은 대통령을 맑은 시냇물, 반짝이는 보석, 여인의 사랑에 비유했다. 비굴해 보일 만큼 극찬의 말을 쏟아냈다.

— 로버트 휴 벤슨 '세상의 주인'(1907년, 영국) 중에서

'다섯 번의 봄, 당신과 함께여서 행복했습니다'라는 문장과 '촛불 정부'를 이

끈 부부의 밝은 웃음이 서울 중심가에 내걸렸다. 지지자들은 2018년 뉴욕 타임스퀘어, 2019년 서울역, 2020년 광주 지하철 그리고 2021년에는 잡지에 생일 축하 광고를 냈다. 이번 옥외 광고도 그들이 보낸 퇴임 선물이란다. 강남은 5월 12일까지, 광화문은 27일까지 게시된다.

촛불 정권이 끝났다. '하고 싶은 거 다 해'부터 '대한민국은 외교왕 보유국'까지, 돌아보면 지지자들을 앞세워 사랑받는 권력자 이미지를 홍보하고 광고하는 데 유별나게 집착한 정부였다. 세금과 물가는 치솟았고, 방역을 명분 삼아 영업의 자유, 외식의 자유, 쇼핑의 자유, 가족 모임의 자유 등 보통 사람들의 거의 모든 일상생활에 재갈을 물린 정권의 자격지심이었을까? 그들이 말하는 촛불 정신이란 녹아 사라지면서도 불평 한 마디 못하는, 국민의 침묵과 희생을 미화한 것은 아니었을까.

조지 오웰의 '1984'보다 40년 이상 일찍 나온 디스토피아 소설의 원조, 암울한 전체주의 세계를 그린 '세상의 주인'에서도 필센버그는 구세주처럼 떠올라 열렬한 찬양을 받는 대통령이 된다. 그는 개혁이란 이름으로 기존의 법들을 폐기하고 새로운 규칙과 법을 만들어 대중의 자유를 규제한다. 신격화된 대통령을 지지하고 찬양하지 않으면 절망과 죽음이 있을 뿐이다.

대통령과 국회의원은 숭배해야 할 대상이 아니다. 정치인이란 개인의 생명과 자유와 재산을 보호하고, 나라를 더 부강하게 만들겠다는 약속을 하고 일정 기간 국민에게서 권력을 위임받은 사람들이다. 그 덕에 자신은 물론 처자식까지 세금으로 호의호식하며 면죄부까지 누린다. 그러니 엄중히 감시하고 견제하고 비판해야 한다. 어리석은 찬양의 시대, 이제는 끝내야 한다.

156 성범죄에 관대한 법과 정치

> 방에 들어온 레몽 양은 상관이 그런 자세를 하고 있는 것을 보고는 역겨운 듯한, 그렇지만 체념한 듯한 표정으로 입을 삐죽 내밀었다. 왜냐하면 앞에 서자마자 재빠른 동작으로, 능숙한 손놀림으로 그녀의 치마 속에 손을 쑥 집어넣었기 때문이다. 그녀는 엉덩이를 홱 돌렸지만, 라부르댕은 이 분야에는 거의 예지력에 가까운 직감이 있었다. 그녀가 어떻게 피하든 간에 그는 항상 목적을 달성했다.
>
> – 피에르 르메트르 '오르부아르'(2015년, 프랑스) 중에서

더불어민주당의 성 추문이 또 터졌다. 오죽하면 '더듬어 만진당'이라 할까. 여성 보좌진이 피해를 신고했고 당이 사건을 조사한 뒤 당사자 의원을 제명 처리했다. 그는 전 서울시장, 전 부산시장, 전 충남지사 등의 성범죄와 관련 '참혹하고 부끄러운 심정'이라며 당을 대신해 사과한 적 있는 3선 의원이다.

대법원은 군대 내 합의된 동성 간 성관계 처벌은 잘못이라고 판결했다. 군의 동성애 허용으로 해석될 수 있는 판단인데 아랫사람이 자발적으로 합의했다는 증언을 어떻게 100% 믿을 수 있을까? 소설 속 문장을 빌리자면 '군인에게 진정한 위험은 적이 아니라 계급'이다. 상관이 허리띠를 풀라고 명령할 때 복종하지 않는 게 가능한가? 동물의 세계에서 가장 센 수컷이 암컷을 독점하는 것과 달리 인간 세계의 성은 권력 구조에 의해 사슬처럼 얽히고설키는 것 아닌가.

제1차 세계대전에 참전했던 병사들의 쓸쓸한 귀환과 그 전쟁으로 이익을 취하는 세상의 부조리를 그린 소설 속 인물 중 하나인 라부르댕은 재력가의 후원으로 구청장에 당선된다. 그는 자기보다 큰 권력 앞에서는 납작 엎드려

이익을 취하고, 약한 사람을 이용해 욕망을 채우는 능력이 탁월한 남자다. 여성 인권이 바닥이던 시절, 그의 여비서는 고발도 퇴직도 하지 않지만 '뒈져라, 이 더러운 놈아!' 속으로 욕하며 상관의 추행을 견딘다.

젊은 당대표의 성 상납 의혹에 대해 국민의힘당은 개인의 사생활 문제를 거론하는 건 적절치 않다는 입장을 내놓았다. 누구도 타인의 허리 아래 일까지 상관하고 싶지 않다. 그러나 군이든 국회든, 이성이든 동성이든 힘의 불균형이 존재하는 관계에서 성폭력이 반복된다. 사죄한다느니 합의했다느니 사생활이니 하는 말이 힘의 우위를 선점한 자들의 변명으로 들리는 이유다.

157 오월 정신보다 소중한 유월 정신

오래전에 그의 어머니가 아버지에게 보낸 편지였다. 그는 편지를 읽었다. 어머니는 아버지의 사랑에 감사했다. "무엇보다" 그의 어머니는 이렇게 적었다. "언제나 저는 하늘에 감사하고 있어요. 사랑스러운 아르망이 자신의 생모에 대해 영원히 모른 채 우리와 함께 살아갈 수 있어서 말이죠. 노예의 낙인이 찍혀 있는 신분이지만 제 자식을 끔찍이 아끼는 여자였잖아요."

– 케이트 쇼팽 '데지레의 아기'(1893년, 미국) 중에서

대한민국 헌법에 조만간 '오월 정신'이 새겨질 모양이다. 새 정부는 출범한 지 열흘도 되지 않아 총동원령을 내리고 광주행 남행열차에 올랐다. '임을 위한 행진곡'을 제창하고 '오월 정신은 자유민주주의 헌법 정신 그 자체'이며 '대한민국 국민 모두는 광주 시민'이라고 선언했다.

아기 때 버려졌지만 양부모의 사랑 속에서 아름답게 자란 데지레는 대지주

아르망과 결혼했다. 흑인 노예에게 가혹하기로 소문난 그였지만 더없이 좋은 남편이었다. 그러나 데지레가 낳은 아기의 피부색이 순수 백인의 것이 아니라며 둘을 냉정하게 내쫓는다. 친부모를 알지 못해 혈통을 증명할 수 없던 데지레는 아들을 안고 강에 투신한다. 아르망은 흑인의 피를 가진 것은 자신이었다는 사실을 뒤늦게 깨닫는다.

인종 차별 문제는 우리와 무관한 것 같다. 그러나 최고의 정치 이슈가 되었다는 점에서, 모든 가치판단의 기준이 되어 반론의 여지를 주지 않는다는 면에서 우리 사회의 좌우 갈등은 흑백 갈등 못지않다. 더구나 새 정부는 'BLM(흑인의 생명은 중요하다)'처럼 '광주의 뜻이 가장 중요하다'고 선포한 셈이다. 광주의 5월에 동의하지 않는 국민은 용납할 수 없다는 뜻일까.

중요 문서를 너무 늦게 열게 되면 아르망처럼 소중한 것들을 잃을 수 있다. 정권 교체의 기대를 안고 시작한 새 정부는 5·18 유공자 명단을 공개할까. 오는 현충일과 6·25전쟁 기념일, 호국보훈의 유월 정신이야말로 '피로써 지킨 자유 대한민국의 헌법 정신 그 자체'라고 말해야 하는 게 아닐까. 현충원의 무명용사 묘비를 끌어안고 닭똥 같은 눈물을 흘리는 대통령은 언제 다시 볼 수 있으려나.

158 손자와 손녀가 없는 노년

"만약에, 우리한테 아이가 있었다면 말이에요. 재롱을 피우고 우리를 사랑해 주고, 어른이 되어 또 다른 아이의 부모가 되었을 자식이 있었다면 말이죠. 우리의 늘그막이 얼마나 빛났을까요. 예쁜 장난감과 사탕을 준비하고, 트리에 불을 밝히고, 신이 나서 춤을 추는 커다란 눈망울을 바라볼 때 '할아버지, 할머니'

하고 부르는 달콤한 목소리를 들을 수 있다면, 얼마나 근사한 크리스마스가 되었을까요."

— 힐데가르드 호손 '어느새'(1908년, 미국) 중에서

결혼하고 아이를 갖는 것이 당연하던 시절이 있었다. 이제는 '태어날 아이에게 못 할 짓'이라며 낳지 않는 부부가 많다. 2021년 우리나라 출산율은 198개국 중 2년 연속 꼴찌다. 2060년이면 65세 이상 노령 인구가 국민의 절반을 넘는다. 백 년 후 전체 예상 인구는 1,500만 명. 그리 머지않은 미래, 우리의 유전자를 나눠 가진 사람은 지구에서 사라질 것이다.

노부부는 평생 서로를 사랑하며 살아왔다. 무엇 하나 부러울 것 없는 삶이었지만 자식이 있었다면 얼마나 좋았을까, 생각할 때 두 사람 모두 가슴이 시리다. 그러던 어느 날, 작고 예쁜 여자아이가 그들을 찾아온다. 젊은 시절 품어보지 못한 자식처럼, 늘그막에 안아보았으면 했던 손녀처럼 아이는 재롱을 떨고 소리 내 웃으며 집안을 환히 밝힌다.

노부부는 지금껏 누려보지 못한 행복에 감사한다. 새근새근 잠든 아이를 바라보며 흰머리를 맞댄 그들도 영원한 잠에 빠져든다. 아이와의 시간은 그들 부부가 이생에서 함께한 마지막 꿈이었다. 작가는 '주홍 글씨'의 작가 너서니엘 호손의 손녀다. 곧 사라질 말이겠지만 할아버지와 아버지(줄리언 호손)와 딸이 '대를 이어서' 소설을 썼다.

마침 지방선거일이다. 대선, 총선, 재·보궐 등, 그 많은 선거 때마다 정치인들은 더 살기 좋은 사회를 만들겠다고 약속한다. 그런데 왜 점점 더 아이 낳아 키우기 싫은 세상이 되는 것일까. 정치인이 아니라 국민을 위한 정치를 하지 않는 한, 한국인의 소멸은 막을 수 없다. 자식도 손자도 없던 노부부의 마지막 꿈이 젊은 세대의 꿈이 될지도 모른다고 생각하면 어쩔 수 없이 쓸쓸해진다.

159 전과자는 국회의원, 일반인은 잠재적 범죄자

앤더튼이 말했다. "프리크라임은 법을 어긴 적 없는 개인을 잡아들이는 것이네. 폭력 행위를 저지르기 전에 우리가 먼저 잡아들이니까. 우리는 그들에게 혐의가 있다고 주장하지. 반면, 그들은 영원히 무죄를 주장할 걸세. 그리고 어떤 면에서 보면 그들은 실제로 무고한 셈이지. 우리 사회에는 이제 중범죄가 존재하지 않네. 대신 미래의 범죄자들로 가득한 격리 수용소가 생겼지."

– 필립 K. 딕 '마이너리티 리포트'(1956년, 미국) 중에서

청소년을 대상으로 강의하려면 '성범죄 경력 조회 동의서'와 '아동 학대 관련 범죄 전력 조회 동의서'를 제출해야 한다. 개인정보 보호법에 의해 사원을 채용할 때조차 신원조회를 할 수 없다지만, 언제부턴가 많은 곳에서 전과 유무를 확인하는 것이 당연해졌다.

'마이너리티 리포트'는 살인 범죄 예방 시스템이 작동되는 미래 사회의 부조리를 고발한다. 경찰은 범죄 장소와 시간, 범인을 예측하고 사건이 벌어지기 전에 출동, 혐의자를 체포한다. 실제로는 범죄를 저지르지 않았지만 용의자는 처벌받는다. 살인 없는 세상을 위해 살인하지 않은 사람을 사형이나 종신형에 처하는 것이다.

2020년 총선 당시, 국회의원 당선자 300명 중 전과자가 100명이라는 기사가 있었다. 그들이 저지른 범죄는 폭력과 음주운전은 물론 공무집행 방해를 포함, 공직선거법과 정치자금법 위반, 집시법과 반공법 위반, 국가모독과 내란음모 등 국가보안법 위반도 다수였다. 지난 대선에서 여러 의혹을 안고 있던 전과 4범의 후보도 국회의원 보궐선거에 당선, 면책특권을 얻었다.

취지엔 동의하면서도 개인 정보를 공개하고 범죄 경력 조회서를 제출해 본

사람들은 잠재적 범죄자로 취급받는 기분을 부정하지 못한다. 만약 개심한 전과자라면 성실하게 살아갈 기회를 잃을 것이다. 죄 없는 시민을 무수히 잡아넣은 소설 속 앤더튼 국장도 정작 자신의 살인 예고에 대해서는 시스템 오류와 음모라며 체포를 피해 도망친다.

안전한 사회를 위해서라면 입법자들에게 먼저 적용해야 한다. 일반인과 달리 전과가 수두룩한데도 기회를 얻어 특권을 누린다면, 그들이 어떻게 평등하고 공정한 법을 만들 수 있겠는가.

160 바보상자 TV와 똑똑이 스마트폰

오웰은 누군가 서적을 금지할까 두려워했다. 헉슬리는 서적을 금지할 이유가 사라지고 사고를 무력화하는 테크놀로지를 떠받들 것을 두려워했다. '1984'에서는 사람들에게 고통을 가해 통제한다. '멋진 신세계'에서는 즐길 거리를 쏟아 부어 사람들을 통제한다. 오웰은 우리가 증오하는 것이 우리를 파멸시킬까 두려워했다. 헉슬리는 우리가 좋아서 집착하는 것이 우리를 파멸시킬까 두려워했다.
― 닐 포스트먼 '죽도록 즐기기'(1985년, 미국) 중에서

병사들이 24시간 휴대전화를 소지하는 방안을 국방부가 모색 중이다. 현재 군 복무 중이거나 곧 하게 될 당사자는 물론, 입대할 자식을 둔 부모라면 수시로 안전을 확인할 수 있는 길을 바라지 않을 리 없다. 똑똑한 젊은이들이 휴대전화 사용으로 국방의무에 소홀할 거라고도 생각하고 싶지 않다.

교육자이자 커뮤니케이션 이론가였던 저자는 미디어를 통한 정보의 포화를 걱정했다. 그는 TV와 개인용 컴퓨터가 우리 삶에 미치는 폐해를 피력하며 미래 사회는 빅 브라더가 공포로 통제하는 조지 오웰의 '1984'보다 재미에 빠져들게 하는 올더스 헉슬리의 '멋진 신세계'에 가까울 것이라고 내다봤다.

휴대전화라고 하지만 TV를 포함한 오락거리가 무한한 스마트폰이다. TV는 바보상자라고 불렸지만 스마트폰은 이름부터 '똑똑이'다. 기기를 손에 쥐고 있는 것만으로도 첨단 정보의 소유자라는 안도감과 사회적 네트워크 안에 있는 것 같은 소속감을 느낀다. 잠시라도 눈을 떼면 불안해진다.

쉽고 편하고 즐거운 것이 꼭 좋은 것은 아니다. 자제와 절제도 배워야 할 인생의 지혜다. 하지만 세상은 싱싱한 사과부터 먹지 않으면 평생 썩은 것만 먹게 된다며 눈앞의 즐거움을 누리라고 달콤하게 속삭인다.

'새로운 주류 매체가 사람들의 지적 능력을 편중시키고 특정한 정의를 선호하도록 조장하여 공공 담론을 변화시킬 것'이라며 TV를 멀리했던 저자가 스마트폰 시대를 살았다면 뭐라고 했을까. 알게 모르게 우리는 스마트폰에 중독되어 있다. 이 상태를 유지하고 더 넓게 확대하는 것이 정말 우리 자신을 위한 일일까, 고민해야 한다.

161 거짓 대의와 개인의 진실

우리 지도자들은 모두 항상 평화에 대해 열광적으로 떠들어대지만 나와 내 동료들은 그저 서로 눈짓을 할 뿐이다. 우리 지도자들은 교활하고 영리해서 남들을 능히 속일 것이다. 그들처럼 거짓말 기술에 통달해 있는 사람도 없으니까. 거짓이 없으면 삶도 없다. 우리는 다만 항상 대비할 뿐이다. 우리는 매일 정렬하고 정문을 향해 나아간다. 보조를 맞춰서.
- 외된 폰 호르바트 '우리 시대의 아이'(1938년, 오스트리아) 중에서

북한의 남침으로 발발한 6·25전쟁 기념일, 더불어민주당이 '평화는 최고의 안보, 대화의 물꼬를 다시 틔우자'는 이상한 글을 소셜 미디어에 올렸다. 부국강병이 최고의 안보이고 그 결과 평화가 있는 것 아닌가? 침략 기념일에도 북한을 평화 제공자로 생각하는 사람들, 개성 사무소를 폭파해도, 미사일을 쏘아대도, 심지어 자국민을 처형해도 분노할 줄 모르는 정당이다.

최근 국방부와 해경은 북한에게 피살된 해양수산부 공무원의 월북 의혹에 대해 잘못을 인정하고 사과했다. 당시 청와대는 '월북에 방점을 두고 수사하라, 지시를 무시하고 감당할 수 있겠느냐'고 압력을 넣고는 월북 보도가 해경의 단독 판단이라고 발표했다. 남북 간 군사통신선이 막혀있어 어떤 구조 노력도 할 수 없었다고 했지만 그 역시 거짓으로 드러났다.

히틀러 치하의 독일, 굶주림을 벗어날 길 없던 청년은 자원 입대한다. 하지만 전쟁에서 크게 다치고 보상도 받지 못한 채 다시 빈곤의 나락으로 떨어진다. 그는 가슴에 품었던 애국심을 회의한다. 지도자들은 국민을 위해 일할까? 개인을 이용하고 쉽게 버리는 국가라면 충성심이 무슨 소용일까? 그는 '개인이 중요하지 않다고 말하는 자는 누구든 꺼져버려야' 한다며 환멸한다.

거짓 명분을 앞세우면 개인은 얼마든지 하찮아질 수 있다. 주적의 비위를 맞추려고 희생된 국민을 조국의 배신자로 매도하고 월북자의 가족이란 오명을 씌우기도 한다. 사실이 드러나니 '월북인지 아닌지 왜 중요하냐'고 따진다. 북한에겐 한없이 너그러운 사람들이 국민 개인의 진실과 원통함은 왜 그토록 쉽게 외면하는가.

162 영화와 드라마, 욕설은 이제 그만

> 조너스는 경험한 것을 친구들에게 설명할 방법이 없었다. 언덕과 눈을 보여 주지 않고 어떻게 썰매를 이야기할 수 있겠는가? 높이, 바람 그리고 깃털 같고 마술 같은 차가움을 느껴 보지 못한 아이들에게 어떻게 언덕과 눈을 설명할 수 있겠는가? 지난 십여 년 동안 여기 아이들 모두가 언어의 정확한 사용법을 훈련 받았지만, 어제 조너스가 경험한 햇볕의 따스함을 전달하기 위해 어떤 단어를 사용할 수 있겠는가.
>
> — 로이스 로리 '기억 전달자'(1993년, 미국) 중에서

공중파나 스트리밍 서비스에서 내보내는 외국 드라마와 영화 속 흡연 장면은 모자이크 처리된다. 술이나 마약, 총기는 보여주지만 혈흔이나 문신, 살인 도구가 되는 칼도 뿌옇게 가려놓는다. 하지만 담배와 칼을 본다고 모든 시청자가 모방 욕구를 느끼지는 않는다. 정작 대중을 위해 가려야 할 건 따로 있다.

우리나라 영화나 드라마를 보는 게 꺼려진다. 지나친 욕설 때문이다. 인물의 성격을 강조하려면 욕이 필요할 때가 있다. 그런데 주인공과 조연, 남녀노소 구분 없이 욕을 내뱉는다. 극 중 욕설은 무차별적으로 시청자의 귀에 박힌다. 처음엔 눈을 찌푸리지만 잘 생기고 예쁜 연기자의 욕설이 폼나 보이기 시작한다. 어느덧 거부감은 사라지고 아기가 말을 배우듯 따라 한다.

조너스는 모든 것이 인공적으로 제어되고 통제되는 디스토피아 세계에서 살고 있다. 그는 인류 문명의 기억 전달자로 선택받고 세상에 있는 줄도 몰랐던 자연과 역사와 문화를 배운다. 인간이라면 당연히 경험하고 느껴야 할 감정과 그 모든 것을 표현할 수 있는 단어와 문장이 있다는 걸 알고 충격을 받는다. 사랑이란 말을 없애자 사랑의 의미는 왜곡되고 감정마저 사라졌다는 것

도 알게 된다.

카페와 학교와 직장, 거리와 지하철, 인터넷 공간까지 욕설이 들리지 않는 곳이 없다. 생각과 감정을 직설적인 욕으로 대신하면 머잖은 미래, 많은 단어와 문장이 사라지고 사고 능력도 저하될 것이다. 언어는 생각의 도구이자 외투지만 욕설은 감정의 배설물이다. 문명인은 자기 배설물을 내보이는 걸 수치스러워한다. 그런데 대중매체는 쉼 없이 배설물을 흘려보내고 대중은 보고 듣고 따라 말하며 그 속에 빠져 산다.

163 청와대에 근무한 마약 상용자

서서히 다가오는 죽음이 모르핀 중독자에게 찾아온다. 단지 한 시간 혹은 두 시간만 모르핀을 끊어 봐라. 공기가 희박하고 숨 쉬는 게 불가능하다. 몸 안에 굶주리지 않은 세포는 존재하지 않는다. 왜 그럴까? 이것을 설명하는 일은 불가능하다. 한마디로 인간이 아니다. 시체가 움직이고 우울해하고 고통에 신음한다. 그는 모르핀 이외에 어떤 것도 원치 않고 상상하지도 않는다.

― 미하일 불가코프 '모르핀'(1926년, 러시아) 중에서

오래전 팔이 부러져 수술한 적 있다. 죽을 듯 아프다가도 진통제를 맞으면 거짓말처럼 통증이 사라졌다. 맨정신으로는 상상해 본 적 없는 쾌감을 잠깐 경험했던 것도 같다. 내게는 낯설어서 두려운 것이었지만, 그런 기분을 놓치고 싶지 않아서 어떤 사람들은 약물에 의존하는구나, 생각했다.

의사이기도 했던 작가는 기관절개술을 받은 후 모르핀에 중독된 적 있고 그때의 경험을 소설로 썼다. 결심만 하면 언제든 멈출 수 있다는 자만심에서 중

독이 시작된다. 꼭 한 번만, 딱 한 번만 더, 하면서 빠져든다. 작가는 모진 노력으로 중독에서 벗어났다. 하지만 그 괴로움과 위험을 절절히 체험한 작가의 소설 속 젊은 의사는 고통과 환멸에서 헤어나지 못하고 스스로 인생을 끝낸다.

전 청와대 행정관이 필로폰 투약 혐의로 불구속기소 되어 재판을 기다리고 있다. 지난 4월 19일 체포, 혐의를 인정했지만 그에 대한 징계는 없었다. 수사 중인 공무원의 퇴직은 불가하다는 원칙을 무시하고 전 정권은 5월 9일, 자신들의 임기가 끝나는 날이 되어서야 아무 일 없었다는 듯 사표를 수리했다.

버닝썬 사건으로 알려진 것처럼 우리 사회는 마약에서 안전하지 않다. 청와대 직원이나 국회의원 가족, 국정원장 사위처럼 특정 계층과 연결되면 징계받지 않고 구속되지 않는다. 유착관련자에 대한 수사도 없이 가벼운 처벌로 사건을 끝낸다.

마약은 북한의 주요 외화벌이 수단이다. 국내에서 유통되는 상당량이 북한산이라는 보도도 있었다. 소설에서는 코카인을 가리키는 말이지만 마약 범죄의 묵인이야말로 '가장 추잡하고 간교한 독'을 세상에 퍼뜨리는 일이다.

164 헌법 수호 의지 있었나

절 죽이지 마세요. 저는 빛을 보는 게 좋아요. 땅 밑을 보라고 강요하지 마세요. 부디 제 목숨을 거두지 말아주세요. 저를 불쌍히 여겨 자비를 베푸세요. 제발 살려주세요. 인간으로 태어나 햇빛을 보는 것보다 더 좋은 일이 어디 있을까요? 저승엔 아무것도 없어요. 죽기를 바란다면 제정신이 아니지요. 그 어떤 고상한 죽음보다 비참한 삶이 더 나으니까요.
– 에우리피데스 '아울리스의 이피게네이아'(BC 5세기, 고대 그리스) 중에서

강제 송환을 거부하며 몸부림치는 탈북 청년들의 사진이 공개됐다. 살 수 있다는 희망이 짓밟히고 사지로 내동댕이쳐진 순간, 얼마나 무서웠을까. 북한 김정은의 답방을 위한 노력의 일환이었다는 말이 사실이라면 인신 공양을 한 셈이다. 11명의 선원을 죽인 조선족도 '동포로서 따뜻하게 품어줘야 한다'던 인권 변호사가 이끈 정부의 또 다른 얼굴이다.

'아울리스의 이피게네이아'는 아이스킬로스, 소포클레스와 함께 고대 그리스 3대 작가로 꼽히는 에우리피데스의 비극이다. 트로이 정복에 나서려던 아가멤논은 딸 이피게네이아를 제물로 바쳐야 전쟁에서 이길 수 있다는 신탁을 받는다. 좋은 상대와 성대한 결혼식을 올려주겠다는 아버지의 거짓말에 속아 달려온 딸은 사실을 알고 살려달라고 울며 애원한다. 그러나 왕은 냉정히 죽음의 제단을 향해 딸의 등을 떠민다. 그가 원한 건 오직 전쟁의 승리와 그것이 가져다줄 더 큰 권력이었다.

대통령은 영토와 국민을 지켜야 할 의무를 진다. 헌법에 따르면 북한이 포함된 지역도 대한민국 땅이고 그곳에서 태어난 사람도 이 나라 국민이다. 따라서 해수부 공무원이 피살될 위기에 처한 걸 알고도 방치한 뒤 월북 누명을 씌운 일도, 자유를 원해 귀순한 청년들을 묶어 강제 북송하고 살인자로 단정한 일도 정부가 국민을 지키지 않은 동일한 성격의 사건이다.

돌려보내라는 요구를 고분고분 따른 것이든, 요청도 없었는데 알아서 보낸 것이든 북한의 입맛을 먼저 배려한 결정이라고 하지 않을 수 없다. 2017년 헌법재판소는 국민의 믿음을 버리고 헌법 수호 의지를 포기했다며 현직 대통령을 파면했다. 적을 이롭게 하고 정치적 이익을 위해 국민의 생명을 거듭 빼앗았다면, 그야말로 헌법 수호 의무를 저버린 배신이 아니고 무엇일까.

165개 안락사와 탈북 청년 즉결 처형

> 밖으로 나온 시체들이 자신들의 무덤 위에 쓰인 거짓말을 지우고 진실을 적고 있었다. 그리하여 나는 그들이 모두 악인, 위선자, 거짓말쟁이, 파렴치한이었고 시기심이 많았으며 도둑질을 했고 사기를 쳤고 끔찍한 짓을 저질렀다는 사실을 알게 되었다. 그 모든 선량한 아버지들, 정숙한 아내들, 신실한 아들들, 순결한 딸들, 정직한 상인들, 흠잡을 데 없는 남자와 여자들이 말이다.
>
> — 기 드 모파상 '죽은 여자'(1887년, 프랑스) 중에서

어린이를 다치게 했던 개의 안락사가 보류되었다. 피해 아동과 그 가족의 입장에서는 받아들이기 어렵겠지만, 법 절차상 개를 죽이려면 사람을 다치게 한 전과가 있어야 하는데 초범인 모양이다. 동물단체도 안락사가 답은 아니라며 인수 의사를 밝혔다. 하물며 사람이다. 법적으로 우리 국민이다. 한국에서 살고 싶어 자유 의지로 넘어왔다고, 대한민국 정부의 보호를 요청한다고 탈북 청년들이 직접 글로 쓰고 입으로 말했다. 하지만 정부는 그들이 16명을 죽인 흉악범이며 귀순 의사에 진정성이 없다고 거짓말했다.

법에도 관용이 있다. 정상참작도 있고 특별 사면도 있다. 개 한 마리를 죽이고 살리는 데에도 법에 따라 자료를 모으고 증거를 확인하며 거듭 고민한다. 그런데 스물한 살, 스물세 살, 두 청년을 즉결 처형장으로 보내버리는 데 그들은 조금의 망설임도 없었다.

갑자기 죽은 연인을 그리워하며 남자는 묘지를 서성인다. 어둠이 내리자 망자들이 깨어난다. 저마다 자신의 묘비명을 고쳐 쓴다. '자상한 가장, 성실한 남자, 여기 잠들다' 대신 '아내와 자식을 학대하고 이웃에게 사기 치다 비참히 죽었다'로 바꾼다. 산 사람이 미화시켜 놓은 삶의 행적을 박박 지우고 양심껏

적는다. 그의 연인도 무덤에서 나와 아름다운 비문을 수정한다. '비 오는 날 애인 몰래 바람피우러 나갔다가 감기에 걸려 죽다.'

 거짓말하지 않는 사람은 없다. 다만 소설처럼 생전의 거짓말을 사후에는 다 토해내야 할지 모른다. 거짓말이 출세와 권력의 지름길인 걸 알아 우리 장례문화는 망자의 수고를 덜어주려고 관직과 성명만 무덤에 새겼던 것일까.

166 모래 무덤과 가상 현실

 모래는 절대 쉬지 않는다. 조용하게 그러나 확실하게 지표를 덮고 멸망시킨다. 유동하는 모래의 이미지는 뭐라 말할 수 없는 충격과 흥분을 불러일으켰다. 모래의 불모성은 흔히 말하듯 건조함에 있는 것이 아니라, 그 끊임없는 흐름으로 인해 어떤 생물도 일절 받아들이지 못하는 점에 있는 것 같았다. 일 년 내내 매달려 있기만을 강요하는 현실의 답답함에 비하면 이 얼마나 신선한가.
― 아베 코보 '모래의 여자'(1962년, 일본) 중에서

 소셜 미디어에 중독되지 않을 줄 알았다. 하지만 아침에 눈을 뜨면 밤새 공감 하트가 몇 개나 늘었을까, 어떤 답글이 달렸을까 궁금하다. 누군가는 내 글을 기다릴 것 같고, 나도 그들의 글과 사진에 '좋아요'를 눌러야 할 것 같다. 평소엔 관심도 없던 뉴스, 어제 검색한 것과 비슷한 상품 광고에도 시선을 빼앗긴다. 그곳이 진짜 세상 같다.

 남자는 사막 곤충을 찾아 여행을 떠났다가 모래 구덩이에 갇힌다. 마을 사람들은 모래가 빗물처럼 쏟아지는 오두막에서 여자와 살아야 한다며 음식과

물을 내려줄 뿐, 꺼내주지 않는다. 남자는 도망치려 발버둥치지만 헛수고다. 결국 낯선 환경에 적응해 간다. 여자는 아이를 갖고 남자는 물을 얻을 수 있는 장치를 만든다. 그곳에도 행복과 보람이 있었다. 남자는 사다리가 있어도 떠나지 않는다. 모래가 그의 현실이자 미래가 되었다.

인생은 역경과 절망, 유혹과 실패를 모래처럼 쏟아낸다. 인간은 목숨이 다하는 날까지 모래성을 쌓고 부수고 새로 쌓으며 희망을 찾으려 애쓴다. 인터넷 공간도 고통 없는 세상에서 살고 싶은 인간의 발명품 중 하나다. 그러나 새롭고 신기한 것에 마음을 빼앗기는 동안 몰라도 좋을 무익한 정보와 스쳐 가는 찰나의 인연들이 사막의 신기루처럼 우리를 가둔다.

페이스북과 인스타그램이 개인 정보 관련 강제 약관을 철회했다. 반발했던 이용자가 이긴 것 같지만 기업이 진 것은 아니다. 그들이 만들어 갈 가상 현실행 고속버스에서 내리지 못하게 했을 뿐. 원하든 원하지 않든 우리는 가상 세계라는 이름의 모래 무덤 속으로 쉼 없이 끌어내려 가고 있다.

167 만 5세 입학안의 책임

국가로부터 위임받은 교사의 의무이자 본분은 아이들의 거친 본성을 뿌리 뽑고 욕망을 제어한 뒤 그 자리에 국가가 원하는 차분하고 절제된 이상을 심어 주는 것이다. 교사는 우선 소년의 내면에 들어 있는 거칠고 무질서하고 야만적인 요소들을 부숴 버려야 한다. 그런 다음 그것이 위험한 불꽃으로 타오르지 않도록 불씨까지 완전히 제거해야 한다.

- 헤르만 헤세 '수레바퀴 밑에서'(1906년, 독일) 중에서

만 5세 입학안 논란을 장관 교체로 잠재울 모양이다. 새 정부가 출범한 지 석 달, 새로운 교육부 장관이 취임한 지 한 달도 되지 않아 내놓은 정책이다. 선거 공약 사안이 아니었다. 사회부총리를 겸하는 자리라고는 해도 아동 교육과 무관하게 살아온 장관의 소신으로 보기도 어렵다. 다만 과거 여러 정권에서 학제 개편안을 내놓았다가 철회한 적 있다.

어린 시절의 경험과 기억은 평생을 좌우한다. 아이의 일 년은 어른의 일 년과 다르다. 공교육의 제도권 안에 들어간다는 것은 사회생활에 적합한 구성원을 길러내도록 훈련받은 사람들 손에 아이를 맡기는 일이다. 그런데 학교 교육을 믿지 못해 초등학생부터 학원이 필수인 시대가 아닌가.

한스는 가족과 이웃의 기대를 한 몸에 받고 뛰어난 성적으로 입학한다. 그러나 엄격한 규율과 학업 성취만 중시하는 교육 환경에 적응하지 못한다. 교우관계도 원만하지 못한 데다 유일하게 마음을 준 친구가 교칙 위반으로 퇴학당하자 더는 버티지 못한다. 학교를 그만둔 한스를 반기는 사람은 아무도 없다. 실패자로 낙인찍히고 스스로 자존감을 회복할 수 없던 그는 너무 빨리 인생의 마침표를 찍고 만다.

선생님의 말을 잘 듣는 꼬마들이다. 입시와 취업을 위해 마련된 틀 안에, 특정 이념에 빠진 교사들이 목청을 높이는 교육 현장 속으로 그들을 더 일찍 밀어 넣어도 될까, 신중하게 검토할 일이다. 그런데 옳고 그름, 좋고 나쁨을 떠나 먼저 결정하고 섣불리 발표하고 뒤늦게 의견을 수렴한 뒤 번복 가능성을 말하고 있다. 정치를 위한 정책일 뿐, 백년대계를 고민하지 않았다고 정부 스스로 증명한 셈이다.

168 100년 만의 서울 침수와 인기 드라마

> 파리 지하의 하수도 전체에 대한 조사는 1805년부터 1812년까지 7년 동안 계속되었다. 이리저리 구부러지고 금이 가고, 포석이 떨어지고 깨지고, 고약한 냄새를 풍기며 사람을 소름 끼치게 하는 상태가 파리의 옛 하수도였다. 현재 하수도는 깨끗하고 시원하고 똑바르게 정리되었다. 과거 하수도와 오늘날의 하수도 사이에 혁명이 존재한다. 그 혁명을 일으킨 건 세상이 잊어버린 사람, 바로 브뢴조다.
>
> – 빅토르 위고 '레 미제라블'(1862년, 프랑스) 중에서

100년 만의 폭우였다. 하늘에서 쏟아진 폭탄처럼, 눈물겨운 삶의 터전들을 파괴했다. 소중한 목숨도 앗아갔다. 자연은 매정하고 광폭한 힘이다. 일부 단체들이 환경보호를 이유로 개발을 반대하지만 오만한 외침이다. 거친 자연으로부터 스스로를 보호하기 위해 싸워온 것이 인간의 문명이다.

영화와 뮤지컬로 각색되어 대중적인 사랑을 받고 있지만 원작 소설 '레 미제라블'은 다섯 권이나 되는 묵직하고도 장대한 서사다. 장 발장은 양녀 코제트가 사랑하는 마리우스를 구하려고 1832년 프랑스 파리, 6월 봉기의 한복판으로 들어간다. 그는 총을 맞고 사경을 헤매던 마리우스를 둘러업고 하수도로 피신한다. 작가는 파리 밑의 또 다른 파리를 건설한 하수도의 혁명가, 브뢴조야말로 프랑스의 위대한 영웅이라고 칭송한다.

파리의 하수도는 한때 쓰레기와 오물, 시체와 벌레와 쥐가 우글대며 악취와 침수, 역병을 내뿜는 지옥의 아가리였다. 보이지 않는 곳을 개혁한 것은 한 개인의 용기와 지혜, 당장은 눈에 띄는 업적이 아니지만 그 필요성을 이해하고 후원한 통치자의 안목이었다. 물론 세계적인 시설을 가졌다고 천재지변에서

안전한 건 아니다. 그러나 치산치수는 통치의 기본이다.

이번 피해는 전 서울시장이 상습 침수 지역에 건설하려던 빗물 터널과 지하 저수조 계획을 무산시킨 탓이라는 말이 있다. 대신 그는 3선 당선의 기반이던 시민단체에 1조 원을 쏟아부었다. 정부와 서울시가 향후 10년 동안 빗물 배수 시설에 들일 예산액이 1조 5,000억 원이다. 전 서울시장을 미화한 것 같은 드라마가 인기란다. 세상은 보이는 것에 열광하고, 재해는 보이지 않는 데서 찾아온다.

169 양심 없는 지성의 전당

젊은이들은 더 이상 공부를 하지 않아 배움은 사양길에 들었다. 뿐인가? 세상이 거꾸로 걷는다. 장님이 장님을 인도하여 시궁창에 처넣고, 새들은 날지 못하는 주제에 둥지를 떠난다. 다행히도 나는 그 시절에 윌리엄 수도사 같은 분을 스승으로 모시면서 배움에의 욕구를 채우고 사물을 바로 보는 감각을 익혔으니, 내가 험로를 헤맬 때도 스승의 교훈이 나를 인도하지 않은 적이 없었다.

— 움베르토 에코 '장미의 이름'(1980년, 이탈리아) 중에서

서울대 감사 결과, 교직원 666명의 크고 작은 비리가 적발되었다. 근무지 이탈은 기본, 연구비, 자문비 등을 부당하게 청구했고 허위 거래 내역서를 남발하여 사익을 취했다. 성범죄나 음주운전 같은 임용 결격 사유를 숨긴 경우도 있다. 단 4건만 징계, 나머지는 경고, 주의로 끝났다. 그런데도 교수협의회는 지나친 통제라며 반발했다. 올해 국민 세금으로 나가는 서울대 정부 지원금은 5,379억 원이다.

젊은 수사 아드소가 스승 윌리엄과 머물게 된 수도원에서 연쇄살인 사건이 벌어진다. 사람들은 악마의 짓이라며 공포에 빠져들고 권력을 저울질하는 종교재판관은 고문과 협박으로 얻어낸 거짓 자백으로 수사를 종결하려 한다. 하지만 스승은 타협하지 않고 사건의 진실을 밝힌다. 모든 게 인간의 욕망 때문이었다. 육욕과 권력욕 그리고 자기 뜻대로 세상을 움직이려는 독점욕이 살인의 가장 큰 동기였다.

언제부턴가 양심의 부재가 성공의 조건이 되었다. 범법 사실이 드러나도, 권력과 명망이 있다면 기억나지 않는다고 내빼거나 말로만 사과하면 끝난다. 수사도 받지 않고 증거는 인멸된다. '너만 그런 것도 아닌데 재수 없었네' 하듯 사회 지도층에 포진한 스승과 제자, 선배와 후배는 서로 위로하고 밀어주고 가려주고 끌어준다. 좋은 학벌이란 어떤 죄라도 덮어줄 든든한 뒷배가 생긴다는 뜻인가.

아드소는 스승의 가르침을 등불 삼아 평생을 살았고 노년엔 그가 선물한 안경을 쓰고 회고록을 적었다. 제자가 스승에게 배우는 것은 지식이 아니다. 가르치지 않아도 보이고 들리는 모든 것, 세상을 바라보는 눈과 평생을 걸어온 발자취, 그 사람의 인생 전부다.

170 심심한 사과와 언어의 진화

평범한 단어들도 헨리의 머릿속에서는 혼돈을 일으켰다. 사람들이 어떤 단어를 말하면 헨리는 그것을 소리 나는 대로 이해하곤 했다. 그래서 그 단어와 그것이 불러일으키는 이미지가 오랫동안 마음에 걸렸다. 한번은 무일푼 건달에게 시집간 딸 때문에 '가슴이 찢어졌다'는 어떤 불쌍한 부인에 대한 이야기를 들은 헨리는 여러 날 동안 가슴이 진짜로 찢어진 불쌍한 여자에게 쫓기는 악몽을 밤마다 꾸었다.

- 로자문드 필처 '9월'(1988년, 영국) 중에서

마음 깊이 미안하게 생각하여 정중하게 양해를 구한 업체에 더 큰 비난이 쏟아졌다. '심심한 사과를 드린' 탓이다. 뜻밖에도 많은 사람이 심심(甚深)을 지루함으로 잘못 이해했다. 한자 교육의 부재가 문제다, 문해력이 낮다, 무식을 부끄러워할 줄 모른다며 사회 일각의 한숨이 깊다. 반면, 말이란 시대에 따라 변한다, 어려운 말은 불필요하다는 목소리도 작진 않다.

오래전 출판된 책들을 꺼내 보면 먼지와 함께 낯선 한자어가 잔뜩 쏟아져 나온다. 앙연(怏然 야속), 설시(說示 쉽게 설명), 지실(知悉 죄다 앎), 작량(酌量 헤아림), 예모(豫謀 은밀한 논의)는 어느 외국 소설의 번역본을 읽다가 뜻을 몰라 사전을 찾아본 낱말들이다. 왜 이렇게 어려운 말로 옮겼을까 싶지만, 1920년대 출생한 번역자의 세대에서는 당연하게 통용되던 말이었을 것이다.

여덟 살 헨리는 동음이의어나 처음 보는 단어, 문장의 속뜻을 이해하지 못해 종종 어려움을 겪는다. 그때마다 부모와 주변 어른들은 이건 이 뜻이고 저건 저 뜻이라고 찬찬히 가르쳐준다. 아이는 그렇게 무지의 단계에서 자연스럽게 배움을 경험하고 지적 능력을 확장시키며 성장해 간다.

진화는 단순에서 복합으로 가는 일방통행로가 아니다. 언어의 발달은 인간의 지능을 폭발시켰지만, 그 결과 탄생한 첨단 기기는 복잡한 말을 거부한다. 리모컨과 이모티콘, 단순 명령어와 간단 줄임말이면 충분하다. 부모 세대와 자녀 세대의 유대는 단절되고 진화의 모래시계도 방향을 바꾸는 시대, 쉽고 단순한 것이 대세다. 좋든 싫든 언어도 예외는 아니다. 머잖아 다시 원시적 감정 표현만 남겨질지 모른다. "우가우가 우가차카!"

171 도둑의 핑계

> 정실 자식인 에드거 형. 너의 영지는 미안하지만 내가 차지해야겠다. 아버지의 애정은 적자인 너와 첩의 자식인 이 에드먼드에게 차별이 없어야 하니까. 적자라, 참 좋은 말이군. 흥! 하지만 적자여. 이 편지가 효력을 발휘하여 내 계략이 성공하는 날엔 첩의 자식인 내가 적자인 너를 앞지를 거다. 쭉쭉 뻗어나갈 테다. 출세도 할 거다. 자, 신이여. 불운한 첩의 자식 편을 들어주소서!
> — 윌리엄 셰익스피어 '리어왕'(1606년, 영국) 중에서

도둑의 대명사 조세형은 84세의 나이에 또 2년 형을 선고받았다. 부잣집만 털고 훔친 돈의 일부는 가난한 이웃을 위해 쓴다며 의적 흉내를 냈지만, 그는 평생 20회 가까이 범행을 저지른 상습 절도범이다. 15년 이상 수감 생활을 하고서도 도둑질이 인류애의 한 방편이라고 믿는 듯, 이번에도 형편이 어려운 도둑 후배를 돕기 위해 훔쳤노라, 궤변을 늘어놓았다.

두 딸의 거짓말에 속아 왕국을 빼앗기고 황야로 내쫓겨 비참한 죽음을 맞은 리어왕의 이야기에는 아버지를 속인 아들도 나온다. 에드먼드는 형을 모함하여 추방하고 아버지는 반역자로 고발한다. 서자라고 멸시한 세상과 아들을 차별한 아버지에 대한 복수라며 그는 당당하게 악행을 저지른다. 역적으로 몰려 두 눈이 뽑힌 아버지는 진실을 알고 심장이 터져 죽는다.

핑계 없는 무덤이 없다지만 죄에 대한 변명도 가지각색이다. 술을 사지 못해 화가 난 중학생은 '나는 촉법소년'이라며 편의점 주인을 폭행했다. 섹시하다고 여중생을 희롱한 남자 교사는 수업을 잘하는 선생이라며 교장이 역성들었다. 각종 비리로 불구속기소 된 전 법무부 장관이자 서울대 로스쿨 교수는 학교폭력 피해자였던 아들을 위해 대리시험이 필요했다며 위법을 정당화했다.

범죄는 자기 연민에 능하다. 동정을 사고 인권을 외치며 관용을 요구한다. 포용하지 않으면 속 좁은 사람, 옹졸한 법이라고 매도한다. 갱생의 기회는 필요하다. 그러나 핑계와 변명에 너그러워지면 범죄를 장려하는 결과를 낳아 세상은 어지러워진다. 악인이 빼앗는 것은 돈만이 아니다. 그들이 진짜로 훔쳐가는 것은 성실하고 정직하게 살아가는 사람들의 기회와 삶이다.

172 왕 없는 왕좌의 게임

철왕좌를 본 적이 있나? 등을 따라 가시가 돋아 있고, 비틀린 강철 리본에, 들쭉날쭉한 장검과 단검 끝이 뒤엉켜 녹아 있는 그 의자를? 그건 편안한 의자가 아니라네. 아에리스는 어찌나 자주 베이는지 사람들이 피딱지 왕이라고 부를 정도였고, 잔혹 왕 마에고르는 그 의자에서 살해당했지. 그건 사람이 편하게 쉴 수 있는 의자가 아니야. 왜 내 형제들이 그 의자를 그토록 간절히 원했을까 의아할 때도 많지.

- 조지 R.R. 마틴 '얼음과 불의 노래'(1996년, 미국) 중에서

영국의 엘리자베스 2세 여왕이 서거했다. '군림하되 통치하지 않는' 왕이었다지만 그는 지난 70년간 캐나다와 호주, 뉴질랜드를 포함한 넓은 영연방 왕국의 군주였다. 왕실 존폐 논란과 왕가의 다양한 스캔들에도 불구하고 세간의 사랑과 존경을 받은 왕이기도 했다. 그의 사후 왕관은 장남인 찰스 3세에게 자동 승계되었다.

미국 드라마 '왕좌의 게임'의 원작 소설은 왕권을 둘러싼 인간의 욕망을 그린다. 사람은 갖고 싶은 것을 얻기 위해, 가진 것을 빼앗기지 않기 위해 싸운

다. 원하는 것을 쉽게 얻고, 가진 것을 굳건히 지킬 수 있는 힘이 권력이다. 그 힘이 크면 클수록 승계 다툼에 따르는 음모와 배신, 왕위 쟁탈을 향한 합종연횡, 권력 찬탈에서 일어나는 피바람은 거세게 불어닥친다.

평등과 민주가 가장 강력한 이념이 된 지금, 권력을 행사하는 왕은 대부분 사라졌다. 기업의 승계, 일반인의 재산 상속조차 어려운 세상이다. 선거로 4년, 5년마다 정치권력의 중심이 이동하는 것처럼 보이기도 한다.

매일 쏟아지는 정치 뉴스는 내 죄가 크냐, 네 죄가 크냐, 말싸움만으로 시끄럽다. 옳고 그름, 죄와 벌은 애초에 논쟁의 대상이 아니다. 소란이 지나고 보면 이 사람에서 저 사람으로, 앞에서 뒤로, 저쪽에서 이쪽으로 빙글빙글 돌려 앉았을 뿐, 자리를 잃은 사람은 거의 없다.

현대의 권력은 단 하나의 철왕좌를 고집하지 않는다. 대통령과 국회의원, 노조와 시민단체, 민주화 유공자 등 다양한 이름의 왕들이 저마다 군림하고 통치하고 세습한다. 시민이 받들어야 할 왕의 수만 늘고 있다.

173 2차 범죄를 부르는 법의 관대함

"전기 충격을 몇 번 더 주면 토끼는 음식을 앞에 두고도 굶어 죽습니다. 이것을 혐오 훈련이라고 합니다." 금연 치료는 아주 간단했다. 한 번 담배를 피우면 아내가 그 '토끼의 방'에 들어간다. 두 번 피우면 모리슨 자신이 그 방에 들어간다. 세 번 피우면 둘이 함께 그 방에 들어간다. 네 번까지 피운다면, 그것은 상호협조 관계에서 심각한 문제가 발생한 것으로 간주하여, 좀 더 단호한 방법이 취해진다.

— 스티븐 킹 '금연 주식회사'(1978년, 미국) 중에서

신당역 역무원 살해범은 몇 년간 피해자를 괴롭혀 온 스토커였다. 그러나 '주거가 일정하고 증거 인멸 및 도주 우려가 없다'며 법원은 구속에 반대했다. 피해자에게 보복할 우려는 고려되지 않았다. 9년 징역을 구형받고도 스토커는 자유롭게 활보했고 자유롭게 협박했고 자유롭게 살인했다. 피해자가 죽고서야 법원은 '증거 인멸과 도망의 우려가 있다'며 구속을 허락했다.

모리슨은 담배를 확실히 끊게 해준다는 회사를 찾아간다. 큰 기대를 하지 않았지만 결국 담배라면 진저리를 치게 된다. 금연 회사는 모리슨을 감시한다. 흡연하다 발각되면 그는 물론 가족까지 전기 고문한다. 그래도 끊지 못하면 목숨을 빼앗는다. 흡연이 불러올 끔찍한 결과에 대한 공포가 금연 치료법인 걸 알고 경악하지만 계약서에 서명한 이상 되돌릴 수 없다.

소설 속 이야기지만 자발적인 금연에도 외부의 무서운 제재가 필요했다. 하물며 범죄일까. 엄한 처벌은 죄를 혐오하게 만든다. 범행 직후 구속이라는 제재조차 경험하지 않는다면 2차 가해가 쉬워진다. 고발에 대한 앙심은 범죄의 또 다른 동기다. 보복이 두려운 피해자는 신고조차 할 수 없다.

엘리베이터에서 여중생을 칼로 위협하고 옥상으로 끌고 가려던 피의자에 대한 구속 영장도 기각됐다. 같은 아파트 주민이던 피해자의 안전은 고려했을까. 자유와 인권은 타인의 자유와 인권을 존중하는 사람이 누려야 할 권리다. 너무 관대한 법은 '범죄라도 하고 싶은 거 다 해' 하고 부추긴다.

법의 고민도 깊을 것이다. 그러나 범인의 처벌을 방해하고 죄를 방조하면 공무 집행 방해나 직무 유기죄, 죄를 묵인하고 범인을 보호하면 공범이라 한다.

174 황금알을 낳는 권력

> "지구 최후의 만찬이야." 그 말은 사실이었다. 그녀의 얇은 입술이 뒤틀렸다. 입에서 쓴맛이 느껴졌다. 그녀는 그들이 계속해서 구매할 거라고 생각했었다. 그들이 달리 물건을 조달할 방법이 없으니 경쟁도 없었다. 하지만 그들은 떠날 작정이었다. 그들이 떠나면 더 이상 물건을 팔 수 없으리라. 이보다 더 좋은 시장은 없었다. 그곳이야말로 완벽한 시장이었고, 그들은 완벽한 고객이었다.
> ― 필립 K. 딕 '독점 시장'(1955년, 미국) 중에서

문 정부 시절, 더불어민주당 측근이 청와대와의 친분을 내세워 마스크 생산업체에서 거액의 로비 자금을 받은 사실이 드러나 검찰이 수사 중이다. 마스크 착용 강제가 국민 건강을 위한 것만은 아니라는 추측이 가능해진다. 전 국토를 황폐화시킨 탈원전 정책도 마찬가지다. 민주당 관련자들과 전 정권 핵심 인사들이 새만금 일대 태양광 사업을 둘러싸고 1조 원의 뒷돈을 챙기려던 정황도 포착됐다.

잡화점을 운영하는 버델슨 부인은 일주일에 한 번, 시간을 건너뛰어 미래로 간다. 인류 문명이 파괴된 세상에서 살아남은 소수의 사람이 물건을 샀고 그녀는 바가지를 씌워 돈을 벌었다. 그들에겐 희망이 있었다. 부인에게 산 부품으로 우주선을 수리해서 안전한 행성으로 떠날 예정이었다.

버델슨 부인에겐 인류의 종말을 막을 힘이 있었다. 그러나 눈앞의 독점 시장을 잃는 게 싫었던 부인은 시간 여행 능력으로 그들이 지구를 떠나지 못하게 한다. 우주선은 추락했고 그들은 죽거나 다쳤다. 생존자들은 절망했다. 그러나 앞으로도 그들에게 빵과 햄과 커피를 팔아 계속 돈을 벌 생각에 부인은 흐뭇하기만 하다.

권력을 갖는다는 건 황금알을 낳는 오리를 얻게 된다는 뜻일까. 국민을 위해 일하겠다고 약속해서 얻은 자리지만 그들은 자기 주머니를 채우느라 바빴다. 더 좋은 세상을 위해 일할 수 있는 위치에 올랐지만, 그들에게 중요한 건 오리의 배를 가르면 쏟아져 나올 것 같은 눈앞의 황금이었다.

모든 정책은 돈으로 통한다. 그런데도 정권이 바뀌고 비리를 수사하면 정치보복이라는 족쇄를 씌워 흐지부지되곤 한다. 권력이 만능 면죄부라는 인식은 이제 그만 사라져야 한다.

175 죽은 교육의 사회

"내가 교탁 위로 뛰어 올라왔을 때는 뭔가 중요한 까닭이 있을 거라 생각하지 않나? 나는 여러분이 다른 각도에서 끊임없이 사물을 바라봐야 한다는 점을 증명해 보이려는 것이다. 좀 더 높은 곳에서 보면 세상은 달라 보이거든." 몇몇 학생이 고개를 끄덕였다. 그러나 대부분 학생은 선생님의 행동에 놀라 멍청히 앞만 바라보고 있을 뿐이었다. "좋다! 모두들 여기 올라와서 직접 느껴 보도록!"

- N. H. 클라인바움 '죽은 시인의 사회'(1989년, 미국) 중에서

죽여 버리겠다며 담임에게 목공용 양날톱을 휘두른 초등학생, 젊은 여교사의 수업 시간에 상의를 벗거나 교단에 드러누워 휴대폰을 들이댄 남자 중학생, 여선생의 치마 속을 들여다보겠다고 교탁 아래 카메라를 설치한 고등학생. 이런 일들이 1년에 2,000건 넘게 신고된다. 처벌이 쉽지 않아 덮이는 사례는 더 많다.

교권 추락은 우리 사회가 자초한 일이다. '세상에서 네가 제일 귀해, 하고 싶은 거 다 해'라며 부추긴 결과다. 1990년에 개봉된 영화 '죽은 시인의 사회'의 키팅을 이상적인 교사라 믿은 대가다. '자유롭게 생각하는 사람'을 키우겠다는 키팅의 교육관은 바람직하다. 일부 폭력적인 교사가 묵인되던 시절, 변화가 필요했던 것도 사실이다.

그러나 키팅은 선생님 대신 선장이라 불리길 원했다. 교과서는 거짓투성이라며 찢어서 쓰레기통에 버렸다. 현재의 만족이 유일한 진리인 양 '카르페 디엠'을 속삭였다. 스스로 교탁을 밟고 올라섰고 학생들에게도 그 위에서 교실과 교사와 동급생을 내려다보게 했다. 학교와 수업의 의미를 해체하고 전통과 권위에 맞서라고 가르친 셈이다.

키팅과 함께 '참교육'과 '열린 교육'이 자리 잡았다. 개성, 인권, 자유만 앞세우며 '분노하라, 네 잘못이 아니다'라고 말하는 유명인들이 멘토라 불렸다. 부모와 교사도 '안 된다, 틀렸다' 말할 수 없게 됐다.

잘못을 혼내는 어른이 없고, 그른 것을 바로잡아 줄 스승도 없다. 대신 텔레비전과 인터넷에는 비웃고 욕하고 싸우고 해치고도 책임지지 않는 사람들이 가득하다. 아이들은 본 대로 배운 대로, 똑같이 따라 하고 있을 뿐이다.

176 조종사와 기관사

"이지도르, 저거 믿어요? 최면술 말이에요." "나는 암시의 힘을 믿어요." "암시라는 게 뭐죠?" "하늘에서 내리는 눈이 무슨 색깔이죠?" "흰색이요." "이 종이는 무슨 색깔이죠?" "흰색이요." "그럼 젖소는 뭘 마시죠?" "우유요...." 이지도르는 빙그레 회심의 미소를 짓는다. "아이 참! 우유가 아니라 물이지. 좋아요. 내가 보기 좋게 당했군요." 뤼크레스는 선선히 인정한다.

- 베르나르 베르베르 '뇌'(2001년, 프랑스) 중에서

전국 학생만화공모전에서 금상을 받은 작품이 논란에 휩싸였다. 영국 애니메이션 '토마스와 친구들'에 나오는 증기기관차를 떠올리게 하는 데다 보리스 존슨과 도널드 트럼프의 관계를 풍자한 스티브 브라이트의 2019년 만평을 표절한 것 아니냐는 의혹까지 불거졌다. 다만 원작자는 표절이 아니라고 답했다.

많은 언론사가 해당 그림에 대해 보도했다. 그런데 정치적 공방이나 표절 여부보다 당황스러웠던 이유는 따로 있다. 거의 모든 언론사가 약속이나 한 듯 '조종석엔 OOO'이라는 똑같은 제목을 붙였다. '조정석'이라고 썼다가 독자의 지적을 받고 수정한 경우도 있고 '조종수'라고 쓴 곳도 있다.

조종이란 항공기, 즉 비행기를 운항하는 일을 말한다. 비행기 기장, 부기장이 조종사이고 그들이 앉는 자리가 조종석이다. 자동차를 움직이는 사람은 운전사, 기차나 전철, 배를 모는 사람은 기관사다. 그러니 '기관석'이라고 써야 한다. 탈것의 차이를 모르고, 구별해야 한다는 의식도 없이 '남편을 조종하는 사람이 앉은 자리니까 조종석'이라고 쓴 것인가, 의심하지 않을 수 없다. 흰 눈과 하얀 종이를 연상한 탓에 젖소가 우유를 마신다고 말해버린 소설 속 여기자처럼.

맞춤법은 틀릴 수 있다. 그러나 언론사의 기사와 뉴스다. 언제부턴가 그들의 오타와 잘못된 표현이 자주 눈에 띈다. 신문 구독률이나 뉴스 시청률이 아무리 떨어졌다 해도 그들의 말과 글은 수많은 사람의 뇌리에 박힌다. 조종석과 기관석도 구별 못 하는 언론이 '우유 마시는 젖소'를 키우고 있는 줄 모른다면, 사흘을 4일로, 심심한 사과를 지루한 사과로 오해하는 세태를 걱정할 자격은 없다.

177 퇴임 공직자의 의무

> 나는 눈물이 무엇인지 몰랐어. 이 세상에 슬픔이란 것이 있다는 사실조차 몰랐지. 내가 살고 있던 궁전엔 온통 즐거움과 기쁨뿐이었으니까. 난 낮에는 세상에서 가장 아름다운 정원에서 친구들과 놀고, 저녁에는 세상에서 가장 아름다운 음악에 맞춰 춤을 추며 살았어. 내 주위엔 온통 즐거운 웃음과 풍성한 음식과 화려한 옷과 번쩍이는 금화로 가득했지. 그래서 신하들은 나를 '행복한 왕자'라고 불렀단다.
>
> — 오스카 와일드 '행복한 왕자'(1888년, 영국) 중에서

2020년 9월, 해양수산부 공무원 피살 당시, 북한은 코로나 방역을 위해 국경을 넘는 사람들을 무조건 사살한다고 선포한 상태였다. 청와대가 그 사실을 몰랐을 리 없다. 북한 경비병에게 발견된 그의 목숨이 경각에 달린 것도 알았을 것이다.

함께 냉면을 먹고 USB를 몰래 주고받을 정도로 북한과 친하다고 선전했지만, 우리 국민의 생명을 구할 수 있던 3시간, 청와대가 무엇을 했는지는 미스터리다. 대신 난사 당하고 소각된 뒤에 자진 월북이라고 성급히 단정 지었다. 구명 시도를 일절 하지 않던 안보실과 해경, 국방부, 국정원, 통일부도 일사불란하게 사건을 왜곡, 은폐하고 정황 자료들을 삭제, 조작했다. 전 정권 최고 책임자는 최근 '무례하다'며 감사원의 사건 관련 서면조사 요청을 거부했다. 민주당도 정치 보복, 표적 수사라며 반발했다.

국민이 원하는 건 성 밖에 나가서야 뒤늦게 민생의 아픔을 깨달은 왕자가 되라는 것이 아니다. 제 몸에 붙은 보석과 금붙이를 떼어달라는 것도 아니다. 국민을 지키기 위해 어떤 노력을 했나, 알고 싶을 뿐이다. 재임 중엔 탄핵당하

고, 살아도 산 게 아니고, 죽어도 영면에 들지 못하는, 대통령들의 수난 시대다. 단 한 사람만 청와대에 들어갈 때부터 나와서까지 하고 싶은 걸 다 한다. 임기 중 사건에 대한 조사가 '대단히 무례한 짓'이 되어버린다면, 어느 누가 나라와 국민을 위해 정직하게 일할까.

오해받아 불쾌하다면 떳떳하게 결백을 밝혀야 한다. 그것이 1억 원대의 셀프 훈장과 월 1,400만 원의 연금을 받고 세금으로 온갖 혜택을 누리며 65명의 경호 속에 편안한 노후를 보내고 있는 퇴임 공직자의 의무다.

178 아름다운 사람이 머문 자리

집에 돌아온 체르바코프는 아내에게 자신의 무례한 행동에 대해 이야기했다. 그가 보기에 아내는 이 사건을 너무 가볍게 받아들이는 것 같았다. 그녀는 깜짝 놀라긴 했지만 브리잘로프가 다른 부서 사람임을 알고는 안심했던 것이다. "그렇더라도 당신이 가서 사과하세요." 그녀는 말했다. "안 그러면 당신이 사람들 있는 데서 예절도 못 차린다고 오해할 테니." "그래, 그래, 바로 그거야. 사과했는데도 그 사람은 뭔가 이상했어."

– 안톤 체호프 '관리의 죽음'(1883년, 러시아) 중에서

얼마 전 100만 명이 넘는 인파가 여의도 불꽃놀이를 즐겼다. 70분 동안 10만 발의 폭죽이 밤하늘을 수놓았다. 강변북로와 올림픽 도로에는 불법으로 주정차한 자동차들과 차에서 내린 사람들이 도로를 점령, 정체와 혼잡을 일으켰다. 축제가 끝나고 사람들이 떠난 한강공원에는 짓밟혀 쓰러진 풀과 갈대 그리고 50톤의 쓰레기가 남았다.

부동산 투기, 뇌물 수수, 부정 입학, 사문서 위조, 논문 표절, 주가 조작, 병역 비리, 교통법규 위반과 세금 체납, 음주운전과 폭행, 성 상납 등, 혐의가 드러나도 국회의원이 되고 장관이 되고 대통령도 된다. 불체포특권과 면책특권도 누린다. 특검하자며 수사를 지연시킬 수 있고 '무례한 짓'이라고 화를 내면 조사를 피할 수도 있다. 특사와 사면도 1순위다. 그들은 묻는다. "감히! 내가 누군지 몰라?"

소설에 나오는 공무원은 재채기하다 상사에게 침이 튄 것을 미안해하며 속을 끓이다 죽는다. 가볍게 웃어넘기기엔 너무 지나친 소심함이지만, 다른 사람의 형편을 살펴서 성의를 다하는 것이 예절이고, 상대를 불쾌하게 하지 않았나, 돌아보는 '어진 마음'이 양심(良心)이다.

크게 탈법한 사람일수록 승승장구 출세해서 큰소리치며 어깨 펴고 다닌다. 그런 뉴스를 매일 보고 듣다 보니 '위법은 능력, 걸리면 무능'이라고 생각이 기운다. '자동차 전용도로에 차 세우고 불꽃놀이 좀 했는데 뭐? 아무 데나 쓰레기 좀 버렸는데 왜?'

힘 가진 자가 법을 무시하면 정의가 되고, 다수가 어기면 민주주의가 된다. 불법이 반복되면 관행이 되고 전통이 된다. '아름다운 사람은 머문 자리도 아름답습니다'라고 적힌 스티커는 공중화장실에만 필요한 게 아니다.

179 거짓과 진실의 칼춤

아니, 이런 법이 어디 있습니까? 프랜시스, 약속했잖습니까? 거래를 했으면 지켜야죠. 말만 번드르르하게 해놓고 인제 와서 모르쇠라뇨. 원하는 걸 얻었으니 토사구팽하겠다는 겁니까? 다시 생각하는 게 좋을걸요! 나는 당신을 위해 거짓말하고, 사기 치고, 위조하고, 도둑질까지 했어요. 그런데 나를 퇴물 취급하다니. 나를 비웃어 대는 인간들한테 더 이상 농락당하지 않을 겁니다. 이대로 물러나진 않겠습니다!

— 마이클 돕스 '하우스 오브 카드'(1989년, 미국) 중에서

대장동 개발 사업 특혜 논란의 중심에 선 전 성남 도시개발공사 본부장은 지난해 대선 경선 당시 자금을 요구받아 제공했다고 밝혔다. 불법 정치 자금의 수익자로 지목된 현직 야당 대표는 '1원도 받은 적 없다'며 결백을 주장했다. 전 본부장은 그의 기자회견을 "재미있게 봤다"며 "쓸데없는 걸 지키려고 내 가족을 포기했다는 생각이 들었다"고 말했다.

백악관의 주인 자리를 놓고 벌이는 정치 싸움을 그린 미국 드라마 '하우스 오브 카드'의 바탕이 된 소설은 영국 국회가 배경이다. 다수당의 원내총무였던 프랜시스는 총리가 되기까지 그 어떤 추악한 짓도 서슴지 않는다. 그의 명령대로 더러운 일을 도맡았던 로저는 쓰고 버려진 걸 알고 저항하지만 달라질 건 없다. 로저가 총리의 약점이자 비리의 증거이기 때문이다.

소설이나 드라마를 보며 추측할 뿐, 정치 세계의 실체를 일반인이 낱낱이 알기는 쉽지 않다. '역사란 승자의 기록'이라는 말처럼 판세에 따라 어떤 거짓은 사실로 둔갑하고, 어떤 진실은 거짓의 누명을 쓴다. 돈과 권력이면 다 이룰 것 같지만 사람의 마음을 잡지 못하면 죽은 줄 알았던 거짓과 진실이 깨어나 자리바꿈을 하고 칼춤을 추기도 한다.

사람은 일한 것 이상으로 보상받고 싶어 한다. 옳은 일이든 그른 일이든, 자기 몫이 있다고 믿는다. 다만 성과를 챙긴 쪽은 "고작 그걸로 뭘 더 바라냐"며 무시하기 쉽고, 대가를 바란 쪽은 "어떻게 나한테 이럴 수 있냐"며 실망하기 쉽다. 포상 대신 배신감을 얻게 되면 혼자 죽진 않겠다고 이 악물게 된다. 내

부 고발이나 비리 폭로, 진실 게임이 시작되는 이유다.

180 도발을 반복하는 이유

처음에 나는 전쟁의 정치적 측면은 무시했다. 그 전쟁은 무엇보다도 정치적 전쟁이었다. 어쨌든 정부 방어선 뒤에서 벌어지고 있던 정당 내부의 투쟁을 파악하지 못하면 첫해 동안에 이 전쟁에서 일어난 일들을 이해할 수가 없다. 나는 스페인에 처음 왔을 때, 그리고 그 후 얼마 동안도, 정치적 상황에는 관심이 없었을 뿐만 아니라 알지도 못했다. 전쟁이 벌어지고 있는 것만 알았지, 어떤 종류의 전쟁인지도 몰랐다.

- 조지 오웰 '카탈로니아 찬가'(1938년, 영국) 중에서

북한이 남북군사합의를 파기, 연일 탄도미사일을 쏘며 우리를 위협하고 있다. 단거리 미사일을 한 대 발사하는 데 드는 비용은 최소 40억 원. 25발을 쏜 지난 2일엔 북한 주민이 1년간 먹을 쌀을 수입할 수 있는 1,000억 원 이상을 허공에서 불태운 셈이다. 일당 독재 체제라고는 해도 북한이 경제적 부담과 세계적 비난을 감수하면서까지 도발하는 이유는 무엇일까?

'카탈로니아 찬가'는 내부의 혼란과 국제적 이권이 충돌했던 스페인 내전에서 드러난 온갖 이념의 허상을 잘 보여준다. 모든 인간은 평등해야 한다는 믿음으로 사회주의적 유토피아를 꿈꾸며 참전했던 조지 오웰이 가장 환멸을 느낀 건 공산주의였다. 같은 편이라 믿었던 공산주의자들은 그들만의 승리를 위해 위선과 선동을 멈추지 않았다. 세계 여러 나라도 정치적 계산에 따랐을 뿐, 평화와 자유를 위한 순진한 열망은 없었다.

총부리를 맞대고 전쟁하진 않지만 정치인은 체제와 정당과 이익을 위해 싸운다. 뒤에서는 반갑게 웃으며 악수하는 친밀한 관계인데도 앞에서는 서로의 약점을 물고 집요하게 공격하는 이유, 북한이 어리석은 듯 보이는 위협을 반복하는 이유도 손해보다 큰 이득이 그들 손에 떨어지기 때문이다.

제재의 필요성이 언급될 때마다 더 많은 원조를 받아온 듯, 북한은 더 큰 힘을 과시하며 더 자주 도발하고 있다. 북한의 건재가 국내외적으로 이익이라는 정치적 판단 때문일지 모른다. 대중은 이제 눈앞의 사고에 분노할 뿐, 눈에 보이지 않는 더 큰 위험은 느끼지 못한다. 오웰은 예술조차 '세상을 특정 방향으로 밀고 가려는 정치적 욕구와 편견'에서 자유로울 수 없다고 했다. 하물며 정치를 직업으로 가진 사람들의 세계일까.

181 공짜로 사랑해줬으니 감사하라?

드디어 나는 잘 성장하여 어디론가 팔려가 다시는 엄마를 볼 수 없게 되었다. 엄마는 가슴이 무너지는 것 같았고 나 역시 그랬다. 그래서 우리는 울었다. 하지만 엄마는 마음을 다해 나를 위로하면서 우리는 현명하고 선한 목적으로 이 세상에 부름을 받았다고 말했다. 그러니 불평하지 말고 우리 의무를 다해야 하며, 그 목적을 찾기 위해 목숨을 걸어야 한다고, 다른 이들을 위해 살아야 한다고 말했다.

— 마크 트웨인 '어느 개 이야기'(1903년, 미국) 중에서

청와대에서 함께 찍은 사진들을 홍보하며 남북한 평화의 상징으로 이용했던 풍산개 곰이와 송강이가 4년 만에 유기견으로 전락했다. 개를 버린 이유는

키우는 데 필요하다고 주장하는 250만 원이 매달 국고에서 지원되지 않기 때문이라고 했다.

충직한 에일린은 집에 불이 나자 엄마 개의 가르침을 기억하고 용감하게 뛰어들어 주인집 아기를 구한다. 처음엔 아이를 해친다고 오해한 주인에게 구타당해 다리를 절게 되지만, 뒤늦게 상황을 이해한 가족은 영웅이라며 고마워한다. 하지만 과학자였던 주인은 에일린의 새끼를 데려다 잔인한 실험을 하고 버린다. 씨앗을 심으면 꽃이 피고 열매를 맺듯, 땅에 묻힌 새끼도 잘 자라 돌아오리라 믿었던 에일린은 결국 슬픔 속에서 죽고 만다.

풍산개 논란을 보며 그 사람의 진심이 헤아려진다. 세월호 희생자에게 남긴 '미안하다, 고맙다'는 방명록, 지뢰에 다리를 잃은 군인에게 '자장면 먹고 싶다든지 하는 소망 없냐'던 위로, '입양한 아이도 취소하거나 바꿀 수 있게' 하자던 언사, 사살 소각된 우리 국민에게 씌운 자진 월북의 누명, 살고 싶어 발버둥 치던 탈북 청년들의 강제 북송.

개는 인간과 함께 진화해 오며 깊은 유대관계를 맺어온 동물이다. 17년을 함께한 개는 "이제 그만 지켜줘도 돼" 하는 말을 듣고서야 내 품에서 마지막 숨을 놓았다. 수입이 없던 어려운 시절에도 내게 온 생명을 포기하고 싶은 적은 없었다. 그래서 '무상으로 양육하고 사랑을 쏟아준 것에 오히려 고마워하라'며 기르던 개를 매정히 내보낸 전 정권 최고 권력자의 처지가 쉽게 이해되지 않는다.

182 저주하는 성직자들

내세가 어떤 것인지 이제까지 깊이 생각한 적이 없습니다만, 만일 그런 곳이 있다면 진실로 그곳에서 당신을 만날 수 있길 꼭 부탁드리고 싶군요. 신부님, 전에 말씀하셨죠. 세상에는 많은 종교가 있고, 어느 종교에도 천국으로 들어가는 문이 있다고요. 종교의 좋고 그름은 그 귀의자를 보면 잘 알 수 있어요. 신부님, 당신은 모범적으로 저를 정복하셨습니다. 당신과 나는 이제 형제입니다. 당신의 주님은 저의 주님이기도 합니다.

— A. J. 크로닌 '천국의 열쇠'(1941년, 영국) 중에서

성직자들이 현직 대통령 부부의 죽음을 기도했다. 나라의 미래를 위해 정화수 앞에서 자식의 무사를 비는 어머니 같은 마음이었을까? 타인의 소원 성취를 위해 굿판을 벌이는 무속인 같은 책임감이었을까? 가톨릭 신부는 '비나이다, 비나이다'란 문구와 함께 비행기가 추락하는 풍자 만화를 인용했고, 성공회 신부는 '추락하기를 바라 마지않는다'며 노골적으로 소망을 표현했다.

누구든 정치적 의견을 가질 수 있고 자기와 다른 세계관을 가진 사람을 비판할 수 있다. 그러나 아무리 미워도 그 사람이 죽기를 바라는 사제라니. 더구나 그 소망이 너무 간절한 탓에 조종사와 승무원, 기자단 등 많은 사람이 전용기에 함께 타고 있다는 사실은 깜빡한 모양이다. 파문이 커지자 천주교는 정직 처분을 내렸고 성공회는 사제직을 박탈했다.

신이 어떤 사람에게 '천국의 열쇠'를 줄까, 소설은 질문한다. 청렴하고 강직한 치섬 신부는 외지인에 대한 거부감이 심한 중국의 오지에서 선교에 어려움을 겪는다. 교단의 지적을 받을 정도로 실적이 형편없지만 한결같은 그의 겸양과 헌신은 마침내 사람들을 감화시키고 진실한 믿음의 길로 이끈다.

원수조차 사랑하라는 가르침을 전하는 대신 지독한 미움에 빠져 저주하고 분노의 감정에 불을 지르는 성직자, 아무리 극악한 죄인이라 해도 그가 하루빨리 지옥에 빠져 고통받길 저주하는 사제에게 신은 정의롭다며 천국의 문을

열어줄까? 만약 치섬 신부가 갈 수 없는 천국이라면, 저주하는 신부들만 가는 천국이라면 그곳에 못 간다고 해서 슬퍼할 필요는 없지 않을까.

183 세상은 거짓을 정치라 부른다

다른 사람들에게 거짓말을 하는 것은 필요한 일이야. 하지만 우리까지 그 거짓말을 믿어야 할까? 자네는 내가 천치라고 생각하나? 나는 길고도 위험한 인생을 살아왔어. 그런데도 나는 정상에 있지. 자네, 정치가 무엇이냐고 물었지? 정치가는 대중을 향해 말한다네. 당신들이 바로 권력이라고. 그러면 그들은 우리에게 투표하는 거야. 그들은 우리의 패배에 울고 우리의 승리에 기뻐 웃지. 결코 정치를 우습게 보지 말게나.

― 하워드 패스트 '스파르타쿠스'(1951년, 미국) 중에서

'현 야당 대표에게 지분이 있다고 들었다'는 대장동 사업 비리 관련 증언에 대해 민주당은 '황당무계한 시나리오'라고 반격했다. 이에 증언자는 '지어내 말한 거라면 내가 작가'라고 맞받아쳤다. 당 대표는 떳떳하다는 듯 '털어보라, 쇼하지 마라, 창작 능력이 형편없다'고 조롱했다.

'물류를 멈춰 세상을 바꾸자'는 구호를 외치며 화물연대가 총파업에 돌입했다. 집단 운송 거부가 계속되면 시멘트와 철강, 자동차, 조선 등 주요 국가 산업의 발이 묶이고 경제가 멈춘다. 정부는 피해가 최소화되도록 복귀를 설득하는 한편, 파업에 동참하는 개인에게 책임을 물을 수 있는 '업무개시명령'을 검토 중이다. 반면 야당은 정의의 편, 서민의 편인 듯 그들의 주장과 요구에 힘을 싣고 있다.

기원전 70년경에 실제 일어났던 노예 반란을 그린 소설 '스파르타쿠스'는 노련한 원로 정치인 그라쿠스의 입을 빌려 '권력이 거짓말의 유산'이라고 말한다. 그에 따르면 정치란 평등과 자유와 인권이 대중에게 있다는 거짓을 끊임없이 속삭이는 일이다. 그러면 시민은 알아서 귀족과 정치인을 배 불리고, 노예를 죽이는 데 앞장서고, 노예보다 못한 삶을 살면서도 민주시민이라는 자부심에 빠져 정치인의 이익에 헌신한다.

경제가 먼저냐, 노동자가 우선이냐, 정치는 늘 문제를 던지고 싸우고 사회를 분열시킨다. 뇌물을 받았다, 룸살롱에서 놀았다, 오드리 헵번을 흉내 냈다, 자극적인 의혹도 제기한다. 맞든 틀리든 한쪽이 거짓이거나 양쪽 모두 거짓이니 연기력도 뛰어나야 한다. 거짓이 드러나면 '유감'이라 말하고 또 다른 의문을 불러온다. 저지르고 책임지지 않는 일, 요즘 세상은 그것을 정치라고 부른다.

184 월드컵과 붉은 함성

하얀 벽에 난 그 자국은 작고 동그랬다. 사람은 생소한 것을 보면 온갖 상상을 다 한다. 나는 저 자국이 무엇인지 잘 모르겠다. 일어나서 확인할 수도 있지만 그래봐야 십중팔구 무슨 자국인지 확실히 말할 수 없을 게 뻔했다. 왜냐고? 일단 어떤 일이 벌어지면 그게 어떻게 벌어졌는지 아무도 모르기 때문이다. 부정확한 사고! 인간의 무지!

– 버지니아 울프 '벽 위의 자국'(1917년, 영국) 중에서

우리나라 축구 대표팀이 월드컵 16강 진출을 달성하고 모든 일정을 마쳤다. 비록 8강 진출은 실패했지만, 마지막 경기가 열린 새벽에도 많은 사람이 모여

끝까지 응원했다. 내가 태어나 자란 땅에 대한 애착, 삶의 뿌리를 내리고 사는 나라에 대한 소속감을 확인하는 데 스포츠 응원만 한 것도 없다. 이번에도 거리 응원은 '붉은 악마(Red Devil)'가 주관했다.

2002년, 국민 모두 붉은 악마가 되자며 'Be the Reds!'가 프린트된 티셔츠가 유행했다. 공식 응원 앨범 제목은 '꿈★은 이루어진다. Red Devil'이었다. 2006년엔 레드와 함께 가자는 뜻의 'Reds go together', 2010년엔 붉은 함성으로 하나 된 한반도라고 이해되는 'The shouts of Reds. United Korea'였다. 2014년과 2018년엔 우리가 붉은 악마라며 'We are the Reds', '우리는 하나. We, the Reds'였다. 올해는 '더 뜨겁게, the Reds'라고 한다.

의식의 흐름 기법의 대표 작가, 버지니아 울프의 화자는 벽에 생긴 얼룩을 보고 그 자국에서 연상되는 생각을 끝없이 따라간다. 그의 사고는 인간의 본성과 예술과 종교, 깊은 인생철학으로 이어진다. 그런데 꼬리에 꼬리를 물며 그를 생각하게 만든 자국의 실체는 벽을 기어오르던 작은 달팽이였다.

빨간색(red)은 공산주의자, 좌익, 적군을 뜻하기도 한다. 한국인의 조상이라는 주장도 있지만 붉은 악마의 얼굴이 중국 신화에 나오는 요괴이자 전쟁의 신이라는 것도 잘 알려지지 않은 사실이다. 어느새 레드가 된 우리는 공산주의를 무서워하지 않는다. 요즘 세상엔 그런 게 없다고도 한다. '내 생각의 주인은 나'인 것 같지만 작은 얼룩에서 시작된 사회적 의식의 흐름을 인지하고 거부하는 건 쉬운 일이 아니다.

185 자유를 가르쳐야 하는 이유

"기분 내키면 치겠소. 마음이 내키면 말이오. 당신이 바라는 만큼 일은 해주겠소. 하지만 산투르 말인데, 그건 달라요. 처음부터 분명히 말해두겠는데 나한테 억지로 시키면 그때는 끝장이오. 당신은 내가 인간이라는 걸 인정해야 한다 이거요." "인간이라니, 그게 무슨 뜻이지요?" "자유라는 거지. 인간이 된다는 건 바로 그거요. 자유로워진다는 것."

– 니코스 카잔차키스 '그리스인 조르바'(1946년, 그리스) 중에서

2024년부터 적용될 역사 교과서에 '자유'가 돌아온다. 새 교육 과정 심의회에서 역사과 연구진 17명 전원과 심사위원 14명 중 13명이 '자유'라는 용어 사용을 반대했지만, 교육부가 '자유민주주의'와 '민주주의' 두 표현을 병행하기로 결정, 2018년 이후 사라진 '자유'를 겨우 되살려냈다. 이에 초중고 역사 담당 교사 1,191명이 '자유'를 빼라며 성명을 내고 반발했다.

진보 진영에게 자유란 '불평등한 자본주의'에서 파생된 개념이다. 반면 민주주의는 굶어도 같이 굶고 죽어도 같이 죽어야 하는 '평등한 인민'을 대표하는 이념이다. 하지만 불평등을 다른 말로 하면 '차이'다. 인간의 존엄성과 개인의 다름을 인정하는 자유주의가 사라지면 다수의 대중과 생각이 다른 소수는 침묵해야 한다.

소설 문학의 대표 자유인으로 자리 잡은 조르바는 자유가 인간의 본질이라고 말한다. 개인의 자유를 인정하지 않는 것은 그 사람을 하나의 인격체로 존중하지 않는다는 뜻이다. 조르바에 따르면 '산다는 건 감옥살이나 종신형'처럼 고역스러운 일이지만 인간의 영혼만은 한없이 자유로운 것이어서 어디에도 가둘 수 없고 그 누구도 지배해선 안 되는 것이다.

자유라는 말과 글자를 감추고 그 이름과 의미를 가르치지 않으면 인간은 자유에 대해 생각할 수 없다. 있는 줄 모르면 욕망할 수 없고, 갖고 싶지 않으면 갖지 못한 것을 불평할 일도 없다. 자유가 없는 민주주의는 자유가 필요 없

다고 주장하는 이들의 자유만 허락한다. 두 눈 부릅뜨고 시키지 않으면 눈 깜짝할 사이 빼앗기는 것, 그것이 인간의 자유다.

186 크리스마스의 기적

크리스마스는 언제나 좋아요. 인정 많고 관대하고 자선을 실천하는 즐거운 때죠. 사람들 모두가 일 년 내내 닫혀 있던 마음을 활짝 열고, 다른 사람들이 함께 걷는 동반자라고 생각하는 때잖아요. 성탄절이라고 해서 주머니에 동전 한 푼 들어오는 건 아니지만 크리스마스는 좋은 날이었고, 앞으로도 그럴 거라고 믿어요. 그래서 이렇게 말하는 거예요. 신의 은총이 함께하기를!

– 찰스 디킨스 '크리스마스 캐럴'(1843년, 영국) 중에서

'전국장애인차별철폐연대(전장연)'가 1년 가까이 지하철 시위를 하고 있다. 서울시가 2004년까지 지하철역에 리프트를 설치해 주겠다는 약속을 지키지 않았기 때문이라고 한다. 쉽게 해결 못 하는 시의 입장도 있겠지만 몸이 불편한 분들의 외침은 안타깝다. 하지만 가장 큰 피해를 감당해야 하는 건 매일 지하철을 이용하는 시민들이다.

인간은 모두 잠재적 장애인이다. 하루아침에 사고로 장애를 얻을 수도 있지만 나이가 들면 누구나 걷고 말하고 듣고 생각하는 능력이 저하된다. 따라서 노약자나 장애인에 대한 사회적 배려는 현재 건강한 사람을 위해서도 좋은 일이다. 다만 건강을 잃기 전에는 건강을 당연하게 여기고 늙기 전에는 젊음이 영원할 것으로 착각한다. 그래서 아프고 힘들다며 화내는 사람보다 좋다, 괜찮다, 웃는 사람 곁에 머물며 그런 사람을 지켜주고 싶은 것도 사람의 마음이다.

수금은 안 되고 청구서는 밀려있고, 나이만 먹고 뜻대로 되는 일은 하나도 없는데 '메리 크리스마스'란 인사가 무슨 소용이냐고, 스크루지는 불평한다. 그에게 조카는 손해와 이익을 따지지 말고 성탄절만이라도 행복을 느껴 보라고 말한다. 멍청한 소리 집어치우라고 불평했지만, 하룻밤 사이 기적이 일어나고 스크루지는 진정한 행복을 얻는다.

세상은 하루도 조용할 날이 없다. 이쪽과 저쪽의 요구와 주장이 늘 대립한다. 성탄절 하루만이라도 갖지 못한 것을 소원하는 대신 가진 것에 감사하는 기도만 가득하기를. 어느 쪽 바람을 들어줘야 하나, 고민하지 않고 신도 행복하기를. 그런 신의 축복으로 모두의 마음이 평온하기를. 그것이 크리스마스의 진짜 기적이 아닐까.

187 정치인의 자격, 내로남불

> 그 사람이 그럴 만한 '가치'가 있는 사람인지 아닌지는 아무런 의미가 없다. 그리고 지금은 그 모든 일이 다른 여자가 겪은 일인 것처럼 생소하게 느껴지기 시작한다. 나는 한 사람이 어떤 일에 대해 얼마만큼 솔직하게 말할 수 있는지도 알게 되었다. 숭고하고 치명적이기까지 한 욕망, 위엄 따위는 없는 부재, 다른 사람들이 그랬다면 무분별하다고 생각했을 신념과 행동, 나는 이 모든 것을 스스럼없이 행했다.
>
> — 아니 에르노 '단순한 열정'(1991년, 프랑스) 중에서

10월 30일 새벽, 응급의료용 '닥터카'를 집 앞으로 불러 탑승, 이태원 의료지원 출동 시간을 지연시킨 비례대표 국회의원이 직권남용과 공무집행 방해

등의 혐의로 고발당해 경찰이 수사에 나섰다. 그녀는 '긴박했던 현장 상황'이라는 글과 사진들을 소셜 미디어에 올렸다. 의사 출신 국회의원이 'CPR을 했다', '구조 활동을 했다'는 기사도 보도됐다.

방송에 출연한 그녀는 '압사 사고의 골든타임은 4분'이라며 늦장을 부렸다고 지자체를 탓했지만 본인을 태우고 가느라 닥터카가 추가로 소비한 시간은 약 20분, 골든타임의 다섯 배였다. 15분 정도 머무는 동안 사진 찍기도 바빴을 그녀는 "내가 현장에 있었는데 당신은 어떤 역할을 했냐"며 복지부 장관의 책임을 추궁했다. 당일, 그의 관용차를 얻어 타고 이태원에서 상황실로 향하는 동안에도 설마 장관을 몰아세웠을까?

내가 하면 로맨스, 남이 하면 불륜이라는 뜻의 '내로남불'은 자신에겐 너그럽고 남에게만 엄격하기 쉬운 인간의 본성을 잘 드러낸 말이다. 프랑스 작가의 소설은 불륜에 빠진 여성의 욕망을 집요하고 적나라하게 그려낸다. 앞의 인용문처럼, 권력을 향한 '단순한 열정'에 빠진 정치인도 다른 진영의 정치인이 그랬다면 '무분별하다고 비판했을 생각과 행동을 스스럼없이' 저지른다.

전 정권의 비리나 현 국회의원의 혐의가 드러날 때마다 소속 정당은 정치 보복, 표적 수사라며 논점을 흐린다. 똑같은 사안으로 입장이 바뀌면 공격 수위는 높아진다. 네가 하면 독재, 내가 하면 민주, 네가 하면 갑질, 내가 하면 자유, 너는 가해자, 나는 피해자, 너희는 불륜당, 우리는 로맨스당이라는 식의 논리는 현명한 국민에게 더 이상 통하지 않는다.

2023

제5장

밤바다에서 등대를 찾은 조각배처럼

188 예의주시와 일전불사

> 우리는 미션을 수행하러 떠나게 될 것이다. 한창 퇴각을 하고 있고, 피해가 막심한 상태다. 산불 속에 물병을 집어던지듯 비행 대원들을 희생시키고 있다. 모든 것이 무너지고 있는데, 어떻게 위험을 고려할 수 있겠는가. 아직 프랑스엔 50개의 정찰 비행 팀이 있고 그중 23개가 우리 비행대 소속이다. 우리는 3주 만에 전체 팀 가운데 17개 비행 팀을 잃었다. 눈 녹듯 아주 빠르게 팀원들이 없어져 버린 것이다.
>
> — 앙투안 드 생텍쥐페리 '전시 조종사'(1942년, 프랑스) 중에서

북한 무인항공기 다섯 대가 서울과 경기도 일대 상공을 마음대로 날아다녔다. 2m 길이의 소형기는 무장 능력이 없다며 국방부는 위험 가능성을 일축했지만 2017년부터 하지 않던 무인기 침투 대비 훈련을 부랴부랴 실시했다. 눈에 보이는 공격과 피해는 없다 해도 휴전 중인 상황, 영공 침범은 명백한 도발이다.

생텍쥐페리는 제2차 세계대전에 참전한 프랑스의 전투 조종사였다. 정찰과 폭격을 목적으로 세 대가 출격하면 평균 두 대는 돌아오지 못했다. 그걸 알면서도 참모부는 명령을 내려야 했고 조종사는 거부할 수 없었다. 산화한 대원들은 전쟁이란 큰 그림에서 볼 때 '혼잡한 환승역에서 사라진 가방 하나', '웅장한 건물의 벽돌 하나'일 뿐이었다.

전쟁도 진화한다. 이제는 칼과 도끼를 들고 뛰어가 육탄전을 벌이지 않는다. 드론과 무인항공기의 발전으로 전투기 조종사도 도박 같은 비행을 하지 않는다. 국내외 지원과 과학기술의 발달로 북한의 위협도 첨단화되고 있다.

수비 의지와 방어 기술은 침략 욕망과 공격 기술을 앞서지 못한다. 더구나

북한은 2018년 전 정부가 평양까지 가서 맺은 9·19 남북군사합의를 비웃듯 도발을 반복하고 있다. 반면 2020년 민주당이 통과시킨 대북 전단 살포 금지법을 더해 스스로 손발을 묶은 우리는 종이 한 장 날려 보내지 못한다.

핵과 미사일로 무장한 그들이 서울까지 날아와 정보를 수집한 결과 '지금이 찬스다!' 하는 순간이 오지 않는다고 장담할 수 있을까. '예의주시'란 말 대신 '일전불사'의 각오로 대응하겠다는 정부와 군의 목소리를 듣게 된 건 그나마 다행이다.

189 어느 첼리스트의 진실과 거짓

사람들이 빵을 사려고 줄 서 있다가 죽은 그 거리에서, 한 첼리스트가 매일 연주를 하고 있다고 했다. 첼리스트는 무슨 일이 일어나는지 다 보았다고 했다. 첼리스트가 하고 있는 일에 대해 들었을 때, 케난은 좀 어이없고 감상적인 짓이라고 생각했다. 거리에서 음악을 연주해서 뭘 어쩌겠다는 건가. 그렇다고 죽은 사람을 다시 살릴 수도 없을 테고, 누구 하나 배부르게 먹여주지도 못할 테고, 벽돌 한 장 끼울 수도 없을 터였다.

— 스티븐 갤러웨이 '사라예보의 첼리스트'(1992년, 캐나다) 중에서

청담동 술자리 소문이 거짓으로 드러나고 있다. 첼리스트는 지난해 7월 새벽, 현직 대통령과 법무부 장관이 대형 로펌 변호사들과 벌인 술자리에 함께 있었다고 남자친구에게 전화했다. 큰 이슈라고 생각한 남자는 그녀의 동의 없이 녹음한 통화 내용을 유튜브 방송에 제보했고, 민주당 비례대표 국회의원은 사실 여부도 확인하지 않고 국정감사에서 의혹을 터뜨렸다.

보스니아 내전으로 연주할 기회를 잃어버린 첼리스트는 아파트 창가에서 거리를 바라보다가 포탄이 떨어지는 순간을 목격한다. 빵을 사려고 줄을 서 있던 굶주린 사람들 22명이 죽었고 100여 명이 부상했다. 충격을 가누지 못하던 그는 다음날부터 포탄이 터진 거리에 나가 하루에 한 명씩, 22일간 그들을 애도하며 알비노니의 '아다지오'를 연주한다.

소설은 사라예보 필하모닉 오케스트라의 수석 첼리스트였던 베드란 스마일로비치의 실제 이야기에서 착안했다. 언제 어디에서 죽음이 달려들지 모르는데 첼로 연주라니. 하지만 '아다지오'는 첼리스트 자신은 물론 전쟁에 지친 사람들 마음에 희망의 길을 연다. 그를 죽이라는 명령을 받은 저격수조차 방아쇠 당기는 걸 잊고 연주를 듣는다.

사라예보의 첼리스트는 전쟁으로 상처 입은 인간의 영혼을 위로했다. 다른 남자와 있었다는 걸 감추려던 거짓말로 일파만파 혼란을 불러온 청담동의 첼리스트는 어떤 연주자로 기억될까.

위정자가 국정을 밀어두고 술집에서 흥청거린 게 사실이라면 책임져야 하는 게 당연한 것처럼, 거짓을 제보하고, 거짓을 보도하고, 더구나 거짓을 사실처럼 국회에서 폭로했다면 그 책임 또한 무겁게 져야 한다.

190 법을 우습게 보지 말라고!

형사가 이메일을 읽었다. "1월 15일, 극비 통보. 품질보증부 내부와 연구소에 등록된 모든 컴퓨터는 필요한 데이터만 백업하고 일단 초기화할 것. 각 섹션의 관리 책임자가 열람한 뒤 필요한 소프트웨어와 데이터를 다시 설치할 것. 종이로 된 자료는 모두 폐기할 것. 가노 씨, 당신이 구조적 결함을 알고 있으면서도 은폐를 지시한 증거가 갖춰졌어요. 인제 와서 발뺌해봤자 더 비참해질 뿐입니다."

– 이케이도 준 '하늘을 나는 타이어'(2006년, 일본) 중에서

월성 원전 1호기 조기 폐쇄와 관련, 감사원에 제출해야 할 자료를 없앤 산업통상자원부 공무원들에게 유죄가 선고됐다. 파기를 지시했을 국장과 명령에 따랐을 과장, '신내림'을 받은 것 같다던 서기관의 형량 차이는 4개월. 그들 모두 집행유예지만 유죄 판결이 억울하다며 항소했다. 형량이 약하다며 검찰도 판결에 불복, 항소했다.

불리한 자료를 남겨 벌을 받느니 증거를 인멸하고 잠깐 사회적 지탄을 받는 것이 계산상 훨씬 이득이라는 걸 법이 증명해 주고 있는 셈이다. 더구나 진실을 감추라 지시하고 그 책임을 져야 할 상사와 명령을 거부할 수 없는 부하 직원의 형량마저 비슷하다면 왜 직책 높은 사람의 연봉이 더 많을까. 그들 또한 더 높은 데서 지시받아 따를 수밖에 없었다는 뜻일까.

상무는 트럭의 구조적 결함 때문에 벌어진 인사 사고의 책임과 리콜 사태를 피하려고 증거를 조작하고 자료를 삭제하라고 지시한다. 앞에 나서진 않지만 사장의 묵인 아래 이루어지는 일이다. 그러나 사건 은폐가 회사를 위한 게 아니라고 믿은 직원은 파기하지 않은 자료를 경찰에 넘긴다. 세상을 속일 수 있다고 자신하던 상무는 증거 앞에 무너진다. 그때 담당 수사관이 기개 있게 소리친다. "경찰을 우습게 보지 말라고!"

북한에 피살된 해양수산부 공무원 사건 당시 국방부 장관과 국정원장의 지시로 5,500건이 넘는 자료가 파기됐다. 하지만 책임자에 대한 엄중한 처벌이 이루어지리라 믿는 사람이 얼마나 될까. "법을 우습게 보지 말라고!" 외치듯 항소한 검찰처럼, 국가 자료의 중요성을 천명하는 법원의 포효를 들을 수 있을까.

191 따뜻한 나라에 사는 스파이

> 그 정보는 완벽하고 정확했습니다. 나는 물론 그것을 문트에게 보여주었지요. 내 상관이었으니까요. 그런데 문트는 전혀 놀라지 않았습니다. 지금 어떤 조사에 착수하려는 참인데 방해가 되면 안 되니까 아무것도 하지 말라는 겁니다. 첩자로 의심받을 가능성이 가장 적은 사람은 방첩 과장입니다. 그런 사람을 의심하는 것만으로도 놀라서, 입 밖에 내기는커녕 마음에 품는 사람도 없을 것입니다.
>
> – 존 르 카레 '추운 나라에서 돌아온 스파이'(1963년, 영국) 중에서

국정원이 '국가보안법' 폐지를 주장해 온 민노총 본부를 이적 행위 혐의로 압수 수색했다. 이 같은 국정원의 대공 수사권은 내년 1월 경찰로 이관된다. 2020년 12월, 민주당이 '국정원법 개정안'을 단독 처리한 탓이다. 지난 정권 당시 국정원장은 남북 관계에 악영향을 준다며 간첩단 수사 요청을 거부하기도 했다.

스파이소설의 명작으로 손꼽히는 작품에서 문트는 냉전 시절, 동독 정보부의 책임자다. 그는 과거 첩보 활동 중 런던에서 체포된 적 있지만 무사히 귀환, 정보부 최고 자리에 올랐다. 문트가 영국의 스파이라고 확신한 이인자 피들러는 그를 고발한다. 하지만 영국 정보부의 치밀한 각본에 의해 문트는 더 큰 신뢰와 힘을 얻고 오히려 피들러가 반역자로 처형된다.

"요즘 세상에 간첩이 어디 있습니까?"라는 말이 한때 유행했다. 이후 '간첩'은 시대에 뒤떨어진 말, 멸종된 존재라는 인식이 퍼졌다. 국정원의 대공 수사권 박탈과 국가보안법 폐지 주장에도 힘을 실었다. 북한에 대한 지원과 그들의 도발에도 대응할 수 없는 군사 합의도 이루어졌다. 내용을 알 수 없는 USB

가 북한에 버젓이 건네지기도 했다.

스파이는 소설과 '007' 영화에만 있을까. 냉전 시대가 끝나고 철의 장막이 무너지고 공산 진영과 자유 진영의 대립이 없어졌다 한들, 우리나라는 체제가 다른 북한과 휴전선을 사이에 둔 세계 유일의 분단 국가다. 우리 주변에 북한을 위해 일하는 사람이 없을까. 그들을 경찰이 잡을 수 있을까. 간첩이 없다며 두 손을 놓는 것과 간첩이 없길 바라며 두 눈을 부릅뜨는 것, 우리는 무엇을 선택해야 할까.

192 귀신도 놀라 자빠질 '통치 행위'

세어보니 415달러가 부족했지요. "입을 닥치고 있는 게 제일 좋은 방법이지요." "그렇지만 고인이 6,000달러라고 했으니까." "잠깐" 하고 공작이 말했습니다. "우리 돈으로 부족한 액수를 메꿔놓으면 어떨까요?" 그는 주머니에서 금화를 꺼내기 시작했지요. "공작, 그것참 귀신이 놀라 자빠질 좋은 생각이군." 왕도 금화를 꺼내서 쌓기 시작했습니다. 두 사람은 정확히 6,000달러를 만들어 놓았습니다.

— 마크 트웨인 '허클베리 핀의 모험'(1884년, 미국) 중에서

지난 정부가 집값, 소득, 일자리 통계를 폭넓게 왜곡, 조작했다는 정황을 포착, 감사원이 조사 중이다. 의도적인 표본 선정, 사실과 다른 숫자 기재, 조작에 관련된 사람들의 인사 특혜가 있었다고 한다. 청와대가 '통계 마사지'에 개입했는가, 그에 대한 법적 처벌은 무엇인가에 세간의 관심이 쏠리고 있다.

최저임금과 고용률, 소득이 높아지고 집값도 안정되었다며 지난 정권은 소

득주도성장 정책이 탁월한 경제 묘수인 양 홍보했다. 2018년 "좋은 통계를 만드는 것으로 보답하겠다"던 통계청장의 발언은 정부 발표와 체감 경기가 왜 그토록 다를까, 하는 의문에 불을 지폈다. 2020년 8월까지 스물세 번의 부동산 관련 정책을 내놓았다는 보도가 증명하듯 전 정부의 경제 정책은 실패의 연속이었다.

허클베리 핀은 도망 노예 짐과 자유 도시로 가던 길, 사기꾼들을 만난다. 프랑스 왕을 자처하는 노인과 영국의 공작이라고 허풍 치는 젊은 남자는 최근에 죽은 어느 영감의 형제라고 사칭, 유산을 가로채려 한다. 그가 남긴 금화와 유언장에 적힌 액수가 다른 걸 알고 사기꾼들은 억지로 금액을 맞춘다. 유가족의 신뢰를 얻어 더 큰 이익을 얻으려는 잠깐의 눈속임이다.

거짓이 이익이 될 때 사람은 거짓말한다. 정치는 말할 것도 없다. 여당이든 야당이든 정권이 바뀌고 과거 정부의 범죄가 드러나면 정치 탄압이라고 항의한다. 이번에도 민주당은 "조작은 없다. 통계의 선택과 체계 개선"이 있었을 뿐이라며 반발하고 있다. 어느 정부가 깨끗하기만 할까. 그래도 사실과 다른 통계 발표가 '통치 행위'라니, '귀신도 놀라 자빠질' 변명이다.

193 거짓말, 정치 그리고 소설

훌륭한 책은 모두 다르지만 형편없는 책은 완전히 똑같다. 이런 일을 하면서 나쁜 책을 수도 없이 읽은 후에 내린 결론이다. 너무나 형편없어서 출간될 수도 없는 책들. 소설이든 회고록이든, 나쁜 책들이 공통으로 갖고 있는 문제는 바로 이거다. 진실성이 느껴지지 않는다는 것. 좋은 책이 반드시 진실을 다루어야 한다는 것은 아니지만 적어도 읽는 동안만큼은 사실처럼 느껴져야 한다.

– 로버트 해리스 '유령 작가'(2007년, 영국) 중에서

　외국 도피 중 검거된 전 쌍방울 회장이 검찰 조사를 받고 있다. 현 민주당 대표가 경기도지사였던 시절, 전 회장은 그를 위해 남북 교류 행사비, 북한 사업조성비, 방북 추진비 등, 총 800만 달러 이상을 지원했다고 진술, 전혀 모르는 사람이라던 주장을 번복한 것으로 알려졌다.
　"얼굴도 한번 본 적 없고, 전화 통화한 기억도 없으며, 쌍방울과의 인연이라면 내의 한 벌 사 입은 것뿐"이라고 말해온 민주당 대표는 점점 불어나고 있는 의혹에 대해 "검찰의 신작 소설이 나온 것 같다. 창작 실력으로 봐선 안 팔릴 거다"라고 말했다. 기자들의 계속되는 질문에도 "소설 가지고 그러는 것 같다. 소설 가지고 자꾸 그러지 마시라"고 답했다.
　'유령 작가'는 엄청난 대가를 받고 유명 정치인의 자서전을 쓰게 된 대필 작가의 이야기다. 그는 죽은 선임자의 초안 원고가 형편없다고 생각한다. 잘해보려는 의욕을 갖고 작업하던 그는 절대 알아서는 안 될 비밀을 찾아낸다. 왜 '책 전체가 거짓처럼' 느껴졌는지, 왜 작가가 자살 같은 죽임을 당했는지도 알게 된다. 정치가 얼마나 무서운 세계인지 깨닫게 된 그의 목숨도 위태로워진다.
　좋은 소설은 진실을 위해 허구를 차용할 뿐, 사실을 감추려고 거짓을 꾸미지 않는다. 누구나 소설이 허구라는 걸 알지만 좋은 소설에는 감동이 있다. 소설을 읽고 진실에 눈떠본 사람은 '소설 쓰고 있네'라고 말하지 않는다. 나쁜 소설만 접해본 듯, 궁지에 몰린 정치인들이 결백을 주장하며 소설을 운운한다. 당 대표의 혐의가 사실로 드러난다면 앞으로는 거짓말하는 사람에게 '정치하고 있네, 정치하지 말라'고 해야겠다.

194 바른 정치를 요구해야 하는 이유

땅이 요동쳐 지표면 위의 모든 것을 내동댕이쳤다. 수많은 지붕과 기둥이 뒤집어지면서 동시에 온 도시에 부서지는 소리가 퍼져나갔다. 금속에 떨어진 것인지, 번개가 한순간 황제상 위에 머물렀다. 그러자 청동상과 기둥이 흔들거렸다. 그것은 온 도시를 울리며 쓰러졌고 산산조각이 나 떨어져 그 아래 보도를 박살냈다. 그 소리와 충격에 글라우코스는 잠시 정신을 잃었다.

- 에드워드 불워 리튼 '폼페이 최후의 날'(1834년, 영국) 중에서

튀르키예에서 발생한 지진으로 많은 건물이 무너지고 많은 사람이 목숨을 잃었다. 7.8도의 강진은 건물들을 발파 해체하는 빌딩처럼 폭삭 주저앉혔다. 가족과 삶의 터전을 잃은 시민들은 2,000만 명, 사망자는 적어도 수만, 많게는 10만 명이 넘을 거라고 한다.

서기 79년, 글라우코스는 연적의 모함을 받아 살인 누명을 쓰고 폼페이의 원형경기장에서 처형될 위기에 놓인다. 그날 베수비오 화산이 폭발한다. 땅이 흔들리고 도로가 갈라지고 건물들이 무너진다. 화산이 불을 내뿜는 아비규환 속에서 관중과 시민들은 달아난다. 글라우코스도 연인의 손을 잡고 달린다.

수천 년 전이나 지금이나 천재지변을 막을 순 없다. 그래도 지진에 대비한 건축물은 흔들릴 뿐, 쉽게 무너지지 않는다. 1999년부터 지진세를 걷은 튀르키예였지만 내진 설계를 의무화하고 부실, 불법 건축물을 관리 감독해야 했을 정부가 사용 내역도 밝힌 적 없다며 구조가 지연되고 있는 폐허 속에서 시민들이 분통을 터뜨렸다.

남의 불행 앞에서 자신의 안전에 뒤늦게 가슴 쓸어내리는 존재가 사람이다. 발생률이 낮긴 해도 지진 노출 지역인 우리나라는 '시설물의 안전 및 유지관

리에 관한 특별법'에 따라 관리 감독이 철저한 덕에 지진으로 건축물이 무너질 확률은 낮다고 한다.

정치는 멀리 있지 않다. 교육, 일자리, 주택, 교통, 방역, 재판, 세금 심지어 드라마와 영화까지 정치와 무관한 건 하나도 없다. 법과 제도를 결정하는 정치가 전쟁은 물론 자연재해 앞에서도 생사를 가른다. 국민을 위해 일하라고 정치인들을 다그치고 감시해야 하는 이유다.

195 국회의원은 국민보다 더 평등한가

"그런데 저 벽이 좀 달라진 것 같지 않아? 일곱 계명이 그대로 있긴 있는 거니?" 벤자민은 이런 일에 끼어들지 않는다는 자신의 규칙을 이번 한 번만은 깨기로 하고 벽에 쓰여 있는 글들을 클로버에게 읽어주었다. 일곱 계명은 오간 데 없고 단 하나의 계명만이 거기 적혀 있었다. 그 계명은 이러했다. '모든 동물은 평등하다. 그러나 어떤 동물은 다른 동물들보다 더 평등하다.'

– 조지 오웰 '동물 농장'(1945년, 영국) 중에서

우리나라 국회의원은 동료 의원들이 반대하면 '현행범이 아닌 이상, 회기 중'엔 체포되지 않는다. 지난 대선 당시, 민주당 후보는 그러한 면책특권 포기를 공약했다. 보궐선거 때도 국회에서 상정되면 '100% 동의'하겠다고 호언했다. 국회에 입성, 민주당 대표가 된 그에 대해 검찰이 구속 영장을 청구했다. 특권을 포기할 것인가 묻자 그는 '상황이 다르다'고 답했다.

메이너 농장의 동물들은 죽어라 일만 시키고 자기 배만 불리는 것 같은 주인을 쫓아낸다. 그들은 동물이 주인이 되는 농장을 운영하겠다는 돼지 나폴

레옹을 따르며 다 같이 살기 좋은 세상을 꿈꾼다. 그러나 '모든 동물은 평등하다'고 천명한 일곱 개의 계명은 차례로 지워진다. 농장에는 평등하게 고통받는 다수의 동물, 소수 지배자의 방종과 특권만 남는다.

국회의원의 구속이 가능해지면 집권 세력이 비대해질 수 있다. 그러나 의정활동이 아닌 개인의 비리를 무마하는 데 면책특권이 이용되어 국회의 힘만 키워온 것도 사실이다. 구속되어 재판에서 유죄 판결을 받는다 해도 휠체어 타고 방송에 몇 번 나오면 이내 사면되고 복권된다. 독재 정권의 희생자, 민주투사라고 하면 다음 선거에서 쉽게 당선되기도 했다.

구속 가능성을 열어두긴 싫을 것이다. 27일 열릴 본회의에서 체포동의안이 통과되지 않는다면 '국회의원도 잘못하면 소환되어야 한다'는 주장 뒤에 '나만 빼고!'라는 말을 감춰놓았다는 걸 시인하는 셈이 된다. 민주, 정의, 평등을 큰 소리로 주장하는 집단일수록 어떤 사람은 다른 사람보다 '더' 평등하다. 자기 자신은 그 모든 사람보다 '훨씬 더' 평등하다.

196 아이가 없는 세상

> 먼저 어린이 놀이터가 철거되었다. 그네는 단단히 줄로 묶여 고정되었고, 미끄럼틀과 정글짐은 새로 페인트를 칠하지 않은 채 방치되었다. 그러다 끝내는 없어졌다. 학교도 문을 닫은 지 오래되었는데, 판자로 막아버리거나 성인 교육 센터로 쓰고 있다. 오디오테이프와 레코드로만 아이들의 목소리를 들을 수 있고, 영화나 TV 프로그램에서만 아이들의 모습을 볼 수 있다.
> — P. D. 제임스 '사람의 아이들'(1992년, 영국) 중에서

호랑이 담배 피우던 시절 이야기라고 하겠지만, 한 학급의 학생 수가 70~80명일 때가 있었다. 한 학년은 15~20학급 내외, 전교생이 수천 명이었다. 현재 지인의 아이가 다니는 지방 학교는 한 학년에 두세 학급, 한 반에 15명, 또 다른 지역 학교의 전교생은 겨우 아홉 명이다. 서울도 사정이 다르지 않은 듯, 수십 년 역사를 가진 학교들이 하나둘 문을 닫고 있다.

소설은 번식 능력을 잃어버린 인류의 미래를 그린다. 지난 25년 동안 세계 어디에서도 아기는 단 한 명도 태어나지 않았다. 왜 인류 전체가 불임이 되었는지, 원인도 치료법도 모른다. 세상은 종말을 향해 천천히 늙어간다.

우리나라 여성이 낳는 아이는 0.78명, 이대로라면 30년 후 한국인 절반이 사라진다. 국가 소멸이 코앞이라며 출산 휴직, 육아 재택근무, 지하철 임산부 배려석 등, 정부가 바뀔 때마다 대책을 마련한다고 법석이다. 그러나 출산율 회복은 쉽지 않을 것이다.

"아이? 지금도 힘든데?" 젊은 친구들은 말한다. 틀린 걸 옳다고 가르치는 교육, 매번 바뀌는 입시 정책, 나날이 높아지는 취업과 내 집 마련의 벽, 치솟는 물가와 세금, 밑 빠진 독이 된 국민연금, 무엇보다 정직하고 성실하게 노력하면 바보가 되는 나라.

저출산은 젊은 세대의 이기심 탓만은 아니다. 자기 핏줄을 향한 인간의 본능적인 애착 때문이다. 태어나지도 않은 '내 자식'에게 그 무거운 짐을 떠넘기기 싫은 것이다. 지금 우리가 살고 있는 사회에 대한 믿음, '내 아이'가 살아갈 미래에 대한 희망을 찾지 못한다면, 이 땅은 한국인 없는 한국이 될지도 모른다.

197 가짜 주인공, 진짜 주인공

> 당신은 나의 마술 극장에 와 있습니다. 당신이 탱고를 배우고 싶든, 장군이 되고 싶든, 알렉산더 대왕과 이야기를 나누고 싶든, 모두 당신 마음대로입니다. 그러나 하리 씨, 당신은 당신 자신을 까맣게 잊었어요. 당신은 내 작은 극장의 유머를 깨뜨리고 추한 짓을 했습니다. 당신은 잘못을 저질렀어요. 유감스럽게도 당신은 장기 말을 다루는 법을 이해하지 못했어요. 이제 잘못을 바로잡아야 합니다.
>
> – 헤르만 헤세 '황야의 이리'(1927년, 독일) 중에서

마약을 하면 어떤 기분일까? 세상 근심 하나 없이 하늘을 날아다니거나 향기로운 꽃밭에 나른히 누워 햇빛의 애무를 받는 느낌일까? 일반인에게 마약이란 현실에는 존재하지 않는 것, 영화나 소설에 나오는 마피아, 짧은 깍두기 머리에 용 문신을 한 폭력배들이 저지르는 범죄의 일부일 뿐이다. 하지만 유명인들에겐 마약의 유혹이 훨씬 가까운 데 있는 모양이다.

영화나 드라마의 주인공은 무대 공포증이 있어도 카메라와 대중 앞에서 웃어야 한다. 주삿바늘 공포증을 견디고서라도 더 예쁘게, 더 젊게 보이도록 시술받는다. 그들이 연기하는 인물도 평범하지 않다. 촬영 기간 내내 반항아, 폭력범, 살인자의 심리에 몰입한다. 꼭 악역이 아니더라도 내공이 깊지 못하면, 배역과 본성 사이의 괴리감이 고통스럽지 않을 리 없다.

사회의 모순을 냉소하며 고립된 채 살아가던 하리 할러는 관습에 길들여진 인간과 본능을 잃지 않은 이리가 내면에 공존하고 있다고 믿는다. 두 인격 사이의 거리를 견디지 못해 자살을 꿈꾸기도 하고 마약에도 손을 대던 그는 마술 극장에서 자기 안에 숨어 있던 다양한 자아를 마주한다. 그들과 함께 웃고

즐겁게 춤출 때 인생을 제대로 살아낼 수 있음을 깨닫는다.

수많은 자아를 연기하는 유명인들은 스포트라이트에 눈이 멀어 자기를 잃기도 한다. 그들만 위태로운 건 아니다. 소설 문장처럼 삶은 종종 '무시무시한 공허와 적막감, 끔찍한 위축 상태, 사랑받지 못하고 절망한 자의 텅 비고 황량한 지옥'이다. 그래도 대부분 보통 사람은 지옥을 극복하고 살아간다. 스스로 견디고 이기며 살아가는 이들이야말로 삶의 주인, 인생 드라마의 진짜 주인공이다.

198 봄! 벗자, 마스크

> 그녀의 눈물이 내 이마에 떨어졌어. 따뜻하고 부드러운 눈물이었지. 그녀의 눈물이 내 가면 뒤 얼굴을 적셨고 내 눈물과 뒤섞였다네. 난 그녀의 눈물을 단 한 방울도 버리고 싶지 않아서 가면을 벗어던졌어. 그런데도 그녀는 날 피하지 않더군. 그녀는 분명 나를 위해서 함께 눈물을 흘렸지. 우리 두 사람은 끌어안고 함께 눈물을 흘린 거야. 오, 신이시여. 이제야 최고의 행복을 선물해 주셨군요.
>
> — 가스통 르루 '오페라의 유령'(1909년, 프랑스) 중에서

대중교통의 마스크 착용 의무 해제 여부가 15일 결정된다. 하지만 지하철, 버스, 택시에서 필요 없다 해도 병원과 약국 등 의무 지역이 남아 있는 한 마스크는 여전히 외출할 때 꼭 챙겨야 할 필수품이다. 그런데 마스크는 정말 코로나 예방 때문에 쓰는 것일까? 실외는 진작 해제되었는데도 행인들과 등하굣길 학생들 대부분은 얼굴의 절반을 가리고 다닌다.

에릭은 천상의 목소리를 타고났지만 흉한 외모 탓에 오페라 극장 지하에 숨어 산다. 그의 얼굴을 혐오하며 가면을 씌워준 건 엄마였다. 마스크는 못생긴 얼굴과 수치심을 감춰주었지만 보는 사람에겐 신비감과 공포심을 주었다. 에릭은 세상으로 들어갈 수 없었고 사람들은 그의 곁에 다가오지 않았다. 에릭은 가면을 벗고 생긴 그대로의 모습으로 사랑받고 싶었다.

마스크 착용 의무가 완전히 해제되더라도 계속 쓰겠다는 사람들이 더 많다. 봄이 되니 미세먼지나 자외선 차단에 필요할 때도 있겠지만 마스크가 건강을 지켜준다는 믿음, 서로를 위해 반드시 지켜야 할 공중도덕이라는 생각에 길들여진 탓이다. 여기에 더해 '뉴욕 타임스'는 한국인이 마스크를 벗지 못하는 건 외모 콤플렉스 때문이라고 분석했다.

코로나 전엔 열나고 기침하는 사람을 보면 쾌유를 빌어주는 마음이 먼저였다. 그런데 지금은, 왜 마스크도 안 쓰고 다녀? 옮으면 안 되는데, 하는 생각이 앞선다는 사람이 더 많다. 못생겼든 아프든 인간은 자기 모습 그대로 사랑받길 원한다. 외모 집착과 감염공포증은 인간혐오증으로 자란다. 코로나보다 더 무서운 건 자기가 자기를 부끄러워하는 마음, 사람이 사람을 증오하는 세상이다.

199 타인의 마음을 악용하는 사람들

"주간지 기자라는 여자가 요즘 매일 오는 것 같던데요." 모리야의 말에 마지마가 고개를 끄덕거렸다. "다음 호에서는 교조님에 관해 좀 더 자세하게 다루겠다는 거야." 그 말에 모리야가 몸을 흔들며 웃었다. "그 여자, 몸매가 상당히 괜찮던데, 어떠세요?" 그러자 마지마가 손사래를 쳤다. "난 그런 근육질은 별로야. 마음에 들면 자네나 어떻게 해 봐." "그래요? 그럼, 말씀에 따르겠습니다."

— 히가시노 게이고 '허상의 어릿광대'(2012년, 일본) 중에서

    요즘엔 사람들을 만나는 자리에서 특정 종교단체의 허상을 다룬 다큐멘터리가 자주 화제에 오른다. '신이 안 보이면 나를 봐라, 나는 메시아다'라고 말하는 사람을 정말 신이라 믿은 사람이 많다고 한다. 그러나 신이라고 주장했던 사람은 강간, 납치, 폭력 등의 혐의로 10년간 형을 살았고, 출소하자마자 다시 성폭력 혐의로 구속되어 재판을 기다리는 상태다.
    '용의자 X의 헌신', '방황하는 칼날' 등 영화로 각색되어 우리나라에서도 사랑받는 히가시노 게이고의 소설에도 사이비 종교단체가 나온다. 몸과 마음이 나약한 사람들은 거짓에 쉽게 현혹된다. 단체 간부들은 교주가 기적을 일으킬 수 있는 것처럼 속임수를 써서 그들의 믿음과 재산을 빼앗는다. 신도 부러워할 만한 향락을 누리는 건 물론, 탈퇴하려는 교인을 죽음으로 몰아넣는 짓도 서슴지 않았다.
    오래전엔 버스나 기차에 작은 항아리를 버리는 사람들이 경찰에 잡혔다는 기사가 종종 나곤 했다. 조상신이 들었다는 신줏단지는 모시는 사람의 정성이 부족하면 해코지한다고 했다. 점쟁이가 시키는 대로 매일 정성을 들여야 집안이 잘되고 자식이 잘된다니 보통 스트레스가 아니었을 것이다. 그러니 귀신이 쫓아오지 못하게 먼 데까지 가서 버리고 온 거라 했다.
    마음만큼 강한 것도 없지만 마음만큼 약한 것도 없다. 힘들 때는 어딘가 기대고 싶고 한순간에 고통이 사라지길 바라며 신을 찾는다. 그러나 기적을 원하고 마술처럼 문제가 해결되길 바라는 성급한 마음이 더 큰 불행을 불러오기도 한다. 타인을 이용해 사익을 취하려는 사람들이 노리는 건 언제나 우리의 연약한 마음이다.

200 일반인의 자신감, 정치꾼의 열등감

"자신의 나라 말은 익힐 필요가 없다는 거죠?" 옆에 있는 사람들도 귀를 기울이고 있었다. 가브리엘은 난처한 처지에서도 명랑한 표정을 지으려고 애를 썼으나 이마에게까지 붉은빛이 번져갔다. "우리나라에도 당신이 모르는 곳, 가보지 않은 곳이 많지 않나요?" "나는 우리나라에 질렸소. 지긋지긋하다고요!" 가브리엘은 갑자기 쏘아붙였다. 그녀는 발끝으로 서서 그의 귀에 대고 속삭였다. "친영파!"

— 제임스 조이스 '더블린 사람들'(1914년, 영국) 중에서

WBC 최종 우승컵이 일본 야구팀의 품에 안겼다. "우리가 우승해야 아시아 다른 나라 야구도 자신감을 갖는다"며 결승전에 임했던 오타니 선수는 최우수선수상을 받자 "일본뿐 아니라 한국, 대만, 중국 등 세계 다른 나라에서도 야구가 더 사랑받았으면 좋겠다"는 소감을 밝혔다. 한일전 패배로 속상했던 우리나라 야구팬들도 오타니 선수에게 아낌없는 박수를 보냈다.

일본 애니메이션 영화 두 편이 박스 오피스 1, 2위를 차지하고 있다. 코로나로 인한 해외여행 규제가 풀리면서 한국인 여행자가 가장 많이 찾는 나라도 일본이다. 일반인은 K문화가 일본에서 사랑받는 것이 자랑스러운 만큼 그들의 문화도 편견 없이 즐긴다. '수탈과 배상'을 곱씹으며 정치인들이 내건 '비굴, 망국, 굴욕 외교'라고 적힌 플래카드만 거리마다 철없이 펄럭인다.

영국의 지배를 받았던 아일랜드의 수도, 더블린에서 열리는 파티에 참석한 가브리엘은 왜 하필 런던에서 발행하는 신문에 글을 싣느냐는 비난을 듣는다. 국내가 아닌 외국을 여행할 거란 계획조차 힐난하던 지인은 '친영파'라는 말을 내뱉고는 떠나버린다. 가브리엘은 화가 나면서도 그를 연민한다. '아일랜

드를 사랑한다고 떠들어대는 사람의 이면에는 자기만의 삶이라는 게 정말 있을까?'

현실이 만족스럽지 못할 때 "왕년에 내가" 하고 말한다. 가까스로 분에 넘치는 자리에 오른 사람이 "내가 누군지 알아?" 하고 거들먹거린다. 꿈을 위해 성실하게 노력하는 사람은 과거를 돌아볼 겨를이 없다. 자기 힘으로 어려움을 이겨낸 사람은 남을 탓하는 대신 이해하고 배려한다. 스스로 일어설 자신이 없는 사람만 "어떻게 나한테 이래? 사과해, 책임져"라는 요구를 반복한다.

201 시시콜콜 정치의 부메랑

"절 살려주시겠어요?" 소년은 흐느끼며 속삭였다. 내가 담당한 사람들은 언제나 이렇다. 불가능한 일을 의사에게 요구한다. 의사는 모름지기 외과의의 손으로 만사를 해내라는 것이다. 그대들이여, 나 같은 시골 의사가 얼마나 더 나은 일을 할 수 있겠는가. 하지만 가족과 마을 사람들이 다가와 나의 옷을 벗기고 노래를 부른다. '놈의 옷을 벗겨라. 그래도 치료하지 않으면 죽여 버려라. 놈은 의사일 뿐이니.'

– 프란츠 카프카 '시골 의사'(1917년, 체코) 중에서

소아과를 닫겠다고 전문의들이 선언했다. 저출산에 의한 환자 감소, 정치계의 선심성 진료비 동결, 보호자의 잦은 소송 등 지속적인 어려움에 부딪혀 온 결과라고 한다. 소규모 의원들이 살 길을 모색하는 것뿐이라는 해석도 있지만 산부인과, 흉부외과처럼 소아과도 줄어들고 있는 건 사실이다.

눈이 펑펑 쏟아지는 겨울밤, 시골 의사는 먼 곳에 사는 소년을 치료하러 가

야 하지만, 그의 말은 겨우내 무리해서 왕진을 다니느라 지쳐 죽었다. 다른 말을 빌려주겠다는 불한당은 그 대가로 의사의 하녀를 달라며 추근거린다. 말도 안 된다고 생각하면서도 의사는 환자를 보러 왔다. 그러나 이미 손써볼 수 없는 상태다. 말이 쓰러져 죽을 만큼 정부가 부여한 과중한 의무, 하녀를 희생시켜서라도 돌봐야 하는 환자에 대한 책임, 어떤 경우라도 환자를 살려내라는 보호자와 세상의 과도한 기대에 짓눌린 의사는 무력감에 빠진다.

어린이를 보호한다며 '민식이법'을 만들고, 좁은 골목까지 강제했던 30·50 속도 제한은 효과적이었을까. 한때는 동네 산책로에 중앙선을 긋고 보행자 통로 절반을 자전거에 내주더니, 이번엔 자전거 통행금지 플래카드를 달아놓았다. 그러자 부모와 함께 자전거를 타고 꽃놀이 나온 아이들에게도 꼬장꼬장한 어른들이 호통을 친다.

비행기를 탄 의사는 술부터 한 모금 마신다는 농담 같은 이야기가 있다. 위급 환자가 생겼을 때 애써봐야 성추행범이나 살인자로 몰려 법적 책임까지 져야 하는 일이 많아졌기 때문이다. 정치와 법이 시시콜콜 제재하고 간섭할수록 개인이 자율적으로 판단하고 선택하고 노력할 여지는 줄어든다. 그 피해를 감당해야 하는 건 언제나 그들의 배려와 도움이 꼭 필요한 사람들이다.

202 공공장소 TV, 서비스일까

역사의 마지막 글자에 다다를 때까지 죽음은 이렇게 살금살금 걸어서 날마다 조금씩 다가오고 있지. 그리고 우리의 과거는 모두 바보들이 죽음으로 가는 길을 비춰 주었을 뿐. 꺼져간다, 꺼져간다, 짧은 촛불이여! 인생은 단지 걸어 다니는 그림자. 무대 위에 나와서 뽐내며 걷고 안달하며 시간을 보내다 사라지는

> 서툰 배우: 인생은 아무런 의미도 없는 소음과 분노로 가득 찬 백치의 이야기.
> – 윌리엄 셰익스피어 '맥베스'(1623년, 영국) 중에서

틀니를 맞춰야 하는 어머니를 모시고 일주일에 한 번 치과에 간다. 치료가 끝나길 기다리는 동안 대기실 소파에 앉아 있으려면 정면에 걸려 있는 TV에 저절로 눈이 간다. 하루는 사람이 많아 입구 쪽에 앉았다. 맞은편 넓은 창문과 그 너머로 펼쳐진 하늘과 구름, 저 멀리 울창한 벚나무 숲이 보였다. 그 뒤로는 대기자가 없어도 창을 마주 보고 앉는다.

한 번은 늦은 밤, 어머니를 모시고 응급실에 간 적 있다. 혹시 무슨 일이 있을까, 걱정이 한가득이어서 대기실에 크게 틀어놓은 텔레비전 소리를 견디기 힘들었다. 언제 호출이 올지 모르니 밖에 나갈 수도, 이어폰을 꽂고 다른 걸 들을 수도 없었다. 다른 보호자라고 달랐을까. 담당자에게 소리를 줄여 달라 부탁했는데 별 이상한 요구를 한다는 듯, 안 된다고 했다.

미용실, 식당, 병원, 공항, 은행 등 어디에나 TV를 틀어놓는다. 보기 싫으면 고개를 돌리거나 눈감을 수 있지만 소음을 피하기는 쉽지 않다. 텔레비전이 귀한 시절엔 공공장소 TV 시청이 서비스였겠지만, 지금은 누구나 스마트폰으로 원하는 것을 보고 듣는다. 조용한 음악과 달리 공간 소유주의 결정으로 틀어놓은 TV는 폭력에 가깝다. 아무도 안 본다면 전력 낭비다.

아내가 죽었다는 소식을 듣고 맥베스는 '인생은 그림자, 잠시 무대 위에 선 배우일 뿐'이라는 유명한 대사를 읊조린다. 공공장소에서 리모컨을 쥔 사람은 무엇을 보거나 보지 않을 자유, 무엇을 듣거나 듣지 않을 자유를 빼앗는다. 서툰 배우처럼 살다 가는 그림자 같은 인생인데도 현대인은 그 짧은 무대 위에 펼쳐진 더 작은 무대, 더 서툰 배우들이 만들어 내는 소음과 분노에 눈과 귀, 생각과 마음을 빼앗기며 살아간다.

203 복수 드라마 전성시대

> 도둑이나 살인자를 결코 무서워해서는 안 돼. 그건 외부의 위험일 뿐이며 조그마한 위험이야. 우리가 두려워할 건 우리 자신이야. 편견이야말로 도둑이야. 악덕이야말로 살인자야. 큰 위험은 우리 내부에 있지. 우리가 생각할 것은 우리의 영혼을 위협하는 것이야. 위험이 다가온다고 생각될 때는 기도하면 돼. 우리를 위해서가 아니라 우리의 형제가 우리 때문에 죄를 범하지 않도록 기도를 드리기만 하면 돼.
>
> — 빅토르 위고 '레 미제라블'(1862년, 프랑스) 중에서

분노와 복수를 미화하는 영화, 드라마가 인기다. 주연과 조연 구분 없이 욕설을 대사마다 후렴처럼 붙이며 사소한 일에도 화를 내고 싸운다. 죄책감 없이 마약을 하고 주먹과 칼을 휘두르며 남을 괴롭히고 온갖 비행을 일삼는다. 피해자는 폭력과 살인을 계획, 사주하고 가해자를 파멸시킨다. 시청자는 통쾌한 복수라며 환호한다.

사법이 불공정해 보일수록 대중은 사적 복수에 열광한다. 상대적으로 작은 죄를 지은 사람은 큰 벌을 받는데, 어떤 사람들은 큰 죄를 짓고서도 별별 특권을 누리며 세상의 주인공처럼 살아간다. 나쁜 짓을 잘할수록 떵떵거릴 수 있다는 인식이 굳어지면, 악을 모방하고 싶은 것과는 별개로 인간의 정의감은 사적 제재가 유일한 해법이라 믿는다. 하지만 '죽어 마땅한 사람'이라 생각한 사람을 죽이는 것도 엄연한 살인이고 용서받지 못할 범죄다.

장 발장의 도둑질을 용서하고 새로운 인생을 살게 한 비앵브뉘 주교는 산적이 출몰하는 산골 마을에 간 적 있다. 위험하다고 모두가 말렸지만 주교는 소임을 무사히 마친 뒤 산적에게 선물까지 받아 들고 내려온다. '무서운 건 산적

이 아니라 영혼을 파괴하는 편견과 악덕'이라 말한 주교는 장 발장도 변화시키고 그 결과, 그를 집요하게 쫓던 자베르의 삶에도 영향을 미친다.

얼마 전 강남 한복판에서 여성이 납치돼 살해당했다. 투자 손실에 대한 보복으로 드라마처럼 살인을 사주, 청부한 사건이었다. 선과 악은 우리의 선택을 기다린다. 그러나 착하게 살면 바보가 된다며 우리는 너무 자주 원한과 복수에만 눈과 마음, 시간과 열정을 할애하며 살아간다.

204 왕이 된 원숭이

춤을 춰서 좌중을 즐겁게 한 이유로 원숭이가 동물의 왕으로 선출되었다. 여우는 그런 원숭이가 마음에 들지 않았다. 어느 날 고기가 놓인 덫을 발견한 여우는 원숭이를 찾아가서 귀한 음식을 발견했는데 왕에게 진상하려고 그 자리에 그대로 두었다고 말했다. 원숭이는 지체하지 않고 달려갔다가 덫에 걸리고 말았다. 여우가 말했다. "야, 원숭아. 넌 그렇게 속아 넘어갈 정도의 지각밖에 없는 놈이야."

– 이솝 '왕이 된 원숭이'(BC 6세기, 고대 그리스) 중에서

전 정권 수장의 퇴임 후 생활을 담은 다큐멘터리 영화의 홍보 영상이 공개되었다. 허연 수염을 텁수룩하게 기른 주인공은 "5년간 이룬 성취가 순식간에 무너지고 과거로 되돌아가는 모습에 허망하다"고 말했다. 정치, 안보, 외교, 경제 등 국가의 눈부신 발전을 떠올릴 수 없는 사람들은 그가 성취한 것이 무엇이냐 되묻는다.

집권 기간, 나랏빚은 400조가 늘었고 집값, 물가, 금리는 치솟았다. 취업률,

출산율은 최저를 기록했고, 탈원전과 태양광 부정 특혜 사업, 정권의 성공 신화를 위한 통계 조작도 뒤따랐다. 남북 군사합의, 판문점 USB 전달, 해수부 공무원 피살 사건 대응과 탈북 청년 강제 북송 등 이해 못할 북한 관련 행보는 셀 수도 없다.

성취(成就)는 '목적한 대로 일을 이룬다'는 뜻이다. 홍보 영상의 또 다른 출연자의 대사처럼 '밤잠 설쳐가며' 그가 달성하려던 목표는 대한민국의 성공이었을까? 탈원전 폐기, 부동산 감세, 30·50 속도 제한 완화, 마약 수사권 복원, 북한 도발 강력 대응, 한미일 관계 회복 노력이 허망함의 이유라면, 지난 정부가 목표한 것은 무엇이었을까?

원숭이는 멍청해서 덫에 걸렸지만 지난 정권은 무너뜨리고 싶은 거 다 무너뜨리며 건국 이후 성장해 온 대한민국을 과거로 되돌렸다. 많은 국민이 분노하다 못해 허망해하던 5년이었다. 퇴임 1년, 그에 대한 역사적 평가는 시작되지도 않았다. 전임 대통령들과 달리 저격당하거나 자살하거나 수감되지도 않고 국민 세금으로 풍족한 노후를 보내고 있다. 가슴을 쓸어내리며 겸손해야 한다.

205 한 달 밥값 안 돼도 뇌물

나는 허버트의 오랜 친구이고, 그의 업적을 몹시 존경하는 사람이오. 그런데 당신이 직접, 간접적으로 나를 공격했소. 그래서 당신을 천거하지 않는 것은 보복 행위라고 오해될 소지가 있었소. 나는 두 사람의 장점을 면밀히 대조했고, 그 결과는 당신이 알고 있는 바와 같소. 나는 내가 복수심에 사로잡힌 사람이 아니라는 것을 보여주기 위한 허영심에 무릎을 꿇었던 것 같소. 당신의 전략은 적중했소.

– 호르헤 루이스 보르헤스 '뇌물'(1977년, 아르헨티나) 중에서

2021년 더불어민주당 내 선거에서 의원 수십 명에게 돈 봉투가 뿌려졌다는 의혹이 터졌다. 야당 최고위원은 '당과 캠프는 구분해야 한다'며 책임에서 발을 뺐다. '전체적으로는 큰돈이고 이런 관행은 없어져야 하지만, 한 달 밥값도 안 되는 50만 원은 실무자에게 지급할 수 있으며 선거에 영향을 미치기 어렵다. 국회의원이 300만 원을 욕심낼 이유가 없다'는 말도 했다.

교수는 학술회의에 보낼 두 명의 후보 중 한 명을 추천해야 했다. 그가 허버트와 좋은 관계라는 건 잘 알려진 사실이었고 에이나르손은 교만한 사람이었다. 때마침 교수를 공격하는 논문이 발표된다. 익명이었지만 에이나르손이 썼다는 건 학계 사람이라면 쉽게 알 수 있었다. 교수는 자기가 공정한 사람이라는 걸 증명하기 위해 에이나르손을 뽑지 않을 수 없었다.

짧은 소설의 제목은 '뇌물'이다. 공개적인 비판과 공격이 금품보다 확실하게 선택에 영향을 미쳤으니 영악한 뇌물이 된 셈이다. 하물며 돈이다. 국회의원에겐 한 달 밥값도 안 되는 '푼돈'이라지만 받은 게 있으면 갚고 싶은 게 인간의 양심이다. 더구나 선거 기간의 금품 요구나 알선, 제공은 범법행위로 규정되어 있다.

현직 야당 최고위원이 방송에 나와 돈 봉투는 관행이다, 밥값도 안 되는 돈이다, 줄만 하다고 말할 수 있다는 게 놀랍다. 선거 때마다 금품과 뇌물이 오가는 건 다반사인데 왜들 놀라고 검찰까지 나서서 수사하는지 이해할 수 없다는 말로 들린다. '법은 우리가 만든다, 우리가 만든 법이니 우리는 법 위에 있다'는 생각이 없다면 가능한 말일까. 면책특권, 불체포특권까지 누리며 위법을 죄라고 생각 못 하는 사람들이 1인 헌법기관, 대한민국 국회의원이다.

206 자살, 선택 아닌 자기 살해

> 사람들은 굳이 집단 자살을 감행해야 할 필요가 있는지 의문을 제기했다. 고향 핀란드에서 엄청나 보였던 문제들이 유럽의 다른 곳에서는 아주 사소해 보인다는 것을 깨달았다. 같은 운명을 짊어진 동료들과의 긴 여행은 다시 삶의 용기를 불어넣었으며, 유대감은 자의식을 굳건하게 다져주었다. 좁은 생활 영역에서 벗어나면서 세상을 보는 시야도 넓어졌다. 자살자들은 새롭게 삶의 재미를 발견했다.
>
> – 아르토 파실린나 '기발한 자살 여행'(1990년, 핀란드) 중에서

자살은 어느 시대, 어떤 세상에서든 벌어진다. 지난달에도 중고생의 투신자살이 이어졌다. 며칠 전에는 한남대교에서 죽음을 생중계하려던 여학생의 자살 미수 사건이 발생했다. 청소년 10명 중 1명이 자살을 고민한 적 있다고 한다. 동반 자살이란 잘못된 생각으로 자식을 먼저 죽이고 스스로 목숨을 끊은 부모들도 있다.

남자는 우연히도 같은 장소에서 자살하려던 대령을 만나 이야기하다 살아야 할 이유를 발견한다. 두 남자는 덤으로 얻은 인생을 의미 있게 보내자며 자살 희망자들을 모집한다. 마음을 털어놓다 보면 그들도 죽음을 재고하리라 기대했기 때문이다. 수백 명이 연락해 왔고 20명 넘는 사람이 집단 자살을 하자며 함께 여행을 떠나지만 그 과정에서 '인생에는 희망과 꿈과 위안'이 존재한다는 진실을 깨닫는다.

언제부턴가 자살이라 하지 않고 극단적 선택이라 한다. 선택이란 심사숙고 뒤의 판단, 자유로운 결정에 따른 책임, 앞으로 맞이할 새로운 기회를 의미한다. 하지만 자살은 균형을 잃어버린 상태에서 저지르는 최후의 결행이다. 거기

엔 책임도 없고 기회도 없다. 상실감과 슬픔, 떠난 이의 인생까지 떠맡아야 할 책임이 살아 있는 사람들에게 남겨질 뿐이다. 하물며 가족을 살해한 뒤의 자살일까.

오랜 가뭄을 풀어줄 단비가 주말마다 내렸다. 초록은 가장 아름다운 빛깔로 보는 이의 마음까지 푸르게 물들인다. 우리를 눈부시게 하는 건 온실에서 핀 꽃의 화사함이 아니다. 모진 겨울에도 꽃과 열매를 꿈꾸며 이 악물고 애써온 모든 생명의 눈물겨움이다.

207 관객 수 적어도 성공하는 영화들

2주도 못 되어 그는 사랑에 빠졌다. 극장에서 순진한 애인 역을 맡고 있는 벨트너 양이었다. 그는 먼저 그녀의 얼굴에 반했고 그 다음에는 손에 반했으며 그 다음에는 고대 연극에 나오는 어떤 배역을 할 때 맨살이 드러나곤 하는 그녀의 팔에 반했다. 그는 그녀를 완전히 사랑하게 되었다. 그가 전혀 알지도 못하는 그녀의 영혼까지도. 그의 사랑에는 엄청난 돈이 들었다.

– 토마스 만 '타락'(1894년, 독일) 중에서

2017년에 개봉한 영화 '노무현입니다'는 180만 명의 관객을 동원했다. 이번 달에 개봉된 '문재인입니다'는 전주영화제에서 1억 원의 지원금을 받아 제작되었다. 영화제 기간에 특별상영회도 열었다. 단 몇 시간 만에 일반 후원금 1억을 모았고 개봉 첫날 관객 수도 1위를 기록했다.

자녀 입시 비리 사건으로 아내가 4년 형을 받아 복역 중인 전 법무부 장관을 순결한 피해자로 그린 '그대가 조국'은 30만 관객, 네티즌 평점 1위에 올랐다. 법원과 인권위원회에서 사실로 인정한 성추행 사건과 관련, 박원순 전 서울시장의 결백을 주장하는 다큐멘터리도 7월에 상영될 예정이다. 현 야당과 뿌리가 닿아 있는 정치인들이 영화 주인공으로 재탄생, 영웅인 양 미화되고 있다.

청년은 고향을 떠나 도시에 있는 대학에 입학했지만 청순해 보이는 여배우와 불같은 사랑에 빠진다. 행복도 잠깐, 그녀가 청년 몰래 몸을 팔아 돈을 벌어왔다는 사실을 알게 된다. "이런 짓은 누구나 하는 일이잖아요. 화장품 같은 것도 사야 하고. 내가 그렇고 그런 여자라는 건 세상이 다 아는데." 여자는 웃음을 터뜨렸다. 그렇게 청년의 사랑은 끝났다.

일반인은 실체를 알고 나면 가슴이 찢어져도 연인과 헤어진다. 이념과 정당에 인생과 밥줄이 묶여 있지 않은 이상, 거짓에 속기 위해 영화표를 사지도 않는다. 그러나 흥행 성적이 블록버스터에 미치지 못한다고 실패한 건 아니다. 기존 지지자들의 결속력 그리고 휴대폰과 TV로 시청할 수 있게 되면 공감의 파급 효과는 무한해진다. 그들만의 영화를 계속 제작하고 끊임없이 홍보하는 이유다.

208 실정한 정치인도 오늘 이미 부처라지만

죄인도 언젠가는 열반에 이를 것이고 붓다가 될 것이네. 죄인은 부처로 나아가고 있는 것이 아니네. 죄인은 발전 과정 속에 있는 것이 아니란 말일세. 죄인의 내면에는 오늘 이미 미래의 부처가 있네. 죄인의 미래는 이미 죄인 안에 깃들어 있는 것이지. 그러니 자네는 죄인 속에서, 자네 속에서, 모든 사람 속에서 형성되어 가고 있는 부처를, 숨어 있는 부처를 존중하지 않으면 안 되네.

- 헤르만 헤세 '싯다르타'(1922년, 독일) 중에서

2018년, 국가 비상사태를 대비한 군의 계엄령 실행 계획을 군 인권 단체가 폭로했다. 전 정권은 군사 기밀 문서가 어떻게 민간 단체에 유출되었는지는 문제 삼지 않았다. 대신 내란을 음모한 쿠데타 세력으로 몰아 국군기무사령부를 해체했다. 2022년 가을, 여당은 당시 국방부 장관과 기무사령관, 군인권센터 소장을 군사 기밀 누설 혐의로 고발했다. 현재 전 국방부 장관에 대한 수사가 진행 중이다.

인터넷 뉴스 창엔 하루도 빠짐없이 세상의 소란과 혼란이 보도된다. 무엇이 진실이고 거짓인지 알 수 없는 정치계의 부정부패가 매일 쏟아진다. 수많은 실정을 벌인 전 정권의 퇴임 공직자는 기무사 해체와 관련해서도 직권남용으로 고발당했다. 하지만 영화도 찍고 달력도 팔고 책방도 열고, 봉하 마을과 광주에 다니며 하루가 멀다고 정치적 영향력을 과시하고 있다.

싯다르타는 무엇 하나 부러울 것 없는 집을 떠나 수행자가 된다. 그러나 가르침을 통해 진리를 얻을 수 없다는 걸 깨달은 그는 세속으로 돌아와 인생의 희로애락을 두루 경험한다. 마침내 모든 집착을 내려놓고 뱃사공이 된 그는 강을 건너는 수많은 사람과 끝없이 흘러가는 강물을 스승 삼아 궁극의 깨달음을 얻는다.

부처님오신날을 앞두고 지난 주말엔 연등축제가 열렸다. 코로나를 핑계로 집회가 허락되지 않아 지난 4년간 볼 수 없던 장관이었다. 소설 속 깨달음에 따르면 세상 모든 사람이 이미 부처다. 나라의 기강을 무너뜨리고 북한과 권력과 치부에만 머리 조아린 전 정권의 주역들도 나의 스승이고 미래의 부처라는 것인데, 과연 범부에게 부처의 길은 멀고, 부처님의 자비는 바다보다 크고 넓고 깊다.

209 영화, 세상을 넘어뜨리거나 일으켜 세우거나

> 최고위층에서 무슨 생각을 하는지는 모르죠. 하지만 수많은 사람이 얀시의 하루를 되풀이합니다. 그가 하는 행동을 따라 하고, 그가 믿는 것을 믿으면서. 우리는 11년 동안 쉴 새 없이 대중을 조작해 왔습니다. 그 안에 어떤 종류의 다양성도 존재하지 않습니다. 세대 전체가 모든 문제에 있어 얀시의 의견을 받아들이도록 길러졌습니다. 영화, 드라마, 공연, 광고 등, 얀시의 물결은 꾸준히 공급되고 있습니다.
>
> — 필립 K.딕 '얀시의 허울'(1955년, 미국) 중에서

전 정권이 영화 '판도라'를 보고 탈원전을 했다 아니다 말이 많다. 그러나 정작 중요한 건 450만 명의 관객을 중심으로 과장된 원전 공포에 노출된 사람들이 그 정책을 지지했다는 것이다. 탈원전으로 지난 5년간 한국전력공사는 수십조의 손실을 보았고 태양광사업으로 국토는 황폐해졌다. 국가와 국민이 감당해야 할 피해는 앞으로도 쉽게 회복되지 않을 것이다.

영화는 영화로 끝나지 않는다. 가령 '화려한 휴가' '택시 운전사'는 1980년의 광주를, '태일이'는 노동운동을, '변호인' '킹메이커'는 현 야당 출신의 대통령들을 미화한다. 반면 '백년전쟁' '남산의 부장들' '26년'은 대한민국의 건국과 발전을 이룬 대통령들을 부정한다. '쉬리' '베를린' '공조'는 북한이 주적이라는 생각을 지워버리고 '괴물' '귀향' '암살'은 반미 반일 감정을 부추긴다.

소설이 그리고 있는 미래 사회는 얀시라는 인물을 통해 대중을 지배한다. 사람들은 얀시를 삶의 모델이자 정신적 멘토라고 믿는다. 일상생활을 모방하는 것은 물론 정치, 역사, 교육, 과학, 문화에 대해 그와 똑같이 말하고 생각한다. 그러나 얀시는 엄청난 자본과 수많은 인력을 투입해 만든 정부 정책의 광

고 모델로 영상에서만 존재하는 가상 인물이다.

　6월 1일 개막하는 제3회 서울락스퍼국제영화제는 원전에 대한 인식을 바꿔 줄 세 편의 영화를 공개한다. 올리버 스톤 감독의 '뉴 클리어 나우'를 개막작으로 선정하고 '판도라의 약속'과 '아토믹 호프'도 함께 상영한다. 정전 70주년을 맞아 북한 인권, 한국전쟁 영화 특별기획전도 갖는다. 모두 무료로 관람할 수 있다. 영화가 사회를 기울게 할 수 있었다면 영화로 세상을 다시 일으켜 세울 수도 있다.

210 시민단체라는 이름의 국민 혈세 절도단

　세계 의회의 계획 없이는 태양도 떠오를 수 없다. 전 세계 양초 관리 의회들의 허가를 받아, 전 세계에서 필요한 양초 수량을 결정하고, 횃불을 대체할 양초 생산 계획을 최적화하는 데 무려 50년의 세월이 소요되었다. 계획을 수정한 지 얼마 안 된 시점에서, 우리는 이렇게 빨리 또다시 계획을 변경할 수는 없다. 이것은 매우 사악한 일이다. 이것은 파괴되어야 한다.
　　　　　　　　　　　　　　- 아인 랜드 '우리는 너무 평등하다'(1938년, 미국) 중에서

　국고 지원금은 '눈먼 돈'이라고 불렸다. 방법만 알면 쉽게 타낼 수 있다고 했다. 사업 성과 보고서도 대충 제출하면 토해낼 일은 없다고 들었다. 지난 정권 아래, 수천 개의 민간 단체가 새로 생겼다. 지자체를 제외하고도 그들에 대한 정부 보조금은 연평균 5조 원, 매해 4,000억 원씩 늘었다. 최근 정부가 시민단체 일부를 감사한 결과, 지난 3년간 1,865건의 부정 수급, 314억 원의 불법 착복이 드러났다. 이쯤 되면 국민 혈세 절도단이다.

노후 된 신호기 고장으로 발생한 열차 충돌 사고로 1,400여 명의 사상자를 낸 인도에서 건설 중이던 대교가 또 무너졌다. 정부의 부정부패 탓이라는 그 나라 정치인의 비난이 맞는지는 확인할 수 없지만, 철도 시스템 보완과 교량 건설에 쓰일 세금과 자금이 엉뚱한 주머니로 들어갔으리라는 추측은 크게 틀리지 않을 것이다.

아인 랜드가 그려낸 사회는 평등을 자랑한다. 이름 대신 숫자로 불리는 시민은 신체 조건이 우월한 것도, 지능이 뛰어난 것도 죄다. 모두가 평등한 건 아니다. 지식을 금지하고 과거를 은폐하고 개인을 통제하는 건 의회다. 결정에 불복하면 감금하고 채찍질한다. 주인공은 사라졌던 전기 사용법을 찾아내 인류에게 빛을 선물하려 하지만 의회는 양초를 고집하며 폐기하라 명령한다.

민주, 평등, 정의를 외치지 않는 권력자와 시민단체가 있을까. 그러나 사람이 먼저라고 말하는 정치인에겐 돈이 먼저이고, 평등을 크게 주장하는 단체는 '우리가 더 우월하다'고 믿는 법이다. 차별화를 부추기고 박탈감과 위화감을 조성한다는 이유로 비난받았다는 광고, '언제나 평등하지 않은 세상을 꿈꾸는 당신에게 바칩니다'라는 수백억짜리 고급 아파트 홍보 문구가 차라리 솔직하다.

211 기브 앤 테이크도 모르는 공영방송

'빌어먹을 칼잡이 녀석은 정말 겁이 없어. 그런데 나는 언제나 겁이 난단 말이지. 젠장' 하고 누군가는 말할지도 모르지. 왜냐하면 사람들은 언제나 겁을 내고 있으니까. 사람들은 공포심을 무거운 그림자처럼 자신들 뒤에다가 매달고 다닌다네. 그런데 나는 그들이 공포심을 잊고 잠시라도 즐거워하는 게 좋아. 그

것이 내가 미소를 지어야 할 이유가 될 수 없단 말인가?

- 하인리히 뵐 '칼로 먹고사는 사나이'(1995년, 독일) 중에서

텔레비전 없이 산 지 10년이 넘었다. TV를 버린 후 시청료를 내지 않는다. 한국전력 고객센터나 KBS 수신료 콜센터에 전화를 걸어 텔레비전이 없다고 하면 다음 달부터 전기세에서 수신료가 빠진다. OTT서비스가 다양해진 요즘, TV 없이도 필요한 건 얼마든지 찾아볼 수 있다.

시청료 강제 징수에 대한 원성이 높다. 지상파 방송들이 경쟁적으로 좋은 프로그램을 제작할 때가 있었다. 하지만 정치 편향, 역사 왜곡, 가짜 뉴스도 모자라 KBS가 북한의 평양지국이냐는 지탄까지 받은 지 오래다. 그런데도 직원 절반 이상이 억대 연봉자라는 그들을 위해 수신료를 내야 할까?

전쟁에서 살아 돌아온 유프는 칼 묘기 서커스로 먹고산다. 그는 관객에게 더 큰 재미와 웃음을 주려고 노력한다. 그것이 무대에서 오래 살아남는 길이기도 했다. 유프는 자신을 믿으라며 친구를 설득해 무대에 세운다. 눈 깜짝할 사이, 친구의 몸 주위로 13개의 칼이 날아가 박히자 관객들은 열광한다. 서커스단장이 유프와 친구의 출연료를 대폭 올려준 것은 당연했다.

인생도 하루하루 전쟁이다. 남의 주머니에 있는 돈을 내 주머니로 옮기는 게 어디 쉬운가. 그래도 성실하게 일해서 번 돈으로 화질 좋은 기기를 사고, OTT 매체에 돈을 내고, 퇴근 후 TV를 보며 긴장을 푸는 것이 보통 사람들의 작은 행복이다. 공영방송은 국민에게 어떤 재미와 이익을 주었을까? 얼마나 노력했기에 애써 번 돈을 내놓으라고 당당히 요구할까? 수신료 분리 징수가 언론 탄압이라고 항의하는 더불어민주당도, 강제 징수로 먹고살겠다며 떼를 쓰는 KBS도 현실을 직시해야 한다. 국민 대다수가 지상파와 공영방송을 시청하던 시절은 끝났다.

212 말 궁둥이에 붙어 만 리를 가고 싶은 파리들

영채신이 말했다. "당신은 세상에 나쁜 평판이 나지 않도록 해야 하고, 나는 남의 이야깃거리가 되지 않도록 조심해야 할 것이오. 일단 발을 한 번 잘못 디디면 그야말로 몸을 망치고 창피를 사게 될 뿐이오." 처녀가 말했다. "한밤중이라 아무도 보는 사람이 없는 걸요." 영채신은 다시 꾸짖었다. 처녀가 그래도 머뭇거리자 영채신은 호통을 쳤다. "냉큼 돌아가지 못할까!" 처녀는 겁을 내면서 그제야 물러났다.

― 포송령 '천녀유혼'(1670년대, 중국) 중에서

주한 중국 대사는 야당 대표를 만찬에 초청, '한국의 대단한 정치인'이라고 소개한 뒤 많이 가르쳐달라며 먼저 발언 기회를 주었다. 대표가 한중 문제에 대해 언급하고 양국의 신뢰와 존중을 이야기하는 동안 생중계를 하던 민주당의 유튜브 댓글 창에는 '대통령 포스, 준비된 대통령, 진짜 대통령, 실질적 대통령'이라는 지지자들의 감탄사가 끝도 없이 올라왔다.

그러나 중국 대사는 '한중 문제의 책임은 중국에 없다, 미국에 배팅하는 건 잘못이다, 역사 흐름도 파악하지 못한다, 후회할 것'이라는 내용이 담긴 200자 원고지 16매 분량의 원고를 14분 동안 읽었다. 어른이 아이를 혼내듯, 양복 깃에 태극기 배지를 단 야당 대표를 옆에 앉혀놓고 대한민국의 외교 문제를 조목조목 비판했다.

홍콩 영화 '천녀유혼'은 포송령의 기담 모음집 '요재지이'의 '섭소천전'이 원작이다. 영채신은 우연히 묵게 된 곳에서 만난 천하절색 섭소천의 유혹을 단호히 내친다. 그녀가 내민 황금도 '도리에 어긋난 재물은 주머니만 더럽힌다'며 내던진다. 젊은 남자들을 홀려 죽이던 처녀 귀신 섭소천은 올곧은 마음을 지킨 영채신에 감동, 그를 살리고 성공과 행복도 선물한다.

하룻밤 쾌락이나 불의한 황금을 물리치지 못하면 신세를 망치지만, 정치 세계에는 수치심도 없고 책임도 없다. '대단한 정치인, 진짜 대통령'이라는 찬사를 듣는 대신 한중 외교의 골을 깊이 파놓은 대표는 일본 규탄 대회에만 열심이다. 야당 의원들은 중국 초청으로 공짜 여행에 나섰다. 만약 일본 대사관에서 같은 일이 벌어졌다면 어땠을까? '말 궁둥이에 붙어 만 리를 가는 파리'가 되자는 사람들에게는 '역사 흐름을 모른다'는 중국 대사의 비난이 딱 맞는 말이다.

213 정치가 낳아 키우는 공포 괴담

애초에 유령 이야기를 믿지 않았다. 우습게 여긴다거나, 유령을 보았다는 소문을 부정한 것은 아니다. 본 사람도 있으리라. 다만 그것은 눈의 착각이다. 저택에 사람이 없어지고 나서 들리기 시작했다는 괴상한 목소리의 정체도 바람 소리나 새나 짐승의 울음소리가 아닐까 짐작했다. 괴상한 일은 전부 설명할 수 있다. 다만 그 설명으로 진정되지 않는 마음이 있는 한, 아무리 가르치고 꾸짖고 비웃어도 소용이 없다.

– 미야베 미유키 '안주'(2010년, 일본) 중에서

며칠 전 이웃집 현관 앞에 천일염 10kg이 배달되었다. 마트에 진열되어 있던 작은 포장만 눈에 익은 터라 처음엔 쌀 포대인 줄 알았다. 소금을 사재기한다는 소문이 거짓은 아닌 모양이다. 해산물 시장도 한산하다고 한다. 10년이면 강산도 변한다는데 12년을 무탈하게 살고도 우리 사회는 후쿠시마 원전 사고가 있던 2011년보다 더 큰 공포에 떨고 있다.

소설의 원제는 '암수(暗獸)' 즉 어두운 곳에서 살아가는 짐승이란 뜻이다. 사려 깊은 부부는 조용한 폐가를 얻어 은퇴 후 삶을 시작한다. 집값도 싼 데다 수국이 아름답게 피는 저택이었지만 유령이 산다는 소문이 자자한 흉가였다. 원혼이 있다 해도 자신들을 원망할 이유가 없고, 나타나면 하소연이라도 들어주겠다는 마음이었지만 유령은 없었다. 불가사의한 존재가 있긴 했지만 사정을 이해한 그들은 어린 자식처럼 안쓰러워하며 사랑해 준다.

공포는 유령과 같다. 뇌 송송 구멍 탁 광우병, 전자파에 튀겨진 참외, 세슘 우럭, 방사능 소금. 오싹한 괴담은 한번 귀에 박히면 쉽게 잊히지 않는다. 알을 깨고 나와 처음 본 것을 어미라고 인식하는 오리처럼, 조금만 노출돼도 병들어서 죽을 거라는 공포가 각인되면 과학적으로 아무리 증명해 주어도 대중은 안전을 믿지 않는다.

야당은 인체에 해가 없다는 사드 환경영향평가도, 후쿠시마 원전 처리수 피해가 과장되었다는 원자력학회의 성명도 묵살하고 장외 투쟁에 나섰다. 북한과 중국 관련 문제는 억지를 써서라도 편들고 감싸면서 반미 반일 선동에는 늘 열심이다. 미숙한 정치인들은 '세상은 틀리고 나만 옳다, 너의 분노는 정의로우니 나만 믿고 따르라'며 앞장선다. 그들이 원하는 건 악당을 물리치고 유토피아를 안겨줄 영웅처럼 보이게 할 혼란, 국민을 불안에 빠뜨릴 공포와 분노다.

214 투표권 없는 요람을 지켜라

아기가 죽었다. 장난감 더미 위에 부유하듯 널브러진 아기를 회색 커버 안에 누이고 뼈마디가 비틀어진 몸 위로 지퍼를 채웠다. 여자아이는 구급대가 도착했을 때 아직 살아 있었다. 그 아이는 사나운 짐승처럼 맞서 싸웠다. 싸움의 흔적들. 병원으로 이송되는 구급차 안에서 아이는 몸부림쳤고 경련으로 꿈틀거렸다. 두 눈을 부릅뜬 모습이 애타게 공기를 찾는 것 같았다. 목구멍에는 피가 가득했다.

- 레일라 슬리마니 '달콤한 노래'(2016년, 프랑스) 중에서

아기의 시신을 냉장고에 넣어두고 어떻게 살았을까. 냉장고 문을 여닫을 때마다 꽁꽁 얼어붙은 아기의 울음소리가 귀에 쟁쟁했을 텐데, 어떻게 재료를 꺼내 요리하고 밥을 먹었을까. 보건복지부 감사 과정에서 부모 손에 살해되어 냉동 칸에 보관된 두 아기의 시신이 발견되었다. 지난해까지 8년간, 출생신고되지 않은 아기는 2,000명이 넘는다.

태어나고 2년 넘게 나 또한 세상에 없는 아이였다. 예전에는 본적지에서 출생신고를 했는데 지방에 계신 조부가 출생신고를 미룬 탓이었다. 힘들게 서울살이하던 부모님이 평일에 내려가는 일도 쉽지 않았다. 당시엔 일찍 죽는 아기들이 많아서 늦은 신고가 드물지 않았다.

모로코 출신의 프랑스 작가가 쓴 소설은 살해된 두 아이의 죽음을 묘사하는 데서 시작한다. 보모 루이즈는 불행한 삶의 출구를 찾지 못하고 돌보던 아이들을 제물 삼아 자살을 시도했다. 루이즈에게 맡기지 않았더라면, 하고 후회하며 폴과 미리엄 부부는 울부짖는다. 아기를 낳아 키우는 일은 쉽지 않다. 미리엄도 '애들이 날 산 채로 잡아먹는구나'라며 산후 후유증과 양육 스트레스로 힘들어했다.

출신 지역을 알지 못하도록 2008년에 호적법이 폐지되면서 태어난 지역에서 출생신고가 가능해졌다. 신고하지 않아도 과태료 5만 원, 영아를 살해하고

유기해도 법은 무거운 책임을 묻지 않는다. 인구절벽, 국가 소멸이 우려되는 상황에서 뒤늦게나마 출생신고 관련법이 바뀐다. 특정 집단에게 이익을 주고 지지를 얻을 수 있는 이태원 참사특별법, 노란봉투법 등과 달리 투표권이 없는 '요람'은 법의 사각지대에 놓이기 쉽다. 충분한 검토와 꾸준한 관찰, 세심한 보완이 지속되는지 지켜볼 일이다.

215 '더러운 평화'는 북한에게 말하라

전우의 편지는 위로가 되고 격려가 되었다. 끼엔은 전쟁을 겪을수록 파멸의 힘보다 더욱 강한 것이 존재한다는 것을 목격하게 되었다. 전쟁이 모든 것을 잿더미로 만드는 힘을 가졌다 해도, 모든 것을 파멸시킬 수는 없다는 것을 점점 믿게 되었다. 모두 여전히 남아 있었다. 물론 추악한 것도 남아 있었고, 아름다운 것도 남아 있었다. 분명히 다른 사람이 되었지만 본래의 자기 자신만은 바뀌지 않았다.

— 바오 닌 '전쟁의 슬픔'(2012년, 베트남) 중에서

지난 정부는 '가장 좋은 전쟁보다 가장 나쁜 평화가 더 가치 있다'고 했다. 현재 야당도 '비싼 평화, 더러운 평화가 이기는 전쟁보다 낫다'고 한다. 개성 연락사무소 폭파, 미사일 발사, 북방한계선 침범, 서해 공무원 피살 등, 북한의 도발에도 전 정권은 '가장 나쁜 평화'를 위해 노력했고, 야당도 자유를 찾아온 청년들의 눈을 가리고 손발을 묶어 사지로 돌려보내면서까지 '비싸고 더러운 평화'를 위해 애쓰고 있다는 뜻일까.

"아무리 좋은 전쟁도 가장 나쁜 평화보다 나을 수 없다"는 말은 자신의 참

전 경험을 녹여낸 '전쟁의 슬픔'을 발표하고 우리나라의 어느 일간지와 가진 인터뷰에서 작가가 한 말이다. 소설은 미군과 한국군을 괴뢰군이라 부르며 맞서 싸운 북베트남군의 시선으로 전쟁의 참상을 이야기한다.

'우파 기회주의자, 사상이 의심스러운 불만분자라는 비판을 받고 숙청된' 아버지와 사회주의 사회를 답답해하던 연인을 이해하지 못하고 자원 입대한 주인공 끼엔은 승전을 맞이했지만 아무런 기쁨도 느끼지 못한다. 전쟁이 남긴 건 죽음과 파괴, 상처와 고통뿐이었다. 베트남 정부는 '조국 통일, 민족해방전쟁'을 영광스럽게 미화하지 않았다는 이유로 이 소설을 10년 넘게 금서로 정했다.

북한은 무력을 절대 사용하지 말자던 군사 합의를 깨고 대한민국을 끝없이 위협하고 있다. 일부 정치인들은 그런 주적을 어떻게 도와줄까, 고민하고 편들고 감싼다. 부국강병을 위한 국민의 노력을 전쟁하자는 거냐며 비난한다. 그들은 왜 북한을 향해서는 "더러운 평화가 전쟁보다 나으니 당장 무릎 꿇고 항복하라"며 호통치고 설득하지 않는가.

216 불멸의 초대장

이건 공포예요. 내가 죽어 널브러져 있을 때, 나는 보았어요. 내 시신 옆에 쪼그리고 앉은 마누라는 나에 대해 알고 있는 걸 모조리 끄적거렸고, 그 뒤에서 아들놈도 뭔가 써 갈기고 있더군요. 친구들은 나에 대해 들은 온갖 뒷공론과 중상을 해댔고 수백 명의 저널리스트도 마이크를 들고 앞다투어 몰려들었지요. 대학에서는 교수들이 그 얘기들을 분류하고 분석하고 발전시켜 수많은 논문과 책으로 펴냈답니다.

- 밀란 쿤데라 '불멸'(1988년, 프랑스) 중에서

정치인은 말로 매혹하고 뜻으로 산을 옮긴다. 아무리 훌륭한 계획과 목적이 있어도 정치인 혼자 할 수 있는 일은 없다. 눈에 훅, 귀에 쏙, 마음을 움직이는 구호가 필수다. 대한민국을 건국한 이승만 대통령은 '흩어지면 죽고 뭉치면 산다'며 어지럽던 국론을 모았다. '하면 된다, 우리도 한번 잘살아 보세'라는 슬로건으로 국민의 공감을 끌어낸 박정희 대통령은 세계가 놀란 한강의 기적을 이루어 냈다.

정치인은 입으로 현혹하고 혓바닥으로 싸운다. 큰 사람을 적으로 설정하고 호통치면 실제보다 커 보이는 착시 효과를 얻는다. 그래서 일부 정치인들은 두 대통령에게 독재자, 친일파, 원조 적폐라는 오명을 씌우고 이제야 사람 사는 세상, 사람이 먼저인 세상이 왔다며 저항과 투쟁의 이미지를 키워왔다. 그들의 무덤 앞에서 민주화라는 깃발을 흔들고 마음껏 침을 뱉으며 권력의 정당성을 주장해 왔다.

헤밍웨이는 불멸의 세계에서 괴테를 만나 불평한다. 사람들이 작품으로 기억해 주지 않고 살아생전에 부린 허풍을 비판하거나 자신이 하지도 않은 일까지 꾸며 거짓으로 떠벌인다고 억울해한다. 괴테는 말한다. "그것이 불멸인 걸 어쩌겠소. 불멸은 영원한 소송이라오. 하지만 죽은 뒤 뭘 어쩔 수 있겠소."

영생이나 후대에 길이 남을 영광을 바라며 많은 사람이 불멸을 꿈꾼다. 하지만 변론할 수 없는 사후 악명도 불멸의 일부다. 그동안 얼마나 답답했을까. 국가보훈부가 이승만 대통령 기념관을 건립한다. 이장호 감독은 이승만, 박정희 두 대통령의 나라 사랑을 바로 알리기 위해 다큐멘터리 영화를 제작한다. 오늘의 대한민국을 선물해 준 분들께 보내는 명예로운 불멸의 초대장이 고맙고 반갑다.

217 지방자치에 의한, 공무원을 위한, 세금과 징벌의 사회

> 그는 절망적인 운명과 싸우겠다는 즉각적이고도 강력한 충동을 느꼈다. 다시 참된 인간이 되자, 내일은 일자리를 구해야지, 떳떳한 사람이 되어 보는 거야. 그는 누군가 자기 팔을 잡는 걸 느꼈다. 얼굴이 넓적한 경찰관이었다. "여기서 뭘 하고 있나?" 경찰관이 물었다. "뭐 별로." 소피가 대답했다. "그럼 따라와." 경찰관이 말했다. 이튿날 아침 즉결 재판소의 치안 판사가 판결했다. "징역 3개월."
>
> – 오 헨리 '경찰관과 찬송가'(1904년, 미국) 중에서

지방자치단체들이 세금 확보에 혈안이다. 한 마리에 10만 원, 두 마리면 깎아서 15만 원의 반려동물세가 좋겠다고 계산기를 두드린다. 인구절벽 시대라지만 자식이 없는 가구엔 무자녀세, 싱글세를 부과하잔다. 난임, 불임 부부는 제외한다는데 산부인과 검사를 강제할 작정일까? 지난밤 부부가 동침했는지 안 했는지, 결혼은 안 한 건지 못 한 건지 증명하라 할 속셈일까?

경찰은 스쿨존 과속 차량을 강제로 정지시키거나 바퀴를 펑크내는 차단막과 쇠말뚝 같은 장치를 개발 중이라고 한다. 어린이 안전은 중요하다. 그렇다고 강제 급정거로 운전자가 다쳐도 괜찮을까? 10만 원 범칙금도 모자라 개인의 재산을 국가가 파손해도 될까? 2차 사고나 교통 정체가 없다고 장담할 수 있나? 제어 능력을 상실한 차가 어린이를 다치게 하면 누구 책임일까?

노숙자 소피는 한겨울 추위와 배고픔을 면하려고 감옥에 갈 계획을 세운다. 식당에서 밥을 먹고 도망치고, 상가 유리창에 돌을 집어 던져 깨뜨려도 경찰은 못 보거나 외면하거나 괜찮다고 풀어준다. 신세를 한탄하며 걷던 그는 교회 앞에서 찬송가를 듣고 감동한다. 그는 새로운 사람이 되기로 결심한다.

그때 부랑자라는 이유로 경찰이 소피를 체포하고 판사는 감옥행을 선고한다.

우리나라에는 세금으로 운영되고 세금으로 월급을 받는 226개의 기초지방자치단체와 117만 1,400명이 넘는 공무원이 있다. 그들이 제안한 시스템이 법이 되면 국민은 따르지 않을 수 없다. 무능한 공권력은 꼭 필요할 때는 모른 척하다가 작은 실수나 아직 저지르지도 않은 죄의 가능성에 대해 철퇴를 가한다. 그래도 아직은 역사책이나 해외토픽에서 본 곤장이나 주리 틀기, 또는 침실세, 창문세, 호흡세 같은 법이 없는 것을 위안 삼아야 할까?

218 간첩을 보호하는 '교활한 천사들'

법이란, 사람과 생명과 돈을 닥치는 대로 삼켜버리는 거대한 괴물이다. 당사자주의, 억제와 균형, 정의의 추구 같은 개념은 부식되어 버린 지 오래였다. 지키고 품어야 할 법 따위는 더 이상 존재하지 않는다. 법은 진실과 아무 상관이 없다. 그곳엔 오직 타협과 개량과 조작만이 있을 뿐이다. 나도 무죄냐 유죄냐를 다루는 것이 아니다. 그런 건 아무래도 좋다.

– 마이클 코넬리 '링컨 차를 타는 변호사'(2005년, 미국) 중에서

'간첩 신고는 113'. 한때는 흔한 표어였는데 이제는 '간첩 없는 나라'가 되었다. 전 정부 시절에는 간첩을 신고하면 신고한 사람을 잡아간다는 말까지 흘러 다녔다. 간첩은 뿔 달린 괴물이 아니다. 이쪽에서 혜택을 누리고 살면서 저쪽을 이롭게 하는 사람이 간첩이다. 약점을 잡혔거나 세뇌됐거나 돈과 출세를 약속받았을지 모른다. 인간의 욕망, 기업 간 경쟁, 국가의 주적을 부정하는 사람만 간첩이 없다고 말한다.

북한 공작원과 접선, 지령을 받은 것으로 알려진 충북동지회 등, 간첩 혐의로 기소된 다수의 재판이 2년 넘게 지지부진한 상태다. 사건을 맡은 변호팀이 국민 재판을 하자, 담당 판사를 바꿔달라, 변호사를 교체한다며 재판을 방해하고 있기 때문이다. 그 사이 구속 기간이 만료된 피고인들은 방면되어 자유롭게 활동 중이다.

　미키는 실력이 뛰어난 변호사다. 마약, 폭행, 살인이 확실해도 법을 이용해 무죄로 만들거나 형량을 줄이는 데 명수다. 재판에 도움이 될 만한 하급 공무원들에게 때마다 현찰을 선물하는 것도 잊지 않는다. 그의 정의와 진실은 돈이었다. 살인마가 그와 가족에게 총구를 겨누기 전까지는.

　사고나 자살이 발생하면 억지로 가해자를 색출, 가혹한 잣대를 들이대 책임을 물으면서도 정작 범죄 사건이 터지면 피해자보다 범법자의 인권 보호에 충실한 것이 요즘의 법이다. 특히 좌파 관련 재판은 3년 이상 걸리고 그 외는 속전속결이 법조계 관행이란다. 법 없이도 살 사람들은 법을 악용하는 '교활한 천사'를 이길 수 없다. 간첩의 자유를 보장하는 것이 자유민주주의일까? 살인은 소수를 죽이지만 법이 간첩에 눈 감으면 국민의 안전과 나라가 무너진다.

219 범죄가 활개 치는 이유

　"마르쿠스 아우렐리우스 황제는 단순함을 강조했어. 범인이 제일 중요하게 생각하는 첫 번째 원칙은 뭘까? 그는 왜 사람을 죽일까?" "분노, 사회적 소외, 성적 좌절감 때문에…." "아니야." "그럼 뭔데요?" "탐욕이야. 그것이 그의 본성이야. 우린 어떤 식으로 탐욕을 품게 될까, 클라리스? 맞아. 우리는 매일 보는 무언가를 탐하게 되는 거야."

— 토마스 해리스 '양들의 침묵'(1988년, 미국) 중에서

　신도림에서 네 명을 칼로 찌른 피의자는 '열등감이 든다, 살기 싫다, 다른 사람도 불행하게 만들고 싶었다'고 했다. 분당에서 14명의 사상자를 낸 용의자는 '누군가가 나를 청부살인 하려 한다'고 했다. 제주 관광객 가격범은 외상 후 스트레스 장애를 앓고 있고, 대전 고등학교 교사 피습범은 조현병 환자다. 인터넷에는 살인을 예고하는 글들이 올라온다.
　'100명의 범인을 놓치더라도 1명의 무고한 피해자를 만들어선 안 된다'는 무죄 추정의 기본 원칙은 범죄자들이 법을 얕잡아보게 하는 원인이 되기도 한다. 여기에 더해 지난 정부는 정신질환자들조차 그들이 원할 경우, 즉시 퇴원시켜야 한다고 법으로 못 박았다. 무고할까 풀어준 범죄자 100명의 자유와 정신질환자들이 누리는 인권의 대가는 무고한 시민들의 희생이다.
　'양들의 침묵'은 범죄자를 영웅시하는 사회적 분위기에 불을 붙였다. 정신과 의사였던 한니발 렉터는 범인을 잡게 도와달라며 감옥으로 찾아온 수사관에게 조언하는 뛰어난 지력의 소유자다. 그는 수감 중에도 의학잡지에 글을 기고해서 추종자들을 거느리고 무례한 사람만 죽인다며 신사적 면모도 과시하지만 '취미로 살인에 맛을 들인' 살인마일 뿐이다.
　인간의 마음엔 악마와 천사가 함께 산다. 착한 마음을 지키지 못하면 악마는 천사를 죽이고 뛰쳐나온다. 요즘 유행하는 소설과 드라마, 영화는 분노와 복수, 범죄조차 권리라고 가르친다. 범인보다 무능한 경찰, 죄보다 가벼운 처벌, 심신미약으로 감형, 정당방위는 폭력이라는 판결이 뉴스를 도배한다. 입법기관인 국회의원 3명 중 1명이 전과자라는 사실도 최근에 발표되었다. 묻지마 범죄의 증가와 범법자에게 관대한 법, 모든 현상과 결과에는 이유가 있다.

220 범죄가 성공과 부의 원천인가

> "여길 떠나야겠어. 사람들의 입방아가 금방 그칠 것 같지 않구나." 엄마가 말했다. "하지만 난 이사 가고 싶지 않아요." 갑자기 엄마가 화를 내기 시작했다. 엄마는 사람들이 우리가 여기 사는 걸 원치 않는다고 말했다. 견딜 수가 없었다. 우리에게 남은 건 하나도 없었다. 우리의 삶은 무너져 내렸다. 아빠.... 아버지.... 아버지가 우리의 삶을 망가뜨린 것이다.
>
> – 비외른 잉발젠 '우리 아빠는 도둑입니다'(2018년, 노르웨이) 중에서

새만금 잼버리는 특정 지역과 조직위원회의 축제였다. 공식 예산액 1,170억 원 중 870억이 운영비 명목으로 사라졌다. 야영장 실태를 보면 나머지 130억도 기반 시설에 쓰였을지 의심스럽다. 99번의 외국 여행, 127억의 후원금도 챙겼다. 새만금을 중심으로 주변 도로, 공원, 공항 건설 등에 투입되었거나 예정된 사업비는 20조 원이 넘는다.

철근 누락으로 내 집 마련의 꿈을 언제 무너질지 모를 악몽으로 바꿔놓은 한국토지주택공사는 임원들의 사직서를 받아 거듭나겠다고 했다. 그러나 신도시 투기 의혹 당시 '내부에선 신경도 안 쓴다. 차명으로 해놨는데 어떻게 찾냐? 투기하며 정년까지 꿀을 빨겠다'는 글이 직원 게시판에 올라왔듯, 공기업의 부정부패도 어제오늘의 일이 아니다.

절도 혐의로 아빠가 경찰에 체포되자 소년과 엄마는 이웃에게 따돌림당한다. 범죄자의 가족을 비난하는 것이 옳은가, 소설은 묻는다. 가족은 아빠의 도둑질 덕에 부족함 없이 살았다. 피해자와 이웃이 가해자 가족에게 친절하긴 쉽지 않다. 내 가족이 돌 맞는 일 없도록 힘들어도 정직하게 살아야 하지 않을까, 하는 질문이 먼저여야 한다.

정치와 세금 관련 범죄는 규모가 크고 관련자가 많을수록 원상복구, 피해 보상이 없다. 하급 관리자만 잘라내고 임원은 사표를 받아 이쪽에서 저쪽으로 바꿔 앉히면 책임은 끝난다. 기소돼도 재판은 길고 처벌은 약하다. 피의자가 사고로 죽거나 자살하면 수사는 종결된다. 남은 가족은 성실한 일반인보다 풍족하게 살 수 있다. 헐렁해진 국고는 국민의 고혈로 금세 채워질 것이다.

범죄가 가족 사랑, 성공과 부의 원천이 되었다. '왜 우리 남편은 도둑질도 못하나, 아빠가 크게 한탕하고 죽어주면 좋을 텐데…' 하는 무서운 가족이 탄생하지 않을 거라 안심해도 될까?

221 뿌리지 않았는데 거두기를 바라는 사람들

"당신은 11년 동안 소식 한 장 없었어요. 양육비도 보내지 않고 자기 아들을 똥 싸듯 내갈겨버릴 권리는 누구에게도 없는 법이지요." 로자 아줌마는 열이 난다는 듯 부채질을 했다. "저는 운명의 희생자입니다. 죽기 전에 아들을 한번 안아보고 싶습니다. 아들에게 용서를 구하고, 저를 위해 신께 기도해달라고 부탁하고 싶습니다." 아버지인 척하면서 요구사항까지 들고나오는 그가 나는 슬슬 지겨워지기 시작했다.

— 에밀 아자르 '자기 앞의 생'(1975년, 프랑스) 중에서

아들의 사망 보상금을 딸과 나누지 않겠다는 팔순의 노파가 화제다. 남편이 죽자 어린 자식들을 시댁에 맡기고 재가한 뒤 54년간 연락 없이 살았어도 상속권은 친모에게 있다. 바다에서 시신도 찾지 못한 아들, 엄마 없이 고생했을 딸을 생각하면 마음 아플 것 같은데 배 아파 낳은 자식도 돌아서면 남이

다. 재혼해서 얻은 자식이 있는 걸까? 그들을 향한 또 다른 모정일까?

상속 권리만 주장하는 냉정한 모성과 달리 자식 사랑과 양육 의무에 눈이 멀어 부정을 저지르는 부모도 있다. 자녀에게 A+학점을 주는 교수 아빠, 입시 비리로 수감 중인 교수 엄마, 조력한 혐의로 재판 중인 전 법무부 장관 아빠, 자녀를 특혜 채용, 부정 승진시킨 중앙선거관리위원회 임원들.

'자기 앞의 생'은 로맹 가리가 또 다른 필명으로 발표한 소설이다. 위탁 가정에서 자란 모모에게 아버지가 찾아온다. 그는 모모의 엄마를 죽였지만 너무나 사랑해서 질투 때문에 한 짓이었다고, 정신병원에서 치료감호를 받아 어쩔 수 없었을 뿐, 아들을 버린 건 아니라고 변명한다. 그가 아들을 되찾고 싶어 한 이유는 이해나 용서를 바라서만은 아니었다. 병들어 죽어도 남길 핏줄이 있다는 위안, 죽은 다음 자신을 기억해 줄 자식이 있다는 확신이었을 것이다.

뿌리지 않고 거두려는 욕심이 권리가 되고, 남들이 애써 뿌리고 가꾼 것을 훔치는 일이 권력이 되는 사건들을 볼 때마다 제자들이 열어준 칠순 축하 모임에서 했던 은사의 말이 떠오른다. "혼자 살면 외롭지 않으냐고 사람들이 물어요. 당연히 외롭지요. 하지만 나는 출산의 고통도 겪지 않았고 양육의 힘겨움이나 자식을 교육해야 하는 그 어떤 수고도 하지 않았습니다. 뿌리지 않았는데 거두기를 바랄 수는 없지요. 그래도 이렇게 나를 아껴주는 제자들이 있어서 나는 행복한 사람입니다."

222 무 한 조각 썰고 칼집에 넣을 생각이라면

사람들은 단 한 번의 큰 충격보다 수백 번의 작은 충격을 받아들여. 그러나 커다란 충격이 우리를 전진하게 하는 거야. 작은 충격은 우리를 점점 진창 속으로 몰아넣지만, 그건 아프지 않지. 추락은 편한 점도 있으니까. 그건 마치 파산 직전에 있는 상인이 그걸 감추고 여기저기서 돈을 빌린 후 평생 그 이자를 갚느라 늘 불안하게 사는 것과 같지. 나는 파산을 선언하고 처음부터 다시 시작하는 쪽을 택하고 싶어.

— 루이제 린저 '생의 한가운데'(1950년, 독일) 중에서

초등학생 때 어린이 TV 프로그램에 출연한 적 있다. 반 친구들과 함께 노래하고 춤추거나 이야기 듣고 손뼉 치는 게 전부였지만 '어른 마음 아이 마음 한마음이 된대요'라던 노래는 지금도 기억한다. 조명이 태양처럼 내리비추고 커다란 방송 카메라가 여기저기 돌아가는 무대에 섰던 경험은 어린 시절이 남긴 강렬한 기억 중 하나다.

광주 MBC가 주관해 온 '정율성 동요경연대회'는 그의 탄생 100주년이던 2014년부터 지난해까지 9년간 열렸다. 학교장 추천으로 참석한 어린이 합창단은 자유곡과 함께 정율성의 작곡 동요 한 곡을 의무적으로 불러야 한다. 노랫말 속 '노동자 아저씨'도 이상하지만 '우리 조선 대원들, 조국을 사랑하죠'의 조국은 중국일까, 북한일까?

'중국인민해방군 행진곡'에 이어 월북 후 '조선인민행진곡'으로 6·25 남침 때 북한군의 사기를 높인 작곡가의 기념 사업에 반대하는 여론이 거세다. 공원 하나 못 짓게 한다고 달라질 건 없다. 그의 이름을 딴 거리와 국제음악회, 동상과 초등학교 담벼락 벽화도 없앨 수 있나? 김일성을 흠모한 독일 작가 루이제 린저와 함께 북한을 찬양한 통영의 윤이상 기념관을 비롯, 전국 각지에 만개한 이념의 전시장을 모두 걷어낼 작정인지 먼저 묻고 싶다.

참가팀이 적어서인지 논란이 되는 탓인지 '더 알차고 풍성하게 준비하겠다'던 10주년 동요제 공지는 아직 보이지 않는다. 9년간 대회에 참가했던 아이들

은 지금 무슨 생각을 할까. 어린 시절에 바라본 어떤 빛은 어른이 되어서도 사라지지 않는다. 누군가는 평생 그 빛을 추구하며 산다. 그에 맞서 칼을 뽑았다는 건 전쟁을 의미한다. 무 한 조각 썰고 칼집에 넣는다면 시작하지 않은 것만 못하다. 또 한 번의 패배이자 공인으로 해석될 테니까.

223 한국 반도체의 아버지

공사가 정지된 건설 현장엔 계절풍만 불고 있었다. 높이 80m의 고로와 수리 중인 열풍로, 전로, 주상 건물, 벨트 컨베이어 같은 거대한 최신 설비가 하늘을 향해 치솟아 있다. 뎃페이는 고로 건설 현장이 한눈에 보이는 곳에 올라 철강인으로서 자신의 생명을 걸어온 설비들을 홀린 듯 내려다보았다. 자신의 지력, 체력, 정신력을 모두 쏟아 넣은 것을 가동 한 발짝 앞에서 빼앗겨 버린 것이다.

— 야마사키 도요코 '화려한 일족'(1973년, 일본) 중에서

2008년 10월 29일 '제1회 반도체의 날' 기념식이 열렸다. 반도체 공헌자들에게 정부 포상과 공로패가 주어졌다. 그날 특별 공로상을 받은 김충기 카이스트 명예교수는 "강기동 박사가 이 상을 받아야 한다"고 말했다. 3년 만에 귀국해서 한국에 머물고 있던 강 박사는 행사가 있는 줄도 몰랐다가 기념식 전날 미국으로 돌아갔다. 지금까지 한 번도 행사에 초대된 적 없다.

미국 최초의 반도체 연구소 책임자였고 모토로라에서 핵심 기술을 연구했던 그는 미 군사 기밀이던 반도체 기술을 한국으로 가져오는 대가로 많은 것을 포기했다. '유학은 가되 반드시 돌아와 나라를 위해 일하라'는 부친과의 약속을 지키기 위해서였다. 세계 반도체 제조 방법의 표준이 된 그의 CMOS 공

정이 없었다면 스마트폰과 같은 수많은 전자기기의 발전은 없었을지 모른다.

1960년대, 일본의 제철 산업을 일으키기 위해 동분서주하던 젊은 철강인 넷페이는 경쟁 회사의 집요한 훼방과 소규모 은행 합병 과정에서 분투하고 있던 은행장 아버지의 냉혹한 외면의 결과 무릎을 꿇는다. 하지만 그가 심은 웅대한 뜻은 꺼지지 않는 용광로의 불길이 되어 뜨겁게 타올랐다.

선구자의 업적을 인정받는 것은 의외로 쉽지 않다. 이인자나 계승자임을 자긍하지 못하고 너도나도 원조라고 주장한다. 심지어 정부수립을 부정하며 임시정부가 대한민국의 시작이라 한다. 1948년 건국과 함께 창설된 국군을 외면하고 독립운동가가 군인의 뿌리라 한다. 정치적, 금전적 이권에 따라 첫 번째 개척자는 종종 역사에서 추방된다. 오는 10월 26일 제16회 반도체의 날, 한국 반도체의 아버지, 강기동 박사가 동료와 후배들의 박수를 받길 바란다.

224 철모르는 단식 광대

단식 광대는 어느 날 즐거움을 좇는 대중으로부터 자신이 버림받은 것을 알게 되었다. 그들은 다른 구경거리를 찾아 썰물처럼 빠져나가 버린 것이었다. 공연 매니저는 어디선가 옛날처럼 다시 관심을 보여주는 곳이 없을까 하고 유럽의 절반을 그와 함께 또 한 번 돌아다녔다. 그래 보았자 다 부질없는 일이었다. 서로 몰래 약속이라도 한 듯 어딜 가나 단식 쇼를 혐오하는 분위기가 팽배해 있었다.

— 프란츠 카프카 '단식 광대'(1922년, 체코) 중에서

야당 대표의 단식이 19일 만에 끝났다. 그의 이름과 단식을 검색창에 쓰면

'단식 이유, 단식 출퇴근, 단식 텀블러'와 같은 연관 검색어가 함께 떴다. 그에게 큰절을 하거나 병원에 데려가라며 난동을 부리는 지지자들도 있었다. 야당과 여당 모두 건강을 생각하라며 단식 중단을 요청했고, 법원도 대장동 관련 1차 공판을 연기해 주었다.

전라북도 의원들은 새만금 예산 삭감에 항의하며 삭발했다. 사람들은 멋과 위생을 위해, 탈모를 감추려고, 목표에 매진하겠다는 다짐이 필요할 때 머리를 민다. 잼버리에 참가했던 외국 청소년들이 템플 스테이 체험 후 승려가 되고 싶다고 해서 삭발 이벤트가 열리기도 했다. 반항심을 드러내며 공포심을 주려고 삭발하는 사람들도 있다.

단식 광대는 한때 인기 절정의 스타였다. 그는 관객이나 감시자가 없어도 물 말고는 음식을 입에 대지 않았다. 40일의 단식이 끝나면 영웅처럼 사랑받았다. 하지만 시대가 바뀌고 사람들은 더 이상 단식 쇼에 흥미를 갖지 않았다. 광대가 단식을 고집하자 "이제 치워버려!" 하고 단장은 지시한다. 단식 광대는 땅에 묻히고 사람들 기억에서도 사라졌다.

마트에서 장난감 상자를 끌어안고 발버둥치며 우는 아이를 본 적 있다. 달래다 지쳤는지 아이 엄마는 '너 하고 싶은 대로 해' 하며 다른 코너로 가버렸다. 아이는 잠시 생각하더니 눈물을 닦고 슬그머니 장난감을 내려놓고는 엄마를 부르며 뛰어갔다.

아이들도 눈치가 있다. 굶는 게 죽음과 직결되던 배고픈 시절은 가고, 건강을 위해 간헐적 단식이 유행하는 요즘이다. 머리 밀고 밥 안 먹겠다고 떼를 쓰면 원하는 걸 얻을 수 있다고 믿는 건 우리나라 철부지 정치인들뿐이다.

225 정치적 우상에 열광하는 사람들

"당신더러 츠랑 집에 갔다 오라고 한 건" 그가 말했다. "당신을 그, 페슈라는 자에게서 멀리 떼어놓으려고 그랬던 거야. 그가 왜 이 섬에 온 건지 당신에게 말해주지 않은 게 분명하군. 그는 자기가 어떤 병에 걸린 게 아닌가 하고 잔뜩 겁을 먹고 있었어. 그리고 그의 예상은 빗나가지 않았지. 원주민에게서 옮은 거야. 그 섬에서는 흔한 병이니까. 그런데 엘렌. 무슨 일이 있었던 거야?"

— 로맹 가리 '폭풍우'(1935년, 프랑스) 중에서

고려대 입학과 의사면허가 취소된 전 법무부 장관 딸의 에세이가 출간 즉시 대형서점 판매 순위 1위에 올랐다. 그녀의 아버지도 '나는 정의, 세상은 불의'라고 주장한 책을 출간, 한 달도 되지 않아 20쇄를 돌파했다. 수많은 독자를 거느린 그들 일가는 자녀의 입시 비리로 4년 형을 살다 가석방된 아내와 함께 우리나라에서 가장 행복한 추석을 보낼 것 같다.

야당 대표 체포동의안이 가결되자 지지자들이 국회로 몰려와 '배신자 나오라'며 분노하고 울부짖었다. 단식 시위하는 대표에게 절하고 그를 지키겠다며 난동 부리던 사람들은 구속에 동의한 의원들의 정치적 생명을 끊겠다고 색출 작업에 나섰다. 소총을 사용하겠다는 테러 예고 글도 올렸다. 보름달을 보며 대표의 무사를 소원할 그들에겐 가장 불행한 추석으로 기억될 것이다.

이웃 섬에서 온 사내를 진찰하던 의사는 아내 엘렌을 내보낸다. 남자에게 묘한 열정을 느낀 엘렌은 진료 후 힘없이 떠나는 그를 발견한다. 폭풍우가 치는데도 그를 보낸 남편을 원망하며 엘렌은 사내에게 달려간다. 작은 배 위에서 짧고 격렬한 시간을 보내고 돌아온 엘렌에게 남편은 사내가 불치의 전염병에 걸렸다고 말한다. 깊은 관계를 맺지 않는다면 옮진 않겠지만.

인기 있는 젊은 연예인을 떠올리게 하는 '아이돌(idol)'은 우상(偶像)을 뜻한다. 북한의 3대 세습을 비웃지만 지지와 추앙을 증명하려 정치적 아이돌의 책을 사고 그들을 맹신하고 열광하며 호위하는 우리 사회의 정치인 우상화도 그에 못지않다. 사람의 마음은 곧잘 헛된 영웅을 만들고 우상에 의지하며 숭배하길 원한다. 무엇에 매혹되고 무엇에 빠져드는가, 그 판단이 개인과 가족의 행복과 불행, 때론 그가 속한 사회의 미래까지 결정한다.

226 판사의 정치적 성향

"존경하는 재판장님, 지금 내리신 판결의 근거가 무엇인지 여쭤봐도 되겠습니까?" 몰토가 물었다. 한번 붙어 보겠다는 듯 판사석을 올려다보고 있다. 서로 증오하고 있는 것이 확연히 드러나 보였다. 두 사람 사이에 쌓인 원한을 파헤치자면 고고학적 기술이 필요할 것 같다. 원한의 일부는 캐롤린과 관계가 있을 것이다. 몰토는 원시인같이 질투심을 감추지 못하고 있었다.

– 스콧 터로 '무죄 추정'(1986년, 미국) 중에서

영장 전담 부장판사는 '위증 교사 혐의는 소명되는 것으로 보인다. 관여가 있었다는 상당한 의심, 부적절한 개입을 의심할 만한 정황들'이 있다고 판결문에 적었다. 하지만 현직 대표라는 점을 감안, 야당 대표의 구속을 불허했다. '증거 인멸의 염려가 있다고 단정하기는 어렵다'고 판단한 근거가 높은 자리, 큰 권한을 가진 사람이기 때문이라는 의미로 읽힌다.

애인과 가족, 친척의 개인 정보를 부정 열람한 공무원이 무죄 판결을 받았다. '잘못한 점이 없진 않지만, 권한을 넘어 정보를 취득했으나' 정상 업무를

볼 때처럼 '자신의 아이디와 비밀번호를 이용해 로그인'했으므로 불법이 아니라는 것이다. 법이 공무원의 권한 남용을 인정한 셈인데 카드사나 통신사, 금융사 직원이 고객의 개인 정보를 들여다봐도 같은 결과가 나올까?

해리슨 포드가 주연한 영화 '의혹'의 원작 소설은 수석 부장 검사 러스티가 동료 여검사를 살해했다는 누명을 쓰고 재판받는 과정을 그린다. 판사는 검찰의 무리한 수사 방식과 증거 불충분을 이유로 재판을 중단시키고 러스티를 석방한다. 공정한 판결처럼 보였지만, 죽은 피해자와 함께 뇌물을 받고 무죄 방면해 주던 과거가 드러날지 모른다는 판사 자신의 두려움이 더 컸다.

솔로몬 왕은 어미라고 주장하는 두 여인에게 아기를 칼로 잘라 반씩 나눠 가지라는 끔찍한 판결을 했다. 한 명은 좋다고 했지만 다른 여인은 포기할 테니 아이를 살려달라며 울부짖었다. DNA 대신 냉정한 이성이 친모를 가려냈다. 죄의 유무는 법이 판단한다지만 그 기준이 되는 법도 사람이 만들고 판결도 사람이 한다. 재판관의 정치적 성향과 인간관계, 성품과 인격, 경험과 지혜가 판결에 영향을 미치지 않는다고 '단정하기는 어렵다'는 뜻이다.

227 진부한 애국, 뻔뻔한 매국

은행을 설립하겠다고 영국 재정청에 신청서를 제출했습니다. 신청인은 국내 및 외국 금융기관들의 지원을 받고 있으며 국내의 저명한 이름들을 줄지어 세웠더군요. 정무차관 오브리 롱리그와 예비 장관께서도 그 명단에 포함되어 있습니다. 상원에서 늘 밑바닥을 훑으며 살아가는 친구들도 합류했습니다. 법률 고문으로는 유명한 팝햄 박사가 있습니다. 드살리스 전 해군 대령은 홍보 공세의 선봉에 나섰습니다.

– 존 르 카레 '우리들의 반역자'(2010년, 영국) 중에서

아시안게임 축구 한중전 당시, 국내 포털 사이트의 중국 응원 클릭 수가 2,300만 건이 넘었다. 평소엔 관심 없어도 국제 스포츠 경기에서 자국팀을 응원하는 건 인지상정이다. 늦은 시간, 국민 절반이 다른 나라를 응원했을 리 없다. 실제로 외국 인터넷 주소를 통해 2,000만 건 이상의 클릭이 유입됐다. 평소의 여론도 '드루킹'처럼 조작됐으리라는 의심의 목소리가 높다.

잊히고 싶다던 전 정권 수장의 자기 자랑은 끝이 없다. 2007년 10·4 남북공동선언까지 끌어와 9·19 군사합의를 자화자찬, '파탄 난 남북 관계가 안타깝다'고 했다. 그러나 녹취록 논란이 있던 16년 전처럼 2018년에도 NLL을 부정, 북한이 우리 해역을 침범한 '경비계선'을 고집했다는 사실이 확인됐다. 이를 용인했다면 평화로 위장한 국민 기망, 영토 농단을 넘은 매국 행위다.

마피아 조직은 은행을 설립하는 과정에서 벌어진 비리를 모두 알고 있는 부하와 가족을 몰살한다. 수십 년간 자본 세탁을 책임져 온 디마는 다음 살해 대상이 자신인 걸 알고 영국 정보국과 접촉한다. 거액의 뇌물을 받고 마피아 뒤를 봐주는 정치 거물들의 명단을 주는 조건으로 자신과 가족의 안전을 보장해달라고 요구한 것이다. 부패 정치인들은 청소됐을까? 소설은 묻는다. 누가 반역자인가? 마피아의 내부고발자? '피 묻은 돈'에 홀려 나라와 국민을 팔아 자기 배만 불리는 높은 분들?

권력은 거짓과 조작, 상상 못할 위선과 비밀로 유지된다. 그런데 진위를 가려야 할 법은 누가 만들까? 접속국 표기, 인터넷 실명제를 해도 여론 조작은 가능하다. 권력은 눈부시다. 검은돈은 달콤하고 청렴은 비루하며 거짓은 세련되고 진실은 촌스럽다. 심지어 애국은 진부하고 반역과 매국은 뻔뻔하다.

228 성적을 위조한 낙제생, 선관위

낙제 카드를 받았을 때 많은 학생이 자신의 숨겨진 위조의 재능을 발견해 낸다. 토드가 성적표에 잉크 지우개를 사용하여 부모에게 보이기 전에 성적을 고치고, 사인을 받아 학교에 제출할 때는 원래대로 고쳤을 가능성도 있다. 잉크 지우개를 두 번 사용한 흔적은 잘 보면 눈에 띄게 마련이지만 담당 교사는 평균 60명의 학생을 담당하고 있다. 반환된 성적표의 고친 흔적을 조사할 시간이 있을 리 없다.

— 스티븐 킹 '타락의 여름, 우등생'(1982년, 미국) 중에서

개인이 쇼핑 사이트에 가입할 때도 연속 수는 위험 경고, 알파벳과 특수문자를 섞어 만들도록 한다. 그런데 국정원이 선거관리위원회를 가상 해킹한 결과, 인터넷망에 들어가는 비밀번호가 '12345', 또는 설정 초기 아이디(admin)와 동일, 보안에 취약하다는 사실이 밝혀졌다. 국민투표를 관리하는 기관이 '마음대로 조작해 주십시오' 하고 해커들 손에 열쇠를 맡긴 셈이다.

사전투표용지 무단 인쇄, 도장과 서명 위조, 투표 참가자 명단과 득표수 조작 가능성은 선거 결과를 바꿀 수 있다는 뜻이다. 그런데도 선관위는 해킹과 부정선거 의혹을 일축했다. 아이디와 비밀번호는 변경했으니 됐고 관리 부실도 내부에서 조사하겠단다. 지난해 선관위는 자체 보안 점검에서 100점을 받았노라 보고했다. 하지만 똑같은 조건에서 받은 실제 성적은 31점.

토드는 마을 노인 듀샌더가 어두운 과거를 감추고 살고 있다는 걸 알고는 경찰에 신고하지 않을 테니 악행을 이야기해달라고 협박한다. 영악한 소년을 거부할 수 없던 노인은 자신의 범죄를 낱낱이 털어놓는다. 악에 매료되어 공부를 게을리한 토드는 추락한 성적표를 위조한다. 듀샌더는 토드의 조부라고

속여 학부모 면담에 참석한다. 잠자고 있던 노련한 악과 이제 막 눈을 뜬 어린 악은 서로 공조하며 점점 더 끔찍한 범죄의 세계로 빠져든다.

소설은 '적당한 일련의 상황이 갖추어지면, 인간의 마음에 내재한 어두운 단면들이 기꺼이 밖으로 기어 나'온다고 말한다. 헌법상 독립기관인 것을 이유로 자녀 특혜 채용, 특혜 승진 혐의도 감사를 거부했던 선관위. 이제는 대한민국의 법과 무관한 치외법권 단체라는 주장을 넘어 국민 위에서 무소불위의 힘을 휘두르는 독립 공화국이라고 선포하고 있다.

229 조선, 인민, 민주주의를 사랑하는 한국

나는 합의 하에 결정된 역사가 더 안전하다고 생각하는지 모른다. 바로 우리 코앞에서 벌어지는 역사가 가장 분명해야 함에도 그와 동시에 가장 가변적이라는 것. 우리는 시간 속에 살고, 그것은 우리를 제한하고 규정하며, 그것을 통해 우리는 역사를 측량하게 돼 있다. 그러나 시간을 이해하지 못하고 그 속도와 진전에 깃든 수수께끼를 파악하지 못한다면, 우리가 역사를 어찌 파악한단 말인가.

- 줄리언 반스 '예감은 틀리지 않는다'(2011년, 영국) 중에서

교통 혼잡을 초래했던 오랜 공사를 끝내고 광화문이 모습을 드러냈다. 왕이 백성과 소통하던 월대를 복원했다고 한다. 중국 사대의 표상이라며 세종대왕이 반대했던 경복궁 월대는 1866년에 만들었다. 국사 수업의 기억을 더듬어 봐도 대원군의 경복궁 중건 목적은 왕권 강화였다. 원납전 강요, 당백전 발행, 높은 세금과 무리한 인력 동원은 조선의 몰락을 가속했다.

화폐에는 보통 그 나라 대통령, 국왕, 정치인의 얼굴을 새긴다. 일본과 유럽의 국가들은 과학자, 작가, 예술가의 초상을 넣기도 한다. 그런데 우리나라 화폐에는 대한민국 사람이 없다. 온통 조선시대 사람들, 본이 다르다곤 해도 이씨 성을 가진 사람들만 기린다. 성씨가 다른 여성도 이씨 집에 시집와 아들을 낳은 사람이다. 대한민국 돈으로 보이는 건 무궁화를 새겼으나 거의 사라져버린 1원짜리 동전뿐이다.

보수를 자처하는 국민의힘당의 영어 표기는 'People Power Party'다. 중화인민공화국, 조선인민민주주의공화국의 인민도 People이다. 조선을 이상적인 국가라 믿고 북한에 대한 경계심은 지우고 일본을 적대시하는 게 대세다. 조선을 아끼고 인민을 사랑하고 민주주의를 으뜸 덕목으로 여기자며 '조선인민민주주의'로 나라 이름을 바꾸자고 하면 반대의 목소리만 나올까?

토니가 기억하는 고등학교 시절은 40년 후 알게 된 실제 과거와 전혀 달랐다. '역사란 부정확한 기억과 불충분한 문서가 만나는 지점에서 빚어지는 확신'이라고 소설은 말한다. 결국 역사의 복원이란 상상력을 더해 현재의 주장을 덧칠하는 작업이다.

광화문은 왜 고작 57년간 존속하다 1923년에 없어진 형식을 고집할까? 과거를 해석하는 방식이 현재의 자화상이자 그 사회의 미래다. 100년 후엔 대한민국 발전사를 복원하는 열풍이 불기를 바란다.

230 권력 앞에 권위를 상실한 법정

"이오리, 걱정하지 말거라. 지더라도 깨끗이 지고 싶다고 바랄 뿐이다." "스승님. 이길 수 없으실 것 같으면 지금이라도 먼 나라로 빨리 떠나는 게…" "세상 사람들의 말속에는 진실이 담겨 있다. 네가 말하는 대로 어리석은 약속이기는 하다. 하지만 도망친다면 무사도를 저버리는 것이 된다. 무사도를 저버리는 것은 나 혼자만의 수치가 아니다. 세상 사람들의 마음까지 저버리는 것이 된다."

– 요시카와 에이지 '미야모토 무사시'(1939년, 일본) 중에서

당 최고위원회의에 참석한 야당 대표는 '잘못된 국정 운영을 심판해야 한다'고 말했다. 국방위원회 국정감사에서는 대북 강경 입장을 고수하는 국방부 장관에게 '균형감각을 가지라'고 조언했다. 같은 날 그는 피고인 자리에 서야 하는 공직선거법 위반 사건 재판엔 출석하지 않았다. 균형감각을 갖고 정부를 심판하느라 자신이 심판받을 시간은 없었다.

단식 투쟁을 시작으로 벌써 네 번째 결석이다. 부득이 재판에 참석하지 못할 수 있다. 2022년 삼성전자 부회장은 불출석 의견서를 내고 바이든 대통령과 빈 살만 왕세자를 만났다. 그러나 야당 대표는 국정감사를 핑계로 재판에 불참하고는 감사장에도 나가지 않았다. 검찰에 출두할 때, 구속 영장 심사를 받을 때, 대장동 사건 2차 공판 때는 느긋이 지각했다.

1935년부터 4년간 신문에 연재된 '미야모토 무사시'는 일본의 난세를 살며 '이도류'라는 검법을 창시한 실존 인물의 일대기다. 미야모토 무사시는 세간의 출세와는 인연이 없었으나 검(劍)으로 생명을 살리고 세상을 바로 세우려던 무사였다. 그는 목숨을 건 60차례의 대결에서 한 번도 진 적 없을 만큼 강했지만, 어떤 상대도 얕보지 않았고 비겁하게 도망치지도 않았다. 그는 '아무리 많은 적과 싸워 이겨도 원칙에 따른 것이 아니면 진정한 도라고 할 수 없다'고 그의 저서 '오륜서'에 적었다. 북한은 품고 일본은 배척하는 야당 대표에게 일본 검객의 무사도를 바란다면 실례가 되려나.

권위주의 상징이라며 법정에서 사라진 의사봉을 날마다 힘차게 휘두르는

국회의원이 재판에 지각하면 "다음엔 일찍 오세요" 하고 판사는 당부한다. 결석하면 "오늘도 안 나오시는 겁니까?" 묻고 한숨만 쉰다. 재판에 성실히 임하리라 믿고 구속을 불허했던 영장 전담 부장판사는 권력 앞에 권위를 상실한 법정을 어떤 눈으로 바라보고 있을까?

231 혁신의 아이디 '광주', 패스워드 '5·18'

> 자신들의 시대에는 해독의 어떤 약속이 있다고 믿고 싶어 한다. 녹이 슬어 삐걱대기만 할 뿐 열리지 않는 자물쇠가 되어버린 사람들 모두가 자물쇠에 맞는 열쇠가 있다고 믿고 싶어 한다. 패스워드가 있어서 집단에 편입될 수 있으며, 희생양이 되는 것은 피할 수 있다고 믿고 싶어 한다. 단두대와 분묘에 불과한 사회의 기계를 작동시킬 수 있다고 믿고 싶어 한다.
>
> — 파스칼 키냐르 '떠도는 그림자들'(2002년, 프랑스) 중에서

'희생, 통합, 변화, 새로운 미래'를 추구하는 여당 혁신위원장의 첫 공식 외부 일정은 광주 5·18 묘지에서 무릎을 꿇는 것이었다. '광주가 대한민국의 민주주의를 완성'하고 있다는 글을 남겼고 '피해자 후손들'까지 챙겨야 한다고 말했다. 헌법 전문 수록, 국가유공자 제정에 힘쓰겠다는 약속도 했다. 국립현충원 방문은 그의 두 번째 공식 일정이었다.

2016년, 광주시민에게 호남홀대론을 변명하던 전 더불어민주당 대표가 5·18 헌화 분향대 앞에서 무릎을 꿇었다. 2020년엔 보수당 최초라며 미래통합당 비상대책위원장이 의원들과 함께 무릎을 꿇고 머리를 조아렸다. 대선 후보였던 전 검찰총장, 전 당대표, 당대표 후보, 경기도지사 후보 등은 비석을

쓰다듬거나 눈물을 떨구었다.

'떠도는 그림자들'은 인간과 세상과 역사에 천착한 문장들이 퍼즐처럼 작품을 완성한다. 늙은 어부는 얼마 전 죽은 아내가 오래전에 죽은 어떤 남자를 마음 깊이 사랑했었다는 사실을 뒤늦게 알고 고통받는다. 아내의 유령이 냉정히 말한다. "당신 품에 안겨 행복했을 때조차 죽은 그이의 이름을 중얼거리는 것이 내겐 더 큰 기쁨이었어요."

혁신은 필요하다. 그러나 여당은 남편 곁에서 다른 남자를 마음에 품고 살다 죽은 어부의 아내를 닮았다. 표를 주고 실망하면서도 다시 기대하기를 반복하는 국민에게 야당은 이념과 지지층이 먼저라며 매번 더 큰 희생과 더 긴 인내와 더 넓은 포용을 요구한다. 그 결과 왼쪽과 오른쪽, 앞과 뒤, 너와 나의 경계가 사라질 '새로운 미래'에 가입하는 공식 아이디는 '광주', '결속된 구성원'이 되기 위해 입력해야 하는 패스워드는 '5·18'이다.

232 경찰관 특별 승진, 그때그때 달라요

"자넨 10분 전에 체포된 거야, 밥. 순순히 함께 가는 게 좋을 거야. 자네에게 전해 줄 게 있네. 웰스라는 경찰관이 준 거야." 서부에서 온 남자는 작은 종이를 폈다. 읽던 그의 손이 떨리기 시작했다. '밥, 나는 제시간에 그곳에 갔었네. 그리고 시카고에서 찾는 지명 수배범의 얼굴을 보았지. 내가 직접 자넬 체포하고 싶진 않았어. 그래서 다른 형사를 보낸 거라네. 지미가.'

— 오 헨리 '20년 후'(1906년, 미국) 중에서

도주한 특수강도 피의자를 체포한 경찰관들이 1계급씩 승진했다. 특진은 며칠씩 밤을 새우며 잠복하고 위험을 무릅쓰며 범인을 쫓아 찻길을 달린 형사들의 몫이 아니었다. 범인의 인맥과 동선, 위치를 파악하는 건 중요하다. 그래도 현장 형사를 배제하고 피의자의 연인을 전담한 여성 경위, 공중전화 위치를 파악한 경사가 수혜자라니 고개가 갸웃거려진다.

경찰 조직의 표창과 특진 기준이 모호하다. 등산객을 구조하면서 겉옷을 벗어주었다고 특진시키고, 코로나 검사를 먼저 받는 모범을 보였다며 표창했다. 삼단봉 하나 들고 범인과 맞서며 수갑을 채운 공이 시민을 구조한 것만 못할까? 동료와 선후배 진급의 들러리가 될 뿐이라면, 어느 누가 사명감과 책임감만으로 목숨 걸고 범죄자를 체포하려 할까?

젊은 시절, 밥과 지미는 20년 후 다시 만날 것을 약속하고 헤어졌다. 시간은 많은 걸 바꿔놓았다. 밥은 친구를 몰라봤지만 경찰관이 된 지미는 그가 지명수배자인 걸 단번에 알아챘다. 차마 친구에게 수갑을 채울 수 없던 지미는 다른 형사를 보내 체포하게 한다.

단순한 문제는 아니지만, 만약 공을 치하한다면 누구를 특진시켜야 할까? 밥이 뉴욕에 올 거라고 알려준 시카고 경찰? 다른 경찰관을 찾아가 체포를 부탁한 지미? 신고받고 현장에 나가 밥을 체포한 형사? 혹은 셋 다? 아니면 경찰이 범인 잡는 건 당연한 일이니 포상은 없다고 할까?

직장인에게 가장 큰 동기를 부여하는 건 잘했다, 수고했다며 주어지는 승진의 기쁨과 그 명예에 적합한 물질적 보상이다. 정의 구현이나 민중의 지팡이란 말은 신기루다. 경찰의 월계관은 선행이나 정보 제공보다 범죄자를 체포한 현장에 먼저 주어져야 한다.

233 더 크고 넓은 세상으로 발돋움하는 그대에게

> 당신을 환영하고 축하한다. 나는 당신이 이곳까지 오기가 쉽지 않았다는 사실을 잘 알고 있다. 우선, 당신이 지금 이곳에 존재하기 위해서는 각자 떠돌아다니던 엄청나게 많은 수의 원자가 놀라울 정도로 협력적이고 정교한 방법으로 배열되어야만 했다. 너무나도 특별하고 독특해서 과거에 존재한 적도 없고, 앞으로도 절대 존재하지 않을 유일한 배열이 되어야만 한다.
>
> – 빌 브라이슨 '거의 모든 것의 역사'(2003년, 미국) 중에서

수능 시험장에 자녀를 들여보내고 돌아서는데 눈물이 쏟아져 한참을 차 안에서 울었다는 학부모 이야기를 들었다. 인생의 첫 관문으로 걸어가는 아이의 뒷모습을 보며 키우는 동안 마음 졸이고 속상했던 순간들, 기특하고 고마웠던 장면들이 떠올랐다고 한다. 벌써 품을 벗어나 넓은 세계로 떠나는구나, 서운함과 대견함이 뒤섞여 가슴이 벅차오르기도 했을 것이다.

예비고사와 본고사, 고교 내신, 학력고사, 논술고사, 수학능력, 대학 자율결정. 정권이 바뀔 때마다 입시 제도는 갈팡질팡한다. 교육 현장엔 교권 추락, 학생 간 따돌림, 학부모 불만이 빗발치고, 코로나 방역은 교실에서 배워야 할 다양한 경험을 빼앗았다. 학교 밖 세상에서도 이건 옳고 저건 틀렸다며 하루도 전쟁 없는 날이 없다.

과학에 대한 거의 모든 기본 지식을 흥미롭게 소개하고 있는 논픽션 작가는 '우리 몸을 구성하고 있는 원자들 중 상당수는 한때 셰익스피어의 몸속에 있었을 수도 있다. 베토벤은 물론 거의 모든 역사적 인물들로부터 물려받은 것들도 각각 수십억 개씩은 될 것'이라며 과학을 뿌리 삼아 한 번뿐인 삶의 소중함과 개인의 무한한 가능성을 열어 보인다.

정치 뉴스만 봐도 일류 대학을 나왔다고 똑똑한 건 아니구나, 하버드에 다녔다고 대단한 게 아니구나, 사법고시에 붙었다고 훌륭한 것도 아니구나, 알게 된다. 수능을 봤든 안 봤든, 대학에 가든 안 가든 열아홉 살의 선택이 평생의 행불행을 결정하진 않는다. 오히려 너무 멀어서 상상한 적 없는 우주, 너무 가까워서 있는 줄 몰랐던 내면을 볼 수 있다면, 밤바다에서 등대를 찾은 조각배처럼 앞으로 나아갈 수 있다. 행복은 천천히 멀리 돌아야 발견할 수 있는 작은 섬의 들꽃 같은 것이기에.

234 암컷은 설치지 마라?

"반란 이후에도 설탕이 있을까요?" 몰리의 질문에 스노볼은 "아뇨"라고 대답했다. "이 농장에선 설탕을 만들 방법이 없소. 게다가 당신한테 꼭 설탕이 필요한 것도 아니잖소?" 몰리가 또 물었다. "그때 가서도 내가 갈기에 리본을 매고 다닐 수 있을까요?" "동무, 당신이 애지중지하는 리본이 바로 노예의 표시요. 리본보다 자유가 더 값지다는 걸 모른단 말이오?"

– 조지 오웰 '동물 농장'(1945년, 영국) 중에서

특정 여성을 '암컷'이라 조롱한 야당 전 의원이 일시 당원 자격 정지라는 가벼운 징계를 받았다. 당대표는 '행동과 말을 철저하게 관리'하라고 의원들에게 당부했지만, 수년 전 형수에게 욕했던 그에겐 낯 뜨거운 별명이 붙어 있다. 이 와중에 한 여당 의원의 지역 사무장은 여성 경쟁자를 '젖소'에 빗대 소란을 더했다.

술집도 아니고 카메라 앞에서 암컷이라 부르며 낄낄거리는 남성들, 그들의

발언을 두둔하는 여성들이 나랏일을 한다며 방송에서 떠들고 국회를 드나든다. 개혁을 외치는 '개딸'도, 여성 권리를 주장하는 페미니스트도 침묵한다. 같은 편을 암컷이라 했다면 분노했겠지만 적진의 여성 인권은 개의치 않는다.

동물 농장에는 공산당에 충성하는 개들의 어미 제시, 잘못된 걸 알지만 저항하지 못하는 암말 클로버와 맛있는 것, 멋 내는 것을 좋아하는 몰리, 글자는 읽지만 문해력이 낮은 염소 뮤리엘 등의 암컷이 등장한다. 그중 몰리만 행복을 찾아 농장에서 달아난다. 그런데 왜 공산주의로 참혹해진 "동물 농장에서도 암컷들이 설치지 않는다"며 그들은 웃었을까. 소설에서 동물을 착취하는 건 수컷들이다. 수컷이 군림하는 사회에서 암컷은 설치지 말고 복종해야 한다는 뜻일까.

한 여성을 암컷이라 비하하면 그녀와 함께 사는 남성은 수컷이 된다. 그래서 더욱 유쾌하기도 했겠지만 너흰 틀렸다, 우리만 옳다고 정쟁하는 그들은 다를까. 치고받고 싸운다는 건 차원과 수준, 체급이 같다는 뜻이다. 남을 흉볼 때 손가락 하나는 상대를 가리키지만 나머지는 자신을 향한다. 야당이 공천 심사에 부적절한 언행 경력을 반영하겠다고 했다. 그러나 여야 구분 없이 저급한 정치 행태를 벗어나리란 기대는 조금도 생기지 않는다.

235 야당의 새로운 이름, '더불어탄핵당'

진짜 마녀인지 아닌지 확신이 서지 않으면 사람들은 죄인을 묶어 물속에 던졌다. 어떻게든 물 위로 올라오면 그것은 그녀가 마녀라는 증거였고, 따라서 화형에 처했다. 마녀가 아니라면 물속에 빠져 익사해야 했다. 한스가 그녀를 고발한 동기는 너무도 뻔했다. 희생자의 소유물에서 자기 몫을 확보하려 했고, 비밀

제조법도 발견할 수 있기를 기대했다.

— 한스 트랙슬러 '황홀한 사기극'(1963년, 독일) 중에서

더불어민주당이 또다시 탄핵 정국을 주도하고 있다. 표결 전 사의를 표명한 방송통신위원장 탄핵은 무산되었지만 쌍방울 대북 송금 의혹과 관련, 야당 대표를 수사한 검사를 포함한 탄핵 소추안은 야당이 단독으로 통과시켰다. 법무부 장관과 대통령 탄핵의 필요성을 주장한 지도 오래다. 당명을 '더불어탄핵당'으로 바꿔야 할 것 같다.

정권이 바뀌었다지만 정부 뜻대로 되는 게 없다. 잼버리 대회 파행 후 정부가 삭감한 내년도 새만금 사업 예산안 1,472억 원도 야당이 복원했다. 노란봉투법과 방송3법 개정안에 대한 대통령의 거부권도 수용하지 않는다. 궁지에 몰렸다고 여당이 야당을 탓할 순 없다. 현 야당을 다수당으로 만드는 데 가장 큰 힘을 보탠 것도 국회, 그들 자신이다.

'황홀한 사기극'은 부모에게 버려졌던 남매가 마녀를 죽이고 집으로 돌아가 행복하게 잘 살았다는 그림 형제의 동화 '헨젤과 그레텔'이 제빵사 남매의 범죄를 미화한 사기극이라고 주장하는 풍자소설이다. 궁정 제빵사는 카타리나의 과자 비법을 훔치려다 실패하자 마녀로 몰아 고발한다. 혐의를 벗고 석방된 그녀를 여동생 그레텔과 함께 살해, 화덕에 시신을 유기한다. '헨젤과 그레텔의 진실'이란 영화로도 각색된 소설을 보고 사건의 양면성을 고민하는 독자도 적지 않지만, 대중은 억울한 죽음을 파헤치는 진실 게임보다 못된 마녀를 물리치는 남매의 모험담을 더 좋아한다.

다수당은 법의 장막 안에서 당리당략을 위해 누구라도 탄핵할 수 있다. 대중은 골치 아픈 시시비비는 외면하고 반복해서 크게 외치는 주장에 쉽게 동조한다. "그 사람, 탄핵당했잖아"라는 수군거림과 함께 탄핵은 사실로 남고 내

막은 역사에서 잊힌다. 모래가 다 쏟아지고 시계가 뒤집히기 전까지는.

236 정치인의 한글 오기

> 편지를 쓰자. 그러고 나서 마음이 깃털처럼 가벼워지는지 보기로 하자. 그러자 놀랍게도 그 순간 모든 고민이 말끔히 사라져 버렸습니다. 나는 마음이 들떠 종이와 연필을 꺼내어 앉아서 편지를 썼습니다. '왓슨 아줌마에게 아줌마의 도망한 노예 짐은 파이크스빌의 하류 2마일에 와 잇습니다 펠프스 씨가 그를 붓잡아 놓고잇습니다 만약 아줌마가 상금을 보내면 풀어줄 거입니다. 헉 핀'
> – 마크 트웨인 '허클베리 핀의 모험'(1884년, 미국) 중에서

'얇은 사 하이얀 고깔은 OO 접어 나빌레라' '가실 때에는 말없이 OO 보내 드리오리다'. 조지훈의 시 '승무', 김소월의 시 '진달래꽃'의 일부다. OO에 공통으로 들어갈 말은 무엇일까? 고히? 고이? '곱게'의 변형이므로 'ㅂ불규칙용언'의 어간 뒤에는 '이'를 붙인다는 문법 규칙상 '고이'가 맞는다.

전 서울대 교수이자 전 법무부 장관이 광주 5·18 묘지 방명록에 '고히 잠드소서'라고 남긴 글이 화제다. 정치인의 한글 오기가 새삼스럽진 않다. '요즘 세상에 간첩이 어디 있느냐'던 국회의원은 '굳건히'라고 써야 할 자리에 '굳건이'라고 쓴 적 있다. 17대 전 대통령도 '모든 것을 받치겠읍니다'라고 했는데 '바치겠습니다'라고 써야 했다. 2017년, 당시 정권 수장은 백악관 방명록에 우리나라 이름을 '대한미국'이라고 썼다.

"내 나이 팔십 다섯, 조훈 일 하는 개 원이라 마주막으로 불으한 어리니한 태 써보고 십습니다." 안동에 사는 80대 어르신이 지난 1년간 빈 병을 주워

판 돈과 용돈을 모아 행정기관에 30만 원을 전달했다. 사연을 적은 편지에는 복지관에서 늦게 배운 한글이니 헤아려 잘 읽어 달라는 당부도 적혀 있었다. 평생을 어렵게 살다 생의 마지막, 불우한 어린이를 돕고 싶었다는 바람을 담아낸 서툰 맞춤법은 오히려 큰 울림을 남겼다.

흑인 노예의 도주를 돕는 것이 당시 사회에선 범죄였던 탓에 허클베리 핀은 양심의 가책을 느끼며 짐의 주인에게 편지를 쓴다. 그러나 짐이 받을 고통을 생각하고는 곧 찢어버린다. 철자법은 잘 몰랐어도 무엇이 더 옳은 일인지 핀은 가려낼 수 있었다.

맞춤법, 틀릴 수 있다. 다만 짧은 방명록 글도 미리 확인하지 않는 국회의원, 장관, 대통령이 나랏일은 바르게 할까?

237 우리 사회의 민주주의, 북한과 다른가

> "누가 내 편이 될래? 나는 너희에게 고기를 주었고, 나의 사냥 부대는 너희를 그 짐승으로부터 보호해 줄 거야." 잭이 말했다. "너희가 날 선출했으니 내가 대장이야." 랠프가 말했다. "우리는 불을 계속 피워두려고 했어. 그런데 너희는 먹을 것만 뒤쫓아 다니기나 하고…." "넌 안 그랬니?" 잭이 소리쳤다. "네 손에 들려 있는 뼈다귀를 봐!" 랠프는 홍당무가 되었다.
>
> – 윌리엄 골딩 '파리 대왕'(1954년, 영국) 중에서

야당이 민주 유공자 예우 법안을 정무위원회에서 단독 처리했다. 법사위를 거쳐 본회의에 상정, 국회에서 통과되면 5·18 민주화 유공자처럼, 화염병을 던지며 시위하던 학생들을 진압하다 경찰 7명이 희생된 동의대 사건, 민족 반동

세력 200만 명을 죽여야 사회주의를 완수한다며 폭력적 혁명을 도모했던 '남조선민족해방전선' 관련자들을 포함, 운동권 829명이 유공자 반열에 오른다.

북한은 한국 노래를 듣거나 드라마, 영화를 본 사람들을 공개 처형한다. 지난 8월엔 소고기를 판매한 혐의로 9명을 공개 총살했다. 2018년, 남북 평화협력을 기원하는 공연이 평양에서 열렸다. 소고기는 얼마든지 먹었을 것 같은 북한 수뇌부와 평양 시민들은 남한 가수의 노래와 춤을 마음껏 즐겼다.

비행기가 무인도에 추락하고 몇몇 아이만 살아남는다. 그들은 랠프를 대장으로 뽑고 저마다 역할을 맡지만, 잭이 멧돼지를 사냥하자 규칙은 무너진다. 봉화를 지키며 구조를 기다릴까, 눈앞의 고기를 먹을까? 아이들은 바비큐 파티를 선택한다. "춤을 춰, 춤을!" 잭이 명령한다. "짐승을 죽여라! 목을 따라! 피를 흘려라!" 잭의 고기를 먹은 아이들이 노래하고 춤춘다. 생존의 공포와 포만감이 뒤섞인 축제의 광기는 패거리 밖에 있던 아이를 죽음으로 내몬다.

야당은 평등을 최고 가치로 내세우면서도 노동자 단체와 민주화 유공자라는 특권층을 양산한다. 잭의 고기를 먹은 아이들처럼, 평양 거주를 허락받은 북한 상류층처럼 혜택을 받으면 은혜 입은 권력에 충성한다. 6·25 참전 용사는 외면하고 개인의 노력으로 쌓은 부와 성공도 부정하면서, 명단과 공적도 비밀인 민주 유공자와 가족에게 온갖 특혜를 주는 우리 사회의 민주주의는 출신 성분이 삶과 죽음을 가르는 북한의 인민민주주의와는 정말 다른 것일까?

238 사형수의 식단과 인권 존중

야채수프는 따뜻하다는 것이 유일한 장점인데 다 식어버렸다. 생선이라고 해

봐야 살점보다 가시가 더 많다. 얼마나 오래 끓여대는지 살점은 모두 떨어져 형체를 분간할 수 없고 머리와 꼬리만 간신히 남아 있기 일쑤다. 죽은 식어버려 한 덩어리로 뭉쳐있다. 말이 죽이지, 노르스름한 무슨 풀 같은 것을 썰어 넣고 끓인 것이다. 어쨌든 300g만 되면 그걸로 된 거다.

- 알렉산드르 솔제니친 '이반 데니소비치, 수용소의 하루'(1962년, 소련) 중에서

"식사하셨어요?"는 우리 사회의 흔한 인사말이다. 품 떠난 자식의 안부가 궁금한 부모는 "밥은 먹고 다니냐?"고 묻는다. 친구들은 "언제 밥이나 먹자"며 헤어지기도 한다. '밥 먹을 땐 개도 안 건드린다'지만 "지금 목구멍에 밥이 넘어가냐?"며 화를 낼 때도 있다. 배고프던 시절의 잔재인 '밥의 정서'는 지금도 작동한다.

207명의 목숨을 빼앗은 미집행 사형수 59명과 일반 수감자들이 매일 떡갈비나 돼지불고기 등으로 차린 밥상을 받는다. 교도소에서 먹는 밥이 맛있을까만, 땀 흘려 일하고 김밥, 라면으로 끼니를 때우는 사람도 많다 보니 구치소의 영양 식단이 진수성찬처럼 보이기도 한다. 2023년 기준, 재소자 1인당 연간 관리 비용은 3,100만 원이다.

스탈린 시대, 이반 데니소비치는 강제 노동수용소에서 죽지 못해 살고 있다. 그는 늘 춥고 배고프다. 영하 41도가 되지 않는 한 매일 10시간 고된 노동을 하는 그는 밥 먹는 시간을 고대하지만, 음식은 양도 적고 쓰레기라 불러도 될 만큼 처참하다. 그래도 이반은 평소보다 죽 한 그릇을 더 먹은 날, 행복감을 느끼며 잠이 든다.

사람은 경험하고 실수하고 배우고 성장한다. 가능성을 열어놓고 기회를 주는 일, 인간의 기본 권리를 침해하지 않으려는 노력은 지속돼야 한다. 그러나 피해자보다 가해자의 권리가 중시되고, 실업급여를 받으려고 취업을 미루고,

복무한 사람보다 병역의무를 거부한 인권 운동가의 말이 더 큰 영향을 미치는 시대다. 보통 사람들은 남을 존중할 때 자신도 존중받는다는 원칙, 정직하게 산 만큼 보상받고 죄지은 만큼 벌 받는다는 상식이 통용되는 세상을 바란다. 의무와 책임을 다한 사람들, 성실한 사람이 손해 보는 기분이 들지 않는 사회야말로 인권이 살아 있는 사회다.

**2024
2025**

제6장

느린 물결이 세상을 바꾼다

239 공무원의 휴식권과 대민 서비스

영웅적인 면이라고는 전혀 없는 그랑이 보건대 서기 비슷한 역할을 맡아보기로 했다. 그랑이야말로 보건대를 살아 움직이게 하는 조용한 미덕의 실질적 대표자였다. 그는 선의로, 주저함이 없이 자기가 맡겠다고 했던 것이다. 리유가 감사의 뜻을 표하자 그는 놀라서 말했다. "제일 어려운 일도 아닌걸요. 페스트가 생겼으니 막아야 하는 건 뻔한 이치입니다. 아! 만사가 이렇게 단순하면 좋으련만!"

– 알베르 카뮈 '페스트'(1947년, 프랑스) 중에서

많은 우체국이 점심시간에 셔터를 내린다. 2016년, 2인 이하 우체국에서 시작된 점심시간 휴식제가 5인 이하로 확대됐다. 주민센터와 구청 등 일부 지자체 관공서도 마찬가지다. 점심시간에 우체국과 관공서를 이용할 수 없는 직장인은 난감하다. 개인 정보 관련 업무는 함부로 부탁할 수 없다. 가족도 직장인인 경우가 허다하고 대리인 입증 절차도 까다롭다.

병원도 점심시간엔 진료하지 않는다. 사무실 밀집 지역 식당가엔 오전 일을 마친 직장인들이 점심을 먹으러 일제히 나온다. 공무원이 점심시간을 지키는 것도 당연하다. 다만, 공무원의 존재 이유는 대민 봉사다. 출생, 취업, 이사, 장례 등 국민 일상과 밀접한 관공서는 세금으로 운영된다. 공무원의 권리와 편의를 위해 국민에게 불편과 손해를 감수하라는 것은 주객전도다.

소설의 배경은 죽음이 만연한 도시 오랑이다. 의사와 여행자, 기자, 종교인 등 자원봉사자들이 도시에 퍼진 전염병에 맞서 싸운다. 시청의 말단 임시 직원 그랑도 하찮아 보이는 일들을 찾아 묵묵히 해낸다. 그 덕에 봉사대가 돌아간다. 작가는 '한 사람의 영웅이 있어야 한다면 바로 이 보잘것없고 존재도 없

는 영웅, 약간의 선량한 마음과 착한 마음씨에서 나오는 용기를 간직한 그랑'이라고 소개한다.

시중 은행이 점심시간 집중 근무제를 시범 운영한다. 정오부터 1시까지 모든 창구를 열고 고객을 맞는다. 오후 4시에 셔터를 내리는 대신 6시까지 영업하는 지점도 있다. 직원의 권리 대신 고객 입장을 배려하자고 사고를 전환한 결과다. 직장인과 겹치지 않게 점심시간을 옮기면 심각한 인권 침해일까. 공무원 100만 명 시대다. 새해엔 철밥통, 구태의연, 복지부동이란 꼬리표를 스스로 떼어내고 대민 서비스의 보람을 자부하는 영웅들을 만나고 싶다.

240 억울하면 출세하라

> 현관으로 나오니 사람들이 몰려 있었다. 까맣게 밀고 밀리는 소란스러운 군중이었다. 그를 보기 위해서, 조르주 뒤루아를 보기 위해서 모여든 사람들이었다. 파리 사람들이 그를 바라보며 부러워하고 있었다. 그가 눈을 들자 아득히 멀리, 콩코르드 광장 저편에 국회의사당 건물이 솟아 있는 것이 보였다. 마들렌 성당 현관에서 부르봉 궁 현관까지 한달음에 뛰어갈 것 같았다.
>
> – 기 드 모파상 '벨 아미'(1885년, 프랑스) 중에서

야당 대표는 부산대 병원에서 수술에 필요한 검사를 받았지만, 가족과 측근이 '잘하는 곳'을 원한다는 이유로 혈세 2,000만 원이 드는 소방 응급 의료 헬기를 타고 서울로 이송됐다. 부산대 병원은 5년 연속 A등급을 받은 우리나라 최고 권역외상센터이자 최종 의료 기관이다. 2021년에 서울시가 중증 외상 최종 치료 센터로 지정한 서울대 병원보다 한 수 위인 셈이다.

두 병원은 환자 정보와 의견을 교환했을 것이다. 마침 헬기장 공사로 노들섬에 착륙, 구급차로 복잡한 도심을 달려 이동해야 하는 상황인데도 서울대병원이 전원을 승인했다는 건 당대표의 상태가 응급 상황이 아니었다는 사실을 반증한다. 중증 외상 환자의 생명을 구할 수 있는 골든 타임은 1시간이다. 수술이 시작된 건 피습 후 5시간 20분이 다 돼서였다.

'벨 아미'는 가난한 청년 뒤루아가 상류사회의 여성을 이용해서 출세의 고삐를 쥐게 되는 천박하고 비열한 성공기다. 기자로 일하면서 상류사회의 화려함과 돈의 위력을 알게 된 그는 정치인이 되면 원하는 걸 모두 소유할 수 있다고 믿게 된다. 결국 아내와 이혼하고 정치권과 밀착된 언론사 사장의 딸을 유혹, 권력이란 목표에 한 발 더 다가선다.

응급실을 찾지 못해 구급차에서 숨지는 환자에 관한 기사가 드물지 않다. 야당 대표가 국가 의전 여덟 번째 서열이라 해도 9mm 봉합이 필요한 환자가 응급 헬기를 탈 수 있다는 사실이 놀랍다. 몇 달이나 기다려 서울대 병원에 입원한 환자들을 밀어내고 즉시 수술받은 것도 특혜다. 면책특권에 의료 특권까지 누리는 정치인. 그래서 사람은 출세와 권력을 원하나 보다. 오래전에 그런 노래가 있었다. '억울하면 출세하라, 출세를 하라!'

241 지금 뭐 하는 거야

디키의 옷장 문을 열고 들여다보았다. 톰은 양복을 꺼냈다. 구두도 신었다. 톰은 갈색 실크 넥타이를 골라 정성껏 맸다. 양복이 몸에 꼭 맞았다. 디키처럼 가르마를 조금 더 옆에서 타서 넘겼다. 톰은 모자를 꺼내 비스듬히 썼다. 정수리와 이마를 가리니 디키하고 닮아도 너무 닮아 보여 톰은 흠칫했다. "뭐 하는 거야?" 톰이 몸을 홱 돌렸다. 디키가 침실 문 앞에 서 있었다.

– 퍼트리샤 하이스미스 '재능 있는 리플리'(1955년, 미국) 중에서

지난 6일, 김대중 탄생 100주년 기념 행사가 성대하게 열렸다. 전시관, 박물관, 도서관, 동상을 세우고 공원과 도로에 이름을 붙이고 영화와 도서를 제작, 영웅화 작업이 한창이다. 건국과 발전의 역사를 왜곡하고 부정하는 대신 대한민국의 정당성이 그들 진영에 있다는 뿌리 다지기의 일환이다. 전 정권 수장도 DJ의 포용과 통합을 본받자고 축사했다.

선거를 앞두면 이상한 현상이 반복된다. 진보를 표방한 좌파는 기존 주장을 강화하며 지지층을 결집하는데 보수 우파는 존재 이유를 망각한다. 무관심을 깨우고 중도층 표심을 얻어야 한다며 자기 색을 희석한다. 가장 기이한 변화는 2012년 대선을 앞둔 새누리당이 파랑을 버리고 빨간색 당복을 입은 것이었다. 이후 보수 정당을 대표하던 파랑은 민주당의 상징이 되었다.

지도를 그릴 때 북한은 붉은색, 남한은 파란색으로 칠했다. 남북통일을 기원하는 한반도기는 파랑이다. 여기서도 대중은 혼란스럽다. 자유와 평등은 DJ 덕분이라 하고 5·18 정신을 헌법에 넣겠다고 앞장서느라 의견이 다른 신문을 배포한 자기 당원을 내치는 여당은 어떤 사상과 철학을 기반으로 나라의 미래를 구상하고 있을까.

리플리는 거짓된 말과 행동을 하는 사람을 대표한다. 그러나 리플리의 본질은 자기를 버리고 다른 사람이 되기를 꿈꾸다 괴물이 되어버린 존재다. 통치에서 포용은 중요한 덕목이지만 지지기반의 집결과 통합이 먼저다. 결집력이 큰 경쟁 상대와 똑같은 주장을 한다면 흡수되어 사라질 뿐이다. 건국 대통령의 기념관 하나 없고 경제 부흥 대통령의 기념식 한번 어깨 펴고 하지 못하는 보수 우파 진영은 야당을 보고 배워야 한다. 그리고 승리를 바란다면 더 늦

기 전에 물어야 한다. "지금 뭐 하는 거야?"

242 평양행 비밀 승강장을 오가는 사람들

해리는 지나가는 역무원을 불러 세웠지만 9와 4분의 3번 승강장이란 말을 꺼내지는 못했다. 역무원은 호그와트라는 곳에 대해서 들어본 적이 없고, 해리가 그곳이 이 나라 어느 지역에 있는지조차 말하지 못하자 짜증을 내기 시작했다. 해리가 절망감을 느끼며 11시에 출발하는 열차가 있느냐고 물었지만 역무원은 그런 열차는 없다고 말했다. 이제 해리는 공황에 빠지지 않으려고 애쓰는 것만으로도 벅찼다.

— 조앤 롤링 '해리포터'(1997년, 영국) 중에서

2021년 8월 15일, 육군은 '광복군의 뜻을 이어가겠다'는 포스터를 소셜 미디어에 올렸다. 한창 반일 감정을 부추길 때여서 한국은 식민지, 국군의 주적은 일본이라고 말하는 것 같았다. 실제로 전 정권은 '국방백서'에서 북한이 주적이라는 걸 지우고 '주권, 국토, 국민, 재산을 위협, 침해하는 세력'이 적이라고 고쳐 썼다. 북한을 주적으로 재 명시한 건 2022년, 6년 만이었다.

북한은 우리를 '불변의 주적'이라 선포하고 전쟁 시 남한을 점령하겠다고 으름장을 놓았다. '대한민국이 무력 사용을 기도한다면'이라는 단서를 붙였다. 한반도 위기라는 목소리가 높지만 위협과 실행은 다르다. 최근 실시한 '한·미·일 연합 해상 훈련'처럼 우방과 이룬 동맹은 허술하지 않고 북한의 남침은 현실적이지 않다.

킹스크로스역 9와 4분의 3번 승강장은 해리포터를 꿈과 모험의 세계로 데려가는 비밀 통로다. 평화를 남발하던 시절 우리나라에는 종북, 친북, 간첩에게만 열리는 문이 있었다. 북한의 적국 규정은 평화 놀이를 그만두고 비밀의 문을 통해 혼란을 더 조장하겠다는 공식 선언이다. 이에 답하듯 야당 대표는 '우리 북한, 김정일, 김일성 주석의 노력이 훼손되지 않도록 애써야' 한다고 말했다.

김정은 부부가 후계자로 내세운 어린 딸에게 물려주고 싶은 것이 전쟁과 폐허일까? 군사적 도발이나 러시아 방문, 동족 관계 부정은 독립국의 성격을 강화하는 동시에 남한의 내부 혼란을 가속하여 권력을 유지하려는 북한의 필사적인 자구책이다. 체감하지 못해도 지구가 시속 1,670km로 자전하고 초속 30km로 공전하듯, 세상은 매 순간 변한다. 북한조차 예상 밖의 변화를 모색 중이다. 구태의연한 건 종북과 친북에 함몰된 이 나라 정치뿐이다.

243 종북 세력이 내뿜은 가스에 중독된 나라

악은 가스와도 같다. 악은 걸핏하면 정체되어 숨 막히는 층을 형성한다. 형태가 없기 때문에 악이 아무런 해도 끼치지 않는다고 여긴다. 그러다가 악이 해놓은 일을 발견한다. 악이 차지한 지위와 이룩한 과업을 보고서야 자신이 졌다는 것을 느끼지만 가스를 몰아낼 수가 없는 것이다. 사전에는 이렇게 씌어 있다. '가스는 팽창, 탄력, 압축, 억압의 특성을 갖고 있다.' 바로 악의 특성이 아닌가.

– 아멜리 노통브 '오후 네 시'(1995년, 프랑스) 중에서

어린 시절 등하굣길에 잡상인이 있었다. 장사엔 관심이 없는 듯 귀에 늘 무언가를 꽂고 골똘히 앉아 있었다. 소형 무선 라디오나 이어폰이 흔치 않을 때였다. 호국 보훈의 달이면 미술 숙제로 반공 포스터를 그렸고 수상한 사람을

보면 113으로 신고하라고 배운 아이 눈엔 그 아저씨가 꼭 간첩 같아서 곁을 지날 때마다 무서웠다.

공산당은 뿔 달린 늑대라는 두려움을 심어준 교육은 나쁜 것이었을까? 이젠 '광화문에서 김일성 만세를 외치는 것도 표현의 자유'라는 생각이 상식이 됐다. 심지어 국회에서 열린 토론회에서 '남한 영토를 정복하려는 북한의 전쟁관은 정의로우니 그들의 방식을 수용해야 한다'는 말도 나왔다. 이에 반성이나 사과도 없고 불이익과 제재도 없다. 한 국회의원은 "반북, 멸북 정책이 우리에게 걸림돌이 된다"고 했다. 그녀가 말한 우리는 누구일까? 우연히도 얼마 전 야당 대표는 '우리 북한'이라고 말했다.

자칭 사회주의자라던 전 법무부 장관을 사회주의자라고 했더니 명예훼손으로 고발하겠다는 추종자의 협박성 댓글을 받은 적 있다. 전 정권 수장을 빨갱이, 간첩, 공산주의자, 김일성주의자라 부른 사람들은 강단과 국정감사장에서 쫓겨나고 명예훼손죄, 국회 모독죄로 고발당했다. 특정 사건에 대해서는 비판을 금지하는 법까지 생겼다. '나는 정의로운 표현, 너는 성역 모독, 내 자유는 무제한, 네 자유는 없을 무(無)'다.

'사랑채 빌려주면 안방까지 달라고 한다'는 말이 있다. 추운 사막의 밤, 코를 허락받은 낙타는 얼굴과 몸통과 네 발을 들이민 뒤 끝내 주인을 내쫓고 텐트를 차지한다. 소설은 악을 무색무취로 세상을 잠식하는 가스와 같다고 말한다. 종북 세력이 내뿜는 가스가 자욱하다. 여긴 우리 대한민국, 우리나라일까, 그들만의 조국 '너희 나라'일까?

244 느리지만 견고하게 세상을 바꾸는 힘

> 권력을 가진 자와 죄인은 성서의 언어로 볼 때 동의어다. 권력은 그들을 거만함과 시기로 가득 채우고 형벌을 받지 않는다. 대주교는 성모의 전통에 관심이 없었고 심지어 의심했다. 그러나 주민들을 속이는 편이 더 나을 것이라는 사실을 잘 알았다. 자신을 정당화하고 주민들을 통치하기 위해. 그는 즉시 나를 비난하는 설교를 하라고 명했고 죄인이나 도둑처럼 나를 감금하라고 명령했다.
> - 레이날도 아레나스 '현란한 세상'(1966년, 쿠바) 중에서

쿠바가 우리나라의 수교국이 됐다. 쿠바 하면 먼저 떠오르는 건 카스트로보다 더 유명한 아르헨티나 출신 체 게바라, 미 해군기지와 테러범 수용소가 있는 관타나모, 그리고 북한과 친밀한 공산주의 국가인데도 재즈와 낭만에 환상을 갖게 한 영화 '부에나 비스타 소셜 클럽'이다. 소설 '노인과 바다'의 공간적 배경도 헤밍웨이가 사랑한 쿠바의 바닷가 마을이다.

권력자 마음에 들지 않는 설교를 했다는 이유로 세르반도 수사는 끔찍한 고초를 겪는다. 책임을 면하려 앞장서서 그를 비난하고 감금한 건 주제까지 정해주며 설교를 간청했던 대주교다. 세상이 바뀌고 수사는 영웅 대접을 받는다. 새로운 권력자가 독재하는 데 수사의 명성을 이용했기 때문이다.

16세기에 실존했던 멕시코인 신부 이야기를 담은 소설은, 희망을 품고 쿠바 혁명에 가담했다가 실망하고 고통받았던 작가 입장을 대신한다. 혁명정부는 생명을 위협하며 절필을 강요하다 작가를 추방했고 그는 10년 후 자살했다. 우연한 결말의 일치지만, 카스트로를 지지했으나 20년간 산 집을 몰수당한 헤밍웨이도 쿠바를 떠난 다음 해 자살했다.

특정 세력의 무장 폭동이나 급격한 체제 전복은 세상을 개선한 것 같은 착

시 현상을 불러온다. 그러나 사람 마음은 노력한 만큼 더 풍요롭게, 더 자유롭게 지금보다 더 잘살 수 있는 길을 찾아 쉼 없이 흘러간다. 정직한 행복을 바라는 소망의 물결이 느리지만 견고하게 세상을 바꾼다. 북한과 돈독했던 쿠바의 수교 결정도 그런 바람에 기인했을 것이다. 더 멀리, 더 큰 것을 보지 못하고 변화를 거부하는 건 북한과 이 땅에 사는 그들의 하수인들뿐이다.

245 정치, 팔스타프 성공시대

내 손으로 왕의 아들을 죽일 수는 없지 않나. 왕자한테 칼을 겨누다니 말이 되나? 자네도 내가 헤라클레스만큼 용감하다는 걸 잘 알 거야. 하지만 본능을 생각해 봐. 사자도 왕세자를 건드리지는 않아. 본능이란 위대한 거야. 그때 나는 본능에 따라 비겁했던 거지. 나는 용맹한 사자고 자네는 진정한 왕자가 아닌가. 그건 그렇고, 그 돈을 여기 가져왔다니 반갑군.

- 윌리엄 셰익스피어 '헨리 4세'(1597년, 영국) 중에서

예전 어른들은 직업인을 넘어 '훌륭한 사람'이 되라고 가르쳤다. 뛰어난 실력뿐 아니라 우러르고 존경할 만한 덕목을 갖추어 세상을 이롭게 하라는 뜻이었다. 아이들은 위인전에서 본 과학자와 의사, 충신이나 장군, 재능을 발굴하는 교사와 역사의 새 장을 여는 정치가를 꿈꾸며 자랐다. 이제는 행복한 사람이 되라 한다. 애써 훌륭한 사람이 될 필요는 없다고 가르친다.

훌륭하다는 말은 정치권에서 가장 먼저 사라졌다. 선거철이 되면 편 가르고 줄 서느라 바쁘다. 색깔을 바꾸고 당을 옮기고 장관들은 직을 버린다. 이념이 다른 정치인들이 모여 국고 보조금 6억 6,000만 원을 챙기고는 흩어졌다.

국가보안법 위반자를 포함, 국회의원 3분의 1이 전과자인 것도 모자라 야권은 노골적 친북, 반미주의자들을 안전권에 배치한다고 했다.

훗날 헨리 5세가 될 왕자와 어울리는 팔스타프는 허풍쟁이 난봉꾼이다. 빌린 돈 갚지 않고, 뇌물 받고 병역 면제해 주고, 전쟁터에서는 죽은 척한다. 적의 시체에 칼을 찔러넣고 포상금도 요구한다. 노상강도 짓을 들킨 팔스타프는 변명을 늘어놓고, 왕자는 유쾌하게 속아준다. 그러나 뛰어난 통치자였던 헨리 5세는 즉위 후 냉정히 그를 버린다.

팔스타프는 셰익스피어가 창조한 가상 인물이다. 2019년에 나온 영화 '더 킹: 헨리 5세'에서는 왕이 그를 중용하고 전쟁에서 공을 세우게 하지만 그 또한 허구다. 본성과 사상은 변하지 않고, 정치인의 선택이 자신의 출세와 동료를 얻으려는 수단이 될 때 정치는 타락한다. 지켜야 할 것은 버리고 버려야 할 것은 포용과 화합이란 명분으로 끌어안으면 더 큰 분열과 혼란이 닥친다. 나라와 국민을 위한 결단인가, 훌륭한 정치가 아쉽다.

246 함께 가면 폭력이 됩니다

토마스는 거기에 적힌 글을 읽고 너무 놀란 나머지 꼼짝도 하지 못했다. 글 속엔 소비에트 연방에 대한 사랑, 공산당에 대한 충성 서약이 들어 있었다. 토마스는 절대로 무엇을 쓰거나 서명하지 않겠다고 강력히 말하려 했다. 그러나 마지막 순간 그는 어조를 바꾸었다. "나는 문맹자가 아닙니다. 무엇 때문에 내가 쓰지도 않은 글에 서명해야 하나요?"

– 밀란 쿤데라 '참을 수 없는 존재의 가벼움'(1984년, 프랑스) 중에서

유명 변호사의 공천이 취소됐다. 5·18에 대한 과거 언행이 도마 위에 오르자 후보는 두 번이나 사과했고 국민의힘은 진정성을 인정했으나 이틀 뒤 결정을 번복했다. 광주를 찾은 비대위원장은 '5·18에 대한 존중을 보여준' 판단이라고 말했다. 인천시의회 의장을 출당, 해임한 건 지난 1월, 5·18을 폄훼했다고 자기 사람을 내친 게 최근에만 벌써 두 번째다.

당의 상징색인 붉은 바탕 위에 쓴 '함께 가면 길이 됩니다'라는 총선용 문구는 전 정권 수장이 존경한다던 신영복이 한 말이다. 지난해 평산책방은 '같이 가면 길이 된다'는 노동 관련 도서의 북콘서트를 열기도 했다. 정당이란 사상과 이념을 같이 하는 사람들의 모임이다. 보수를 자처하는 여당이 좌파나 야당, 친북 인사의 언어를 차용하는 게 최선일까?

전도유망했던 외과 의사 토마스는 공산당을 비판한 칼럼을 잡지에 게재했다는 이유로 반성문을 쓰고 주장을 철회하라는 상부의 권유를 받는다. 자신에게 떳떳하고 싶었던 그는 자아비판을 거부한다. 그 후 토마스는 지방의 작은 병원으로 좌천되지만, 당의 억압이 계속되자 사표를 내고 청소부가 된다.

'김일성 만세, 북한 전쟁관 수용, 박정희·이승만은 독재자'라고 외쳐도 큰 문제가 되지 않지만 '5·18은 이상해'라고 말하면 불이익을 받는다. 불온한 사상의 소유자로 몰려 색출되고 매도되고 퇴출당한다.

많은 이가 5·18이 우리나라 민주주의의 출발점이자 성역이라고 말한다. 다만 '조선민주주의인민공화국'에서 그런 것처럼, 멋대로 생각하고 마음껏 떠들고 겁 없이 비판할 자유는 없다. 하물며 '오월 정신'이 헌법 전문에 오르면 얼마큼의 자유가 또 사라질까, 두려워진다.

247 누가 누가 더 '비범한 사람'인가

> 비범한 사람은 평범한 사람과 어떻게 구별됩니까? 좀 더 외적인 확실성이 필요하지 않나 하는 겁니다. 이를테면 특별한 옷으로 정한다든지, 무슨 표지를, 인장 같은 거라도 지니고 다닌다든지, 뭐 그렇게 하면 안 될까요? 만약 혼란이 생겨서 한쪽 부류의 인간이 자기가 다른 쪽 부류에 속한다고 생각하고, 당신의 아주 적절한 표현대로 '모든 장애를 제거하기' 시작한다면, 그땐 정말….
> – 표도르 도스토옙스키 '죄와 벌'(1866년, 러시아) 중에서

제22대 국회의원 선거가 일주일 앞으로 다가왔다. 지역구 국회의원 254명과 비례대표 46명 선출을 위한 벽보가 나붙고, 선거 공보물이 배달되고, 사전투표도 시작된다. 거리마다 후보자와 지지자들의 확성기 광고가 요란하다.

라스콜니코프는 '비범한 사람에겐 법을 넘어설 권리'가 있다고 주장했다. 그는 '장애물을 제거해서 인류를 구원하는' 사람이 영웅이라고 믿었다. 그러나 가난한 사람들의 피를 빠는 악인이라고 판단해 전당포 주인을 죽인 뒤 죄책감이 엄습하자 자신은 평범한 사람일 뿐, 영웅 자질이 없다며 괴로워한다. 라스콜니코프의 살인을 눈치챈 예심 판사는 그의 논리를 인용하며, 평범한 사람이 비범한 사람인 줄로 자신을 오해하면 어떡하느냐고, 비범한 사람에겐 특별한 표지가 있어야 하지 않겠느냐고 걱정한다.

실제로 너무 많은 평범한 사람이 법 초월자를 자처한다. 별별 죄를 다 저지르고도 양심의 가책 없이 타인을 단죄한다. 자신의 면책특권이 나라와 국민을 위기에서 구한다며 수치심도 없이 사회 정의를 외친다.

우리나라에서는 국회의원 배지가 '비범한 사람'의 표지다. 그 표지를 얻고 싶어서 도전한 후보자가 952명, 아파트 분양권으로 돈을 벌려고 생겨난 떴다

방처럼 비례대표를 신청한 정당은 38곳이나 된다. 그중 얼마나 많은 평범한 사람이 비범한 사람이라 착각하고 나섰을까? 그래도 당선만 되면 180가지가 넘는, 하느님도 부러워할 국회의원 특권을 누린다.

평범한 사람들은 좋은 세상을 바라며 투표장으로 간다. 이번 선거만이라도 '어떤 불법과 범죄라도 행할 수 있는 특권, 법이 존재하지 않는 것과 다름없는 권리'를 원하는 사람을 뽑는 이벤트로 이용되지 않기를 바란다.

248 당일 투표, 수개표가 필요하다

작은 빨간 모자는 괴상하게 모자를 푹 내려쓰고 누워 있는 할머니에게 물었습니다. "할머니 귀가 왜 이렇게 커요?" "귀가 커야 네 말을 더 잘 들을 수 있지." "할머니 손이 왜 이렇게 커요?" "손이 커야 널 더 잘 잡을 수 있지." "할머니 입은 왜 이렇게 커요?" "입이 커야 널 더 잘 잡아먹을 수 있지!" 늑대는 침대에서 벌떡 일어나 불쌍한 작은 빨간 모자를 한입에 꿀꺽 삼켜버렸습니다.

— 그림 형제 '작은 빨간 모자'(1812년, 독일) 중에서

대통령 부부가 부산과 서울에서 따로따로 사전 투표했다. 정부 수장은 당일에 투표한다는 상식이 깨졌다. 아침 일찍 대통령 부부가 기표한 투표용지를 나란히 투표함에 넣는 사진도 사라졌다. 선거 날은 법정 휴일이다. 굳이 본선거 닷새 전에 사전 투표일을 이틀이나 주는 이유, 집권 여당과 대통령 부부까지 나서서 말 많고 탈 많은 사전 투표를 권장한 까닭은 뭘까?

"새로운 희망을 찾기 위해 사전 투표를 반드시 해야 한다. 많은 분이 사전 투표에 참여해야 한다"고 대통령은 강조했다. 사전 투표가 유권자 참여를 높

이고 높은 투표율이 유리하다고 판단한 것 같다. 그러나 결과는 야당의 승리. 대통령의 희망이 여당의 패배일 리는 없을 터, 전략이 부재했거나 정보전에 무능했다는 뜻이다.

작은 빨간 모자라고 하는 어린 소녀는 할머니 댁에 심부름하러 간다. 숲길에 들어서면 한눈팔지 말라는 엄마 말을 듣지 않고 아이는 꽃밭에서 한참을 논다. 배고픈 늑대는 먼저 가서 할머니를 잡아먹고 아이를 기다린다. 빨간 모자는 늑대가 적이라는 걸 몰랐다. 할머니 집 위치를 알려주었고, 늦게 도착해서는 할머니인 척하는 늑대의 큰 귀와 큰 손과 큰 입을 보고도 거짓과 위험을 알아차리지 못했다.

구전을 옮긴 샤를 페로의 원전은 이렇게 살 기회를 몇 번이나 놓친 아이가 늑대에게 잡아먹히는 것으로 끝난다. 그러나 그림 형제는 사냥꾼을 등장시켜 할머니와 아이를 늑대 배 속에서 꺼내 살리는 이야기를 더했다.

현실은 동화가 아니다. 늑대만 나쁘다고 탓할 일도 아니다. 지지자의 조언은 흘려듣고 적이 좋아할 일만 골라 하다 패배한 집권당에는 해피엔딩을 선물할 사냥꾼, 다음 정권을 창출할 의지와 지혜가 있을까?

249 누가 병든 의료 체계에 천공을 내는가

"천공이 생겼소." 뒤랑이 말했다. "퀴레트(수술기구)로 말이죠?" 뒤랑이 잠시 뜸을 들였다가 말했다. "그밖에 뭘로 한단 말이오?" 라비크는 검진을 계속했다. "당신은 천공을 만들었고, 그걸 몰랐어요. 구멍을 통해 둥글게 휜 장의 일부가 끌려 나왔지요. 당신은 무슨 일이 벌어졌는지 몰랐던 겁니다. 아마도 태아막 일부가 아닌가, 생각했겠지요. 그걸 긁어낸 겁니다."

- 에리히 마리아 레마르크 '개선문'(1945년, 독일) 중에서

　환자용 영양 음료를 사다 달라는 지인의 부탁을 받고 인근 병원에 갔다. A등급 병원이었는데 평소와 달리 주차장 입구부터 혼잡했다. 대형 병원, 대학 병원으로 가지 못한 환자와 보호자들의 절박한 행렬이었다.
　정부의 의대 증원 추진 정책이 의대생 집단 휴학, 전공의 이탈, 의대 교수의 휴진과 사직, 대형 병원들의 경영 위기로 번지고 있다. 일각에선 환자를 버렸다고 의료계를 비난하지만 사전에 충분히 검토, 조율하지 않고 강행하는 정부의 책임이 크다.
　우리나라 의사는 국비로 키운 인재가 아니다. 공무원도 아니다. 개인이 비싼 학비를 부담하고 스스로 밤새워 공부해서 의대 6년, 인턴 1년, 레지던트 4년, 남성은 군의관 3년 2개월을 포함, 최소 10년에서 15년간 노력한 전문 직업인이다. 그런데도 정부는 '나만 옳다. 무조건 나를 따르라'며 채찍을 휘두른다.
　루드비히는 베를린 종합병원의 외과 과장이었다. 그는 정치적인 이유로 체포되었다가 탈출, 프랑스에 왔지만 불법 체류자 신세를 면할 길이 없다. 라비크라는 가명으로 불법 대리 수술을 하며 생계를 이어가던 그는 무능한 의사의 실수를 만회해서 환자 목숨은 구할 수 있었지만, 생명을 잉태할 수 없는 몸이 된 것까지 복구할 수는 없었다. 한번 궤도를 벗어난 그의 삶도 끝내 제자리로 돌아오지 않는다. 제2차 세계대전이 발발하자 그는 수용소로 끌려간다.
　정부는 뛰어난 의료 개혁 전문가인가? 국민 건강을 담보로 의사를 공공의 적으로 만들고, 전 정권이 병들게 한 의료 체계에 결정적인 천공을 낸 것은 아닐까? 행복하지 않은 의사가 의무적으로 돌보는 환자는 행복할까? 의사가 고래라면 정부는 더 큰 고래다. 그 틈에서 고생하는 건 이권이나 선택권이 없는 국민이다.

250 가벼운 용서는 더 나쁜 방향으로 등을 떠민다

> 헬멧을 쓰지 않은 채 오토바이를 타는 소년이 있어 붙잡았더니 아버지가 경시청 수사1과의 우에스기라고 하더래요. 어쩌면 좋겠느냐고 묻는 상대에게 저는 이렇게 말했습니다. 미안하지만 이번만은 좀 봐줄 수 없겠느냐고요. 팔팔한 사내 녀석이라면 그런 시기가 있는 법이라고 낙관했죠. 나중에 알게 된 사실인데, 아들이 자랑하고 다녔다고 하더군요. 앞으로도 웬만한 일은 문제없다고요.
> – 히가시노 게이고 '신참자'(2009년, 일본) 중에서

유명 가수가 뺑소니 혐의로 입건됐다. 운전 정황이 드러나고서야 경찰에 출두한 그는 음주 운전은 절대 하지 않았다며 콘서트를 강행했다. 그러나 사고 전 술을 마신 것으로 판단된다는 국립과학수사연구원의 소변 감정 결과가 발표되고, 전석 매진을 기록한 콘서트가 끝나자 음주 운전을 했다고 시인했다.

군소 정당 대표가 현직 대통령의 임기를 단축하고 4년 중임제로 개헌하자고 주장했다. 청문회 당시 수많은 의혹에 대해 '모른다'고 답했던 자칭 사회주의자, 전 법무부 장관은 자녀 입시 비리로 아내가 실형을 받았는데도 법적 공동체로서 책임도 지지 않고 지지자들의 성원에만 의지해 정의의 사도인 양 목소리를 키우고 있다.

우에스기 형사는 고등학생 아들의 교통법규 위반에 눈감았던 일을 평생 후회하며 산다. 무면허로 헬멧도 쓰지 않고 스피드를 즐기던 아들은 결국 오토바이 사고로 죽었다. 잘못을 깨달을 기회를 주었더라면 아이는 지금도 살아있지 않을까, 책임과 처벌을 가르치지 못해 자식을 잃었다고 생각하며 가슴을 치지만 시간을 되돌릴 수는 없다.

전 정권은 거짓 행정의 연속이었다. 탈북 청년 강제 북송, 통계 조작, 탈원전

을 위한 한수원 관계자 압박과 증거 인멸 등, 부정과 비리 혐의는 셀 수도 없다. 그런데도 집권 3년 차에 접어든 현 정부는 그들의 죄에 눈감는 분위기다. 정치 보복 근절이란 명분으로 조사도 흐지부지, 단죄하지 않는 것이 민주주의의 진정한 발전일까?

관용과 사랑처럼 보이지만 거짓과 불법에 대한 너무 쉬운 용서는 그 사람과 그 사회를 더 나쁜 쪽으로 등 떠미는 셈이 된다. '사람이 술을 먹고 술이 술을 먹고 술이 사람을 먹는다'는 말처럼, 거짓도 결국 사람을 집어삼켜 괴물을 낳기 때문이다.

251 전현직 공직자 부인 종합 특검법을 발의하라

> 남들과 다르게 차려입고 / 여러분 앞에 섰지만 / 난 평범한 여자일 뿐. 난 지금껏 변해왔죠 / 내 삶을 버려둘 수 없어 선택한 자유 / 이 모든 행운과 명예 / 모두 기대하진 않았지만 / 가질 수 있다면 갖길 원했어요 / 그러나 환상일 뿐 / 내가 찾던 답은 세상이 아닌 / 여러분 속에 있었죠 / 날 사랑해 주는 그대 / 날 위해 울지 말아요, 아르헨티나
>
> — 팀 라이스 '에비타'(1978년, 영국) 중에서

총선 후 민주화 유공자법을 단독 처리하는 등 독주를 이어가고 있는 더불어민주당이 대통령 부인 종합 특별검사법을 발의했다. '타인에게는 엄동설한, 자신과 가족에게는 봄바람'이라며 아내의 의혹에 입 닫은 정부를 비난했다.

대통령이든 그 부인이든 자녀든, 권력 측근의 의혹은 밝혀야 한다. 그러나 3억 원 이상의 국고 손실이 예상되는 법인 카드 유용 등 배우자의 혐의에는 함

구하면서 자신도 면책특권을 톡톡히 누리는 사람이 야당 대표다. 그런데도 '특권도 성역도 있을 수 없다. 모든 국민이 법 앞에 평등하다는 진리를 증명하겠다'고 말할 때 법안 발의자는 양심이 가렵지 않았나 보다.

민주당 집권 당시, 부인이 3박 4일간 대통령 전용기를 타고 인도를 단독 방문했을 때 든 비용이 약 4억 원, 그중 기내식비만 6,292만 원이다. 전 세계 관광지를 섭렵한 국외 순방 48회의 실체, 대통령 기록물로 봉인된 그녀의 수많은 의상과 고가 액세서리 내역, 이혼 후 청와대에서 거주했던 딸이 태국으로 이주할 때 금전이 오갔다는 의혹도 밝혀져야 한다.

세계적인 국가원수의 부인은 많았지만, 사치와 포퓰리즘으로 경제를 파탄냈다는 원망을 받는 동시에 뮤지컬과 영화 '에비타'의 주인공으로 사랑받았던 에바 페론, 그리고 구두 3,000켤레의 소유자로 유명했던 필리핀의 이멜다 마르코스를 빼놓을 수 없다.

권력과 부정부패는 비례하기 쉽고, 대통령의 배우자는 막강한 힘을 행사하는 자리다. 그렇다 해도 눈감고 귀 막았던 과거와 달리 화살을 쏘는 건 불공평해 보인다. 이참에 통 크게 '전현직 대통령 부인과 국회의원 및 고위 공직자 배우자 종합 특별검사법'을 발의, 통과시키면 어떨까.

252 오물 풍선과 자유의 씨앗

사람들은 전부 자신이 죽을 때 뭔가를 남긴단다. 아이나 책, 그림, 집, 벽이나 신발 한 켤레, 또는 잘 가꾼 정원 같은 것을 말이야. 네 손으로 네 방식대로 뭔가를 만졌다면, 죽어서 네 영혼은 어디론가 가지만 사람들이 네가 심고 가꾼 나무나 꽃을 볼 때 너는 거기 있는 거란다. 잔디를 깎는 사람의 마음은 정원에 있지 않지만, 정원을 가꾸는 사람은 언제나 그곳에 있단다.

- 레이 브래드버리 '화씨 451'(1953년, 미국) 중에서

한 탈북 청년이 남한에 온 지 얼마 안 되었을 때였다고 한다. 무심히 비닐봉지에 물건을 담아 나갔는데 왜 음식 쓰레기봉투를 들고 나왔느냐며 친구들이 웃었다. 양파 껍질과 파뿌리까지 삶아 먹던 북한에서는 '음식물 쓰레기'라는 개념조차 없었다. 그는 창피하기보다는 음식 쓰레기가 있을 정도로 풍요로운 나라에서 살게 된 것이 감사하고 행복했다고 말했다.

그들은 한국 노래, 드라마는 물론 미국, 홍콩, 대만의 영화까지 즐기며 자랐다. 들켜도 뇌물 몇백 달러만 주면 무사했다. 여가엔 기타를 치며 친구들과 함께 한국 드라마 주제가를 불렀고, 친·인척이 남한에서 보내준 선물을 받으면 주변 사람들에게 팔아 돈을 벌었다. 이렇게 자란 북한의 20~30대를 'MG세대(마켓 제너레이션)' 즉 '장마당 세대'라고 한다.

대한민국에 정착한 탈북민은 현재 3만 5,000여 명, 북한 주민 700명당 1명, 중국과 다른 나라에 체류 중인 사람들까지 포함하면 70명당 1명이 외부 세계를 경험하고 있는 셈이다. 북한이 폐쇄적일 거라는 생각은 편견이다. 개방을 두려워하는 정치 지도부가 닫혀 있을 뿐, 이미 많은 북한 주민과 청년은 깨어 있다. '화씨 451'이 예견한 미래처럼, 우민화를 위해 모든 책을 불태우는 사회에서도 지식과 자유를 향한 인간의 열망은 억압하면 할수록 더 맹렬히 솟구쳐 오르는 법이다.

'아름다운 사람은 머문 자리도 아름답습니다'라는 화장실 스티커를 본 적 없을 북한 수뇌부는 부끄러운 줄 모르고 오물 풍선이 표현의 자유라고 큰소리친다. 야당도 대북 전단 살포와 확성기 재개를 반대하고 있지만 남풍이 부는 계절, 자유의 씨앗을 북한에 뿌리기 딱 좋은 때가 왔다.

253 군 미필자가 장군에게 호통치는 분단 국가

나는 사람들 앞에서 엄중한 심문과 가혹한 비난의 대상이 되어 피고인석에 앉아 있는 그의 기분이 어떨까 궁금했다. 인간의 가장 보편적인 권리인 상호 간의 인격 존중, 심지어 자유까지도 맡겨놓고 다시는 되찾을 수 없는 외투처럼 되었다는 사실에 피고인은 어떤 기분일까 궁금했던 것이다. 나는 피고인의 그 두려움, 극심한 좌절감, 처절한 외로움을 피부로 느낄 수 있었다.

– 스콧 터로 '무죄 추정'(1986년, 미국) 중에서

요즘은 경찰과 검찰도 피의자에게 함부로 하지 못한다. 교사도 개인 감정을 앞세워 아이들에게 교실 밖에 나가 서 있어라, 벌주지 못한다. 그런 일이 드러나면 부모와 인권위원회가 가만있지 않는다. 그런데 국회의원 앞에 서는 증인에게는 최소한의 인권이나 자기 보호 권리조차 없는 모양이다.

수석 부장 검사 러스티는 재판정에 설 때마다 국가를 대변한다는 자부심과 정의감으로 피고인을 매섭게 몰아세웠다. 그런데 그 자신이 살인 혐의를 받고 피의자석에 앉는 사건이 벌어진다. 정황상 범죄를 확신한 동료 검사들은 법정에서 러스티를 가혹할 만큼 몰아붙인다. 그제야 러스티는 자신이 심문할 때 피의자들은 어떤 기분이었을까, 돌아본다.

국회 법제사법위원장의 권력이 하늘을 찌른다. 지난 6월 21일, 그는 증인으로 나온 군 장성들에게 입 다물라, 일어나라, 나가라, 반성하라, 명령하고 호통쳤다. 그도 국민을 대표한다는 자부심에 빠져있었을까? 그러나 사안을 조사하는 과정이었을 뿐, 그에겐 검사나 판사처럼 죄의 유무를 추궁하고 판결할 자격은 없었다. 더구나 증인들은 나라와 국민을 지킨다는 자긍심으로 일생을 바친 군인들이었다.

법사위원장은 1989년 주한 미 대사관저를 점거, 폭탄 투척과 방화 미수로 징역 2년을 살았고 그 때문에 군대에 가지 못했다. 그가 근엄한 표정으로 "사단장이 그렇게 대단한 사람입니까? 제가 보기엔 부끄럽고 비굴한 군인일 뿐이에요"라며 현역 장군을 비난하는 장면은 한 편의 블랙 코미디다. 대통령이든 국회의원이든 병역 의무를 마친 사람만 피선거권을 갖게 하는 법이 생길 리는 없겠지만, 세계 유일의 분단 국가에서 군인이 어떤 이유로든 전과자나 군 미필자에게 조롱거리가 되는 일이 허용돼선 안 된다.

254 슬프고 불행해도 훌륭한 삶

> 스토너는 잠시도 멈추지 않고 계속 라틴어를 번역하면서 고개를 들어 총장과 그 일행을 향해 번역하던 시의 다음 구절을 부드럽게 읊었다. "물러가라, 물러가라, 이 못된 갈리아 놈들!" 그러고는 여전히 번역을 이어 나가면서 책으로 고개를 돌렸다. 총장 일행은 놀라서 헉 하고 숨을 삼키며 휘청휘청 뒤로 물러나더니 몸을 돌려 도망치듯 밖으로 나갔다.
>
> — 존 윌리엄스 '스토너'(1965년, 미국) 중에서

읽고 나서 감동이 클 때 널리 알리고 싶은 소설이 있고 혼자만 간직하고 싶은 작품이 있다. '스토너'는 후자에 속한다. 가난한 부모 밑에서 태어나 농사일을 돕던 스토너는 지역 추천으로 농과대학에 들어갔지만 교양 문학 수업이 그의 인생을 바꾼다. 스토너는 부모의 기대를 저버리고 고향으로 돌아가는 대신 대학에 남아 영문학 교수가 된다.

그러나 스토너의 인생은 성공적이지 못했다. 첫눈에 반해 결혼한 아내는 행

복한 가정을 주지 않았다. 뒤늦게 진정한 사랑을 만났지만 아내와 자식을 떠나지도 못했다. 종신 교수가 되었으나 직장 내 괴롭힘과 따돌림을 당했고 출셋길이 막혔고 조기 퇴직의 압박에 시달렸다. 학생들을 열정적으로 가르치는 데서 보람을 찾았지만 이번엔 병마가 그를 무너뜨린다. 유행가 가사처럼 '테스 형, 세상이 왜 이래?' 묻고 싶어지는 인생이다. 그러나 작가는 "슬프고 불행해 보이지만 스토너의 삶은 훌륭한 것이었다. 나는 그가 진짜 영웅이라고 생각한다'고 말했다.

여야 모두 당대표 후보자 간 경쟁이 치열하다. 정치인들은 남의 과거는 폭로하고 자기 죄는 파묻는다. 청문회 하자, 탄핵하자, 여론몰이하며 '너는 틀렸고 나만 옳다'고 존재를 과시한다. 진실과 정의를 크게 외칠수록 그들이 정말 나라와 국민을 위해 저러는 걸까, 궁금해진다. 정치인 개인에 대한 신성불가침 같은 지지, 열혈 추종자들 간의 싸움도 지나치게 과열되고 있다.

남의 허물을 크게 들추고 더 많이 빼앗고 더 잘 짓밟고 올라서는 사람이 이기는 것 같아도 스토너처럼 남 탓하지 않고 엄살 부리지 않고 묵묵히 자기 몫을 살아내는 사람들이 있어서 세상은 슬퍼도 아름답다. 그런 진정한 영웅들게 무덥고 소란한 여름, 스토너를 소개한다.

255 재빨리 출세하는 그들을 세상은 도둑놈이라 부른다

부자가 되려면 선풍을 일으켜야 하지. 그렇게 못한다면, 사기라도 쳐야 해. 자네가 뛰어들고 싶은 백 가지 일에서 재빨리 성공하는 사람이 열 명쯤 있을 걸세. 세상은 그들을 도둑놈이라고 부르지. 인생이란 부엌보다 나을 것도 없으면서 썩은 냄새는 더 심하다네. 인생의 맛있는 음식을 훔쳐 먹으려면 손을 더럽혀야 하지. 손 씻을 줄만 알면 돼. 우리 세대의 모든 윤리가 거기에 있네.

— 오노레 드 발자크 '고리오 영감'(1835년, 프랑스) 중에서

유명 유튜버는 남의 약점을 폭로하겠다고 협박해서 수천만 원을 벌었다. 62만여 업체는 3조 원 이상의 코로나 재난지원금을 부당하게 수급했고, 사직 이유를 허위로 작성하고 받아 간 실업 급여액은 한 해 300억 원이 넘는다. 이쯤 되면 눈먼 돈을 벌지 못한 사람만 바보다. 그래서일까. 많은 사람이 야당이 내놓은 '전 국민 1인당 25만 원 지원법'을 찬성한다.

티몬 사태로 피해가 속출하자 정부가 긴급경영안정자금을 지원하겠다고 나섰는데, 정작 책임져야 할 대표는 보이지 않는다. 여러 회사를 무리하게 인수, 주식 상장을 노린 것으로 알려진 대표가 계획적으로 외국에서 자금을 관리했다면, 줄도산 위기에 빠진 업체들은 나 몰라라 하고 거액을 손에 쥘 가능성이 높았을 것이다.

'고리오 영감'은 두 딸에게 전 재산을 주고도 버림받아 쓸쓸히 죽어간 아버지 이야기다. 탈옥수 보트랭은 힘들게 공부하지 말고 같은 하숙집에 살고 있는 빅토린과 결혼하라고 젊은 법학도 라스티냐크를 부추긴다. 빅토린의 오빠를 죽여줄 테니 그녀가 백만장자 아버지의 유일한 상속녀가 되면 수고비를 달라고 제안한다. 보트랭은 경찰에 체포되지만, 라스티냐크는 세상이 원래 부패했고 영악하게 살아남는 게 능력이라고 깨달았을까. 그는 사교계를 발판 삼아 출세하리라, 다짐하며 소설이 끝난다.

성실과 노력을 이야기하면 외면받는다. 새벽부터 밤늦게까지 뛰어다니며 땀 흘려 일해야 성공한다고 믿는 사람도 많지 않다. 사기를 치거나 도둑놈이라 불려야 쉽게 출세할 수 있다는 보트랭의 궤변을 가볍게 부정할 수 있을까. 1800년대를 살았던 소설 속 인물들과 마찬가지로 쉽게 벌어 사치스럽고 호

화롭게 살고 싶은 욕망은 우리에게도 똑같이 작동한다. 법과 정치가 엄정해야 하는 이유다.

256 금메달 깨물기는 이제 그만

"난 드래곤 금화를 원해요." "암." 금빛 주화가 나타났다. 연금술사는 금화를 손가락 관절 위로 굴렸다. 아침 햇살을 받은 드래곤이 번쩍이면서 연금술사의 손가락에 금빛을 드리웠다. 페이트는 금화를 움켜쥐었다. 손바닥에 닿는 금이 따뜻했다. 그는 금화를 입가로 가져가서, 전에 본 대로 깨물어 보았다. 솔직히 금에서 어떤 맛이 나는지 잘 몰랐지만, 바보처럼 보이고 싶지 않았다.

– 조지 R. R. 마틴 '얼음과 불의 노래'(1996년, 미국) 중에서

최소 인원으로 올림픽에 참가한 우리나라 선수단이 기대 이상의 많은 금메달을 획득했다. 태극기가 게양되고 애국가가 울려 퍼질 때 가슴에 손을 얹은 우리나라 선수의 모습은 언제 봐도 가슴 뭉클하다. 그런데 시상식 후 금메달 수상자들의 메달 깨물기가 매번 똑같이 연출된다. 금메달을 따면 입에 넣고 깨물어라, 하고 선수들이 엄한 교육이라도 받았을까?

2012년 런던 올림픽 금메달리스트들은 메달을 깨물었던 이유에 대해 "기자들이 그렇게 하라고 했다", "선수들은 하고 싶어 하지 않는데 기자들이 요구한다"고 말한 적 있다. 외국의 한 선수는 기자의 요구에 따라 메달을 깨물었다가 앞니가 부러지기도 했다.

중세 시대와 비슷한 세계를 배경으로 하는 소설에서는 금화가 주요 통화로 사용된다. 등장인물들은 금화의 진위를 가리기 위해 종종 이로 깨물기도 하

는데 그런 습관을 이용, 금화에 독을 묻혀 은밀한 살인이 이루어지기도 한다.

신세대 선수들이 자발적으로 금메달을 입에 넣을 리 없다. 성실하게 노력하고 정직하게 이긴 선수들에게 메달을 깨물어 보라는 것은 시대착오적이고 구태의연한 요구일 뿐, 선수 개개인의 독창적인 기쁨을 표현하는 방식이 아니다. 오히려 메달을 깨무는 장면은 남을 믿지 못하거나 물질에 대한 욕심을 드러내는 것으로 보일 수 있다.

2020년 도쿄올림픽 조직위원회는 메달 재료가 휴대전화와 폐가전제품에서 추출한 금속이니 '깨물지 말라'는 주의를 줬다. 파리 올림픽 동메달리스트는 일주일도 안 돼 새까맣게 변색된 동메달을 자신의 소셜 미디어에 올려 충격을 주었다. 6g의 금으로 도금한 금메달이다. 선수들의 건강을 위해서도 메달을 입에 넣고 깨물라는 주문은 더 이상 하지 말아야 한다.

257 정치인의 거짓말은 범죄다

지난 59년간 나를 괴롭혀 왔던 숙제가 이제 다 끝났다. 나는 원고에서 그 범죄를 묘사했다. 나는 아무것도, 이름과 장소와 정확한 정황에 이르기까지 그 어떤 것도 숨기지 않는 것이 내 의무라고 생각했고, 그래서 사료를 편찬하듯 그 모든 것을 원고 속에 집어넣었다. 범죄가 있었다. 그러나 그 곁에는 사랑하는 두 사람도 있었다.

— 이언 매큐언 '속죄'(2001년, 영국) 중에서

보행을 도와준 행인을 폭행범이라고 거짓 신고한 80대 노인이 300만 원의 벌금형을 받았다. 목격자 진술과 CCTV 판독 결과, 남성은 노인이 넘어지지 않도록 잡아주었을 뿐, 해를 가하지 않았다. 선의를 폭력으로 오해할 순 있지만, 법은 허위 고발을 범죄로 판단하고 처벌했다.

한때 민주당은 일본의 후쿠시마 원전 처리수 방류가 제2의 태평양 전쟁이 될 거라며 불안을 조장하기 바빴다. 규탄 대회를 열고 방류를 저지하겠다며 일본까지 몰려가 시위했다. 그러나 광우병, 전자파 참외, 세슘 우럭, 방사능 소금과 같은 또 한 번의 괴담이었다는 사실이 드러났다. 이를 조사하고 증명하는 데 지난 1년간 국민 혈세 1조 5,000억 원이 낭비되었다.

'속죄'는 질투심 때문에 세실리아의 연인 로비가 성폭행범이라고 거짓 증언했던 브리오니의 평생에 걸친 후회를 담고 있다. 작가가 된 브리오니는 수십 년이 흐른 뒤에야 소설 속에서나마 죄를 고백하고 용서를 구한다. 세실리아와 로비의 사랑도 이루어 준다. 그러나 소설일 뿐, 브리오니의 거짓말로 잃어버린 두 연인의 실제 삶은 영원히 회복될 수 없었다.

동화 속 피노키오도 거짓말하면 코가 길어지는 벌을 받는다. 거짓 신고하면 벌금을 내고, 사실을 말해도 명예훼손죄가 될 때가 있다. 국고를 축내고 사회 혼란을 부추긴 정치인의 거짓말만 죄가 되지 않는다. 사과하지 않고 책임지지 않고 처벌받지 않는다. 부끄러워하고 괴로워하며 속죄할 줄 모른다.

미숙한 정치는 대중의 불안을 먹고 산다. 무능한 정치인은 거짓으로 불신과 공포를 조장하고 사회를 전복해서 권력을 얻는다. 말에 책임지지 않는 사회, 거짓말이 성공의 수단이 되는 세상은 신뢰를 잃고 더 깊은 혼란으로 빠져든다.

258 퇴임 대통령 예우법, 눈꼴 사납다

나는 미니밴 옆에 서서 애덤이 경호원과 수행원들에게 둘러싸인 채 저택 안으로 들어가는 모습을 지켜보았다. 그들은 재빨리 움직였다. 누가 보면 숲속에 망원 조준기를 겨냥한 암살자가 숨어 있다는 제보라도 받은 모양이라고 생각했을 것이다. 그들이 모두 들어가자 저택의 창마다 불이 켜지기 시작했다. 잠깐이나마 이곳이 권력의 잔재가 아니라 권력의 진정한 핵심이라는 착각이 들기도 했다.

- 로버트 해리스 '유령 작가'(2007년, 영국) 중에서

감옥에만 가지 않으면 대통령은 퇴임 후 풍족하고 안전하게 살 수 있다. 재임 연봉의 95%에 달하는 비과세 연금과 4억 원의 예우 보조금, 비서진과 차량, 외국 여행, 의료, 간병 지원금이 세금으로 지급된다. 여기에 더해 전 정부 수장은 뭐가 그리 무서웠는지 경호 시설 부지 매입과 신축에 60억 원이 넘는 혈세를 투입했다.

대필 작가는 영국 정부가 보내준 경호원 여섯 명에게 둘러싸여 사저로 들어가는 전직 수상의 모습이 마치 '권력의 진정한 핵심'처럼 보였다고 서술한다. 그렇다면 65명의 경호를 받는 전 정부 수장은 보통 사람들 눈에 어떻게 비칠까?

미국의 퇴임 대통령은 현역 시절의 절반, 영국 총리는 25%의 연금을 받는다. 사저 매입이나 신축, 수리에는 나랏돈을 쓰지 않는다. 우리나라 대통령은 대체 얼마나 대단한 일을 하기에 세계 최고 수준의 예우를 받는 걸까? 지난 정권은 이전 정부보다 500조 원을 더 썼다. 국가 부채는 두 배나 늘어서 1,000조 원이 넘었다. 국민총소득 증가율은 전 정부의 4분의 1에 불과했지만

세금은 40% 인상, 61조 원을 더 걷으며 국민 목을 졸랐다.

현직 대통령의 퇴임 후 사저 경호 시설 신축 사업에 약 140억 원이 책정됐다. '청와대는 국민 품으로, 대통령은 국민 속'에서 일하겠다던 정부였다. 물가 상승분이 더해졌지만 향후 하향 조정될 거라는 변명을 믿더라도 퇴임 후 경호에 또 많은 세금을 쓰겠다는 의지를 충분히 드러낸 셈이다.

5년 임기 중 저지른 죄는 처벌하지 않으면서 여생을 상왕처럼 대접하는 현재의 대통령 예우법은 솔직히 눈꼴사납다. 진정한 개혁이란 세상을 뒤집어 타인의 삶을 바꾸는 게 아니다. 특권을 내려놓는 데서 시작된다는 걸 권력자만 모른다.

259 격차 없는 세상은 오지 않는다

"동무들! 우리 돼지들이 이기심이나 특권 의식에서 이렇게 한다고 생각하지 않기 바랍니다. 우리 가운데 상당수는 사실 우유와 사과를 좋아하지 않습니다. 농장의 모든 관리와 조직이 우리에게 달려 있습니다. 우리는 밤낮으로 여러분의 복지를 위해 고심하고 있습니다. 우리가 우유를 마시고 사과를 먹는 것도 바로 여러분을 위해서입니다. 우리 돼지들이 임무를 다하지 못하면 존스가 돌아올 것입니다!

― 조지 오웰 '동물 농장'(1945년, 영국) 중에서

외모, 재능, 환경의 차이는 개인의 힘이자 사회를 움직이는 중요한 에너지다. 하지만 정치인들은 차이를 격차로 규정하고 그 간격을 없애야 이상적인 사회가 완성된다고 주장한다. 그들이 외치는 격차 없는 사회란 무엇일까?

모두가 학군 좋은 강남에 살며 명문 대학을 졸업하고 수입차를 타고 대기업에 다니는 세상을 뜻할까? 수십, 수백억 원의 재산을 가진 국회의원들처럼 면책특권, 불체포특권을 누리며 425만 원의 명절 휴가비와 1억 5,000만 원이 넘는 연봉을 받을 수 있다는 걸까? 아들은 특혜 지원, 사위는 특혜 채용, 딸을 위한 제주도 별장 구입과 5,000만 원 송금도 가능해진다는 것인가?

차이를 줄이려는 노력은 필요하지만, 격차 없는 세상은 오지 않는다. 그런데도 야당은 '일하지 않아도 먹고사는 데 지장 없는 사회'를 만들겠다고 했다. 재선거 지역 주민에게 분기별로 100만 원씩 지급하겠다는 공약도 했다. 여당도 격차해소특별위원회를 신설, 다양한 특별법을 추진하고 있다. 그러나 세금으로 인심 쓸 뿐, 자기 주머니를 털어 국민과 나눌 것도 아니면서 똑같이 잘살자는 외침은, 폭군에게서 배고픈 동료들을 지켜낼 힘이 필요하다며 자기들만 우유와 사과를 먹겠다는 돼지들의 뻔뻔한 변명과 무엇이 다를까?

차별 없는 사회를 바랐지만 더 심화된 불평등 속에서 살게 된 동물 농장처럼, 모두가 잘사는 사회란 권력층을 제외한 일반인은 점점 더 못사는 사회, 감시와 억압 속에서 누구도 행복할 수 없는 사회로 귀결된다. 그 결과 이미 실패한 사회주의, 공산주의 체제로의 퇴행을 재촉할 뿐이다. 그런데도 격차 없는 사회 실현이라는 정치 구호는 일부 대중에게 '나도 저들처럼 잘살 수 있다'는 거짓된 환상을 심어준다. 무능한 정치가 '평등'을 남발하는 이유다.

260 왜 100퍼센트 찬성을 요구하는가

"제가 촌장이 되는 것에 동의하지 않는 사람 있습니까? 누구든 동의하지 않는 사람 있으면 어서 일어나서 말씀해 보세요. 정정당당한 사람은 몰래 뒤에서 일을 벌이지 않는 법입니다. 하지만 나중에 이 쓰마샤오샤오의 말을 듣지 않으면 마을의 규정에 따라 처리하도록 하겠습니다. 동의하지 않는 사람이 없는 것 같으니 지금부터 저 쓰마샤오샤오가 촌장을 맡도록 하겠습니다.

- 옌렌커 '일광유년'(2021년, 중국) 중에서

산골 마을에 전염병이 창궐한다. 누구도 마흔을 넘기지 못하고 죽는데 발병 원인도 모르고 치료법도 없다. 촌장도 예외가 아니지만 그것도 권력이라고, 공석이 나자마자 후보자로 나선 이는 완치를 공약하며 100퍼센트의 복종을 요구한다. 주민들은 그가 특별한 지혜와 힘을 가졌기를 바라며 촌장으로 선출한다.

만장일치로 뽑힌 촌장은 무소불위의 권력을 갖는다. 주민들은 그가 땅을 파라면 땅을 파고, 피부를 벗기라면 생살을 도려내고, 여자도 돈을 벌어오라고 하면 매춘을 한다. 하지만 병이 낫기는커녕 삽질하다 굶어 죽고, 벗겨낸 살이 썩어서 죽고, 성병에 걸려 죽는 사람만 늘어난다. 그런데도 촌장은 대의를 위한 소수의 희생이 당연하다며 아랑곳하지 않는다.

영화 '인생'의 원작 소설을 쓴 위화, 2012년에 노벨문학상을 수상한 모옌과 함께 옌렌커는 중국의 3대 거장으로 불리는 세계적인 작가다. 그러나 중국 공산 사회의 모순을 신랄하게 비판한 그의 작품들은 거의 다 금서로 지정되었다. 책이 판매 금지 조치를 당하면 중국의 명예를 해치고 회사에도 손해를 끼쳤다며 출판사가 작가를 고소하는 일까지 벌어진다.

5퍼센트의 지지율을 기록했던 대통령이 있었다. 현직 대통령도, 여당도, 야당도 지지율이 낮지만 기세등등하게 통치하고 그들 입맛대로 법을 만든다. 그런데 어떤 문학상 수상자에게는 온 국민이 축하를 보내야 한다고들 말한다. 우상화하려는 듯 작가와 작품을 찬양하지 않는다고, 개그맨이 그 표정과 말투를 흉내 냈다고 뭇매를 때린다.

왜 0.1퍼센트의 반대를 허용하지 않는가? 사람이 먼저라면서, 표현의 자유를 보장하고 지지해야 한다면서, 왜 대중과 언론은 생각이 다른 소수의 아웃사이더는 존중하지 않는가?

261 음식, 생존을 넘어 맛과 멋으로

높은 촛대, 노란 장미, 반짝이는 은식기들, 특히 나의 구미를 당기는 건 주방에서 희미하게 풍겨 나오는 고기 굽는 냄새였다. 식사는 버터로 바삭바삭하게 구운 뱅어 요리에 모젤 백포도주를 곁들여 시작됐다. 생선요리를 다 먹자, 곧 두 번째 요리가 나왔다. 이번에는 큼지막한 로스트비프였다. 고기가 앞에 놓이자, 마이크는 자리에서 일어나 칼로 얇게 잘라 하녀가 모두에게 돌릴 수 있도록 접시 위에 담았다.

- 로알드 달 '맛'(1951년, 영국) 중에서

주식 중개인 마이크가 만찬을 열었다. 그는 자신이 돈만 좇는 사람이 아니라 예술과 문화에도 조예가 깊은 교양인임을 알리고 싶었다. 화려한 식탁을 자랑하며 포도주에 대한 지식도 늘어놓았다. 특별한 와인을 선보이며 손님들이 그 가치를 알아주길 기대했다.

리처드는 포도주의 생산 연도와 재배지를 알아내는 데 일가견이 있는 미식가다. 쉰 살쯤 된 그는 사실 마이크의 18세 딸 로즈에게 빠져있다. 그는 집 두 채를 걸 테니 어떤 포도주인지를 알아맞히면 로즈와 결혼하게 해달라며 내기를 제안한다. 그를 싫어하는 딸은 기겁하지만 절대 맞히지 못할 거라 자만한 마이크는 내기에 응한다.

"아주 상냥한 와인이군. 첫맛은 새침하게 수줍어하지만, 두 번째 맛은 아주 우아해." 현란한 수사를 늘어놓으며 포도주를 평한 리처드는 아주 쉽게 원산지와 재배 연도를 알아맞힌다. 마이크와 로즈는 절망에 빠지고 리처드는 의기양양 승리의 미소를 짓는다. 하지만 반전의 대가인 로알드 달이 이야기를 이렇게 끝낼 리 없다. 이 소설의 결말은 어떻게 뒤집힐까?

눈으로 먹고 귀로 맛을 보는 요리 프로그램이 화제다. 살기 위해 먹는가, 먹기 위해 사는가 하는 철학적 농담은 배고프던 시절의 허세였을 뿐, 미슐랭 스타 레스토랑이나 유명 맛집에서의 식사는 단순한 미각의 만족을 넘어 자기 정체성을 표현하는 도구로 자리 잡았다. 시즌이 끝난 후 대중의 관심은 방송에 출연했던 요리사들의 사생활과 숨겨진 과거로까지 옮겨가고 있다.

요리는 생존 수단을 넘어 우리의 삶과 가치관을 담아낸다. 아름답게 장식된 음식을 소셜 미디어에 자랑하는 것이 대세라 해도, 더 많은 사람은 오늘도 소박한 밥상 앞에서 감사의 마음을 담아 수저를 든다. "고맙습니다. 잘 먹겠습니다."

262 유명인의 아내로 산다는 것

나는 그런 아내였다. 처음에는 그 역할이 좋았고, 그 역할이 지니고 있는 힘을 파악했다. 여기 유용한 팁이 있다. 당신이 어떤 중요한 사람에게 다가가기를 원한다면, 가장 좋은 방법 가운데 하나는 그의 아내의 환심을 사는 것이다. 밤에 잠들기 전 침대에서, 아내는 살며시 아무렇지 않은 듯 그녀의 남편에게 당신의 좋은 점을 말해줄 수 있다. 곧 당신은 그 중요한 사람의 집에 초대될 것이다.

- 메그 윌리처 '더 와이프'(2003년, 미국) 중에서

조는 세계적인 소설가였고 그의 아내 조안은 남편의 그림자였다. 하지만 그녀는 조의 이름으로 출간되는 소설이 베스트셀러가 될 때마다 보람을 느꼈고, 유명 작가의 아내라는 이유만으로도 사람들에게 사랑받았다. 아내라는 자리는 세상과 남편을 잇는 문이었고 열쇠였다. 조를 만나고 싶은 사람들, 그에게 인정받고 싶은 작가들은 조안을 통해야 그 목적을 쉽게 이룰 수 있다는 사실을 잘 알고 있었다. 작지만 특별한 권력을 그녀도 한껏 즐겼다.

그런데 왜일까. 조가 세계적인 문학상을 받게 되자 조안의 마음은 요동친다. 뛰어난 글쓰기 재능을 뒤에 감추고 지금의 남편을 만든 건 조안이었다. 그러나 명성과 인기는 오롯이 조의 몫이었고 외도는 셀 수도 없이 많았다.

흥분으로 들떠 있는 조와 달리 시상식이 열리는 도시로 가는 비행기 안에서 조안은 마음을 굳힌다. 그가 상을 받고 나면 이혼하리라. 동명의 영화로도 만들어진 소설은 예순네 살의 아내가 문단의 최고 권력을 손에 넣은 남편을 떠나 자기만의 인생을 살기로 결심하는 데서 이야기를 시작한다.

성공한 남편의 아내로 살아가는 행복이 아무리 크다 해도 자기 이름으로 우뚝 서고 싶은 욕망은 쉬 사라지지 않는다. 하지만 세상은 내조하는 아내에 대한 환상과 미련을 버리지 못했으면서도 유명인의 배우자라는 자리를 언제나 비판의 대상으로 삼는다. 내조가 아무리 중요하다고 강조된다 해도 제힘으로 얻지 않은 이익에 대해 사회가 냉정하고 엄격하게 반응하는 건 어쩌면 당연하다.

자기 이름으로 더 크고 싶은 자아 성취 욕구와 남편을 더 빛나게 하는 지혜로운 아내의 역할, 그 접점을 찾아내야 하는 것이 유명인의 아내로 사는 여성들의 어려움이 아닐까.

263 세상의 모든 딸에게

> 어머니가 끊어질 듯 이어지는 작은 소리로 말하기 시작했다. "사람은 이렇게 살고, 이렇게 죽는 거란다. 세상의 모든 딸이 나처럼 이렇게 살았어. 호랑이를 따르는 까마귀처럼 남편을 따르고 아이를 낳고, 그렇게 사는 법이란다. 야난, 너도 언젠가는 어머니가 되겠지. 세상의 모든 딸이 결국엔 이 세상 모든 이의 어머니가 되는 것처럼."
>
> – 엘리자베스 마셜 토마스 '세상의 모든 딸'(1987년, 미국) 중에서

문화인류학자가 발표한 소설은 2만 년 전 구석기시대를 배경으로 세상의 모든 딸에게 이야기를 들려준다. 남자는 시베리아 초원을 달리는 사냥꾼이자 가족과 부족을 지키는 용맹한 전사였고, 여자는 열매를 모으고 아이를 낳아 기르며 생명을 이어가는 역할을 하던 사회였다. 주인공 야난은 순록을 잡으러 숲속을 뛰어다닐 정도로 용감하고 독립심이 강한 소녀였다. 부족의 울타리 안에서 그녀가 누리는 행복은 영원할 것만 같았다.

야난의 삶은 순록을 따라 부족이 이동할 즈음 균열을 맞이한다. 수장의 아들이자 그녀의 약혼자 티무와 아버지의 두 번째 아내 사이의 부적절한 관계가 밝혀지면서 두 집안 사이에서 갈등이 일어난다. 결국 가족은 부족을 떠나고, 떠돌이 생활 중 야난은 부모를 모두 잃는다. 그녀는 어린 동생을 돌보며 온갖 고생 끝에 부족에게 돌아오지만, 티무는 다른 여자의 남편이 된 후였다. 그래도 어느새 자라 여자가 된 야난은 그를 사랑하고 그의 아이를 품게 된다.

소설은 여성의 본질적 삶과 역할, 세대를 이어가는 생명력에 관해 이야기한다. 구석기시대를 배경으로 하고 있지만, 여성의 삶은 단순히 시대적 역할에 국한되지 않는다. 할머니에서 어머니로, 다시 딸에게 이어지는 사랑은 고난과

죽음 속에서도 화해와 포용으로 세대를 엮는 여성의 힘을 보여준다.

세상이 발전하고 사회 진출이 활발해지면서 여성의 역할과 의미도 많은 변화를 겪었다. 그러나 싸우고 빼앗고 차지하는 데서만 여성의 가치가 빛나는 것은 아니다. 결혼하든 안 하든, 아이를 낳든 그렇지 않든, 끊어내기보다는 이어가고 미워하기보다는 용서하며 품고 사랑하는 데 더 크고 깊은 여성의 힘이 숨겨져 있다.

264 공대를 선택한 청년에게 박수를

최우선 과제는 거주용 막사의 캔버스가 온전한지 확인하는 것이었다. 그다음엔 산소 발생기를 점검했다. 산소 발생기가 멈추고 수리할 길이 없다면 나는 죽은 목숨이나 다름없으니까. 다음엔 대기 조절기, 난방장치, 주요 배터리들, 산소와 질소 저장 탱크들, 물 환원기, 에어 로크 세 개, 조명 시스템, 메인 컴퓨터. 각각의 시스템이 모두 완벽하게 돌아가고 있다는 확신이 들자 점점 기분이 나아졌다.

— 앤디 위어 '마션'(2011년, 미국) 중에서

마크는 탐사 중 사고를 당하고 화성에 혼자 남겨졌다. 지구에서 구조대가 올 가능성은 적고 생존 확률도 희박하다. 컴퓨터 공학을 전공하고 프로그래머로 일한 경력을 가진 작가답게, 소설은 과학적 지식과 사고를 통해 당면한 문제들을 풀어간다.

마크는 감자를 재배하고 물을 생성한다. 태양광 패널로 전기를 생산하고 통신 기능을 복구하는 등 극한 상황을 차근차근 극복해 간다. 마침내 NASA

와 팀 동료들의 구조 작전이 시작되고 그는 마침내 지구로 돌아가는 우주선에 오른다.

수능 만점을 받은 학생이 서울대 컴퓨터공학부에 지원, 합격했다. 부모를 비롯한 주변 지인들이 의대 진학을 권유했지만 뜻을 굽히지 않았다고 한다. 적성에 맞는 길을 선택하는 것은 생존을 넘어 개인의 행복이자 세상을 발전시키는 원동력이다. 많은 이가 세상이 추천하는 길, 다수와 똑같은 길을 가지 않으면 불안해한다. 그러나 사람은 타고난 소질과 쌓아온 능력이 모두 다르다. 진정한 성공과 행복은 남들이 정해 놓은 길을 따르는 것이 아니라 자신이 원하는 길을 찾고 그 길을 걸어가는 데 있다.

핵폭탄처럼 과학의 발전이 인류의 존립을 위협한다는 우려 목소리도 있지만, 그것을 어디에 쓸 것인가를 결정하는 정치가 문제일 뿐, 오히려 그 위험을 제어하는 힘도 과학의 손에 달려 있다. 과학을 사랑하고 과학에 헌신하는 젊은 세대를 육성하는 것이야말로 미래를 위한 현명한 투자다.

의대 입학만이 성공의 지름길로 인식되는 요즘, 유행과 미래의 안정에 영합하지 않고 개성과 재능을 믿으며 자기만의 길을 당당히 선택한 청년의 앞날에 박수를 보낸다.

265 편견의 비상구

"만일 그렇다면, 판사님이 저에게 또 질문할 권리가 있으신가요?" 루이즈가 다른 어떤 어휘를 썼다면 그는 곱게 대답했을 것이다. 하지만 그녀는 '권리'를 운운하고 있었다. 다시 말해서 '법'을 운운하는 것이고, 이것은 그만의 영역이었다. 그는 폭발했다. "뭐라고? 나한테 권리가 있느냐고?" 르 푸아트뱅이 고함쳤다.

"이봐, 아가씨, 지금 당신은 법 앞에 있는 거라고! 당신은 법에 대답해야 할 의무가 있어!"

— 피에르 르메트르 '우리 슬픔의 거울'(2020년, 프랑스) 중에서

의사의 죽음과 연루되어 세간을 떠들썩하게 했던 루이즈에 대해 경찰은 무혐의 처분을 내린다. 그러나 사건을 조사했던 판사는 아름다운 그녀에게 사심이 있었고 고분고분하지 않은 루이즈를 어떻게든 재판에 회부, 권위 앞에 무릎을 꿇리고 싶었다. 판사는 '자유 재량적인 사법'으로 루이즈를 소환한다.

"부인께서 고소해 주시면, 이 일에 대해 수사하여 갈취 행위가 있었다는 것을 증명할 수 있어요. 강탈 행위 말이에요!" 판사는 사망 당시 루이즈 앞으로 많은 돈을 남긴 의사의 아내를 불러 재물갈취죄로 고소하라고 부추긴다. 루이즈가 이전에도 더 많은 금액을 갈취하지 않았다는 증거가 없다며 판사는 상상의 나래를 펼친다. 재판도 하지 않았는데 고압적인 목소리로 형을 선고하듯 루이즈를 협박한다. "당신은 징역 3년에 10만 프랑의 벌금형을 받게 될 거야!"

많은 사람이 대통령 탄핵 심판을 앞두고 헌법재판관의 자격을 의심한다. 대통령 퇴진 운동을 하는 동생, 탄핵 촉구 시국 선언에 동참한 배우자, 좌파 성향의 유튜브 시청과 야당 대표와의 친분이 결정에 영향을 주지 않을까 걱정한다.

'경제 공동체의 국정 농단'의 책임을 지고 전직 대통령이 만장일치로 탄핵되었으니 '이념 공동체의 사법 농단'을 염려하는 것도 무리는 아니다. 단 이틀 근무한 방송통신위원장의 탄핵을 네 명의 재판관이 인용했다는 것도 놀랍다. 곧잘 '국민의 법 감정에 비추어 볼 때'라고 결정문을 썼던 헌재는 공정과 정의를 가장해 정치적 판단을 한 적이 한 번도 없었을까?

권위에 도전하지 말라는 듯 '탄핵 심판은 재판관의 개인 성향에 좌우되지

않는다, 사법부의 권한 침해를 우려한다'고 헌재가 일갈했다. 나라 위에 법원 있고 국민 위에 판사 있다. 가히 '제왕적' 헌법재판소의 위엄이다.

266 백지에 스며든 먹물처럼

　가이는 경찰에 발각될까 불안해한 적이 지금껏 한 번도 없었다. 늘 그의 마음속에 있는 불안은 자기 자신과의 싸움이었다. 그 불안감이 너무 고통스러워 차라리 법이 개입했으면 좋겠다는 생각이 들 지경이었다. 양심의 법에 비하면 사회의 법은 느슨하기 짝이 없었다. 법에 다가가 자백할 수도 있었지만, 자백은 단순한 시늉일 뿐 진실을 회피하는 쉬운 길에 지나지 않았다. 그가 법의 집행을 받는다 해도 그건 단순한 제스처에 지나지 않을 것이다.
　　　　　　　　　　－ 퍼트리샤 하이스미스 '열차 안의 낯선 자들'(1950년, 미국) 중에서

　가이와 브루노는 열차 안에서 우연히 만나 함께 술을 마셨다. 브루노가 물었다. "혹시 누군가를 죽이고 싶었던 적 있어요?" 그는 다른 남자의 아이를 배고도 인연의 끈을 놓아주지 않는 가이의 아내 미리엄과 자신의 아버지를 교환 살인하자고 제안한다. 오늘 처음 만난 사이, 서로에게 제공할 수 있는 완벽한 알리바이, 브루노는 완전 범죄가 가능하다고 가이를 설득한다.
　농담으로 치부하고 열차에서 내린 그는 브루노를 잊으려고 애썼다. 가이에겐 인생을 함께하고 싶은 앤이 있었고 미리엄은 독거미처럼 떨어지지 않으려 했다. 미리엄만 없다면, 하고 바랐지만 그렇다고 살인이라니. 가이는 양심적이고 성실한 남자였다. 그런데 어느 날, 미리엄이 살해당했다. 곧이어 살인의 채무 상환을 독촉하는 브루노의 편지들이 배달된다.

가이에겐 미리엄의 죽음에 아무런 책임이 없을까. 무죄를 주장하면 브루노의 손아귀에서 벗어날 수 있을까. 가이는 두려웠다. 그에겐 누가 봐도 미리엄을 죽일 만한 동기가 있었다. 알리바이가 있어도 청부 살인 가능성은 남는다. 앤과 행복하게 살고 싶었던 가이는 양심 때문에 얼마나 괴로워하게 될지 상상도 못 한 채 브루노의 지시대로 총을 집어 든다.

악의 부채는 원금의 몇 배에 달하는 이자를 붙여 갚더라도 벗어날 길이 없다. 악은 애초에 놓아줄 생각이 없다. 인생과 영혼을 송두리째 바치고도 벗어날 수 없는 그물. 한지에 번진 먹물처럼 한번 스며든 악은 지워지지 않는다. 그것이 잠시나마 악의 목소리에 귀 기울이고 마음이 흔들린 대가다. 그러나 눈앞에 펼쳐진 달콤하고 눈부신 미래가 허망한 신기루인 것을 어찌 알아차릴 수 있을까. 어느새 크게 자란 욕망이 양심을 밟고 서서 천사 같은 미소를 지으며 손을 내밀 때.

267 인생, 잡을 수 없는 것을 향한 기나긴 여정

그 빌어먹을 유령에 대한 긴 전기를 쓸 수 있을 만큼 정보를 확보할 수 있었다. 그의 행적을 날짜별로 확인했고, 그가 출몰하는 장소를 알아냈으며 그의 배경 및 거의 완벽한 외양 묘사까지 확보했다. 그가 느꼈을 생각이나 감정, 충격 같은 것도 모두 X선 사진을 찍듯 추적했다. 눈이라도 감으면 그가 그 지나치게 매끈한 얼굴에 정신박약증 환자 같은 웃음을 흘리며 내 앞에 서 있는 모습을 실제로 볼 수 있었다. 그러나 아직 그 남자만은 찾지 못했다. 아무것도 손에 쥔 게 없었다.

— 케네스 피어링 '빅 클록'(1946년, 미국) 중에서

출판사 대표 재노스는 내연녀 폴린에게 새로운 남자가 생긴 걸 알고 말다툼 끝에 그녀를 죽인다. 허겁지겁 자신의 흔적을 지우고 현장을 빠져나왔지만 불안하다. 어둠 때문에 얼굴을 보진 못했어도 폴린을 집 앞까지 차로 데려다 준 남자는 재노스를 본 게 틀림없었다. 그는 어떻게든 남자를 찾아 입을 막아야 했다.

재노스는 편집장 스트라우드에게 남자를 찾아오라는 밀명을 내린다. 정계에 줄이 있는 남자가 출판사의 경영 위기를 타개해 줄 수 있을 거라고 스트라우드를 설득한다. 재노스가 폴린의 죽음과 관련되어 있음을 눈치채고도 모르는 척, 스트라우드는 조사팀을 꾸리고 남자를 추적한다. 그러나 닿을 듯 말 듯 그의 정체는 드러나지 않는다.

피어링의 '빅 클록'은 1987년에 발표된 영화 '노 웨이 아웃'의 원작 소설이다. 출판사 사장은 브라이스 국방장관으로, 편집장은 해군 장교 톰 패럴로 각색되었다. 케빈 코스트너가 살인 사건의 목격자를 찾아내야 하는 믿음직한 부하를, 충동적으로 애인을 살해한 권력자는 무게감 있는 연기로 팬들의 깊은 사랑을 받은 배우, 진 해크먼이 연기했다.

95세 나이로 진 해크먼이 자택에서 세상을 떠났다. 평생 뛰어난 재능을 펼쳤고 천수를 누린 셈이니 더 바랄 게 없을 것도 같지만, 그의 심장박동기는 시신 발견 아흐레 전에 멈췄고, 아내와 반려견도 함께 숨진 채 발견되었다. 열흘 가까이 시신이 방치되었다는 사실만으로도 쓸쓸해진다.

살아가면서 우리가 애써 찾아 손에 쥐려는 것은 무엇일까. 시작하고 싶은 데서 태어날 수 없는 인간은 원하는 만큼 아름답고 평온하게 죽음의 무대를 연출할 수도 없다. 선택할 수 있는 건 어떻게 살 것인가, 오직 삶의 과정뿐이다.

268 산토끼에게 운명을 맡긴 사람들

"오늘 내가 산토끼 한 마리를 잡았다네. 산토끼는 잽싸게 잘 달리니까 소작료를 전해줄 수 있지 않을까?" "그렇게 하는 것이 좋겠군. 토끼에게 편지와 돈을 넣은 주머니를 주고 길을 잘 알려주면 되겠군." 주민들은 편지와 돈을 넣은 주머니를 토끼의 목에 매달며 말했습니다. "먼저 랭커스터로 가거라. 그런 다음 러프버러로 가야 한다. 뉴어크가 우리의 지주이니 안부를 전하며 소작료를 가져왔다고 해라." 토끼는 사람들의 손에서 벗어나자마자 시골길을 따라 달렸습니다.

― 조셉 제이컵스 '고담의 잘난 척하는 사람들'(1890년, 영국) 중에서

옛날 어느 날, 고담시 주민들은 소작료 내는 날을 깜빡 잊고 있었음을 깨달았다. 어떻게 하면 기한에 늦지 않을 수 있을까, 고민하던 주민 중 한 명이 산토끼가 누구보다 빨리 달린다는 사실을 생각해 냈다. 주민들은 좋은 생각이라며 지주의 안부를 묻는 편지와 함께 소작료를 넣은 주머니를 토끼 목에 매달아 보내기로 했다.

그들은 토끼에게 길을 자세히 알려주고 지주에게 잘 전달해 달라는 당부도 잊지 않았다. 그러나 아무리 옛날이야기라고는 해도, 토끼는 그냥 토끼였다. 조금 전 사로잡혔던 산토끼는 놓여나자마자 부리나케 숲속으로 달아났다. "그쪽이 아니야!" 누군가 놀라 외치자 또 다른 사람이 안심시키며 말했다. "토끼는 우리가 모르는 지름길을 잘 알고 있을 거야. 개가 무서워서 큰길로는 가지 않는 거라네."

동화는 여기에서 끝난다. 토끼는 무사히 성에 도착했을까. 왜 소작료를 내지 않느냐며 지주가 호통을 치고는 괘씸한 소작인들을 잡아들여 곤장을 치라

고 했다면, 그들은 기한을 잊지 않았다고, 분명히 소작료를 보냈다고, 예의 바르게 지주의 안부를 묻는 편지까지 썼다고 억울해하며 달아난 토끼만 원망했을까.

어리석은 위임의 결과는 고담 시민이 감당해야 할 무게로 고스란히 돌아왔을 것이다. 믿음과 신뢰는 중요하다. 그러나 무엇을 믿느냐, 누굴 신뢰하느냐는 자신의 선택에 달렸다.

맡긴다는 것은 믿는다는 뜻이고, 그 책임은 믿고 맡긴 사람이 감당해야 한다는 의미다. 무능과 무책임을 토끼 탓으로 돌렸을 고담 시민의 모습은 때로 기대가 무너진 다음, 믿음에 배신당했다고 가슴을 치며 원망하는 우리 자신의 모습이기도 하다. 지금, 당신은 운명과 미래를 누구에게 맡겨놓고 무엇을 기다리려 하는가.

269 기적을 만드는 선택

청년의 집은 물에 잠기기 시작했고, 차를 타고 지나가던 사람이 함께 고지대로 올라가자고 했다. 청년은 "신이 저를 돌봐줄 것입니다"라며 거절했다. 몇 시간 후 빗물이 청년의 집 1층을 집어삼켰을 때, 배를 타고 지나가던 선장이 안전한 곳으로 데려다주겠다고 했다. 청년은 "신이 저를 돌봐줄 것입니다"라며 거절했다. 집은 완전히 물에 잠겼고 헬리콥터를 타고 지나가던 조종사가 청년에게 육지로 데려다주겠다고 했다. 청년은 신이 돌봐줄 거라며 거듭 제안을 거절했다.
  - J.D. 밴스 '힐빌리의 노래'(2016년, 미국) 중에서

폭풍우가 몰아치던 어느 날, 신앙심 깊은 청년의 집이 물에 잠기기 시작했

다. 이웃이 차를 태워주겠다고 했고, 선장이 보트를 몰고 왔으며, 헬기까지 날아와 구조를 제안했다. 하지만 청년은 신이 구해줄 거라며 세 번 다 기회를 거절했다. 그리고 끝내, 그는 물에 빠져 죽었다. 하늘나라에 간 청년은 믿기만 하면 구원받는다고 하지 않았느냐며 신에게 따져 물었다. 그러자 신이 대답했다. "나는 너를 위해 차도, 배도, 헬기도 보냈다. 네가 죽은 건 네 탓이니라."

'힐빌리의 노래'의 저자 J.D. 밴스는 가난한 노동자 집안에서 태어나 자랐다. 알코올과 마약, 폭력과 빈곤이 만연한 환경이었지만 그의 외할머니는 늘 "하늘은 스스로 돕는 자를 돕는다"고 말했다. 그 가르침은 밴스가 가난과 무력감의 굴레를 끊고 미국의 부통령이 되기까지 그의 삶을 이끈 신념이 되었다.

삶은 우리를 자주 시험한다. 지붕 위에 고립된 것 같은 날들. 모든 것이 잠겨버린 것처럼 느껴지는 순간들. 그때마다 우리는 남 탓, 세상 탓을 한다. 지지리 복도 없다며 한숨을 쉬거나 어디선가 짠, 하고 영웅이 나타나기를 바란다. 살다 보면 언젠가는 좋은 날이 올 거라 믿으며 이 악물고 어려움을 참기도 한다. 하지만 원망과 분노, 기다림과 인내만으로는 현실을 바꿀 수 없다.

너무 캄캄해서 한 치 앞도 보이지 않을 때조차 현실은 훨씬 희망적일지도 모른다. 위기가 왔다는 건 이곳을 떠나 저곳으로 갈 용기를 낼 시간, 인생을 새롭게 시작할 기회다. 기적은 무릎 꿇고 앉아 기도만 한다고 일어나지 않는다. 구원이란 희망을 품은 인간이 적극적으로 행동할 때, 벌떡 일어나 발로 뛰고 손으로 선택할 때 만들어지는 놀랍도록 반가운 결과다.

270 세상에 공짜는 없다

나는 내가 가진 모든 것을 팔아서 채권자들과의 채무 조정을 위해 최대한 많은 돈을 따로 모아 놓았다. 그러고 난 다음 외국으로 나가 허버트와 합류했다. 나는 한 달 안에 영국을 떠났으며, 두 달 안에 클래리커 상사의 사무직원이 되었고, 넉 달 안에 처음으로 다른 사람과 분담하지 않은 단독 업무를 맡았다. 여러 해가 흐른 뒤 마침내 나는 클래리커 상사의 동업자가 되었다. 나는 허버트 부부와 함께 행복하고 검소하게 살았다. 빚을 다 갚았고 비디와 조와는 끊임없이 편지를 주고받았다.

- 찰스 디킨스 '위대한 유산'(1861년, 영국) 중에서

일찍 부모를 잃고 가난한 매형 조 밑에서 자란 핍은 어느 날, 미지의 후원자에게서 막대한 유산을 약속받고 신분 상승의 꿈에 부푼다. 아무런 노력 없이 얻은 횡재가 비루한 과거의 때를 벗겨내고 상류층 신사로 거듭날 기회를 만들어 줄 것 같았다.

핍은 자신을 진정으로 아껴주던 조와 친구 비디를 외면하고 고향을 떠난다. 도시에서 화려하고 사치스러운 생활에 빠져든 그는 이내 감당할 수 없는 빚더미에 오른다. 한때 후원자가 빚을 갚아주기도 했지만, 유산의 실체가 드러나면서 핍의 환상은 산산조각난다. 후원자는 고결한 신사가 아니었고, 그가 받게 되어 있던 유산도 죄수의 피 묻은 돈이었다. 그 모든 진실이 드러나는 순간, 핍은 많은 것을 잃는다. 그에게 남은 것은 흥청망청 쓰고 남은 빚과 자괴감뿐이었다.

핍은 자신이 가진 것들을 팔아 빚 일부를 갚는다. 그 후 오랜 시간이 걸렸지만 성실히 일한 그는 마침내 채무를 모두 상환한다. 그제야 핍은 사랑하는 사람들 곁으로 돌아간다. 금전적으로 여유가 생겼고 다시는 방탕한 생활에 빠지지 않았다. 그가 물려받아야 할 유산은 물질적 부유함이 아니라 정신적인 성숙과 책임감이었다.

사람은 쓰라린 실패와 좌절을 통해 삶을 사랑하는 법을 배운다. 진정한 의미의 자유와 성장은 오직 자신의 삶을 온전히 책임질 때만 가능하다. 때로 타인의 도움을 받기도 하고, 예기치 않은 행운을 얻기도 하지만 자기 스스로 선택하고 감당해야 할 몫이 있을 뿐, 인생 어디에도 공짜는 없다. 누가 이 삶을 대신 살아줄 수 있는가? 만약 공짜로 무언가를 주겠다거나 조건 없이 빚을 탕감해 주겠다는 이가 있다면 그 대가로 무엇을 내놓으라 할 것인가, 두려워해야 한다.

271 진실을 마주할 시간

유골이 발견됐다, 토비아스가 돌아와 있다, 강력계의 열혈 형사가 옛날 문건을 뒤지고 있다. 제길! 비싼 위스키의 맛이 쓰기만 했다. 술잔을 아무렇게나 내려놓은 그는 급히 2층 침실로 올라갔다. 두려워할 것 없어. 우연일 뿐이야. 속으로 계속 되뇌었으나 진정이 되지 않았다. 신발을 벗고 지친 몸을 침대에 뉘였다. 기억하고 싶지 않은 장면들이 꼬리에 꼬리를 물고 떠올랐다. 어떻게 단 한 번의 작은 실수가 이런 엄청난 결과를 몰고 온단 말인가. 눈을 감으니 피로가 파도처럼 온몸을 덮쳤다.

— 넬레 노이하우스 '백설 공주에게 죽음을'(2010년, 독일) 중에서

그레고어는 성공한 인생을 사는 것 같았다. 그는 잘생기고 똑똑하며 말까지 잘했다. 사람들은 그를 좋아했고, 그는 사람들의 호감을 능숙하게 다룰 줄 알았다. 교사였던 그는 문화부 장관의 자리까지 올랐다. 하지만 그의 화려한 출세는 거짓 위에 세워진 탑이었다. 11년 전, 그는 제자였던 스테파니와 밀회 도

중 자신의 비겁한 모습을 비웃은 그녀를 홧김에 죽였다.

치밀한 은폐가 뒤따랐다. 그의 죄를 대신 뒤집어쓴 건 토비아스였다. 술에 취해 아무것도 기억하지 못했던 그는 무죄를 입증할 수 없었다. 오랜 복역을 마치고 돌아왔을 때, 고향은 전과자가 된 그를 반기지 않았다. 꿈은 산산조각 났고 가족은 해체되었다. 폐허가 되다시피한 아버지의 레스토랑은 헐값에 넘겨야 하는 처지였다.

토비아스가 석방되고 과거의 그림자가 어른거리자 그레고어는 불안했다. 그래도 무사할 거라 믿었다. 새로 이사 온 아멜리가 의문을 품고 진실을 추적하면서 사건의 전모가 드러난다. 마을은 평화롭고 사람들은 선량한 것 같았지만, 그들은 토비아스의 무죄를 알고 있었다. 이익과 안위를 위해 범죄의 기억을 간직한 마을 사람들은 그레고어와 똑같이 추악한 공범들이었다.

그레고어는 추락하고 토비아스는 빼앗겼던 삶과 명예를 되찾는다. 모든 것이 제 자리를 찾게 한 것은 거대한 힘이 아니었다. 평범한 아멜리의 작은 호기심과 끈질긴 질문, 그것이 정의의 시작이었다. 더디고 외롭지만, 진실은 늘 누군가의 작고 단단한 발걸음을 따라온다. 세상엔 감추어진 죄악이 많다. 강한 힘으로 진실을 억누르려는 자들도 넘쳐난다. 하지만 아무리 견고해 보이는 거짓의 성도 결국은 무너질 수밖에 없다. 그레고어의 몰락처럼, 진실을 마주할 시간은 예상보다 훨씬 더 가까이 다가오고 있다.

소설로 읽는 세상

초판 1쇄 발행일 2025년 7월 21일

저자 | 김규나
펴낸이 | 김현중
디자인 | 박정미
책임 편집 | 황인희
관리 | 위영희

펴낸 곳 | ㈜양문
주소 | 01405 서울 도봉구 노해로 341, 902호(창동 신원베르텔)
전화 | 02-742-2563
팩스 | 02-742-2566
이메일 | ymbook@nate.com
출판 등록 | 1996년 8월 7일(제1-1975호)

ISBN 979-11-986702-7-4 03810
* 잘못된 책은 구입하신 서점에서 교환해 드립니다.